에듀윌과 함께 시작하면,
당신도 합격할 수 있습니다!

대학 졸업을 앞두고 바쁜 시간을 쪼개가며
자격증을 준비하는 20대

하고 싶은 일을 다시 찾기 위해
새로운 도전을 시작하는 30대

재취업을 위해, 모두가 잠든 시간에
책을 펴는 40대

누구나 합격할 수 있습니다.
이루겠다는 '목표' 하나면 충분합니다.

마지막 페이지를 덮으면,

**에듀윌과 함께
합격의 길이 시작됩니다.**

에듀윌 전산세무회계 합격스토리

NO 베이스! 에듀윌 전산회계 1급 교재로 3주 만에 합격!

전산회계 1급 정O운

회계 직무로 취업을 준비하기 위해 자격증을 알아보던 중 지인의 추천으로 에듀윌 교재로 시작했습니다. 실무 점수의 비중이 크지만, 시험에 합격하기 위해서는 탄탄한 이론 공부가 뒷받침되어야 합니다. 10초 암기 포인트를 활용하여 파트별 핵심 내용을 정리하였고, 출제 빈도를 확인하면서 중요한 개념을 집중적으로 공부했습니다. 또 에듀윌에서 제공하는 무료강의를 활용하여 이해가 부족한 개념을 보완하고, 이를 통해 실무 문제의 오답률을 줄이며 고득점으로, 단기간에 합격할 수 있었습니다. 에듀윌과 함께 전산세무 2급도 준비할 예정이에요~ 여러분도 에듀윌과 함께 합격의 길로!

노베이스 비전공자 전산회계 1급, 전산세무 2급 동시 합격!

전산세무 2급, 전산회계 1급 강O연

취업을 위해 전산세무회계 자격증을 알아보다가 에듀윌 전산세무회계를 알게 되었습니다. 외국어 전공으로 세무회계 분야는 기본 용어조차 모르는 노베이스였고, 두 개의 자격증을 한번에 준비하다 보니 공부량이 많았는데 무료강의를 통해 핵심이론을 익힌 후 단계별로 수록된 문제를 풀며 저의 부족한 부분을 확인할 수 있었습니다. 자연스럽게 회독을 한 덕분에 회계 1급, 세무 2급 모두 90점대의 높은 성적으로 합격할 수 있었습니다. 제공되는 여러 무료강의도 완성도가 높아서 놀랐고 합격 이후에 AT 핵심기출특강까지 활용한 덕분에 FAT 1급, TAT 2급까지 취득하여 단기간 동안 4개의 자격증을 취득할 수 있었습니다.

전산세무 2급 프리패스, 에듀윌!

전산세무 2급 이O민

회계팀 취업을 위해 에듀윌로 전산세무 2급 자격증 취득을 준비했어요. 한 번의 실패를 경험하고, 에듀윌을 만나서 2개월 동안의 공부 끝에 세무 2급 자격증 취득했어요! (처음부터 에듀윌과 함께 공부했으면 참 좋았을 걸 하는 생각이 드네요) 교재의 내용은 말할 것도 없이 깔끔하고 좋았고, 특히 부록의 활용도가 매우 컸어요! 세법 잡는 O/X 노트는 빈출 지문 위주, 그리고 O/X 정답뿐만 아니라 자세한 해설까지 수록되어 있어서 시험 직전에 빠르게 암기하기 너무 좋았어요. 덕분에 가장 걱정하던 세법 문제들을 실전에서는 막힘없이 풀수 있었어요. 에듀윌과 자격증 취득부터 취업까지 함께한 탄탄대로, 여러분도 함께하세요!

다음 합격의 주인공은 당신입니다!

더 많은 합격 스토리

회원 가입하고
100% 무료혜택 받기

가입 즉시, 전산세무회계 공부에 필요한 모든 걸 드립니다!

혜택 1 입문자를 위한 「기초회계 특강」
※ 에듀윌 홈페이지 ⋯▶ 전산세무회계 ⋯▶ 무료특강 ⋯▶ 기초회계 특강 (신청일로부터 7일)

혜택 2 까다로운 세법 완벽 정리 「개정세법 특강」
※ 에듀윌 홈페이지 ⋯▶ 전산세무회계 ⋯▶ 무료특강 ⋯▶ 개정세법 특강 (신청일로부터 3일)

혜택 3 마무리를 위한 「기출해설 특강」
※ 에듀윌 홈페이지 ⋯▶ 전산세무회계 ⋯▶ 무료특강 ⋯▶ 기출해설 특강 (최신 6회분)

• 배송비 별도 / 비매품

쓰면서 캐치하는 워크북 !

매일 무료배포
선착순 30명

무료배포
이벤트

eduwill

에듀윌 합격생 98%가
2개월 내 단기합격!

왕초보도 한 번에 합격시키는 단기패스

| 업계 유일 더블 커리큘럼 | 전 강사 X 전 강의 무한 수강 | AT, IT 자격증 강의 무료 추가 혜택 |

* 에듀윌 전산세무회계(전급수) 97회, 98회 환급자 대상 설문조사 결과 (2021년 9월~2021년 10월)

※ 회계를 처음 공부하는 사람, 차대변을 구분할 수 없는
회계 노베이스에게는 뒷장의 플래너 추천!

이론과 실무를 같이 공부한다면? [이론&실무 동시 학습용]

일 자	차 례	페이지	공부한 날
1일	[실무편+최신기출] PART 01 실무시험 CHAPTER 01 기초정보등록	실무편+최신기출 p.10	___ 월 ___ 일
	[이론편] PART 01 회계의 기본원리 CHAPTER 01 부기와 회계의 기본원리	이론편 p.18	___ 월 ___ 일
2일	CHAPTER 02 기업의 재무상태	이론편 p.27	___ 월 ___ 일
	CHAPTER 03 기업의 경영성과와 순손익계산	이론편 p.40	___ 월 ___ 일
3일	CHAPTER 04 회계기록의 대상과 방법	이론편 p.54	___ 월 ___ 일
	CHAPTER 05 회계의 순환과정	이론편 p.82	___ 월 ___ 일
4일 5일	[실무편+최신기출] PART 01 실무시험 CHAPTER 02 일반전표입력	실무편+최신기출 p.36	___ 월 ___ 일
6일	[이론편] PART 02 계정과목론 CHAPTER 01 당좌자산과 유동부채(Ⅰ)	이론편 p.108	___ 월 ___ 일
	CHAPTER 02 당좌자산과 유동부채(Ⅱ)	이론편 p.124	___ 월 ___ 일
7일	CHAPTER 03 재고자산	이론편 p.146	___ 월 ___ 일
	CHAPTER 04 비유동자산과 비유동부채	이론편 p.168	___ 월 ___ 일
8일	CHAPTER 05 자본	이론편 p.195	___ 월 ___ 일
	CHAPTER 06 결산	이론편 p.201	___ 월 ___ 일
	[실무편+최신기출] PART 01 실무시험 CHAPTER 03 결산	실무편+최신기출 p.62	___ 월 ___ 일
9일	CHAPTER 04 재무제표 및 제장부 조회	실무편+최신기출 p.84	___ 월 ___ 일
	[실무편+최신기출] PART 02 실무시험 문제 출제유형별 연구문제	실무편+최신기출 p.96	___ 월 ___ 일
	01회 실무 모의고사	실무편+최신기출 p.105	___ 월 ___ 일
10일	02회 실무 모의고사	실무편+최신기출 p.109	___ 월 ___ 일
	03회 실무 모의고사	실무편+최신기출 p.113	___ 월 ___ 일
11일	04회 실무 모의고사	실무편+최신기출 p.117	___ 월 ___ 일
	05회 실무 모의고사	실무편+최신기출 p.121	___ 월 ___ 일
12일	[실무편+최신기출] PART 03 최신기출문제 110회 기출문제	실무편+최신기출 p.128	___ 월 ___ 일
	109회 기출문제	실무편+최신기출 p.137	___ 월 ___ 일
13일	108회 기출문제	실무편+최신기출 p.146	___ 월 ___ 일
	107회 기출문제	실무편+최신기출 p.155	___ 월 ___ 일
14일	106회 기출문제	실무편+최신기출 p.164	___ 월 ___ 일
	105회 기출문제	실무편+최신기출 p.174	___ 월 ___ 일

2주 플래너

이론 공부 후 실무를 공부한다면? [이론→실무 순차 학습용]

일 자	차 례	페이지	공부한 날
1일	[이론편] PART 01 회계의 기본원리 CHAPTER 01 부기와 회계의 기본원리	이론편 p.18	___월___일
	CHAPTER 02 기업의 재무상태	이론편 p.27	___월___일
2일	CHAPTER 03 기업의 경영성과와 순손익계산	이론편 p.40	___월___일
	CHAPTER 04 회계기록의 대상과 방법	이론편 p.54	___월___일
	CHAPTER 05 회계의 순환과정	이론편 p.82	___월___일
3일	[이론편] PART 02 계정과목론 CHAPTER 01 당좌자산과 유동부채(Ⅰ)	이론편 p.108	___월___일
	CHAPTER 02 당좌자산과 유동부채(Ⅱ)	이론편 p.124	___월___일
4일	CHAPTER 03 재고자산	이론편 p.146	___월___일
	CHAPTER 04 비유동자산과 비유동부채	이론편 p.168	___월___일
5일	CHAPTER 05 자본	이론편 p.195	___월___일
	CHAPTER 06 결산	이론편 p.201	___월___일
6일	[실무편+최신기출] PART 01 실무시험 CHAPTER 01 기초정보등록	실무편+최신기출 p.10	___월___일
7일	CHAPTER 02 일반전표입력	실무편+최신기출 p.36	___월___일
8일	CHAPTER 03 결산	실무편+최신기출 p.62	___월___일
	CHAPTER 04 재무제표 및 제장부 조회	실무편+최신기출 p.84	___월___일
9일	[실무편+최신기출] PART 02 실무시험 문제 출제유형별 연구문제	실무편+최신기출 p.96	___월___일
	01회 실무 모의고사	실무편+최신기출 p.105	___월___일
10일	02회 실무 모의고사	실무편+최신기출 p.109	___월___일
	03회 실무 모의고사	실무편+최신기출 p.113	___월___일
11일	04회 실무 모의고사	실무편+최신기출 p.117	___월___일
	05회 실무 모의고사	실무편+최신기출 p.121	___월___일
12일	[실무편+최신기출] PART 03 최신기출문제 110회 기출문제	실무편+최신기출 p.128	___월___일
	109회 기출문제	실무편+최신기출 p.137	___월___일
13일	108회 기출문제	실무편+최신기출 p.146	___월___일
	107회 기출문제	실무편+최신기출 p.155	___월___일
14일	106회 기출문제	실무편+최신기출 p.164	___월___일
	105회 기출문제	실무편+최신기출 p.174	___월___일

시작하는 방법은
말을 멈추고
즉시 행동하는 것이다.

– 월트 디즈니(Walt Disney)

2024
에듀윌 전산회계 2급
이론편

"회계·실무의 시작, 전산회계 2급으로 START"

대부분 개인사업자는 세무사 사무실에서 기장대리를 하고, 어느 정도 규모가 있는 기업들은 별도 회계팀에서 회계 프로그램으로 작업을 수행하고 있다. 이렇듯, 많은 기업들이 실무 회계 프로그램을 정확히 숙지하고 있는 전문 인력을 필요로 하고 있는데 이에 대한 능력을 검증하는 자격시험이 전산세무회계이다. 운전을 하기 위해서는 운전면허증이 필수이듯 세무사 사무실과 회계팀 등의 취업을 위해서는 국가공인인 전산세무회계 자격증이 필수인 것이다. 이에 본서는 합격을 위해 다음과 같이 집필하였다.

1 많은 사례를 통해 시험을 대비한다.

다년간의 실무 경험과 강의를 통해 터득한 유용한 사례를 아낌없이 수록하였으며, 실무 능력을 검증하는 시험인만큼 다양한 사례를 일관성 있게 연결하여 마치 하나의 회사인 것처럼 기장부터 결산까지 직접 경험할 수 있도록 하였다.

2 시험에 나오는 유형을 반복 연습한다.

KcLep 프로그램 기능의 자유로운 응용을 위해 시험에 꼭 나오는 문제유형은 난이도별, 단계별로 수록하여 반복 연습이 되도록 하였다. 매번 시험에 나오는 새로운 유형은 기존 문제를 변형한 것이므로 기존의 기출문제를 난이도별로 응용하여 제시함으로써 자연스럽게 해당 프로그램의 기능을 숙지할 수 있도록 하였다.

3 한 권으로 끝낸다.

기본서를 다 풀고 심화문제를 다루는 문제집을 따로 풀어봐야 하는 부담감을 줄이기 위해서 한 권으로 완벽대비가 되도록 구성하였다. 최근 출제된 기출문제에 일반기업회계기준과 최신 KcLep 프로그램을 반영하여 교재 내의 본문에 충분히 수록하였기 때문에한 권으로 시험 대비가 가능하다.

끝으로 이 교재가 출간되기까지 많은 격려와 도움을 준 사랑하는 아내 소현과 우리 딸세은이에게 무한한 감사를 드린다. 더불어 본 교재를 집필하는 데 아낌없는 성원과 도움을 준 에듀윌의 무한한 발전을 기원한다.

저자 박진혁 세무사

■ **약력**
　에듀윌 전산세무회계 교수
　서울사이버대학교 겸임교수
　선일세무회계사무소 대표 세무사
　(전) 한국세무사회 주관 국가공인 전산세무회계 시험관리위원장
　(전) 한국세무사회 주관 국가공인 세무회계 · 기업회계 출제위원
　(전) EBS 전산세무회계 교수

■ **주요저서**
　분개로 익히는 기초회계원리_에듀윌
　전산세무회계 시리즈_에듀윌

전산세무회계 시험이란?

1. 시험개요

전산세무회계의 실무처리능력을 보유한 전문 인력을 양성할 수 있도록 조세 최고 전문가인 1만여 명의 세무사로 구성된 한국세무사회가 엄격하고 공정하게 자격시험을 실시하여 그 능력을 등급으로 부여함으로써, 학교의 세무회계 교육방향을 제시하여 인재를 양성시키도록 하고, 기업체에는 실무능력을 갖춘 인재를 공급하여 취업의 기회를 부여하며, 평생교육을 통한 우수한 전문 인력 양성으로 국가발전에 기여하고자 함에 목적이 있다.

2. 시험정보

- **시험구분**: 국가공인 민간자격
- **시험주관**: 한국세무사회 http://license.kacpta.or.kr
- **합격기준**: 100점 만점에 70점 이상
- **응시자격**: 제한 없음

    (다만, 부정행위자는 해당 시험을 중지 또는 무효로 하며 이후 2년간 응시 불가능)

3. 시험방법

- **시험구성**: 이론시험 30%(객관식 4지선다형) + 실무시험 70%(KcLep 이용)
- **시험시간**

전산회계 2급	전산회계 1급	전산세무 2급	전산세무 1급
12:30 ~ 13:30(60분)	15:00 ~ 16:00(60분)	12:30 ~ 14:00(90분)	15:00 ~ 16:30(90분)

※ 시험시간은 변동될 수 있으므로 시험 전에 반드시 한국세무사회 홈페이지에서 확인

4. 시험장소

서울, 부산, 대구, 광주, 대전, 인천, 울산, 강릉, 춘천, 원주, 안양, 안산, 수원, 평택, 성남, 고양, 의정부, 청주, 충주, 제천, 천안, 당진, 포항, 경주, 구미, 안동, 창원, 김해, 진주, 전주, 익산, 순천, 목포, 제주

※ 상기지역은 상설시험장이 설치된 지역이나 응시인원이 일정 인원에 미달할 때는 인근지역을 통합하여 실시함

※ 상기지역 내에서의 시험장 위치는 응시원서 접수결과에 따라 시험시행일 일주일 전부터 한국세무사회 홈페이지에 공고함

5. 2024 시험일정

회차	원서접수	장소공고	시험일자	발표일자
제112회	01.04 ~ 01.10	01.29 ~ 02.04	02.04(일)	02.22(목)
제113회	02.28 ~ 03.05	04.01 ~ 04.06	04.06(토)	04.25(목)
제114회	05.02 ~ 05.08	05.27 ~ 06.01	06.01(토)	06.20(목)
제115회	07.04 ~ 07.10	07.29 ~ 08.03	08.03(토)	08.22(목)
제116회	08.29 ~ 09.04	09.30 ~ 10.06	10.06(일)	10.24(목)
제117회	10.31 ~ 11.06	12.02 ~ 12.07	12.07(토)	12.26(목)

※ 원서접수 마지막 날 마감시간 18:00
※ 시험일정은 변동될 수 있으므로 시험 전에 반드시 한국세무사회 홈페이지에서 확인

6. 응시원서 접수방법

- **접수방법**: 각 회차별 접수기간 중 한국세무사회 홈페이지(http://license.kacpta.or.kr)로 접속하여 단체 및 개인별 접수 (회원가입 및 사진등록)
- **응시료**: 종목당 30,000원
- **환불규정**

구분	원서접수기간 중	원서접수기간 마감 후		시험 당일
		1일 ~ 5일	5일 경과 시	
환불액	100% 환불	50% 환불	환불 없음(취소 불가)	

7. 보수교육

- **보수교육이란?**
  - 국가공인 전산세무회계 자격증의 유효기간은 합격일로부터 5년이며 매 5년 단위로 갱신하여야 한다.
  - 보수교육을 이수하고 자격증이 갱신등록되면 유효기간 5년이 연장된다.
  - 자격증을 갱신하기 위하여 유효기간 만료일 3개월 전부터 만료일까지 보수교육을 받고 자격증을 갱신하여야 한다.

  ※ 보수교육을 이수하지 아니한 자에 한하여 그 자격이 일시정지되고, 자격증 발급이 제한됨
  ※ 교육기간 내에 자격증을 갱신하지 못한 자격취득자도 언제든지 보수교육을 이수하면 자격갱신이 가능함

- **보수교육절차**

갱신대상조회 ➡ 교재 다운로드 (종목별 교재 공부) ➡ 평가시험 ➡ 60점 이상 자동 갱신등록 (60점 미만은 재시험)

시험 흐름 알아보기

시험장 가기 전

- 수험표, 신분증, 계산기, 필기구를 준비한다.
  - ※ 유효신분증
    - 주민등록증(분실 시 발급확인서), 운전면허증, 여권, 장애인복지카드, 청소년증(분실 시 임시발급확인서)
    - (사진이 부착된) 생활기록부 사본(학교 직인이 있어야 함)
    - (사진이 부착된) 본인 확인이 가능한 중고등학생의 학생증
    - (사진이 부착된) 중고등학생의 재학증명서(생년월일과 직인이 명시되어야 함)
  - ※ 단순기능(사칙연산)의 계산기만 사용 가능(공학용/재무용 계산기, 전자수첩, 휴대전화 사용 불가)

▼

시험장 도착

- 시험시작 20분 전까지 고사장에 입실한다.
- 지정된 자리에 착석해 키보드, 마우스 등의 장비를 점검한다.

▼

USB 수령

- 감독관으로부터 응시종목별 기초백데이터 설치용 USB를 지급받는다.
- USB 꼬리표가 본인 응시종목인지 확인하고, 수험정보를 정확히 기재한다.

▼

시험지 수령

- 시험지가 본인의 응시종목(급수)인지의 여부와 문제유형(A 또는 B), 총 페이지 수를 확인한다.
  - ※ 급수와 페이지 수를 확인하지 않은 것에 대한 책임은 수험자에게 있음

▼

USB 설치

- USB를 컴퓨터에 정확히 꽂은 후, 인식된 해당 USB 드라이브로 이동한다.
- USB 드라이브에서 기초백데이터 설치 프로그램 'Tax.exe' 파일을 실행시킨다.
- 설치시작 화면에서 [설치] 버튼을, 설치가 완료되면 [확인] 버튼을 클릭한다.
  - 〈주의〉 USB는 처음 설치 이후, 시험 중 수험자 임의로 절대 재설치(초기화)하지 말 것

▼

수험정보입력

- 시험정보(8자리)−성명−문제유형을 정확히 입력한다.
  - 〈주의〉 처음 입력한 수험정보는 이후 절대 수정이 불가하니 정확히 입력할 것
- [감독관 확인번호]란에서 시험 시작시간까지 입력 대기한다.

▼

시험시작

- 감독관이 불러주는 '감독관 확인번호'를 정확히 입력하고, 시험에 응시한다.

▼

[시험을 마치면] USB 저장

- 이론문제의 답은 메인화면에서 을 클릭하여 입력한다.
- 실무문제의 답은 문항별 요구사항을 수험자가 파악하여 각 메뉴에 입력한다.
- 이론과 실무문제의 답을 모두 입력한 후 을 클릭하여 저장한다.
  - 〈주의〉 USB로 저장한 이후, 답안을 수정한 경우에는 최종 시점에 다시 저장해야 한다.
- 저장완료 메시지를 확인한다.

▼

USB 제출

- 답안이 수록된 USB 메모리를 빼서, 감독관에게 제출한 후 조용히 퇴실한다.

전산세무회계 자주 묻는 Q&A

시험 전

중복접수가 가능한가요?

시험시간이 중복되지 않는다면 중복접수가 가능합니다.
2개 이상의 종목을 접수한 경우, 각각 따로 접수했더라도 동일한 시험장소에서 응시할 수 있도록 배정됩니다.

시험장 선택은 어떻게 하나요?

각 시험장마다 보유 중인 PC 수량에 한계가 있어, 총 확보 좌석 중 일정 비율의 좌석을 선착순으로 수험생이 직접 선택할 수 있도록 운영하고 있습니다. 각 시험장별 일정분의 지정좌석은 대개(수도권 등 일부 지역의 경우) 접수 첫날 많은 접수자로 인하여 모두 소진됩니다. 지정좌석 소진 후 수험자들은 자동배정을 선택해야 하며 마감 이후 무작위로 좌석이 배정됩니다.
수도권 등 일부 광역지역의 경우는 이동거리가 먼(2시간 이상 소요) 시험장으로도 배정될 수 있음을 유의하시고 신중히 접수하시기 바랍니다.

실무 프로그램 설치 및 운영을 위한 PC 사양이 있나요?

[KcLep(케이렙)의 설치 및 운영을 위한 PC 사양]

구분	최소사양	권장사양
프로세서	펜티엄4	듀얼코어 이상
하드디스크	여유공간 1GB	여유공간 2GB 이상
메모리	512MB	2GB
운영체제	Windows XP	Windows XP 이상

시험 후

확정답안 발표 및 점수확인은 언제 할 수 있나요?

시험 당일 오후 8시경에 1차적으로 (가)답안을 공개하며, 발표한 (가)답안은 최종 확정답안 발표 시까지만 확인이 가능합니다. 최종 확정답안은 (가)답안 발표일로부터 3일간 답안이의신청을 접수받은 후, 출제위원회에서 면밀히 검토 및 심사를 거쳐 통상 2~3주 후에 최종 발표하고 [기출문제] 메뉴란에 게시합니다.

부분점수가 있나요?

전산세무회계 실무처리능력을 검증하는 자격시험의 특성상 부분점수는 원칙적으로 없으나 하위급수 채점 시 출제의도, 풀이과정, 배점 및 난이도 등을 감안하여 [확정답안] 범위 내에서 소폭의 부분점수(감점처리)를 부여하고 있습니다. 그러나 이와 같은 부분점수도 단계적으로 축소 또는 폐지를 추진 중입니다.

STRUCTURE

구성과 특징

이론편 – 시험에 최적화된 탄탄한 구성

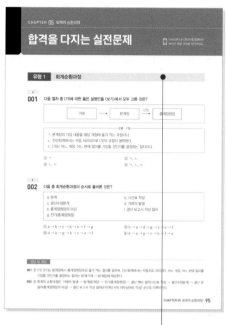

출제횟수 & 중요 표시

최신기출 30회분을 철저히 분석하여 출제된 횟수와 중요 표시를 하였다.

암기 포인트 & 강의 바로보기

이론의 핵심을 한 번 더 확인하고 QR코드로 해당 키워드의 강의를 바로 볼 수 있게 하였다.

합격을 다지는 실전문제

각 CHAPTER별로 시험과 유사한 문제를 유형별로 구성하였으며 문제마다 난이도를 표시하였다.

철저한 기출분석을 통해 시험에 꼭 필요한 내용으로 구성하였고, 출제된 횟수, 중요, 형광펜 표시를 통해 출제 가능성이 높은 부분을 파악할 수 있도록 하였다. 또한 이론편에는 QR코드를 삽입하여 '빈출유형 특강' 중 해당 이론의 강의를 바로 볼 수 있도록 구성하였다.

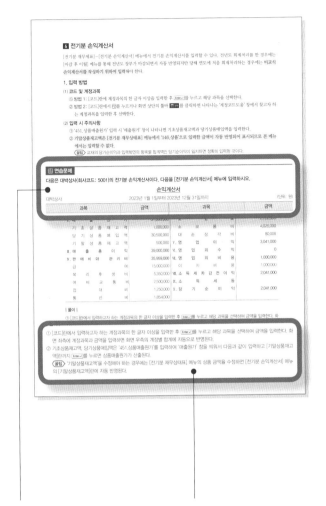

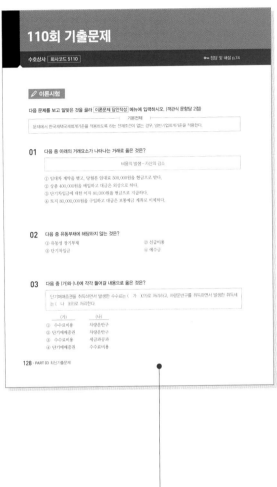

연습문제

이론과 관련된 문제와 자세한 해설을 통해 이론과 프로그램 사용법을 쉽게 학습할 수 있다.

꿀팁

저자의 꿀팁을 수록하여 효율적으로 학습할 수 있도록 하였다.

최신기출문제

최신기출문제 6회분과 자세한 해설을 수록하여 실전감각을 키울 수 있다.

저자의 실무경험에서 나온 노하우를 담은 실무편 + 최신기출에서는 KcLep 프로그램을 능숙하게 사용할 수 있도록 사용방법을 상세하게 제시하였고, 실제 시험장에서 응용할 수 있는 Skill과 TIP을 더하였다. 또한 많은 양의 문제로 시험유형을 익힐 수 있도록 구성하였다.

전산세무회계 왜 공부할까?

2022년 24만명 접수! 출처: 민간자격정보서비스
인사담당자에게 가장 인지도 있는 회계자격증!

1. 높은 합격률

단기간 준비로 합격이 가능하다.

＊전산세무회계 급수별 합격률

회차	시험일자	전산세무		전산회계		평균
		1급	2급	1급	2급	
110회	2023.10.08	24.21%	46.44%	30.02%	56.95%	39.53%
109회	2023.08.05	9.32%	47.01%	33.26%	58.84%	41.28%

2. 취업 시 자격증 소지자 우대

경리, 출납, 결산, 회계, 재무, 세무 분야에서 전산세무회계 자격증 취득자 우대로 자격증 취득 시 취업의 문이 넓어진다.

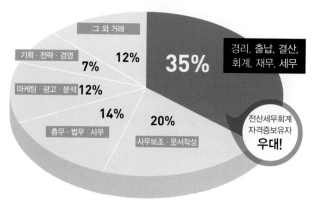

채용인원 5배 차이

3. 학점은행제 학점 인정

- 국가공인 전산세무 1급: 16학점(2009년 3월 1일 이전 취득자는 24학점)
- 국가공인 전산세무 2급: 10학점(2009년 3월 1일 이전 취득자는 12학점)
- 국가공인 전산회계 1급: 4학점(2011년 이전 취득자는 해당 없음)
- ✚ 그 외 진급 시 인사평가 반영, 자격수당 지급 등의 우대사항

전산세무회계 어떻게 공부할까?

각 종목의 출제범위는 전 단계의 범위를 포함!
전산회계 2급부터 단계별로 학습하면
전문가 수준인 전산세무 1급까지 취득 가능!

1. 수험단계

2. 출제기준

구분	이론시험 범위	실무시험 범위
전산회계 2급	• **회계원리**: 당좌 · 재고 · 유형자산, 부채, 자본금, 수익과 비용	• **기초정보의 등록 · 수정**: 회사등록, 거래처등록, 계정과목 및 적요등록 • **거래자료의 입력**: 일반전표입력, 입력자료의 수정 · 삭제, 결산자료입력(상기업에 한함) • **입력자료 및 제장부 조회**
전산회계 1급	• **회계원리**: 당좌 · 재고자산, 유 · 무형자산, 유가증권, 부채, 자본금, 잉여금, 수익과 비용 • **원가회계**: 원가의 개념, 요소별 · 부문별 원가계산, 개별 · 종합(단일, 공정별)원가계산 • **세무회계**: 부가가치세법(과세표준과 세액)	• **기초정보의 등록 · 수정**: 초기이월, 거래처등록, 계정과목의 운용 • **거래자료의 입력**: 일반전표입력, 결산자료입력(제조업 포함) • **부가가치세**: 매입 · 매출거래자료입력, 부가가치세 신고서의 조회 • **입력자료 및 제장부 조회**
전산세무 2급	• **재무회계**: 당좌, 재고, 유 · 무형자산, 유가증권과 투자유가증권, 부채, 자본금, 잉여금, 수익과 비용 • **원가회계**: 원가의 개념, 요소별 · 부문별 원가계산, 개별 · 종합(단일, 공정별, 조별, 등급별)원가계산 • **세무회계**: 부가가치세법, 소득세법(종합소득세액의 계산 및 원천징수부분에 한함)	• **재무회계, 원가회계**: 초기이월, 거래자료입력, 결산자료입력 • **부가가치세**: 매입 · 매출거래자료입력, 부가가치세 신고서의 작성 및 전자신고 • **원천제세**: 원천징수와 연말정산 기초 및 전자신고
전산세무 1급	• **재무회계**: 당좌, 재고, 유 · 무형자산, 유가증권과 투자유가증권, 외화환산, 부채, 자본금, 잉여금, 자본조정, 수익과 비용, 회계변경 • **원가회계**: 원가의 개념, 요소별 · 부문별 원가계산, 개별 · 종합(단일, 공정별, 조별, 등급별)원가계산, 표준원가계산 • **세무회계**: 법인세법, 부가가치세법, 소득세법(종합소득세액의 계산 및 원천징수부분에 한함), 조세특례제한법(상기 관련 세법에 한함)	• **재무회계, 원가회계**: 거래자료입력, 결산자료입력 • **부가가치세**: 매입 · 매출거래자료입력, 부가가치세 신고서의 작성 및 전자신고 • **원천제세**: 원천제세 전반 및 전자신고 • **법인세무조정**: 법인세무조정 전반

CONTENTS
차례

전산회계 2급 이론편

PART 01 | 회계의 기본원리

CHAPTER 01	부기와 회계의 기본원리	18
	합격을 다지는 실전문제	23
CHAPTER 02	기업의 재무상태	27
	합격을 다지는 실전문제	32
CHAPTER 03	기업의 경영성과와 순손익계산	40
	합격을 다지는 실전문제	44
CHAPTER 04	회계기록의 대상과 방법	54
	실전 분개사례 50선	63
	합격을 다지는 실전문제	73
CHAPTER 05	회계의 순환과정	82
	사례연습	89
	합격을 다지는 실전문제	95

PART 02 | 계정과목론

CHAPTER 01	당좌자산과 유동부채(Ⅰ)	108
	합격을 다지는 실전문제	114
CHAPTER 02	당좌자산과 유동부채(Ⅱ)	124
	합격을 다지는 실전문제	132
CHAPTER 03	재고자산	146
	합격을 다지는 실전문제	154
CHAPTER 04	비유동자산과 비유동부채	168
	합격을 다지는 실전문제	178
CHAPTER 05	자본	195
	합격을 다지는 실전문제	197
CHAPTER 06	결산	201
	합격을 다지는 실전문제	207

전산회계 2급 실무편 + 최신기출

PART 01 | 실무시험

CHAPTER 01	기초정보등록	10
CHAPTER 02	일반전표입력	36
	합격을 다지는 실전문제	46
CHAPTER 03	결산	62
	합격을 다지는 실전문제	82
CHAPTER 04	재무제표 및 제장부 조회	84
	합격을 다지는 실전문제	91

PART 02 | 실무시험 문제

출제유형별 연구문제	96
01회 실무 모의고사	105
02회 실무 모의고사	109
03회 실무 모의고사	113
04회 실무 모의고사	117
05회 실무 모의고사	121

PART 03 | 최신기출문제

110회 기출문제	128
109회 기출문제	137
108회 기출문제	146
107회 기출문제	155
106회 기출문제	164
105회 기출문제	174

회계의
기본원리

CHAPTER 01 부기와 회계의 기본원리
CHAPTER 02 기업의 재무상태
CHAPTER 03 기업의 경영성과와 순손익계산
CHAPTER 04 회계기록의 대상과 방법
CHAPTER 05 회계의 순환과정

NCS 능력단위 요소

회계상 거래 인식하기_0203020101_17v3.1
전표 작성하기_0203020101_17v3.2

학습전략

회계의 기본원리와 자산, 부채, 자본 및 수익, 비용의 개념, 회계의 순환과정 등을 이해
한다. 실전문제를 풀이하며 문제 유형을 학습하고, 실전 분개사례를 통해 분개에 적용
하며 계정과목을 구분한다.

부기와 회계의 기본원리

1 부기와 회계의 정의

부기란 장부기입의 약칭으로 기업의 경제활동에 따른 재산의 증감 변화를 일정한 원리에 따라 기록하는 절차이며, 회계는 부기의 개념에서 정보 전달 과정을 추가한 것이다. 즉, 회계란 기업의 이해관계자가 합리적인 의사결정을 할 수 있도록 기업에서 발생한 경제적 사건을 기록하고 정리하여 정보를 전달하는 과정이다.

부기 vs. 회계
• 부기: 장부기입의 약칭
• 회계: 부기 + 정보 전달

2 회계의 목적

▶ 최신 30회 중 2문제 출제

회계는 이해관계자들의 의사결정이 합리적으로 이루어질 수 있도록 유용한 정보를 제공하는 것을 목적으로 한다. 즉, 회계는 기업의 경제활동에 대해 신뢰할 수 있고 도움이 되는 각종 정보를 주변의 이해관계자들에게 제공함으로써 기업의 영리를 지속적으로 창출하고자 하는 것이다. 회계를 통해서 이해관계자들이 기업정보를 얻고자 하는 목적은 다음과 같다.

• 투자 및 신용의사결정에 유용한 정보 제공
• 미래 현금흐름 예측에 유용한 화폐적 정보 제공
• 재무상태, 경영성과, 현금흐름 및 자본변동에 관한 정보 제공
• 경영자의 수탁책임 평가에 유용한 정보 제공

회계의 목적
이해관계자들에게 유용한 정보를 제공하는 것

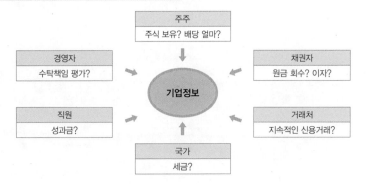

3 기업의 경제활동

장부를 기입하는 주체인 기업은 영리를 얻기 위하여 만들어진 조직체를 말하며 경제활동을 통해 기업의 영리를 지속적으로 창출하고자 한다. 경제활동은 기업이 하는 모든 활동으로 영업활동과 투자활동 및 재무활동을 의미한다.

1. 영업활동에 따른 기업의 분류

기업은 주된 영업활동에 따라 상기업과 제조기업으로 구분되며, 전산회계 2급 시험의 출제범위는 상기업만을 대상으로 한다.

(1) 상기업

상품을 싸게 사와서 비싸게 파는 기업이다. 상품이란 주된 영업활동을 통해 판매 목적으로 만들어진 물건을 사 온 경우 그 물건을 의미한다.

> 예 하이마트에서 판매 목적으로 만들어진 노트북을 산 경우 그 노트북은 상품이다.

(2) 제조기업

원자재를 사와서 공장에서 만든 제품을 비싸게 파는 기업이다. 제품이란 주된 영업활동을 통해 판매 목적으로 직접 제조하여 만든 물건을 의미한다.

> 예 삼성전자에서 판매 목적으로 노트북을 직접 제조한 경우 그 노트북은 제품이다.

2. 법률적 형태에 따른 기업의 분류

기업의 소유구조, 즉 소유와 경영의 분리 상태에 따라 개인기업과 법인기업으로 나눌 수 있다. 전산회계 2급 시험의 출제범위는 개인기업을 대상으로 한다.

(1) 개인기업

출자자 개인과 기업이 분리되지 않음으로써 기업이 별도의 독립된 법인격을 갖지 못한 형태의 기업을 말한다. 즉, 소유와 경영의 분리가 명확히 이루어지지 않아 소유와 경영이 일치하는 형태의 소규모 기업으로 출자자 개인의 역량에 따라 기업이 좌우되는 형태이다.

(2) 법인기업

개인기업과 달리 완전한 법인격을 가지고 스스로 권리와 의무의 주체가 되며, 기업의 소유자로부터 분리되어 독립적으로 존재하는 기업이다. 즉, 소유와 경영이 일치하지 않는 형태의 대규모 기업을 말하며 개인의 자금으로는 사업을 영위할 수 없으므로 다수의 투자자에게 자금을 조달받은 후 전문경영인을 통해 경제활동이 이루어진다. 이러한 법인기업의 종류에는 합명회사, 합자회사, 유한회사, 주식회사가 있는데, 우리나라의 회사는 대부분 주식을 통해 자금을 조달하는 주식회사 형태이다.

4 부기의 종류

1. 기록 · 계산 방법에 따른 분류
> ▸ 최신 30회 중 1문제 출제

(1) 단식부기

재산의 증감 변화를 일정한 원리 · 원칙 없이 결과만 한 번 기록하는 방법이다. 단식부기는 원인을 기록하지 않아 내용을 체계적으로 보여주는 데 불완전하다는 단점이 있다.

(2) 복식부기

재산의 증감 변화를 일정한 원리 · 원칙에 따라 원인과 결과로 나누어 두 번 기록하는 방법이다. 거래의 이중성, 대차평균의 원리, 자기검증기능 등을 특징으로 하며 대부분의 기업에서 이용된다. 일반적으로 부기라 하면 복식부기를 의미한다.

① 거래의 이중성: 재산의 증감 변화를 차변 요소와 대변 요소로 나누어 두 번 기록한다. 차변 요소와 대변 요소는 서로 원인과 결과가 된다.

상기업 vs. 제조기업
- 상기업: 상품을 구매해서 판매
- 제조기업: 제품을 제조해서 판매
→ 전산회계 2급 출제범위: 상기업

개인기업 vs. 법인기업

구분	소유		경영
개인기업	사장	=	사장
법인기업	주주	≠	대표이사

→ 전산회계 2급 출제범위: 개인기업

복식부기의 특징
- 거래의 이중성
- 대차평균의 원리
- 자기검증기능

② 대차평균의 원리: 모든 거래는 차변과 대변에 동일한 금액으로 기록되므로 차변 합계와 대변 합계는 항상 일치한다.

③ 자기검증기능: 모든 거래는 동일한 금액을 이중으로 기록하게 되므로 차변 합계와 대변 합계는 항상 일치한다. 만약 일치하지 않는다면 기록·계산상의 오류나 탈루가 있음을 의미한다.

2. 영리목적에 따른 분류

(1) 영리부기

영리를 목적으로 하는 기업의 장부기입을 말하며 상업부기, 공업부기, 은행부기, 보험부기 등이 이에 해당한다. 이 중 상업부기는 상기업의 부기를, 공업부기는 제조기업의 부기를 말한다.

(2) 비영리부기

영리를 목적으로 하지 않는 단체의 장부기입을 말하며 관청부기, 학교부기, 가계부기 등이 있다.

5 회계의 분류

▶ 최신 30회 중 1문제 출제

기업의 내·외부에서 회계정보를 필요로 하는 자를 이해관계자 또는 정보이용자라고 하며, 회계는 이에 따라 재무회계와 관리회계로 분류된다.

구분	재무회계	관리회계
정보이용자	외부 이해관계자(주주, 채권자 등)	내부 이해관계자(경영자 등)
목적	기업 외부 이해관계자의 경제적 의사결정에 유용한 정보 제공	기업 내부 이해관계자인 경영자의 관리적 의사결정에 유용한 정보 제공
보고수단	일반기업회계기준에 의해 작성된 재무제표	특수목적 보고서

재무회계 vs. 관리회계
- 재무회계: 외부공시 목적
- 관리회계: 내부통제 목적

재무제표
외부 정보이용자에게 회계정보를 전달하는 수단으로, 기업회계기준에 의해 작성

재무회계의 전달 수단인 재무제표가 일정한 기준으로 작성되지 않는다면 기업 간 비교·분석하고자 하는 정보이용자에게 큰 어려움을 줄 것이다. 이를 해결하기 위해 만들어진 것이 기업회계기준이다. 또한 기업회계기준에 의해 작성된 재무제표의 작성과 표시에 대한 책임은 경영진에게 있다.

➕ 회계기준의 종류

상장기업과 금융기관, 일반기업은 국제회계기준(K-IFRS; International Financial Reporting Standards)을 적용하여 재무제표를 작성하며 국제회계기준을 적용하지 않는 기업 중 외부감사대상 회사 및 공공기관은 일반기업회계기준에 따라 작성한다. 반면, 국제회계기준과 일반기업회계기준의 적용을 받지 않는 나머지 대부분의 중소기업은 중소기업회계기준에 따라 재무제표를 작성할 수 있다.

기준의 종류	적용 대상
국제회계기준	모든 상장기업과 금융기관, 일반기업 중 원하는 기업
일반기업회계기준	국제회계기준을 적용하지 않는 기업 중 외부감사대상 주식회사 및 공공기관
중소기업회계기준	국제회계기준과 일반기업회계기준 적용 대상이 아닌 중소기업

6 재무제표의 종류 <중요>

▶ 최신 30회 중 8문제 출제

재무제표는 재무상태표, 손익계산서, 현금흐름표, 자본변동표로 구성되며, 주석을 포함하는 개념이다. 단, 주기는 포함하지 않는다.

이익잉여금처분계산서를 재무제표에서 제외하고 「상법」 등 관련 법규에서 요구하는 경우에 주석으로 공시할 수 있다. 또한 전달하고자 하는 정보의 성격을 충실히 나타내는 범위 내에서 사용하는 재무제표의 명칭이 아닌 다른 명칭을 사용할 수 있다.

재무제표의 종류
- 재무상태표
- 손익계산서
- 현금흐름표
- 자본변동표
- 주석

구분		의의
재무제표 ○	재무상태표	일정 시점의 재무상태를 나타냄(정태적 보고서)
	손익계산서	일정 기간의 경영성과를 나타냄(동태적 보고서)
	현금흐름표	일정 기간 동안 영업활동, 투자활동, 재무활동으로 나누어 현금의 유입과 유출에 관한 정보를 제공(동태적 보고서)
	자본변동표	일정 기간 동안 소유주의 투자와 소유주에 대한 분배에 관한 정보를 제공(동태적 보고서)
	주석	재무제표의 해당 과목 또는 금액에 기호를 붙이고 별지에 그 내용을 간결하게 기재
재무제표 ×	주기	재무제표상의 해당 과목 다음에 내용을 간단한 문자 또는 숫자로 괄호 안에 표시
	이익잉여금처분계산서	이익처분에 관한 내용 등 이익잉여금의 총 변동사항을 제공
	시산표	총계정원장 기록에 대한 오류점검표
	제조원가명세서	당기에 완성된 제품의 제조원가표

7 회계연도(회계기간)

기업의 재무상태와 경영성과를 명백히 계산하기 위하여 인위적으로 1년 이내의 기간적 범위를 정하는데, 이러한 기간을 회계연도 또는 회계기간이라고 한다. 개인기업의 회계연도는 무조건 1월 1일부터 12월 31일까지로 정해져 있으나 법인기업의 회계연도는 설립 시 작성되는 정관에서 설정한 기간을 말한다. 단, 현행 「상법」에서 회계연도는 원칙적으로 1년을 초과할 수 없다고 규정하고 있다.

회계연도(회계기간)
인위적으로 설정한 1년 이내의 기간

포인트 회계연도가 1월 1일~12월 31일인 경우

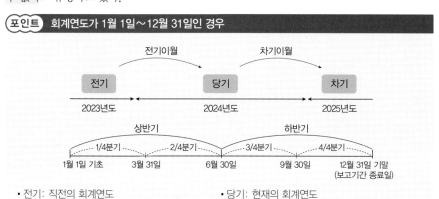

- 전기: 직전의 회계연도
- 당기: 현재의 회계연도
- 차기: 다음의 회계연도

8 회계단위

기업이 소유하고 있는 자산의 증감 변화를 기록, 계산, 정리하기 위한 장소적 범위를 회계단위라고 한다. 기업 전체가 하나의 회계단위일 수도 있고, 각각의 본점이나 지점이 하나의 회계단위가 될 수도 있다. 예 본사와 공장, 본사와 지점

회계연도 vs. 회계단위
• 회계연도: 시간적 범위
• 회계단위: 장소적 범위

9 재무제표의 특성과 한계

특성	한계
• 재무제표는 화폐단위로 측정된 정보를 주로 제공한다. • 재무제표는 대부분 과거에 발생한 거래나 사건에 대한 정보를 나타낸다.	• 재무제표는 추정에 의한 측정치를 포함하고 있다. • 재무제표는 특정 기업의 실체에 관한 정보를 제공하며, 산업 또는 경제 전반에 관한 정보는 제공하지 않는다.

합격을 다지는 실전문제

스마트폰으로 QR코드를 촬영하여
저자의 해설 강의를 확인하세요.

유형 1 회계의 분류와 목적

상 중 하

001 다음 중 회계정보의 내부이용자에 속하는 이해관계자로 옳은 것은?

① 고객
② 정부
③ 경영자
④ 채권자

상 중 하

002 다음 중 일반기업회계기준상 회계의 목적에 대한 설명으로 옳지 않은 것은?

① 미래 자금흐름 예측에 유용한 회계 외 비화폐적 정보 제공
② 경영자의 수탁책임 평가에 유용한 정보 제공
③ 투자 및 신용의사결정에 유용한 정보 제공
④ 재무상태, 경영성과, 현금흐름 및 자본변동에 관한 정보 제공

상 중 하

003 다음 중 일반기업회계기준상 재무회계의 주된 목적으로 옳은 것은?

① 외부 정보이용자의 의사결정에 유용한 정보 제공
② 기업의 재무상태와 경영성과의 평가
③ 경영방침 수립 및 계획
④ 종업원의 근무 성적을 산출하여 승진에 반영

정답 및 해설

001 ③ 회계정보이용자 중 내부이용자에는 경영자와 종업원이 있으며, 외부이용자에는 투자자, 채권자, 주주, 정부, 거래처 등이 있다.

002 ① 주로 비화폐적 정보는 제공되지 않기 때문에 비화폐적 정보의 제공은 회계의 목적과 무관하다.

003 ① 재무회계의 주된 목적은 투자와 신용에 대한 외부 정보이용자의 의사결정에 유용한 정보를 제공하는 것이다.

상 중 하

004 다음 내용과 관련 있는 회계 용어로 옳은 것은?

복식부기에서는 모든 계정의 차변 합계와 대변 합계가 항상 일치하여 자기검증기능을 갖는다.

총계정원장　　총계정원장

차변 합계　　대변 합계

① 거래의 8요소　　　　　　　　　　② 거래의 이중성
③ 대차평균의 원리　　　　　　　　　④ 수익 · 비용 대응의 원리

상 중 하

005 다음 설명 중 (가)와 (나)에 들어갈 용어로 바르게 연결된 것은?

복식회계에서는 거래의 차변 요소가 발생하면 항상 대변 요소도 발생하고, 같은 금액을 차변과 대변에 기록한다. 이렇게 기록된 차변 합계 금액과 대변 합계 금액이 반드시 일치하는 것을 (　가　)(이)라 하고, 또 하나의 거래에 대한 원인과 결과로 왼쪽의 요소와 오른쪽의 요소를 동일한 금액으로 기입하는 것을 (　나　)(이)라 한다.

	(가)	(나)
①	거래의 이중성	대차평균의 원리
②	거래의 이중성	차변과 대변의 대응
③	대차평균의 원리	거래의 이중성
④	대차평균의 원리	차변과 대변의 대응

정답 및 해설

004 ③ 모든 거래는 차변과 대변에 동일한 금액으로 기록되므로 차변 합계와 대변 합계가 항상 일치하는 것을 대차평균의 원리라고 한다.

005 ③ • 대차평균의 원리: 차변에 거래 요소가 발생하면 대변에도 항상 거래 요소가 발생하고, 차변과 대변에 같은 금액을 기록하게 되는데 이렇게 기록된 차변 합계와 대변 합계가 반드시 일치하는 것을 말한다.
　　 • 거래의 이중성: 하나의 거래를 원인과 결과로 보고 왼쪽(차변) 요소와 오른쪽(대변) 요소로 나누어 동일한 금액을 두 번 기입하는 것을 말한다.

006 다음 중 장부를 기록하는 방법에 대한 설명으로 틀린 것은?

① 부기는 기록, 계산하는 방법에 따라 단식부기와 복식부기로 분류된다.

② 복식부기는 일정한 원리나 원칙에 따라 현금이나 재화의 증감은 물론 손익의 발생을 조직적으로 계산한다.

③ 복식부기는 대차평균의 원리에 의하여 오류를 자동으로 검증하는 자기검증기능이 있다.

④ 복식부기는 일정한 원리 · 원칙 없이 재산의 증가, 감소를 중심으로 기록하며 손익의 원인을 계산하지 않는다.

유형 3 재무제표의 종류

007 다음 중 설명과 재무제표의 연결이 바르지 않은 것은?

① 일정 시점의 재무상태를 나타내는 표 − 재무상태표

② 일정 기간의 경영성과를 나타내는 표 − 이익잉여금처분계산서

③ 일정 기간의 자본변동을 나타내는 표 − 자본변동표

④ 일정 기간의 수익 · 비용을 나타내는 표 − 손익계산서

008 다음 대화 중 (가), (나)에 들어갈 용어로 올바른 것은?

> 학생: 재무제표에는 무엇이 해당되나요?
> 선생님: 재무제표는 재무상태표, (가), 현금흐름표, (나)로 구성되며, 주석을 포함한단다.

	(가)	(나)		(가)	(나)
①	손익계산서	자본변동표	②	정산표	손익계산서
③	합계시산표	재고조사표	④	재고조사표	합계시산표

009 다음 중 일반기업회계기준에서 정하고 있는 재무제표가 아닌 것은?

① 주석

② 현금흐름표

③ 자본변동표

④ 합계잔액시산표

정답 및 해설

006 ④ 일정한 원리 · 원칙 없이 재산의 증가, 감소를 중심으로 기록하며 손익의 원인을 계산하지 않는 기장방법은 단식부기이다.

007 ② 일정 기간의 경영성과를 나타내는 표는 손익계산서이다. 이익잉여금처분계산서는 이익처분에 관한 내용 등 이익잉여금의 총 변동사항을 제공하며, 재무제표에 해당하지 않는다.

008 ① 재무제표의 종류에는 재무상태표, 손익계산서, 현금흐름표, 자본변동표가 있으며 주석이 포함된다.

009 ④ 일반기업회계기준에서 정하고 있는 재무제표는 재무상태표, 손익계산서, 현금흐름표, 자본변동표, 주석이다.

상중하

010 기업의 재무상태와 경영성과를 명백히 계산하기 위해 인위적으로 1년 이내의 기간적 범위를 정하는 것을 무엇이라 하는가?

① 회계정의   ② 회계목적

③ 회계연도   ④ 회계거래

상중하

011 회계기간에 관한 설명 중 틀린 것은?

① 회계기간은 원칙적으로 1년을 초과할 수 없다.

② 인위적으로 구분한 기간으로 회계연도라고도 한다.

③ 한 회계기간은 전기부터 차기까지를 의미한다.

④ 경영성과와 재무상태를 파악하기 위한 시간적 개념이다.

상중하

012 다음 설명에 해당하는 용어는?

> (주)세은상사, 사랑상점 등과 같이 회계의 기록, 계산이 이루어지는 장소적 범위이다.

① 회계연도   ② 회계단위

③ 회계기간   ④ 회계결산

정답 및 해설

010 ③ 재무상태와 경영성과를 명백히 계산하기 위해 설정한 시간적 개념은 회계연도이다.

011 ③ 회계기간(회계연도)은 1년을 초과할 수 없으며 한 회계기간은 전기부터 차기까지가 아닌 당기를 말한다.

012 ② 기업의 각종 재산 및 자본의 증감 변화를 기록, 계산하기 위하여 설정한 장소적 범위를 회계단위라고 한다.

기업의 재무상태

핵심키워드
- 재무상태표
- 유동자산
- 비유동자산
- 유동부채
- 비유동부채
- 자본

■ 1회독 ■ 2회독 ■ 3회독

1 재무상태표 〈중요〉

▶ 최신 30회 중 6문제 출제

1. 재무상태표의 정의

재무상태표(Statement of Position)는 일정 시점 현재 기업이 보유하고 있는 경제적 자원인 자산과 경제적 의무인 부채, 그리고 자본에 대한 정보를 제공하는 재무보고서로서, 정보이용자들이 기업의 유동성[*1], 재무적 탄력성[*2], 수익성과 위험 등을 평가하는 데 유용한 정보를 제공한다.

재무상태표

에듀윌		2024.12.31.		(단위: 원)
유동자산	당좌자산	유동부채	매입채무, 미지급금 등	
	재고자산	비유동부채	사채, 장기차입금 등	
비유동자산	투자자산	자본	자본금	
	유형자산			
	무형자산			
	기타 비유동자산			

재무상태표에는 기업명, 보고기간 종료일 또는 회계기간, 보고통화 및 금액단위를 함께 기재한다. 재무상태표의 표시와 분류방법은 기업의 재무상태를 쉽게 이해할 수 있도록 결정되어야 하며 자산, 부채, 자본 중 중요한 항목은 재무상태표 본문에 별도 항목으로 구분하여 표시해야 한다. 중요하지 않은 항목은 성격 또는 기능이 유사한 항목에 통합하여 표시할 수 있다.

[*1] 유동성: 즉시 현금화되는 정도를 나타내는 척도
[*2] 재무적 탄력성: 해당 업체의 전반적인 자금 흐름 상황에 대한 그림을 그린 후, 만약 해당 업체가 재무적으로 어려운 상황에 처할 경우에 그로 인한 자금 압박 요인을 얼마나 잘 극복할 수 있는가를 측정하는 척도

2. 재무상태표 등식

▶ 최신 30회 중 3문제 출제

재무상태표 등식이란 자산을 차변에 기재하고 부채와 자본을 대변에 기재하여 왼쪽의 자산 총계와 오른쪽의 부채와 자본 총계가 항상 일치하게 되는 것을 말한다.

자산 = 부채 + 자본

재무상태표
일정 시점의 재무상태를 보고하며 자산, 부채, 자본으로 구성됨

재무상태표 등식
자산 = 부채 + 자본

2 자산 ◀중요

▶ 최신 30회 중 21문제 출제

1. 자산의 의의

자산(Assets)이란 과거의 사건이나 결과에 의해 현재 기업이 소유하고 있는 것으로 미래에 경제적 효익의 유입이 예상되는 것을 말한다. 즉, 기업이 보유하고 있는 여러 가지 재화와 채권을 의미한다. 재화는 기업이 소유하고 있는 물건으로 현금, 상품, 토지, 건물 등을 말하며, 채권은 돈 받을 권리로 외상매출금, 대여금 등을 말한다.

2. 자산의 분류

(1) 유동자산

현금 또는 보고기간 종료일로부터 1년 이내에 현금화할 수 있는 자산이다.

① 당좌자산: 현금 또는 빠른 시간 내에 현금화할 수 있는 자산이다.

② 재고자산: 판매를 목적으로 보유하고 있는 자산이다.

(2) 비유동자산

보고기간 종료일로부터 1년 이후에 현금화할 수 있는 자산이다.

① 투자자산: 장기적인 투자수익을 얻기 위하여 보유하고 있는 자산이다.

② 유형자산: 영업활동에 1년을 초과하여 사용할 목적으로 보유하고 있는 물리적 실체가 있는 자산이다.

③ 무형자산: 영업활동에 1년을 초과하여 사용할 목적으로 보유하고 있는 물리적 실체가 없는 자산이다.

④ 기타 비유동자산: 비유동자산 중 투자자산 및 유형자산, 무형자산에 속하지 않는 자산이다.

3. 자산의 종류

(1) 외부공시용

유동자산	당좌자산	현금 및 현금성자산, 단기투자자산(단기금융상품, 단기대여금, 단기매매증권, 1년 이내 만기가 도래하는 매도가능증권, 만기보유증권), 매출채권, 미수금, 미수수익, 선급금, 선급비용 등
	재고자산	상품, 제품, 원재료, 재공품, 반제품, 저장품, 미착품, 위탁품, 시송품 등
비유동자산	투자자산	장기금융상품, 장기투자증권(매도가능증권, 만기보유증권), 장기대여금, 투자부동산 등
	유형자산	토지, 건물, 구축물, 기계장치, 선박, 차량운반구, 건설 중인 자산, 비품 등
	무형자산	영업권, 개발비, 산업재산권, 광업권, 어업권 등
	기타 비유동자산	장기매출채권, 장기미수금, 임차보증금 등

자산의 의의
미래에 경제적 효익의 유입이 예상되는 것

▶ 유동자산 ┌ 당좌자산
　　　　　 └ 재고자산
▶ 비유동자산 ┌ 투자자산
　　　　　　 ├ 유형자산
　　　　　　 ├ 무형자산
　　　　　　 └ 기타 비유동자산

빈출지문 OX
유동자산은 당좌자산과 재고자산으로, 비유동자산은 투자자산, 유형자산, 무형자산, 기타 비유동자산으로 구분한다.　　　　(　)
정답 O

(2) 내부관리용

현금	기업이 보유하고 있는 현금(지폐와 동전)
보통예금	입·출금이 자유로운 예금
당좌예금	지불수단의 편의를 위해 당좌수표를 발행하여 돈을 인출하기 위해 가입한 예금
정기예금	일정 금액을 일정 기간 동안 금융기관에 맡기고 정해진 기간 후에 일정 금액과 이자를 받기로 한 예금
정기적금	목돈을 만들기 위해 일정 기간 동안 일정 금액씩 금융기관에 맡기고 정해진 기한 후에 목돈을 받기로 한 예금
상품	상기업에서 판매를 목적으로 구입한 물건
제품	제조기업에서 판매를 목적으로 제조한 물건
비품	영업활동에 사용할 목적으로 구입한 책상, 컴퓨터, 에어컨 등
소모품	영업활동에 사용할 목적으로 구입한 사무용품, 청소용품 등
외상매출금	상품을 외상으로 매출한 경우
받을어음	상품을 외상으로 매출하면서 받은 어음
매출채권	외상매출금과 받을어음의 합
미수금	상품 외의 자산을 외상으로 처분한 경우
단기대여금	보고기간 종료일로부터 1년 이내에 회수하기로 하고 빌려준 돈
장기대여금	보고기간 종료일로부터 1년 이후에 회수하기로 하고 빌려준 돈
선급금	상품 등을 매입하기로 하고 미리 지급한 계약금
토지	회사가 보유하고 있는 땅
건물	회사가 보유하고 있는 건물
차량운반구	영업용으로 사용하는 승용차, 승합차, 트럭, 오토바이 등
기계장치	제품 생산을 위해 구입한 기계 등
임차보증금	부동산 등에 대한 임대차계약을 체결하고 임차인이 임대인에게 지급한 보증금으로 계약기간이 만료되면 다시 반환받는 금액

▶ 판매 목적 ┌ 상품(제조 ×)
　　　　　　└ 제품(제조 ○)

▶ 사용 목적 ┌ 비품(1년 초과)
　　　　　　└ 소모품(1년 이내)

채권
- 매출채권: 일반적 상거래(외상매출금/받을어음)
- 미수금: 일반적 상거래 외
- 대여금(장기대여금/단기대여금)
- 선급금
- 임차보증금 등

3 부채 ◀중요

▶ 최신 30회 중 20문제 출제

1. 부채의 의의

부채(Liabilities)란 과거의 거래나 사건의 결과로 현재 기업실체가 부담하고 있고 미래에 자원의 유출 또는 사용이 예상되는 의무를 말하며 타인자본이라 한다. 경영활동 과정에서 타인으로부터 금전을 빌리거나 외상으로 상품을 매입하여 발생한 '갚아야 할 빚'을 의미한다.

부채의 의의
갚아야 할 빚

2. 부채의 분류

(1) 유동부채

보고기간 종료일로부터 상환기한이 1년 이내에 도래하는 부채이다.

(2) 비유동부채

보고기간 종료일로부터 상환기한이 1년 이후에 도래하는 부채이다.

▶ 부채 ┌ 유동부채
　　　　└ 비유동부채

3. 부채의 종류

(1) 외부공시용

유동부채	매입채무, 단기차입금, 미지급금, 선수금, 예수금, 미지급비용, 당기법인세부채, 미지급배당금, 유동성 장기부채, 선수수익 등
비유동부채	사채, 장기차입금, 장기성 매입채무, 임대보증금 등

(2) 내부관리용

외상매입금	상품을 외상으로 매입한 경우
지급어음	상품을 외상으로 매입하면서 회사가 발행해 준 어음
매입채무	외상매입금과 지급어음의 합
미지급금	상품 외의 자산을 외상으로 구입한 경우
단기차입금	보고기간 종료일로부터 1년 이내의 기간에 만기로 빌려온 돈
장기차입금	보고기간 종료일로부터 1년 이후의 기간에 만기로 빌려온 돈
선수금	상품 등을 판매하기로 하고 미리 받은 계약금
임대보증금	부동산 등에 대한 임대차계약을 체결하고 임대인이 임차인에게 받은 보증금으로 계약기간이 만료되면 다시 반환해야 하는 금액

내부관리용 부채
- 매입채무: 일반적 상거래(외상매입금/지급어음)
- 미지급금: 일반적 상거래 이외
- 차입금(단기차입금, 장기차입금)
- 선수금
- 임대보증금 등

포인트 **채권과 채무의 구분**

구분		채권(자산)	채무(부채)
상거래	외상	외상매출금	외상매입금
	어음	받을어음	지급어음
상거래 이외	외상	미수금	미지급금
	어음		
금전대차거래		대여금	차입금
계약금		선급금	선수금
보증금		임차보증금	임대보증금

4 자본 ◀중요

▶ 최신 30회 중 6문제 출제

자본(Equities)이란 회사의 소유주 자신이 투자한 출자금으로서 소유주의 잔여청구권을 말한다. 또한 기업의 자산에서 부채를 차감한 순자산 또는 자기자본이라고 한다. 전산회계 2급 시험의 출제범위는 개인기업이며, 개인기업의 자본에는 사업을 개시하기 위해 출자한 장사밑천인 자본금만 해당된다.

$$자본(자본금) = 자산 - 부채$$

5 재무상태표의 작성기준 <중요>

▶ 최신 30회 중 7문제 출제

재무상태표는 기업의 재무상태를 쉽게 이해할 수 있도록 표시·분류해야 한다.

작성기준	내용
구분표시	자산, 부채, 자본으로 구분하고, 자산은 유동자산과 비유동자산으로, 부채는 유동부채와 비유동부채로 각각 구분표시한다.
총액표시	자산, 부채 및 자본은 총액에 의하여 기재함을 원칙으로 하고, 자산의 항목과 부채 또는 자본의 항목을 상계함으로써 그 전부 또는 일부를 재무상태표에서 제외하여서는 안 된다.
1년 또는 정상영업주기 기준	자산과 부채는 1년 또는 정상영업주기를 기준으로 하여 유동자산 또는 비유동자산, 유동부채 또는 비유동부채로 구분하는 것을 원칙으로 한다.
유동성 배열법	재무상태표에 기재하는 자산과 부채 항목의 배열은 유동성 배열법에 의함을 원칙으로 한다. 즉, 유동성이 높은(현금화가 쉬운) 계정부터 차례대로 배열하여 작성하여야 한다.
잉여금 구분표시	자본거래에서 발생한 자본잉여금과 손익거래에서 발생한 이익잉여금을 구분하여 표시한다.
미결산 항목 및 비망기록 표시 금지	가지급금 또는 가수금 등의 미결산 항목은 그 내용을 나타내는 적절한 과목으로 표시하고, 비망 계정은 재무상태표의 자산 또는 부채 항목으로 표시하여서는 안 된다.

재무상태표 작성기준
- 구분표시
- 총액표시
- 1년 또는 정상영업주기 기준
- 유동성 배열법
- 잉여금 구분표시
- 미결산 항목 및 비망기록 표시 금지

▶ 자산은 '당좌자산 → 재고자산 → 투자자산 → 유형자산 → 무형자산 → 기타 비유동자산' 순서로 배열한다.

빈출지문 OX
자산과 부채는 유동성이 낮은 계정부터 기록한다.　(　)
정답 X

합격을 다지는 실전문제

📱 스마트폰으로 QR코드를 촬영하여
저자의 해설 강의를 확인하세요.

유형 1 재무상태표의 정의

상 중 하

001 다음 중 일정 시점 현재 기업이 보유하고 있는 경제적 자원인 자산과 경제적 의무인 부채, 그리고 자본에 대한 정보를 제공하는 재무보고서는 무엇인가?

① 손익계산서 　　　　　　　　　　　② 자본변동표

③ 재무상태표 　　　　　　　　　　　④ 현금흐름표

상 중 하

002 다음 중 재무제표에 함께 기재하지 않아도 되는 것은?

① 기업명 　　　　　　　　　　　② 보고기간 종료일 또는 회계기간

③ 대표자명 　　　　　　　　　　　④ 보고통화 및 금액단위

유형 2 재무상태표의 분류(자산, 부채, 자본)

상 중 하

003 다음 중 자산, 부채, 자본에 대한 설명으로 틀린 것은?

① 자본은 기업실체의 자산 총액에서 부채 총액을 차감한 순자산을 말한다.

② 기업의 자금조달 방법에 따라 타인자본과 자기자본으로 구분하며, 부채는 자기자본에 해당한다.

③ 자산은 과거의 거래나 사건의 결과로서 현재 기업실체에 의해 지배되고 미래에 경제적 효익을 창출할 것으로 기대되는 자원을 말한다.

④ 자본은 기업실체의 자산에 대한 소유주의 잔여청구권이다.

정답 및 해설

001 ③ 재무상태표는 일정 시점 현재 기업이 보유하고 있는 자산과 부채, 자본에 대한 정보를 제공하는 재무보고서이다.

002 ③ 재무제표에는 각 재무제표의 명칭과 기업명, 보고기간 종료일 또는 회계기간, 보고통화 및 금액단위를 함께 기재해야 한다.

003 ② 기업의 자금조달 방법에 따라 타인자본과 자기자본으로 구분하며, 부채는 타인자본에 해당한다.

004 다음 중 자산, 부채, 자본의 개념에 대한 설명으로 틀린 것은?

① 자산은 미래의 경제적 효익으로 미래 현금흐름 창출에 기여하는 잠재력을 말한다.

② 자본은 자산 총액에서 부채 총액을 차감한 잔여액 또는 순자산으로 자산에 대한 소유주의 잔여청구권이다.

③ 부채는 과거의 거래나 사건의 결과로 미래에 자원의 유입이 예상되는 의무이다.

④ 복식부기 적용 시 대차평균의 원리가 사용된다.

005 다음 중 밑줄 친 (가)와 관련 있는 계정과목으로만 나열된 것은?

> 자산은 기업이 경영활동을 하기 위하여 소유하고 있는 각종 재화와 (가) 채권을 말한다.

① 단기대여금, 외상매출금　　　　② 선급금, 비품

③ 미수금, 상품　　　　　　　　　④ 상품, 제품

006 부채에 대한 설명으로 올바른 것은?

① 순자산이다.　　　　　　　　　② 자기자본이라고도 한다.

③ 타인자본이라고도 한다.　　　　④ 손익계산서 항목이다.

007 다음 중 자본에 대한 설명으로 가장 알맞은 것은?

① 자산과 동일한 의미이다.

② 현금을 의미한다.

③ 기업의 총재산을 의미한다.

④ 자산에서 부채를 차감한 금액을 의미한다.

정답 및 해설

004 ③ 부채는 과거의 거래나 사건의 결과로 현재 기업실체가 부담하고 있고 미래에 자원의 유출 또는 사용이 예상되는 의무이다.

005 ① 채권은 외상매출금, 받을어음, 미수금, 대여금, 선급금 등을 말한다.

006 ③ ① 순자산은 자산에서 부채를 뺀 자본을 말한다.
② 자기자본은 자본 또는 소유주 지분이라고 한다.
④ 부채는 재무상태표 항목이며, 손익계산서 항목에는 수익과 비용이 있다.

007 ④ 자본이란 기업이 소유하고 있는 자산 총액에서 부채 총액을 차감한 순자산을 의미한다.

008 다음 (   ) 안에 들어갈 내용으로 옳은 것은?

> (   )은(는) 순자산으로서 기업실체의 자산에 대한 소유주의 잔여청구권이다.

① 자산   ② 부채
③ 자본   ④ 당기순이익

009 다음은 유동성 배열법에 따른 자산의 구분에 대한 내용이다. (A)~(D)에 들어갈 내용의 연결이 옳은 것은?

> 유동자산은 당좌자산과 (A)으로 구분하고, 비유동자산은 (B), (C), 무형자산, (D)으로 구분한다.

	(A)	(B)	(C)	(D)
①	투자자산	재고자산	기타 비유동자산	유형자산
②	투자자산	재고자산	유형자산	기타 비유동자산
③	재고자산	투자자산	기타 비유동자산	유형자산
④	재고자산	투자자산	유형자산	기타 비유동자산

010 다음 주어진 자료에 의한 현대상사의 자산 총액은 얼마인가?

• 현금	24,000원	• 매입채무	10,000원	• 상품	30,000원
• 비품	5,000원	• 차입금	6,000원		

① 35,000원   ② 59,000원
③ 69,000원   ④ 75,000원

정답 및 해설

008 ③ 자본은 기업실체의 자산 총액에서 부채 총액을 차감한 잔여액 또는 순자산으로서 기업실체의 자산에 대한 소유주의 잔여청구권이다.

009 ④ 유동자산은 당좌자산과 재고자산으로 구분하고, 비유동자산은 투자자산, 유형자산, 무형자산, 기타 비유동자산으로 구분한다.

010 ② 자료 중 자산에는 현금, 상품, 비품이 해당된다. 따라서 자산 총액은 '현금 24,000원 + 상품 30,000원 + 비품 5,000원 = 59,000원'이다. 매입채무와 차입금은 부채에 해당한다.

011 다음 자료는 2024년 12월 31일 현재 재무상태표 각 계정의 잔액이다. 단기차입금은 얼마인가?

• 미수금	550,000원	• 외상매출금	250,000원	• 단기차입금	( )
• 미지급금	150,000원	• 선급금	130,000원	• 자본금	300,000원

① 540,000원

③ 480,000원

② 500,000원

④ 460,000원

012 재무상태표의 작성에 관한 내용 중 틀린 것은?

① 재무상태표 등식은 '자산 = 부채 + 자본'이다.

② 일정 기간의 기업의 재무상태를 나타내는 회계보고서이다.

③ 외상매입금과 지급어음을 합하여 '매입채무'로 표시한다.

④ 재무상태표에는 표제, 상호, 작성연월일, 금액의 단위를 표시하여야 한다.

013 다음 (가), (나)에 들어갈 금액으로 옳은 것은?

구분	자산	부채	자본
남항상사	500,000원	(가)	200,000원
북항상사	(나)	350,000원	300,000원

	(가)	(나)
①	300,000원	300,000원
②	650,000원	650,000원
③	650,000원	300,000원
④	300,000원	650,000원

정답 및 해설

011 ③ • 자산 총계: 미수금 550,000원 + 외상매출금 250,000원 + 선급금 130,000원 = 930,000원

　　　• 부채 총계: 자산 총계 930,000원 − 자본금 300,000원 = 630,000원

　　　∴ 단기차입금: 부채 총계 630,000원 − 미지급금 150,000원 = 480,000원

012 ② 재무상태표는 일정 기간이 아닌 일정 시점의 기업의 재무상태를 나타내는 것이다.

013 ④ • (가) 남항상사의 부채: 자산 500,000원 − 자본 200,000원 = 300,000원

　　　• (나) 북항상사의 자산: 부채 350,000원 + 자본 300,000원 = 650,000원

상 중 하

014 다음 중 부채로 계상할 수 없는 것은?

① 외상으로 상품을 구입한 금액
② 상품을 판매하기 전에 받은 계약금
③ 타인에게 빌려준 돈
④ 사업용 건물 외상 구입 시 남아 있는 잔금

상 중 하

015 다음 중 재무제표 항목의 분류가 옳지 않은 것은?

① 자산 – 소모품, 차량운반구, 비품, 상품
② 부채 – 매입채무, 미지급금, 차입금
③ 수익 – 매출, 이자수익, 잡이익, 자본금
④ 비용 – 매출원가, 급여, 이자비용, 기부금

상 중 하

016 다음 밑줄 친 부분과 관련 있는 계정과목을 고르면?

회계는 일정 시점에서 기업의 재무상태를 파악하고 일정 기간 동안 기업의 경영성과를 밝히는 데 목적이 있다.

① 현금 및 현금성자산
② 감가상각비
③ 기부금
④ 이자수익

상 중 하

017 다음 중 자산 계정에 속하지 않는 것은?

① 선급금
② 단기대여금
③ 선수금
④ 미수금

상 중 하

018 다음 중 재무제표 항목의 분류가 올바르지 않은 것은?

① 비품 – 자산
② 미수금 – 부채
③ 선수금 – 부채
④ 미지급금 – 부채

정답 및 해설

014 ③ 타인에게 빌려준 돈은 대여금으로 자산에 해당한다.

015 ③ 자본금은 자본으로 분류한다.

016 ① 밑줄 친 부분은 재무상태를 나타내며, 재무상태표에는 자산, 부채, 자본이 해당한다. 현금 및 현금성자산은 자산 계정이다.

017 ③ 선수금은 부채에 해당한다.

018 ② 미수금은 자산에 해당한다.

유형 3 재무상태표의 작성기준

상 중 하

019 일반기업회계기준상 재무상태표의 표시와 관련된 설명으로 가장 적절하지 않은 것은?

① 자산은 유동자산과 비유동자산으로 구분하며, 비유동자산은 재고자산, 유형자산, 무형자산, 기타 비유동자산으로 구분한다.

② 부채는 유동부채와 비유동부채로 구분한다.

③ 자본은 자본금, 자본잉여금, 이익잉여금, 기타포괄손익누계액, 자본조정으로 구성된다.

④ 자산과 부채는 유동성이 높은 항목부터 배열하는 것을 원칙으로 한다.

상 중 하

020 일반기업회계기준상 재무상태표에 대한 설명으로 적절하지 않은 것은?

① 재무상태표는 기업의 재무상태를 명확히 보고하기 위하여 보고기간 종료일 현재 기업의 자산·부채·자본을 나타내는 정태적 보고서를 말한다.

② 재무상태표에서 자산·부채·자본은 총액표시를 원칙으로 한다.

③ 재무상태표는 유동성 배열법에 따라 유동성이 낮은 항목부터 나열한다.

④ 기업회계기준상 재무상태표의 작성방법에는 보고식과 계정식이 있다.

상 중 하

021 다음 자료의 자산 계정을 일반기업회계기준의 유동성 배열법에 따라 올바르게 나열한 것은?

(가) 재고자산	(나) 당좌자산	(다) 유형자산	(라) 무형자산

① (가) − (나) − (다) − (라)　　　　② (가) − (나) − (라) − (다)

③ (나) − (가) − (다) − (라)　　　　④ (나) − (가) − (라) − (다)

정답 및 해설

019 ① 재고자산은 유동자산에 해당하며, 비유동자산은 투자자산, 유형자산, 무형자산, 기타 비유동자산으로 구분한다.

020 ③ 재무상태표는 유동성 배열법에 따라 유동성이 높은 항목부터 나열한다.

021 ③ 유동성 배열법에 따라 자산은 유동성이 높은 유동자산(당좌자산 → 재고자산) → 비유동자산(투자자산 → 유형자산 → 무형자산 → 기타 비유동자산) 순서로 나열한다.

022 다음 〈보기〉에서 밑줄 친 (가)의 의미는?

┤보 기├

재무상태표에 기재하는 자산과 부채의 항목 배열은 (가) 현금화가 빠른 것부터 먼저 기재하고 느린 것을 차례로 뒤에 기재하는 것을 말한다. 즉, 자산은 유동자산, 비유동자산 순서로 …… (생략)

① 총액표시의 원칙   ② 잉여금 구분의 원칙
③ 유동성 배열법의 원칙   ④ 구분표시의 원칙

023 재무상태표를 작성할 때 부채 부분에서 단기차입금을 장기차입금보다 먼저(위에) 표시하는 것은 어떤 원칙을 따르는 것인가?

① 유동성 배열법   ② 총액표시 원칙
③ 구분표시 원칙   ④ 계속주의 원칙

024 유동성 배열법에 의한 재무상태표 작성 시 가장 나중에 배열되는 계정과목은 무엇인가?

① 지급어음   ② 미지급금
③ 예수금   ④ 사채

025 다음 내용에 대한 설명으로 옳은 것은?

보고기간 종료일로부터 1년을 기준으로 유동자산과 비유동자산 그리고 유동부채와 비유동부채로 구분된다.

① 투자자산, 유형자산, 무형자산, 기타 비유동자산은 비유동자산에 속한다.
② 유동부채와 비유동부채는 유동성 배열법의 원칙과 관계없이 작성한다.
③ 건물, 차량운반구, 비품, 기계장치 등은 유동자산에 속한다.
④ 매입채무, 선수금, 사채, 장기차입금 등은 유동부채이다.

정답 및 해설

022 ③ 현금화가 빠른(유동성이 높은) 것부터 먼저 기재하는 것은 유동성 배열법에 대한 설명이다.

023 ① 유동성이 높은(현금화가 빠른) 순서대로 나열하는 유동성 배열법의 원칙을 따른 것이다.

024 ④ 지급어음, 미지급금, 예수금은 유동부채, 사채는 비유동부채이므로 사채가 가장 나중에 배열된다.

025 ① ② 유동부채와 비유동부채는 유동성 배열법에 따라 작성한다.
    ③ 건물, 차량운반구, 비품, 기계장치 등은 비유동자산에 속한다.
    ④ 매입채무와 선수금은 유동부채이나 사채와 장기차입금은 비유동부채이다.

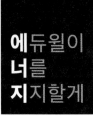

간절히 원하는 사람은 결코 핑계를 찾지 않고
반드시 방도를 찾습니다.

– 조정민, 『인생은 선물이다』, 두란노

기업의 경영성과와 순손익계산

핵심키워드
- 손익계산서
- 비용
- 순손실
- 수익
- 순이익

■ 1회독 ■ 2회독 ■ 3회독

1 손익계산서 ◀중요

▶ 최신 30회 중 11문제 출제

▶ 강의 바로가기

손익계산서

손익계산서(Income Statement)는 보통 I/S라고 줄여서 표현하며 일정 기간 동안 기업의 경영성과에 대한 정보를 제공하는 재무보고서이다. 여기서 '일정 기간'이란 회계연도(회계기간)를 말하며 해당 회계연도의 기업의 미래 현금흐름과 수익창출능력 등의 예측에 유용한 정보를 제공한다. 손익계산서는 ㉠ 기업명, ㉡ 회계기간, ㉢ 보고통화 및 금액단위를 각 재무제표의 명칭과 함께 기재한다. 일반기업회계기준에서는 손익계산서가 보고식만 인정되고 계정식이 허용되지 않는 반면 재무상태표는 보고식과 계정식 모두 인정된다.

계정식 손익계산서
2024.1.1.~2024.12.31.

(차변)		(대변)
비용		수익
순이익		
총계	=	총계

손익계산서의 등식
- 수익 = 비용 + 이익
- 비용 = 수익 + 손실

보고식 손익계산서
2024.1.1.~2024.12.31.

Ⅰ. 매출액	××××
Ⅱ. 매출원가	××××
Ⅲ. 매출총손익	××××
Ⅳ. 판매비와 관리비	××××
Ⅴ. 영업손익	××××
Ⅵ. 영업외수익	××××
Ⅶ. 영업외비용	××××
Ⅷ. 소득세비용 차감 전 순손익	××××
Ⅸ. 소득세비용	××××
Ⅹ. 당기순손익	××××

2 수익

▶ 최신 30회 중 3문제 출제

1. 수익의 의의

수익(Revenue)이란 한 회계기간 동안에 발생한 경제적 효익의 증가액으로 자본이 증가하는 원인을 말한다. 즉, 수익이 발생하면 자산의 증가 또는 부채의 감소에 따라 자본이 증가한다.

수익의 의의
번 돈으로 자본이 증가하는 원인

2. 수익의 분류

(1) 영업수익

기업의 주된 영업활동에서 발생한 수익이다.

(2) 영업외수익

영업활동 이외의 보조적 또는 부수적인 활동에서 발생한 수익이다.

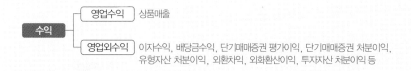

3. 수익의 종류

종류	내용
상품매출	상품을 매출할 때 발생하는 금전 및 금전청구권
임대료	건물이나 토지 등을 대여하고, 집세나 지대를 받은 경우
이자수익	대여금이나 은행예금 등에 대하여 발생한 이자
수수료수익	용역을 제공하고 수수료를 받은 경우 ⓔ 상품중개알선료 등
배당금수익	주식, 출자 등의 투자에 대한 이익분배를 받은 금액
잡이익	영업활동 이외에서 발생하는 기타의 이익 금액 ⓔ 폐휴지매각대금 등
유형자산 처분이익	유형자산을 처분하였을 때 발생하는 이익
자산수증이익	무상으로 증여받은 자산 금액
채무면제이익	채권자에 의해 채무를 면제받은 금액

3 비용 ◀중요▶

▶ 최신 30회 중 32문제 출제

1. 비용의 의의

비용(Expense)이란 수익을 창출하기 위해 희생된 경제적 효익의 감소분으로 자본이 감소하는 원인을 말한다. 즉, 비용이 발생하면 자산의 감소 또는 부채의 증가에 따라 자본이 감소한다.

비용의 의의
쓴 돈으로 자본이 감소하는 원인

2. 비용의 분류

(1) 상품매출원가

상품매출을 위해 사 온 금액이다.

(2) 판매비와 관리비

판매 및 관리활동에서 지급된 금액(영업활동과 관련된 비용)이다.

(3) 영업외비용

영업활동과 관련이 없는 비용이다.

(4) 소득세비용

개인의 소득에 부과하는 세금이다.

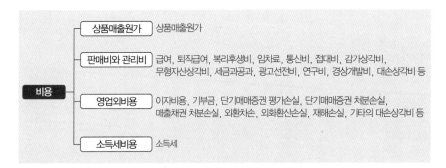

3. 비용의 종류

종류	내용
상품매출원가	상품의 매출액에 대응하는 상품원가의 금액
급여	직원에게 근로의 대가로 지급하는 금액
퇴직급여	직원이 퇴직할 때 지급하는 금액
복리후생비	직원의 복리를 위해 지급하는 금액 예 직원 회식비 등
임차료	업무와 관련된 토지, 건물, 기계장치, 차량운반구 등을 빌리고 지급하는 사용료
접대비	거래관계의 활성화 또는 판매 증대를 목적으로 지출하는 금액 예 교제비, 기밀비, 사례금 등
세금과공과	국가에 대한 세금과 기타의 공과금 예 재산세, 자동차세, 상공회의소 회비, 협회비 등
광고선전비	상품 등의 판매 촉진을 위해 불특정 다수인에게 선전하는 데 소요되는 금액
여비교통비	업무상 교통요금과 출장경비 등으로 지급하는 금액
소모품비	영업활동에 사용할 소모품을 구입하고 지급하는 금액
통신비	업무에 관련되는 전화요금, 휴대폰요금, 인터넷요금, 등기우편요금 등
운반비	상품 발송 등의 운송비 지급 금액 예 택배비 등
보험료	보험료 지급 금액
수도광열비	업무와 관련된 가스요금, 전기요금, 수도요금, 난방비
수선비	건물, 기계장치 등의 수리비 지급 금액
차량유지비	차량운행을 위한 유류, 부품 및 차량수리비, 주차료, 톨게이트 비용 등
교육훈련비	직원의 교육과 훈련을 위한 지출액
도서인쇄비	신문, 도서 등의 구입액 및 인쇄비
수수료비용	용역의 제공을 받고 지급하는 수수료 금액 예 이체수수료 등
이자비용	차입금 등에 대한 이자로 지급하는 금액
기부금	영업과 무관하게 기부하는 금품 및 물품의 금액
잡손실	영업활동 이외에서 발생하는 기타의 손실 금액 예 분실, 도난 등
재해손실	천재지변이나 재해 등으로 입은 손실 금액
유형자산 처분손실	유형자산 처분 시 발생하는 손실 금액
소득세비용	개인의 소득에 부과하는 소득세 상당액

4 손익계산서의 작성기준

▶ 최신 30회 중 2문제 출제

작성기준	내용
발생주의	수익과 비용이 발생한 기간에 정당하게 배분되도록 인식
실현주의	실현되었거나 실현될 가능성이 높을 때 인식
수익·비용 대응의 원칙	비용은 관련 수익에 대응하는 기간에 인식
총액표시	수익과 비용은 일부를 상계하여 제외하지 않고 총액으로 표시
구분 계산의 원칙	손익은 매출총손익, 영업손익, 소득세비용 차감 전 순손익, 당기순손익으로 구분하여 표시

손익계산서 작성기준
- 발생주의
- 실현주의
- 수익·비용 대응의 원칙
- 총액표시
- 구분 계산의 원칙

5 순이익과 순손실의 계산 **중요**

▶ 최신 30회 중 19문제 출제

▶ 강의 바로가기

1. 재산법(자본유지접근법)

기초자본과 기말자본을 비교하여 당기순손익을 계산하는 방법이다.

> • 기초자본 < 기말자본 → 기말자본 – 기초자본 = 당기순이익
> • 기초자본 > 기말자본 → 기초자본 – 기말자본 = 당기순손실

2. 손익법(거래접근법)

회계기간의 총수익과 총비용을 비교하여 당기순손익을 계산하는 방법이다.

> • 총비용 < 총수익 → 총수익 – 총비용 = 당기순이익
> • 총비용 > 총수익 → 총비용 – 총수익 = 당기순손실

재산법에 의한 당기순이익과 손익법에 의한 당기순이익은 항상 같다. 즉, 영업활동의 과정에서 얻어진 손익계산서의 순이익과 재무상태표의 두 시점의 자본을 비교하여 얻은 순이익은 반드시 일치한다.

3. 기초자본과 기말자본의 관계

기초자본에 당기순이익을 더해서 기말자본이 나오는 것은 계산식을 가장 단순하게 본 것이다. 여기에 덧붙여 기업주로부터 추가로 출자 받은 금액이 있으면 기말자본은 증가하고 인출된 금액이 있으면 기말자본이 감소한다.

기초자본과 기말자본 계산식
기초자본 + 추가출자액 – 기업주 인출액 + 당기순이익 = 기말자본

합격을 다지는 실전문제

스마트폰으로 QR코드를 촬영하여
저자의 해설 강의를 확인하세요.

유형 1 손익계산서의 분류(수익, 비용)

상 중 **하**

001 다음 (　　　) 안에 들어갈 내용으로 옳은 것은?

> (　　　　　)은(는) 기업실체의 경영활동의 결과로서 발생했거나 발생할 현금 유출액을 나타내며, 경영활동의 종
> 류와 당해 (　　　　　)이(가) 인식되는 방법에 따라 매출원가, 급여, 감가상각비, 이자비용, 임차비용 등과 같이
> 다양하게 구분될 수 있다.

① 자산 　　　　　　　　　　　　　　　　② 부채
③ 수익 　　　　　　　　　　　　　　　　④ 비용

상 중 **하**

002 다음 (　　　) 안에 들어갈 손익계산서의 구성 항목은?

> (　　　　　)은(는) 제품, 상품 등의 매출액에 대응되는 원가로서 판매된 제품이나 상품 등에 대한 제조원가 또는
> 매입원가이다.

① 매출원가 　　　　　　　　　　　　　　② 판매비와 관리비
③ 영업외비용 　　　　　　　　　　　　　④ 영업외수익

상 중 **하**

003 기업의 미래 현금흐름과 수익창출능력 등의 예측에 유용한 정보를 제공하는 손익계산서에 표시되지 않는
것은?

① 매출총손익 　　　　　　　　　　　　　② 영업손익
③ 당기순손익 　　　　　　　　　　　　　④ 경상손익

정답 및 해설

001 ④ 비용에 관한 설명이다.

002 ① 매출원가는 매출액에 대응하는 원가로서 제조기업의 제조원가 또는 상기업의 매입원가이다.

003 ④ 경상손익은 손익계산서 양식에 표시되지 않는 항목이다.

상 중 하

004 손익계산서에서 이익을 구분하여 표시하는 경우 두 번째로 표시되는 이익은?

① 매출총이익

② 당기순이익

③ 영업이익

④ 소득세비용 차감 전 순이익

상 중 하

005 다음 (   ) 안에 순차적으로 들어갈 내용으로 옳은 것은?

> 수익이란 기업실체의 경영활동과 관련된 재화의 판매 또는 용역의 제공 등에 대한 대가로 발생하는 자산의
> (   ) 또는 부채의 (   )이다.

① 유입, 증가

② 유출, 감소

③ 유출, 증가

④ 유입, 감소

상 중 하

006 다음 (   ) 안에 순차적으로 들어갈 내용으로 옳은 것은?

> 비용이란 기업실체의 경영활동과 관련된 재화의 판매 또는 용역의 제공 등에 따라 발생하는 자산의 (   )
> 이나 사용 또는 부채의 (   )이다.

① 유입, 감소

② 유출, 증가

③ 유출, 감소

④ 유입, 증가

상 중 하

007 다음 중 자본 감소의 원인이 되는 계정과목은?

① 상품매출

② 이자수익

③ 수수료수익

④ 상품매출원가

정답 및 해설

004 ③ 손익계산서에서 이익을 구분하여 표시하는 경우 매출총이익, 영업이익, 소득세비용 차감 전 순이익, 당기순이익의 순서로 표시된다.

005 ④ 수익은 자산의 유입 또는 부채의 감소이다.

006 ② 비용은 자산의 유출이나 사용 또는 부채의 증가이다.

007 ④ 자본 감소의 원인이 되는 계정과목은 비용이다. 비용 계정에 해당하는 것은 상품매출원가이다.

008 다음 지출내역서에서 8월의 판매비와 관리비 금액으로 옳은 것은?

8월 지출내역서

(단위: 원)

일자	적요	금액	신용카드	현금	비고
8/5	판매부서 종업원 회식비용	200,000	100,000	100,000	
8/11	차입금 이자 지급	50,000		50,000	
8/16	수재의연금 기부	30,000		30,000	
8/20	거래처 선물대금	100,000	100,000		
8/30	8월분 영업부 전기요금	20,000		20,000	

① 220,000원　　　　　　　　　　② 320,000원
③ 350,000원　　　　　　　　　　④ 400,000원

009 다음 자료에서 제시하고 있는 계정과목이 속한 비용의 분류 영역은?

- 마케팅부서 종업원의 회식비용
- 영업용 매장의 월세
- 영업부 사무실의 인터넷 사용요금
- 매출광고를 위한 전단지 제작비용

① 매출원가　　　　　　　　　　② 판매비와 관리비
③ 영업외비용　　　　　　　　　　④ 소득세비용

010 다음 지급내역 중 복리후생비의 금액은 얼마인가?

- 판매부서 종업원 회식비　　　5,000원
- 거래처 선물대금　　　　　　　3,000원
- 회사의 인터넷 통신요금　　　2,000원
- 출장사원 고속도로 통행료　　1,000원

① 5,000원　　　　　　　　　　② 6,000원
③ 8,000원　　　　　　　　　　④ 9,000원

정답 및 해설

008 ② · 판매비와 관리비: 종업원 회식비용(복리후생비) 200,000원 + 거래처 선물대금(접대비) 100,000원 + 8월분 영업부 전기요금(수도광열비) 20,000원 = 320,000원
　　　· 차입금 이자 지급액과 수재의연금 기부액은 영업외비용에 해당한다.

009 ② 영업활동과 관련이 있는 비용은 판매비와 관리비에 해당한다.

010 ① 종업원 회식비는 복리후생비에 해당한다. 거래처 선물대금은 접대비, 회사의 인터넷 통신요금은 통신비, 출장사원 고속도로 통행료는 여비교통비에 해당한다.

상 중 하

011 다음 지출내역서상의 판매비와 관리비는 얼마인가?

지출내역서(2024년 4월 6일)

• 전화요금	50,000원
• 판매부서 종업원 회식비용	100,000원
• 장애인단체에 대한 기부	700,000원
• 차입금 이자 지급	30,000원

① 150,000원　　　　　　　　　　② 180,000원

③ 750,000원　　　　　　　　　　④ 780,000원

상 중 하

012 다음 중 비용의 분류가 바르지 않은 것은?

① 신입사원 명함 인쇄비용 - 복리후생비

② 거래처 직원과의 식사비용 - 접대비

③ 직원들을 위한 컴퓨터 교육에 대한 강사비 지출 - 교육훈련비

④ 단기차입금에 대한 이자 지급 - 이자비용

상 중 하

013 다음 두 거래의 내용과 공통적으로 관련 있는 수익 항목은?

가. 거래처로부터 업무용 화물차 10,000,000원을 기증받다.

나. 거래처로부터 50,000,000원의 부채를 면제받다.

① 영업외수익　　　　　　　　　　② 매출총이익

③ 당기순이익　　　　　　　　　　④ 영업이익

정답 및 해설

011 ① • 판매비와 관리비: 전화요금 50,000원 + 종업원 회식비용 100,000원 = 150,000원

　　　　• 장애인단체에 대한 기부금과 차입금 이자 지급액은 영업외비용에 해당한다.

012 ① 신입사원 명함 인쇄비용은 도서인쇄비에 해당한다.

013 ① 화물차를 기증받은 경우는 자산수증이익, 부채를 면제받은 경우는 채무면제이익으로 모두 영업외수익 항목이다.

상 중 하

014 다음 자료 중 영업외수익의 합은 얼마인가?

• 매출액	1,000,000원	• 매출총이익	300,000원
• 배당금수익	100,000원	• 이자수익	200,000원
• 유형자산 처분이익	200,000원		

① 1,300,000원   ② 1,000,000원
③ 800,000원   ④ 500,000원

상 중 하

015 회사의 영업이익을 증가시키는 요인과 가장 밀접한 내용을 고른 것은?

ㄱ. 전화요금을 줄인다.	ㄴ. 사무실 전기를 절약한다.
ㄷ. 자본을 추가출자한다.	ㄹ. 차입금에 대한 이자를 줄인다.

① ㄱ, ㄴ   ② ㄱ, ㄷ
③ ㄴ, ㄷ   ④ ㄷ, ㄹ

상 중 하

016 다음 〈보기〉에서 (가)를 계산하면?

┤보 기├

• 매출액	700,000원	• 매출원가	300,000원
• 급여	50,000원	• 임차료	10,000원
• 이자비용	20,000원	• 기부금	40,000원
• 소모품비	20,000원		

매출총이익 − (가) = 영업이익

① 60,000원   ② 70,000원
③ 80,000원   ④ 90,000원

정답 및 해설

014 ④ 영업외수익: 배당금수익 100,000원 + 이자수익 200,000원 + 유형자산 처분이익 200,000원 = 500,000원

015 ① 전화요금(통신비)을 줄이고 사무실 전기(수도광열비)를 절약하면 판매비와 관리비가 감소하여 영업이익이 증가한다.

016 ③ • (가)는 판매비와 관리비를 의미한다. 〈보기〉 중 급여, 임차료, 소모품비가 판매비와 관리비에 해당한다.
　　　• (가): 급여 50,000원 + 임차료 10,000원 + 소모품비 20,000원 = 80,000원

상 중 하

017 다음 주어진 자료에 의하여 당기순이익을 계산하면 얼마인가?

• 매출액	100,000원	• 매출총이익	50,000원
• 차입금	40,000원	• 급여	5,000원
• 영업외수익	20,000원	• 영업외비용	10,000원

① 15,000원   ② 20,000원

③ 55,000원   ④ 105,000원

상 중 하

018 다음 자료에 의하여 영업이익을 계산한 것으로 옳은 것은?

• 매출액	5,000,000원	• 복리후생비	200,000원
• 유형자산 처분손실	100,000원	• 접대비	300,000원
• 매출원가	2,000,000원	• 이자비용	100,000원

① 2,300,000원   ② 2,400,000원

③ 2,500,000원   ④ 2,800,000원

상 중 하

019 다음은 9월 중 개업한 튼튼가구점의 자료이다. 9월 영업이익을 계산한 금액으로 옳은 것은?

• 거실장 판매 대금	450,000원	• 식탁 판매 대금	300,000원
• 판매용 가구 구입대금	250,000원	• 종업원 급여	100,000원
• 은행 장기차입금의 이자	10,000원	• 매장 임차료	100,000원
※ 9월 말 재고는 없는 것으로 가정한다.			

① 300,000원   ② 400,000원

③ 390,000원   ④ 290,000원

정답 및 해설

017 ③ • 당기순이익: 매출총이익 50,000원 − 급여 5,000원 + 영업외수익 20,000원 − 영업외비용 10,000원 = 55,000원
     • 차입금은 부채 계정이므로 당기순이익 계산과 무관하다.

018 ③ • 판매비와 관리비: 복리후생비 200,000원 + 접대비 300,000원 = 500,000원
     • 영업이익: 매출액 5,000,000원 − 매출원가 2,000,000원 − 판매비와 관리비 500,000원 = 2,500,000원

019 ① • 매출총이익: 매출액(거실장과 식탁 판매 대금) 750,000원 − 매출원가(구입대금) 250,000원 = 500,000원
     • 판매비와 관리비: 급여 100,000원 + 임차료 100,000원 = 200,000원
     • 영업이익: 매출총이익 500,000원 − 판매비와 관리비 200,000원 = 300,000원
     • 차입금에 대한 이자비용은 영업외비용이므로 영업이익 계산과 무관하다.

020 다음 자료에 의하면 영업이익은 얼마인가?

• 매출액	5,000,000원	• 매출원가	3,200,000원
• 접대비	200,000원	• 기부금	100,000원
• 소모품비	100,000원	• 이자비용	250,000원

① 1,600,000원   ② 1,500,000원
③ 1,400,000원   ④ 1,150,000원

021 다음 중 영업외비용에 대하여 말한 사람은?

> A: 오늘은 사무실 전기료 납부 마지막날이네!
> B: 오늘은 은행에 이자를 갚는 날이네!
> C: 오늘은 종업원들에게 월급을 지급하는 날이구나!
> D: 과장님 시내 출장 가실 때 사용하실 여비를 드려야겠네!

① A   ② B
③ C   ④ D

022 다음 중 상기업의 손익계산서에서 영업외비용으로 분류하여야 하는 거래는?

① 관리부 소모품 구입비   ② 영업부 직원의 출장비
③ 상품 운반용 차량의 자동차세   ④ 공장 건물의 처분손실

정답 및 해설

020 ② • 판매비와 관리비: 접대비 200,000원 + 소모품비 100,000원 = 300,000원
　　　 • 영업이익: 매출액 5,000,000원 − 매출원가 3,200,000원 − 판매비와 관리비 300,000원 = 1,500,000원

021 ② B는 이자비용으로 영업외비용에 해당한다. A는 수도광열비, C는 급여, D는 여비교통비로 판매비와 관리비에 해당한다.

022 ④ 공장 건물의 처분손실은 영업외비용으로 처리한다. ①은 소모품비, ②는 여비교통비, ③은 세금과공과로 판매비와 관리비에 해당한다.

유형 2   손익계산서의 작성기준

실 중 하

023   다음 중 일반기업회계기준의 손익계산서 작성기준에 대한 설명으로 가장 잘못된 것은?

① 수익은 실현시기를 기준으로 계상한다.
② 수익과 비용은 순액으로 기재함을 원칙으로 한다.
③ 비용은 관련 수익이 인식된 기간에 인식한다.
④ 수익과 비용의 인식기준은 발생주의를 원칙으로 한다.

실 중 하

024   다음 중 손익계산서에 대한 설명으로 틀린 것은?

① 손익계산서 작성 시 구분 계산하지 않아도 된다.
② 일정 기간 동안의 경영성과 또는 영업실적을 나타낸다.
③ 수익과 비용은 총액에 의하여 기재함을 원칙으로 한다.
④ 수익은 실현시기를 기준으로 계상한다.

유형 3   순이익과 순손실의 계산

실 중 하

025   다음 중 자본에 관한 계산식으로 옳지 않은 것은?

① 기초자산 = 기초부채 + 기초자본
② 기말자본 – 기초자본 = 당기순손익
③ 기말자산 = 기말부채 + 기초자본 + 당기순손익
④ 기말자본 – 기말부채 = 당기순손익

정답 및 해설

023 ② 수익과 비용은 총액으로 기재함을 원칙으로 한다.
024 ① 손익계산서 작성 시 손익은 매출총손익, 영업손익, 소득세비용 차감 전 순손익, 당기순손익으로 구분하여 표시한다.
025 ④ • 기말자산 – 기말부채 = 기말자본
     • 기말자본 – 기초자본 = 당기순손익

026

2024년 12월 31일 장부를 조사하여 다음과 같은 자료를 얻었다. 2024년 기초자본은 얼마인가?

• 자산 총액	1,500,000원	• 수익 총액	400,000원
• 부채 총액	600,000원	• 비용 총액	350,000원

① 800,000원   ② 750,000원
③ 850,000원   ④ 900,000원

027

2024년 회계연도 말 장부를 조사하여 다음과 같은 자료를 얻었다. 2024년 회계연도 기초에 자산 총액이 700,000원이었다면 2024년 기초의 부채 총액은 얼마인가?

• 자산 총액	1,500,000원	• 부채 총액	800,000원
• 1년간 수익 총액	3,000,000원	• 1년간 비용 총액	2,800,000원

① 100,000원   ② 200,000원
③ 300,000원   ④ 400,000원

028

다음의 자료에 의한 당기총수익은 얼마인가?

• 기초자산	800,000원	• 기초자본	600,000원
• 당기총비용	1,100,000원	• 기말자본	1,000,000원

① 1,200,000원   ② 1,300,000원
③ 1,400,000원   ④ 1,500,000원

정답 및 해설

026 ③ • 기말자본: 기말자산 1,500,000원－기말부채 600,000원＝900,000원
　　　• 당기순이익: 총수익 400,000원－총비용 350,000원＝50,000원
　　　• 기말자본 900,000원＝기초자본＋당기순이익 50,000원
　　　∴ 기초자본＝850,000원

027 ② • 당기순이익: 총수익 3,000,000원－총비용 2,800,000원＝200,000원
　　　• 기말자본: 기말자산 1,500,000원－기말부채 800,000원＝700,000원
　　　• 기초자본: 기말자본 700,000원－당기순이익 200,000원＝500,000원
　　　• 기초자산 700,000원－기초부채＝기초자본 500,000원
　　　∴ 기초부채＝200,000원

028 ④ • 당기순이익: 기말자본 1,000,000원－기초자본 600,000원＝400,000원
　　　• 당기총수익: 당기순이익 400,000원＋당기총비용 1,100,000원＝1,500,000원

상 중 하

029 다음 자료를 이용하여 제2기 기말자본금을 계산한 금액으로 옳은 것은?

회계연도	기초자본금	추가출자액	기업주 인출액	당기순이익
제1기	1,000원	500원	300원	200원
제2기	?	300원	0원	100원

① 1,400원   ② 1,500원

③ 1,800원   ④ 1,900원

상 중 하

030 다음 중 (가), (나)에 들어갈 금액으로 옳은 것은?

기초	기말			당기순손실
자본	자산	부채	자본	
80,000원	(가)	90,000원	(나)	10,000원

    (가)   (나)   (가)   (나)

① 140,000원   70,000원   ② 140,000원   90,000원

③ 160,000원   70,000원   ④ 160,000원   90,000원

상 중 하

031 다음 자료를 이용하여 자본금의 추가출자액을 계산하면 얼마인가? (단, 제시된 자료를 제외한 자본금과 관련된 거래는 없는 것으로 간주함)

• 기초자본금	3,000,000원	• 기말자본금	4,800,000원
• 총이익	2,500,000원	• 총비용	2,000,000원

① 800,000원   ② 1,000,000원

③ 1,300,000원   ④ 1,600,000원

정답 및 해설

029 ③ • 제1기 기말자본금: 기초자본금 1,000원 + 추가출자액 500원 − 기업주 인출액 300원 + 당기순이익 200원 = 1,400원

      • 제2기 기말자본금: 제1기 기말자본금 1,400원 + 추가출자액 300원 + 당기순이익 100원 = 1,800원

030 ③ • (나): 기초자본 80,000원 − 당기순손실 10,000원 = 70,000원

      • (가): 기말부채 90,000원 + 기말자본 70,000원 = 160,000원

031 ③ • 당기순이익: 총이익 2,500,000원 − 총비용 2,000,000원 = 500,000원

      • 기초자본금 3,000,000원 + 추가출자액 + 당기순이익 500,000원 = 기말자본금 4,800,000원

      ∴ 추가출자액 = 1,300,000원

회계기록의 대상과 방법

1 회계기록의 대상: 회계상의 거래 **중요**

▶ 최신 30회 중 8문제 출제

1. 거래의 정의

회계상의 거래란 기업의 자산, 부채, 자본, 수익, 비용의 변동(증감)에 영향을 미치는 경제적인 사건을 말한다. 여기서 경제적인 사건이란 기업의 영업활동이 재무상태에 금전적인 영향을 미치는 것으로 반드시 화폐 금액으로 측정할 수 있어야 한다. 즉, 회계상의 거래란 기업의 자산, 부채, 자본, 수익, 비용에 영향을 미치면서 그 영향을 화폐 금액으로 측정할 수 있는 것만을 말한다. 이러한 회계상의 거래만 장부에 기입해야 하며, 이는 기업의 재무제표에 영향을 미친다.

회계상의 거래		
화재, 도난, 분실, 대손, 감가, 파손 등에 의한 자산 감소 등	현금의 유입과 지출, 상품매매, 채권·채무의 증가와 감소, 비용의 발생, 수익의 발생 등	임대차계약, 상품의 주문, 종업원의 채용, 약속, 담보 제공 등
	일반적인 거래	

2. 계정과 계정과목

계정이란 어떤 항목의 증가와 감소를 구분하여 기록·계산하는 단위이며 회계상의 거래는 거래 요소의 증감이 발생하기 때문에 계정은 차변과 대변을 나누어 기재한 T자의 형태인 T 계정을 사용한다.

(차변)	현금	(대변)	(차변)	비품	(대변)

또한 위 두 계정은 각각 현금과 비품이라는 명칭을 가지고 있는데, 이처럼 계정에 표시하는 구체적인 명칭을 계정과목이라고 한다.

계정 vs. 계정과목
- 계정: 기록·계산하는 단위
- 계정과목: 계정에 표시하는 구체적인 명칭

3. 계정의 분류

계정은 크게 재무상태표 계정과 손익계산서 계정으로 구분된다. 재무상태표 계정은 자산, 부채, 자본 계정으로, 손익계산서 계정은 수익, 비용 계정으로 구분된다.

구분	계정	계정과목
재무상태표 계정	자산 계정	현금, 외상매출금, 상품, 비품 등
	부채 계정	외상매입금, 지급어음, 미지급금 등
	자본 계정	자본금
손익계산서 계정	수익 계정	상품매출, 이자수익, 임대료 등
	비용 계정	상품매출원가, 급여, 임차료, 이자비용 등

❚ 재무상태표 계정

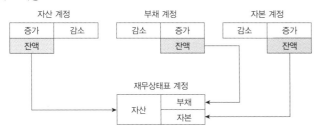

❚ 손익계산서 계정

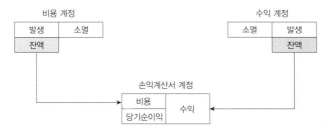

2 회계기록의 방법: 거래의 8요소 ◀중요

▶ 실무시험 포함 매회 출제

▶ 강의 바로보기

1. 거래의 8요소

회계상의 거래가 발생하면 장부에 기록해야 하며 회계상의 거래는 자산, 부채, 자본, 수익, 비용의 경제적인 증감 변화를 말한다. 즉, 기록하는 것은 자산의 증가와 감소, 부채의 증가와 감소, 자본의 증가와 감소, 비용의 증가와 감소, 수익의 증가와 감소 10가지이다. 그중 수익의 감소와 비용의 감소는 실제 거래에서 거의 발생하지 않으므로 일반적으로 거래 요소에서 제외된다. 결국 실제 발생하는 거래 요소는 8개로 정리할 수 있는데, 이를 거래의 8요소라고 한다.

▶ 수익의 증가와 비용의 증가라는 표현보다는 수익의 발생, 비용의 발생이라는 표현을 사용하는 것이 적절하다.

2. 거래 8요소의 결합관계

회계상의 거래는 반드시 2개 이상의 요소가 서로의 원인과 결과로서 결합되어 있는데, 이를 거래의 결합관계라고 한다. 즉, 기업에서 발생하는 모든 거래는 1개 이상의 차변 요소와 1개 이상의 대변 요소의 결합으로 이루어진다. 차변에 기입하는 요소는 자산의 증가, 부채의 감소, 자본의 감소, 비용의 발생이며, 대변에 기입하는 요소는 자산의 감소, 부채의 증가, 자본의 증가, 수익의 발생이다.

포인트 **거래 8요소의 조합**

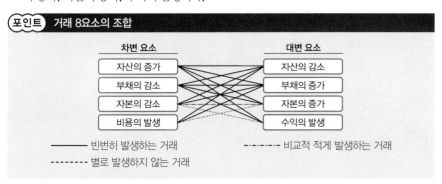

거래의 8요소	
차변 요소	대변 요소
자산의 증가	자산의 감소
부채의 감소	부채의 증가
자본의 감소	자본의 증가
비용의 발생	수익의 발생

8요소의 결합관계		거래의 예
자산의 증가	자산의 감소	상품을 현금으로 매입하다.
	부채의 증가	상품을 외상으로 매입하다.
	자본의 증가	현금을 출자 받아 개업하다.
	수익의 발생	이자를 현금으로 받다.
부채의 감소	자산의 감소	외상매입금을 현금으로 상환하다.
	부채의 증가	외상매입금을 어음 발행으로 상환하다.
	수익의 발생	채권자로부터 외상매입금을 면제받다.
자본의 감소	자산의 감소	기업주가 개인적으로 현금을 인출하다.
	수익의 발생	타인의 출자금을 무상으로 기업에 기증하다.
비용의 발생	자산의 감소	복리후생비를 현금으로 지급하다.
	부채의 증가	차입금의 이자를 원금에 가산하다.

3 분개 중요

▸ 실무시험 포함 매회 출제   ▶ 강의 바로보기

1. 분개의 의의

분개란 거래가 발생하면 회사의 장부에 복식부기에 의해서 차변 항목과 대변 항목을 나누어서 기입하는 방법이다. 회사의 분개가 모여서 재무상태표 및 손익계산서 등의 재무제표가 완성되는 것이다. 분개의 수행 절차에 따라 먼저 회계상의 거래인지 판단하고 어떤 계정에 기록할 것인지, 차변과 대변 중 어디에 기입할 것인지 판단한 후 금액을 기입해야 한다.

분개와 전기

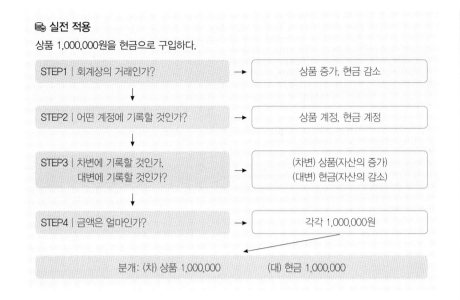

실전 적용

상품 1,000,000원을 현금으로 구입하다.

STEP1 | 회계상의 거래인가? → 상품 증가, 현금 감소

STEP2 | 어떤 계정에 기록할 것인가? → 상품 계정, 현금 계정

STEP3 | 차변에 기록할 것인가, 대변에 기록할 것인가? → (차변) 상품(자산의 증가) / (대변) 현금(자산의 감소)

STEP4 | 금액은 얼마인가? → 각각 1,000,000원

분개: (차) 상품 1,000,000   (대) 현금 1,000,000

분개의 요령

자산 증가 (차변)	돈·물건 들어옴, 받을 돈이 발생
자산 감소 (대변)	돈·물건 나감, 받을 돈을 회수
부채 증가 (대변)	줄 돈이 발생
부채 감소 (차변)	줄 돈을 상환
자본 증가 (대변)	장사밑천을 출자 받음
비용 발생 (차변)	쓴 돈의 원인 발생
수익 발생 (대변)	번 돈의 원인 발생

2. 수표와 어음의 회계처리

(1) 당좌수표

당좌예금이란 기업이 은행과 당좌거래 약정을 맺고 당좌수표를 발행할 수 있는 은행 계좌를 말한다. 은행과 당좌거래 계약을 맺으면 은행은 회사에 대해 당좌수표용지를 주는데, 회사가 현금을 지급할 일이 있을 때에 이 당좌수표용지에 그 금액을 적어주면 용지를 받는 사람이 은행에 가서 돈을 찾도록 된 시스템이 당좌예금 제도이다.

당좌예금을 이용하면 당좌예금 통장으로 기업의 현금관리 업무가 가능하며 입금이 자유로우나 출금은 수표를 발행해야 된다는 특징이 있다. 즉, 당사가 대금결제수단으로 당좌수표를 발행하면 당좌예금 계좌에서 인출되므로 당좌예금이 감소하며 타인이 발행한 당좌수표를 받은 경우에는 은행에서 바로 인출이 가능하므로 현금의 증가로 처리해야 한다.

수표 vs. 어음
- 수표: 은행예금에서 돈을 인출할 수 있는 증서
- 어음: 나중에 돈을 지급하기로 약속한 증서

당좌수표의 회계처리
- 당사(우리 회사)발행수표: 당좌예금
- 동사(타인, 거래처)발행수표: 현금

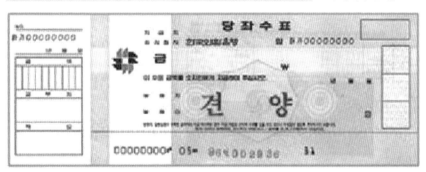

(2) 어음

발행인이 소지인에 대하여 일정 기일에 일정 금액을 지급할 것을 약속한 증권을 말한다. 일반적인 상거래*에서 발생한 채권(돈 받을 권리)·채무(돈 줄 의무)에 대하여 어음을 받은 경우 받을어음이라고 하며, 어음을 발행하여 지급하는 경우는 지급어음이라고 한다.

반면, 일반적인 상거래 이외 거래에서 어음을 지급한 경우에는 미지급금, 일반적인 상거래 이외 거래에서 어음을 받은 경우에는 미수금으로 처리해야 한다. 외상거래에서 어음을 주고 받는 이유는 「어음법」에 의하여 어음상의 권리와 의무를 보호받을 수 있기 때문이다.

어음의 회계처리
- 당사발행어음
  - 지급어음: 상품을 매입하고 지급
  - 미지급금: 상품 이외 자산을 매입하고 지급
- 동사발행어음
  - 받을어음: 상품을 판매하고 받음
  - 미수금: 상품 이외 자산을 판매하고 받음

* 일반적인 상거래: 당해 기업의 사업 목적을 위한 계속적·반복적 영업활동에서 발생한 거래로서 상기업의 경우에는 상품 매입 후 판매하는 거래를 말한다.

전 자 어 음

(주)에듀윌 귀하   00420180702123406789

금   오백만원정   5,000,000원

위의 금액을 귀하 또는 귀하의 지시인에게 이 약속어음과 상환하여 지급하겠습니다.

지급기일	2024년 3월 31일	발행일	2024년 1월 1일
지 급 지	국민은행	발행지 주 소	서울특별시 강남구 강남대로 552
지급장소	강남지점	발행인	(주)박회계

3. 자산 구입 시 거래 상황

차변		대변
상품	현금	현금으로 구입
		자기앞수표로 지급
	당좌예금	수표를 발행하여 지급
	보통예금	보통예금으로 계좌이체
	외상매입금	외상으로 구입
	지급어음	어음으로 구입
상품 이외 자산	미지급금	외상으로 구입
		어음으로 구입
		할부거래, 신용카드로 구입

4. 자산 판매 시 거래 상황

차변		대변
현금	현금을 받고 판매	상품매출
	자기앞수표를 받은 경우	
	타인발행수표를 받은 경우	
보통예금	보통예금으로 계좌이체	
외상매출금	외상으로 판매	
받을어음	어음을 수령	

5. 계약금의 회계처리

계약거래는 상품 등을 매매하기 전에 미리 주고 받는 계약금을 말한다.

(1) 구매자

구매자의 입장에서 계약금을 미리 지급한 경우 선급금 계정을 사용하여 자산으로 처리한다. 계약이 이행되면 대변에서 선급금 계정이 감소한다.

계약거래
- 구매자: 차변에 선급금(먼저 준 돈, 받을 권리로 자산)
- 판매자: 대변에 선수금(먼저 받은 돈, 지급 의무로 부채)

🖳 실전 적용

[1] 구매계약 – 상품을 100,000원에 구입하기로 계약을 맺고, 계약금 10,000원을 현금으로 지급
하였다.

(차) 선급금(자산의 증가)　　　　　10,000　　(대) 현금(자산의 감소)　　　　　　10,000

[2] 구매 – 상품을 100,000원에 구입하고 계약금 10,000원을 제외한 나머지 금액은 익월 말에 지
급하기로 하였다.

(차) 상품(자산의 증가)　　　　　100,000　　(대) 선급금(자산의 감소)　　　　　10,000
　　　　　　　　　　　　　　　　　　　　　　　외상매입금(부채의 증가)　　　90,000

(2) 판매자

판매자의 입장에서 계약금을 받는 경우 선수금 계정을 사용하여 부채로 처리한다. 계약이
이행되면 차변에서 선수금 계정이 감소한다.

🖳 실전 적용

[1] 판매계약 – 상품을 100,000원에 판매하기로 계약을 맺고, 계약금 10,000원을 현금으로 수령
하였다.

(차) 현금(자산의 증가)　　　　　10,000　　(대) 선수금(부채의 증가)　　　　　10,000

[2] 판매 – 상품을 100,000원에 판매하고 계약금 10,000원을 제외한 나머지 금액은 익월 말에 수
령하기로 하였다.

(차) 선수금(부채의 감소)　　　　　10,000　　(대) 상품매출(수익의 발생)　　　100,000
　　　외상매출금(자산의 증가)　　90,000

6. 금전대차거래의 회계처리

금전대차거래란 돈을 다른 사람에게 빌려주고 돈을 빌린 자는 빌린 돈을 일정한 기일에 반
환할 것을 약속한 거래이다. 이 경우에 채권자(돈을 빌려준 자)는 회수 시 이자수익이 발생
하며, 채무자(돈을 빌린 자)는 상환 시 이자비용이 발생한다.

(1) 채권자

돈을 빌려준 자는 대여시점에 돈 받을 권리인 대여금(자산)이 차변에서 증가하고 회수 시
대여금(자산)은 대변에서 감소한다. 보고기간 종료일 현재, 1년 이내 회수하는 대여금은
단기대여금, 1년 이후에 회수하는 대여금은 장기대여금으로 구분한다.

단기대여금은 회계기간 종료일로부터 만기가 1년 이내 도래하는 것을 말하며 전체 대여기
간이 1년을 초과하는 경우에도 단기대여금으로 분류될 수 있다. 예를 들어 2024년 3월 1
일에 13개월 만기의 대여금을 빌려준 경우 만기일 2025년 3월 31일은 회계기간 종료일
(2024년 12월 31일)로부터 1년 이내이므로 대여일에 단기대여금으로 분류한다.

🖳 실전 적용

[1] 대여 – 거래처에 차용증서를 받고 현금 100,000원을 3개월간 대여하였다.

(차) 단기대여금(자산의 증가)　　100,000　　(대) 현금(자산의 감소)　　　　　100,000

[2] 회수 – 단기대여금 100,000원과 이자 10,000원을 현금으로 회수하였다.

(차) 현금(자산의 증가)　　　　　110,000　　(대) 단기대여금(자산의 감소)　　100,000
　　　　　　　　　　　　　　　　　　　　　　　이자수익(수익의 발생)　　　　10,000

채권자 vs. 채무자

• 채권자: 돈을 빌려준 자
　📗 단기대여금, 장기대여금

• 채무자: 돈을 빌린 자
　📗 단기차입금, 장기차입금

(2) 채무자

돈을 빌린 자는 차입시점에 돈 갚을 의무인 차입금(부채)이 대변에서 증가하고 상환 시 차입금(부채)은 차변에서 감소한다. 보고기간 종료일 현재, 1년 이내에 상환하는 차입금은 단기차입금, 1년 이후에 상환하는 차입금은 장기차입금으로 구분한다.

단기차입금도 회계기간 종료일로부터 만기가 1년 이내 도래하는 것을 말하며 전체 차입기간이 1년을 초과하는 경우에도 단기차입금으로 분류될 수 있다.

> 💰 **실전 적용**
>
> [1] 차입 – 금융기관으로부터 3개월 만기로 현금 100,000원을 차입하였다.
>
> | (차) 현금(자산의 증가) | 100,000 | (대) 단기차입금(부채의 증가) | 100,000 |
>
> [2] 상환 – 단기차입금의 만기가 도래하여 원금 100,000원과 이자 10,000원을 현금으로 지급하였다.
>
> | (차) 단기차입금(부채의 감소) | 100,000 | (대) 현금(자산의 감소) | 110,000 |
> | 이자비용(비용의 발생) | 10,000 | | |

❹ 전표와 분개장

▶ 최신 30회 중 5문제 출제

1. 전표

전표는 회계상 거래의 내용을 종이에 기록한 서식을 말한다. 전표에는 현금이 증가할 때 사용하는 입금전표, 현금을 지출할 때 사용하는 출금전표, 그 외의 경우에 사용하는 대체전표가 있다. 거래가 발생하면 전표에 거래의 내용을 기록하고 전표의 뒷면에 관련 증빙서류를 부착하는 것이 일반적이다.

(1) 입금전표

입금전표는 분개를 할 때 차변에 현금만 기록되는 경우에 사용된다. 입금전표에 기록되는 거래를 입금거래라고 한다.

> 💰 **실전 적용**
>
> 1월 1일 우리상점으로부터 외상매출금 3,000,000원을 현금으로 회수하였다.
>
> | 입 금 전 표 | | | | | | | | | |
> |---|---|---|---|---|---|---|---|---|---|
> | | | 2024년 1월 1일 | | | | | | | |
> | 과목 | 외상매출금 | | 거래처 | | 우리상점 | | | | |
> | 적요 | | | | 금액 | | | | | |
> | 우리상점의 외상매출금 현금 회수 | | | | ₩ | 3 | 0 | 0 0 0 0 0 |
> | | | | | | | | | | |
> | | | | | | | | | | |
> | 합계 | | | | ₩ | 3 | 0 | 0 0 0 0 0 |

전표 vs. 분개장
- 전표: 회계상의 거래를 기록하는 서식
- 분개장: 일자별로 분개를 기록하는 장부

전표의 종류
- 입금전표: 차변에 현금만 기록
- 출금전표: 대변에 현금만 기록
- 대체전표: 입금전표와 출금전표 이외의 거래 작성

(2) 출금전표

출금전표는 분개를 할 때 대변에 현금만 기록되는 경우에 사용된다. 출금전표에 기록되는 거래를 출금거래라고 한다.

💰 실전 적용

1월 2일 직원의 경조사비 100,000원을 현금으로 지급하였다.

<table>
<tr><td colspan="7" align="center">출 금 전 표
2024년 1월 2일</td></tr>
<tr><td>과목</td><td colspan="2">복리후생비</td><td>거래처</td><td colspan="3"></td></tr>
<tr><td colspan="4" align="center">적요</td><td colspan="3" align="center">금액</td></tr>
<tr><td colspan="4">직원 경조사비 지급</td><td colspan="3">₩ 1 0 0 0 0 0</td></tr>
<tr><td colspan="4"></td><td colspan="3"></td></tr>
<tr><td colspan="4"></td><td colspan="3"></td></tr>
<tr><td colspan="4" align="center">합계</td><td colspan="3">₩ 1 0 0 0 0 0</td></tr>
</table>

(3) 대체전표

현금의 입·출금을 전혀 수반하지 않는 전부 대체거래와 현금의 입·출금을 일부 수반하는 일부 대체거래일 경우에 사용되는 전표이다. 대체전표는 차변 항목과 대변 항목을 같이 집계하여 기록하게 되며, 대체전표에 기록되는 거래는 대체거래가 된다.

💰 실전 적용

1월 3일 상품 1,000,000원을 미래상사에 판매하고, 어음을 수취하였다.

<table>
<tr><td>(차변)</td><td colspan="3" align="center">대 체 전 표
2024년 1월 3일</td><td colspan="3" align="right">(대변)</td></tr>
<tr><td>과목</td><td>거래처</td><td>금액</td><td>과목</td><td>거래처</td><td>금액</td></tr>
<tr><td>받을어음</td><td>미래상사</td><td>₩ 1 0 0 0 0 0 0</td><td>상품매출</td><td></td><td>₩ 1 0 0 0 0 0 0</td></tr>
<tr><td colspan="2" align="center">합계</td><td></td><td colspan="2" align="center">합계</td><td></td></tr>
<tr><td colspan="1" align="center">적요</td><td colspan="6" align="center">미래상사에 상품판매 후 어음 수취</td></tr>
</table>

2. 분개장

회계상 거래가 발생하면 각 전표에 기록된 분개들을 발생한 순서대로 기입하는 장부를 분개장이라 하고, 분개장의 양식에는 병립식과 분할식이 있다.

▌병립식 분개장

분 개 장
(1)

월일		적요	원면	차변	대변
2	1	(현금)		112,000	
		(자본금)			112,000
		현금을 출자하여 상품매매업을 시작하다.			

분 개 장 (1)

차변	원면	적요	원면	대변
112,000		2/1 (현금) 　　　　　　　　　　　　　(자본금) 현금을 출자하여 상품매매업을 시작하다.		112,000

5 거래의 종류 〈중요〉

▶ 최신 30회 중 12문제 출제

기업의 거래는 손익의 발생 여부에 따라 교환거래, 손익거래, 혼합거래로 구분할 수 있다.

1. 교환거래

기간 손익에 영향을 미치지 않는 거래, 즉 자산, 부채, 자본의 증감에만 영향을 미치는 거래이다.

> 💰 실전 적용
>
> [1] 상품을 구입하고 현금 100,000원을 지급하다.
> 　　(차) 상품(자산의 증가)　　　　100,000　　(대) 현금(자산의 감소)　　　　100,000
> [2] 은행으로부터 6개월 후에 상환하기로 하고 현금 150,000원을 차입하다.
> 　　(차) 현금(자산의 증가)　　　　150,000　　(대) 단기차입금(부채의 증가)　　150,000

2. 손익거래

당기 손익에 영향을 미치는 거래, 즉 차변이나 대변의 한쪽 금액 전부가 수익이나 비용이 발생하는 거래이다.

> 💰 실전 적용
>
> [1] 주식에 대한 배당금 5,000원을 현금으로 수령하다.
> 　　(차) 현금(자산의 증가)　　　　5,000　　(대) 배당금수익(수익의 발생)　　5,000
> [2] 보험료 3,000원을 현금으로 지급하다.
> 　　(차) 보험료(비용의 발생)　　　3,000　　(대) 현금(자산의 감소)　　　　3,000

3. 혼합거래

교환거래와 손익거래가 동시에 일어나는 거래를 말하며, 차변이나 대변의 한쪽 금액 일부가 수익 또는 비용이 나타난다.

> 💰 실전 적용
>
> 단기차입금 50,000원과 이자비용 5,000원을 현금으로 지급하다.
> (차) 단기차입금(부채의 감소)　　50,000　　(대) 현금(자산의 감소)　　　　55,000
> 　　이자비용(비용의 발생)　　　　5,000

거래의 종류
- 교환거래: 자산, 부채, 자본의 증감에만 영향을 미치는 거래
- 손익거래: 수익, 비용의 증감이 발생하는 거래
- 혼합거래: 교환거래와 손익거래가 동시에 나타나는 거래

실전 분개사례 50선

001 당사인 에듀윌유통은 현금 10,000,000원과 기계장치 50,000,000원, 비품 2,000,000원을 출자하여 영업을 개시하다.

(차)	(대)

002 운영자금 확보를 위해 우리은행으로부터 5년 만기의 차입금 20,000,000원을 현금으로 받아 보통예금 계좌에 입금하다(단, 담보로 기계장치 50,000,000원을 제공함).

(차)	(대)

003 비전은행과 당좌거래 계약을 맺고, 현금 1,500,000원을 당좌예입하다.

(차)	(대)

004 햇빛상회에서 상품 1,000,000원을 매입하고, 대금 중 절반은 어음을 발행하여 지급, 나머지는 외상으로 하다.

(차)	(대)

정답 및 해설

	차변		대변	
	계정과목	금액	계정과목	금액
001	현금 기계장치 비품	10,000,000 50,000,000 2,000,000	자본금	62,000,000
002	보통예금	20,000,000	장기차입금	20,000,000
003	당좌예금	1,500,000	현금	1,500,000
004	상품	1,000,000	외상매입금 지급어음	500,000 500,000

005 영업용 책상과 의자를 1,000,000원에 구입하면서, 대금 중 절반은 어음을 발행하고 나머지는 외상으로 하다.

(차)	(대)

006 영업용 건물 10,000,000원을 구입하고, 대금은 1개월 후에 지급하기로 하다.

(차)	(대)

007 상품을 2,000,000원에 매출하고, 대금 중 1,400,000원은 동점발행수표를 받고 나머지는 당점발행수표를 받다.

(차)	(대)

008 사무용 소모품 30,000원을 구입하고, 대금은 현금으로 지급하다(단, 비용으로 처리할 것).

(차)	(대)

009 사무용품 30,000원을 구입하고, 대금 중 10,000원은 현금으로 지급하고, 잔액은 1주일 후에 지급하기로 하다(단, 자산으로 처리할 것).

(차)	(대)

정답 및 해설

	차변		대변	
	계정과목	금액	계정과목	금액
005	비품	1,000,000	미지급금	1,000,000
006	건물	10,000,000	미지급금	10,000,000
007	현금 당좌예금	1,400,000 600,000	상품매출	2,000,000
008	소모품비	30,000	현금	30,000
009	소모품	30,000	현금 미지급금	10,000 20,000

010 업무용 승용차 20,000,000원을 10개월 할부로 구입하다.

(차)	(대)

011 업무용 승용차 10개월 할부대금 중 1개월분 2,000,000원을 수표를 발행하여 지급하다.

(차)	(대)

012 종업원 1명에게 월급 2,000,000원을 지급하기로 하고 채용하다.

(차)	(대)

013 대박상회에 상품 500,000원을 매출하기로 계약하고, 계약금 50,000원을 현금으로 받다.

(차)	(대)

014 대박상회에 상품을 500,000원에 판매하고, 계약금 50,000원을 제외한 나머지는 외상으로 하다.

(차)	(대)

정답 및 해설

	차변		대변	
	계정과목	금액	계정과목	금액
010	차량운반구	20,000,000	미지급금	20,000,000
011	미지급금	2,000,000	당좌예금	2,000,000
012	회계처리 없음			
013	현금	50,000	선수금	50,000
014	선수금 외상매출금	50,000 450,000	상품매출	500,000

015 대박상회의 외상매출금 450,000원 중 250,000원은 어음으로 받아 회수하다. 나머지 외상매출금 200,000원은 8개월 후 상환조건의 대여금으로 전환하다.

(차)	(대)

016 대박상회의 어음대금 250,000원의 만기가 도래하여 현금으로 받아 회수하다.

(차)	(대)

017 수박상사에 상품을 100,000원에 매입하기로 계약하고, 계약금 30,000원을 수표를 발행하여 지급하다.

(차)	(대)

018 수박상사에서 상품을 100,000원에 매입하고, 계약금 30,000원을 제외한 금액을 외상으로 하다.

(차)	(대)

019 수박상사의 외상매입금 70,000원이 만기가 도래하여 어음을 지급하고 상환하다.

(차)	(대)

정답 및 해설

	차변		대변	
	계정과목	금액	계정과목	금액
015	받을어음	250,000	외상매출금	450,000
	단기대여금	200,000		
016	현금	250,000	받을어음	250,000
017	선급금	30,000	당좌예금	30,000
018	상품	100,000	선급금	30,000
			외상매입금	70,000
019	외상매입금	70,000	지급어음	70,000

020 비전은행에서 1년 이내에 상환하기로 하고 70,000원을 차입하다. 해당 금액으로 수박상사의 지급어음 70,000원을 만기가 도래하여 상환하다.

(차)	(대)

021 호박상사에 7개월 기한으로 100,000원을 현금으로 대여하다.

(차)	(대)

022 호박상사에 단기대여해 준 원금 100,000원과 이자 10,000원을 자기앞수표로 회수하다.

(차)	(대)

023 수박상사에 6개월 후에 상환하기로 하고 현금 100,000원을 차입하다.

(차)	(대)

024 수박상사에 빌린 단기차입금이 만기가 되어 원금 100,000원과 이자 10,000원을 수표를 발행하여 상환하다.

(차)	(대)

정답 및 해설

	차변 계정과목	금액	대변 계정과목	금액
020	지급어음	70,000	단기차입금	70,000
021	단기대여금	100,000	현금	100,000
022	현금	110,000	단기대여금 이자수익	100,000 10,000
023	현금	100,000	단기차입금	100,000
024	단기차입금 이자비용	100,000 10,000	당좌예금	110,000

025 세무사 사무실에 계좌이체 수수료 1,000원과 기장 수수료 100,000원을 현금으로 지급하다.

(차)	(대)

026 1개월분 정수기 사용료(렌탈료) 55,000원을 수표를 발행하여 지급하다.

(차)	(대)

027 보관하던 폐지를 처분하고 현금으로 30,000원을 받다.

(차)	(대)

028 당사 영업부서 직원들의 사기진작을 위하여 회식비 100,000원을 신용카드로 결제하다.

(차)	(대)

029 거래처 영업부서 직원들의 사기진작을 위하여 회식비 100,000원을 신용카드로 결제하다.

(차)	(대)

정답 및 해설

	차변		대변	
	계정과목	금액	계정과목	금액
025	수수료비용	101,000	현금	101,000
026	임차료	55,000	당좌예금	55,000
027	현금	30,000	잡이익	30,000
028	복리후생비	100,000	미지급금 또는 미지급비용	100,000
029	접대비	100,000	미지급금 또는 미지급비용	100,000

030 미지급금으로 처리된 카드대금 530,000원 중 330,000원을 보통예금 계좌에서 이체하여 지급하고 나머지 대금 200,000원은 (주)러쉬앤캐취로부터 6개월 이내에 갚기로 하고 빌린 금액으로 결제하다.

(차)	(대)

031 금고에 있던 현금 50,000원을 분실하고 화재로 인해 상품 100,000원이 소실되다.

(차)	(대)

032 사용 중인 업무용 승용차에 대한 자동차 보험료 250,000원과 자동차세 250,000원을 현금으로 지급하다.

(차)	(대)

033 주유소에서 업무용 승용차의 휘발유 70,000원을 구입하고 신용카드로 결제하다.

(차)	(대)

034 업무용 차량의 사고에 따른 수리비 200,000원을 보통예금 계좌에서 이체하여 지급하다.

(차)	(대)

정답 및 해설

	차변		대변	
	계정과목	금액	계정과목	금액
030	미지급금	530,000	보통예금 단기차입금	330,000 200,000
031	잡손실 재해손실	50,000 100,000	현금 상품	50,000 100,000
032	보험료 세금과공과	250,000 250,000	현금	500,000
033	차량유지비	70,000	미지급금 또는 미지급비용	70,000
034	차량유지비	200,000	보통예금	200,000

035 사무실 복사기의 고장으로 수리비 200,000원을 신용카드로 결제하다.

(차)	(대)

036 건물의 파손된 유리창을 교체하면서 수리비 200,000원을 신용카드로 결제하다.

(차)	(대)

037 전기료 140,000원과 수도료 60,000원 및 사무실 난방용 유류대금 80,000원을 타인발행수표로 지급하다.

(차)	(대)

038 협회비와 상공회의소 회비 200,000원을 자기앞수표로 지급하다.

(차)	(대)

039 인터넷 사용료 20,000원, 전화요금 33,000원 및 등기우편료 4,000원을 타인발행수표로 지급하다.

(차)	(대)

040 직원의 지방 출장비 300,000원과 전철 승차권 구입대금 45,000원을 동사발행수표로 지급하다.

(차)	(대)

정답 및 해설

	차변		대변	
	계정과목	금액	계정과목	금액
035	수선비	200,000	미지급금 또는 미지급비용	200,000
036	수선비	200,000	미지급금 또는 미지급비용	200,000
037	수도광열비	280,000	현금	280,000
038	세금과공과	200,000	현금	200,000
039	통신비	57,000	현금	57,000
040	여비교통비	345,000	현금	345,000

041 창립기념일에 참석하는 종업원에게 지급할 선물을 500,000원에 구입하고 대금은 보통예금에서 이체하여 지급하다.

(차)	(대)

042 신문 구독료와 도서 구입비 35,000원 및 직원의 명함대금 30,000원을 신용카드로 결제하다.

(차)	(대)

043 보증금 5,000,000원과 임차료 500,000원에 대해 어음을 발행하여 지급하고 새로운 판매사업장을 개설하다.

(차)	(대)

044 사무실 일부를 빌려주고 그 대가로 보증금 1,000,000원과 임대료 100,000원을 현금으로 받다.

(차)	(대)

045 불우이웃돕기 성금 100,000원을 자기앞수표로 지급하다.

(차)	(대)

정답 및 해설

	차변		대변	
	계정과목	금액	계정과목	금액
041	복리후생비	500,000	보통예금	500,000
042	도서인쇄비	65,000	미지급금 또는 미지급비용	65,000
043	임차보증금 임차료	5,000,000 500,000	미지급금 또는 미지급비용	5,500,000
044	현금	1,100,000	임대보증금 임대료	1,000,000 100,000
045	기부금	100,000	현금	100,000

046 우리상사에 2년 후 회수 예정으로 6,000,000원을 대여하고 선이자 600,000원을 공제한 잔액을 보통예금 계좌에서 이체하다.

(차)	(대)

047 나라상사에 6개월 뒤 지급 예정으로 500,000원을 차입하고 선이자 10,000원을 공제한 잔액을 당좌예금 계좌로 이체받다.

(차)	(대)

048 구매부서 직원의 교육을 위한 강사비 300,000원은 어음을 발행하여 지급하고 TV 광고료 400,000원과 신문 광고료 100,000원은 익월 말 지급하기로 하다.

(차)	(대)

049 거래처의 외상매입금 30,000원을 면제받다.

(차)	(대)

050 결손금의 보전을 위해 대표이사로부터 시가 80,000,000원인 토지를 증여받다.

(차)	(대)

정답 및 해설

	차변		대변	
	계정과목	금액	계정과목	금액
046	장기대여금	6,000,000	보통예금 이자수익	5,400,000 600,000
047	이자비용 당좌예금	10,000 490,000	단기차입금	500,000
048	교육훈련비 광고선전비	300,000 500,000	미지급금	800,000
049	외상매입금	30,000	채무면제이익	30,000
050	토지	80,000,000	자산수증이익	80,000,000

합격을 다지는 실전문제

스마트폰으로 QR코드를 촬영하여 저자의 해설 강의를 확인하세요.

유형 1 회계기록의 대상: 회계상의 거래

상 중 하

001 기업의 경영활동에서 자산, 부채 및 자본의 증감 변화를 가져오는 일체의 경제적 사건은?

① 계정   ② 거래

③ 분개   ④ 전기

상 중 하

002 회계상 거래에 해당하는 것을 〈보기〉에서 모두 고른 것은?

┤보 기├

ㄱ. 7월 장마 폭우로 인해 1,000,000원의 건물 지붕이 소실되다.

ㄴ. 은행에 사업자금을 대출하기 위해 부동산 시가 1억원 상당을 담보로 제공하다.

ㄷ. 매출대금으로 받아 보관 중인 받을어음 1,000,000원의 지급이 거절되어 부도처리하다.

ㄹ. 신제품 개발을 위하여 복판엔지니어와 1,000,000원의 연구개발 용역을 체결하기로 하다.

① ㄱ   ② ㄴ

③ ㄱ, ㄷ   ④ ㄴ, ㄹ

상 중 하

003 다음 거래내용 중 총계정원장에 기록할 수 있는 거래로 옳은 것은?

대한가구는 사업 확장을 위해 (가) 영업사원 1명을 채용하고, 거래처에 (나) 판매용 가구 5,000,000원을 주문하다. 또한 (다) 영업용 자동차 8,000,000원을 12개월 무이자 할부로 구입하고, (라) 차량에 휘발유 50,000원을 현금으로 주유하다.

① (가), (나)   ② (가), (다)

③ (나), (다)   ④ (다), (라)

정답 및 해설

001 ② 자산, 부채 및 자본의 증감 변화를 가져오는 경제적 사건은 거래이다.

002 ③ 담보 제공 및 연구개발 용역 체결에 대한 약정은 자산, 부채, 자본, 수익, 비용에 영향을 미치지 않으므로 회계상의 거래가 아니다.

003 ④ 총계정원장에 기록되는 것은 회계상의 거래이다. 사원의 채용 및 판매용 가구인 상품을 주문한 것은 회계상의 거래에 해당하지 않는다.

004 다음 중 회계상 거래에 해당하는 것은?

① 판매점 확장을 위하여 직원을 채용하고 근로계약서를 작성하다.

② 사업 확장을 위하여 은행에서 운영자금을 차입하기로 결정하다.

③ 재고 부족이 예상되어 판매용 상품을 추가로 주문하다.

④ 당사 데이터센터의 화재로 인하여 서버용 PC가 소실되다.

005 다음 중 일상적인 거래와 회계상의 거래가 동시에 발생하는 것은?

① 매출채권의 대손상각비　　　　　　② 유형자산의 감가상각비

③ 종업원 채용의 약속　　　　　　　　④ 상품의 매출과 매출채권의 발생

006 다음 내용을 적절하게 설명한 것은?

> 상품의 도난, 자산의 감가현상, 화재손실

① 회계상의 거래가 아니지만 일반적인 거래에 해당한다.

② 회계상의 거래이고 일반적인 거래에 해당한다.

③ 일반적인 거래가 아니지만 회계상의 거래에 해당한다.

④ 일반적인 거래도 아니고 회계상의 거래도 아니다.

유형 2　회계기록의 방법: 거래의 8요소와 분개

007 다음 〈보기〉에서 거래 요소의 결합관계 중 차변 요소만으로 짝지어진 것은?

> **|보 기|**
>
> ㄱ. 자산의 증가　　　　　　　　ㄴ. 부채의 증가
> ㄷ. 자본의 증가　　　　　　　　ㄹ. 비용의 발생

① ㄱ, ㄴ　　　　　② ㄱ, ㄹ　　　　　③ ㄴ, ㄷ　　　　　④ ㄷ, ㄹ

정답 및 해설

004 ④ 주문, 약속, 채용, 계약 등은 일상생활에서는 거래로 볼 수 있으나 재산상의 증감이 발생하지 않으므로 회계상에서는 거래에 해당하지 않는다. 반면, 화재로 인한 서버용 PC 손실은 자산이 감소하여 재산상의 변동이 발생하므로 회계의 거래에 해당한다.

005 ④ ① 매출채권의 대손상각비와 ② 유형자산의 감가상각비는 회계상의 거래에만 해당하며 ③ 종업원 채용의 약속은 일상적인 거래에만 해당한다.

006 ③ 도난, 감가상각, 화재는 일상생활에서는 거래에 해당하지 않지만 회계상의 거래이므로 기록의 대상이 된다.

007 ② 차변 요소는 자산의 증가, 부채의 감소, 자본의 감소, 비용의 발생이다.

상 중 하

008 다음과 같은 결합관계로 이루어진 거래로 옳은 것은?

(차) 부채의 감소	(대) 자산의 감소

① 은행에서 현금 10,000원을 차입하다.
② 외상매입금 20,000원을 현금으로 지급하다.
③ 종업원의 급여 5,000원을 현금으로 지급하다.
④ 대여금 50,000원과 그에 대한 이자 2,000원을 현금으로 받다.

상 중 하

009 다음 중 거래내용과 거래 요소의 결합관계를 적절하게 나타내지 않은 것은?

거래내용	거래 요소의 결합관계
① 대여금에 대한 이자를 현금으로 받다.	자산의 증가 – 자산의 감소
② 외상매입금을 약속어음으로 발행하여 지급하다.	부채의 감소 – 부채의 증가
③ 업무용 컴퓨터를 현금으로 매입하다.	자산의 증가 – 자산의 감소
④ 이번 달 전화요금이 보통예금에서 이체되다.	비용의 발생 – 자산의 감소

상 중 하

010 다음 거래 요소의 결합관계를 나타내는 거래로 옳은 것은?

(차) 자산의 증가	(대) 부채의 증가

① 미지급한 퇴직금을 현금으로 지급하다.
② 은행에서 현금을 차입하다.
③ 외상매출금을 어음으로 회수하다.
④ 외상매입금을 현금으로 지급하다.

정답 및 해설

008 ② (차) 외상매입금(부채의 감소) 20,000 (대) 현금(자산의 감소) 20,000
　　① (차) 현금(자산의 증가) 10,000 (대) 차입금(부채의 증가) 10,000
　　③ (차) 급여(비용의 발생) 5,000 (대) 현금(자산의 감소) 5,000
　　④ (차) 현금(자산의 증가) 52,000 (대) 대여금(자산의 감소) 50,000
　　　　　　　　　　　　　　　　　　　　　 이자수익(수익의 발생) 2,000

009 ① (차) 현금(자산의 증가) ××× (대) 이자수익(수익의 발생) ×××
　　② (차) 외상매입금(부채의 감소) ××× (대) 지급어음(부채의 증가) ×××
　　③ (차) 비품(자산의 증가) ××× (대) 현금(자산의 감소) ×××
　　④ (차) 통신비(비용의 발생) ××× (대) 보통예금(자산의 감소) ×××

010 ② (차) 현금(자산의 증가) ××× (대) 차입금(부채의 증가) ×××
　　① (차) 미지급금(부채의 감소) ××× (대) 현금(자산의 감소) ×××
　　③ (차) 받을어음(자산의 증가) ××× (대) 외상매출금(자산의 감소) ×××
　　④ (차) 외상매입금(부채의 감소) ××× (대) 현금(자산의 감소) ×××

011 다음 거래 요소의 결합관계에 해당하는 거래로 옳은 것은?

(차) 자산의 증가	(대) 자산의 감소

① 거래처에 현금 500,000원을 3개월간 대여하다.
② 당월분 전기요금 160,000원을 현금으로 지급하다.
③ 정기예금에 대한 이자 180,000원을 현금으로 받다.
④ 거래처의 외상대금 550,000원을 현금으로 지급하다.

012 다음 중 비용의 발생과 부채의 증가로 이루어진 거래는?

① 사무실에서 사용할 커피 15,000원을 현금으로 구입하다.
② 현금 100,000원을 보통예금에 입금하다.
③ 전월에 지급하지 못하였던 급여를 현금으로 지급하다.
④ 영업부 회식비 200,000원을 신용카드로 결제하다.

013 다음의 거래에서 발생하지 않는 거래 요소는?

> 나래상사는 예쁘라가구에서 사무용 책상을 450,000원에 구입하고, 200,000원은 현금으로, 나머지는 1개월 후에 지급하기로 하다.

① 자산의 감소   ② 자산의 증가
③ 부채의 증가   ④ 비용의 발생

정답 및 해설

011 ① (차) 단기대여금(자산의 증가)   500,000   (대) 현금(자산의 감소)   500,000
　　② (차) 수도광열비(비용의 발생)   160,000   (대) 현금(자산의 감소)   160,000
　　③ (차) 현금(자산의 증가)   180,000   (대) 이자수익(수익의 발생)   180,000
　　④ (차) 외상매입금(부채의 감소)   550,000   (대) 현금(자산의 감소)   550,000

012 ④ (차) 복리후생비(비용의 발생)   200,000   (대) 미지급금(부채의 증가)   200,000
　　　　　　　　　　　　　　　　　　　　　　　　　　　또는 미지급비용

　　① (차) 소모품비(비용의 발생)   15,000   (대) 현금(자산의 감소)   15,000
　　② (차) 보통예금(자산의 증가)   100,000   (대) 현금(자산의 감소)   100,000
　　③ (차) 미지급금(부채의 감소)   ×××   (대) 현금(자산의 감소)   ×××

013 ④ (차) 비품(자산의 증가)   450,000   (대) 현금(자산의 감소)   200,000
　　　　　　　　　　　　　　　　　　　　　　　　미지급금(부채의 증가)   250,000

014 다음의 거래에서 발생하지 않는 계정과목은 무엇인가?

> 판매용 자동차 1대와 영업용 자동차 1대를 구입하고, 대금은 두 달 후에 지급하기로 하다.

① 차량운반구 　　　　　　　　　② 상품
③ 외상매입금 　　　　　　　　　④ 미수금

015 상품 이외의 매매거래 시 발생하는 계정과목은?

① 외상매출금 　　　　　　　　　② 미지급금
③ 받을어음 　　　　　　　　　　④ 외상매입금

016 다음 중 미지급금 계정으로 처리할 수 없는 거래는 무엇인가?

① 전월 비품 구입 시 결제한 카드대금 150,000원이 보통예금에서 자동이체되다.
② 운반용 화물자동차 1,000,000원을 무이자 할부로 구입하다.
③ 소모품 300,000원을 구입하고 대금은 월말에 지급하기로 하다.
④ 판매용 의자 210,000원을 구입하고 대금은 1개월 후 지급하기로 하다.

정답 및 해설

014 ④ (차) 상품　　　　　　　　　　×××　　　　(대) 외상매입금　　　　　　　　　×××
　　　　　차량운반구　　　　　　　　×××　　　　　　 미지급금　　　　　　　　　×××
015 ② 상품 계정에서만 사용할 수 있는 계정과목은 외상매출금, 외상매입금, 받을어음, 지급어음이며, 미지급금은 상품 이외의 매매거래 시 발생하는 계정과목이다.
016 ④ 판매용 의자를 외상으로 구입한 경우에는 미지급금이 아닌 외상매입금으로 처리한다.

017 은행 차입금 1억원과 이자비용 100만원을 현금으로 지급한 경우 나타나지 않는 거래 요소는?

① 자산의 감소　　　　　　　　　　　② 비용의 발생
③ 부채의 감소　　　　　　　　　　　④ 자산의 증가

018 다음과 같은 결합관계로 이루어진 거래로 옳은 것은?

(차) 부채의 감소	(대) 자산의 감소

① 국제구호단체에 300,000원을 현금으로 기부하다.
② 미지급금 300,000원을 현금으로 지급하다.
③ 사무실 임차보증금 2,000,000원을 보통예금에서 지급하다.
④ 거래처에 상품을 매출하기로 계약하고, 계약금 100,000원을 현금으로 받다.

019 다음 중 당좌예금 계정을 사용하는 거래는 무엇인가?

① 종업원의 급여를 보통예금 계좌에서 이체하여 지급하다.
② 외상매출금을 현금으로 받아 즉시 당좌예금 계좌에 입금하다.
③ 상품을 매출하고 대금은 거래처가 발행한 당좌수표로 받다.
④ 상품을 매입하고 대금은 약속어음을 발행하여 지급하다.

정답 및 해설

017 ④ (차) 차입금(부채의 감소)　　100,000,000　　(대) 현금(자산의 감소)　　101,000,000
　　　　　　이자비용(비용의 발생)　　1,000,000

018 ② (차) 미지급금(부채의 감소)　　300,000　　(대) 현금(자산의 감소)　　300,000
　　① (차) 기부금(비용의 발생)　　300,000　　(대) 현금(자산의 감소)　　300,000
　　③ (차) 임차보증금(자산의 증가)　　2,000,000　　(대) 보통예금(자산의 감소)　　2,000,000
　　④ (차) 현금(자산의 증가)　　100,000　　(대) 선수금(부채의 증가)　　100,000

019 ② (차) 당좌예금(자산의 증가)　　×××　　(대) 외상매출금(자산의 감소)　　×××
　　① (차) 급여(비용의 발생)　　×××　　(대) 보통예금(자산의 감소)　　×××
　　③ (차) 현금(자산의 증가)　　×××　　(대) 상품매출(수익의 발생)　　×××
　　④ (차) 상품(자산의 증가)　　×××　　(대) 지급어음(부채의 증가)　　×××

상 중 하

020 다음 중 거래의 결합관계에서 동시에 나타날 수 없는 것은?

① 비용의 발생과 자산의 감소
② 자산의 증가와 부채의 증가
③ 자본의 증가와 부채의 증가
④ 자산의 증가와 수익의 발생

상 중 하

021 상품매출에 대한 계약금을 거래처로부터 현금으로 받고 대변에 상품매출 계정으로 잘못 분개하였다. 이로 인해 재무상태표와 손익계산서에 미치는 영향으로 옳은 것은?

① 자산이 과소계상되고, 수익이 과소계상된다.
② 자산이 과대계상되고, 수익이 과소계상된다.
③ 부채가 과소계상되고, 수익이 과대계상된다.
④ 부채가 과대계상되고, 수익이 과대계상된다.

유형 3 전표와 분개장

상 중 하

022 (가)~(다)의 거래와 관련하여 작성되는 전표가 바르게 짝지어진 것은? (단, 3전표제를 채택함)

> (가) 상품 10,000원을 매출하고, 대금은 현금으로 받다.
> (나) 사무용품 20,000원을 구입하고, 대금은 현금으로 지급하다.
> (다) 업무용 컴퓨터 1대 500,000원을 구입하고, 대금은 수표를 발행하여 지급하다.

	(가)	(나)	(다)
①	입금전표	출금전표	대체전표
②	입금전표	대체전표	출금전표
③	출금전표	입금전표	대체전표
④	출금전표	대체전표	입금전표

정답 및 해설

020 ③ 자본의 증가와 부채의 증가는 모두 대변에 기입되는 거래로 동시에 나타날 수 없다.

021 ③ • 정상 분개: (차) 현금 ×××   (대) 선수금 ×××
　　• 잘못된 분개: (차) 현금 ×××   (대) 상품매출 ×××
　　즉, 부채가 과소계상되고, 수익이 과대계상된다.

022 ① (가) 현금 입금(입금전표), (나) 현금 지출(출금전표), (다) 현금거래 없음(대체전표)

023 다음 중 입금전표에 기입해야 할 거래로 옳은 것은? (단, 3전표제에 의하여 기입함)

① 외상매출금 200,000원을 당점이 발행한 당좌수표로 회수하다.

② 거래처 직원과 식사를 하고 식대 50,000원을 법인카드로 결제하다.

③ 거래처로부터 상품을 주문받고 계약금 50,000원을 자기앞수표로 받다.

④ 거래처에 상품 300,000원을 매출하고 동점발행 2개월 후 지급의 약속어음을 받다.

유형 4 거래의 종류

---

024 다음 중 거래의 종류와 거래의 예가 바르게 연결된 것은?

① 손익거래 – 거래처에 현금 200,000원을 대여하다.

② 교환거래 – 판매부 직원의 회식비 300,000원을 현금으로 지급하다.

③ 혼합거래 – 현금 500,000원과 건물 1,000,000원을 출자하여 영업을 개시하다.

④ 교환거래 – 영업용 자동차 3,000,000원을 구입하고, 반액은 현금으로 지급하고, 반액은 월말에 지급하기로 하다.

정답 및 해설

023 ③ 자기앞수표를 받은 거래는 현금이 증가한 것이므로 입금전표에 기입한다.

(차) 현금(자산의 증가)	50,000	(대) 선수금(부채의 증가)		50,000
① (차) 당좌예금(자산의 증가)	200,000	(대) 외상매출금(자산의 감소)		200,000
② (차) 접대비(비용의 발생)	50,000	(대) 미지급금(부채의 증가)		50,000
④ (차) 받을어음(자산의 증가)	300,000	(대) 상품매출(수익의 발생)		300,000

024 ④ 수익과 비용이 발생하지 않으므로 교환거래에 해당한다.

(차) 차량운반구(자산의 증가)	3,000,000	(대) 현금(자산의 감소)	1,500,000
		미지급금(부채의 증가)	1,500,000
① 교환거래 – (차) 대여금(자산의 증가)	200,000	(대) 현금(자산의 감소)	200,000
② 손익거래 – (차) 복리후생비(비용의 발생)	300,000	(대) 현금(자산의 감소)	300,000
③ 교환거래 – (차) 현금(자산의 증가)	500,000	(대) 자본금(자본의 증가)	1,500,000
건물(자산의 증가)	1,000,000		

025 다음 중 거래의 종류와 거래내용의 연결이 옳지 않은 것은?

① 손익거래 – 상품 1,000,000원을 매입하고, 대금 중 600,000원은 약속어음을 발행하여 지급하고 잔액은 외상으로 하다.

② 혼합거래 – 단기차입금 500,000원과 이자 20,000원을 함께 동점발행수표로 지급하다.

③ 손익거래 – 통신비 34,000원과 여비교통비 50,000원을 현금으로 지급하다.

④ 손익거래 – 상품 2,000,000원을 매출하고 대금은 자기앞수표로 받다.

026 다음 중 손익계산서에 영향을 미치지 않는 거래는?

① 외상매출금 600,000원이 보통예금 통장으로 입금되다.

② 월말이 되어 경비용역 수수료 50,000원을 지급하다.

③ 거래처 직원이 방문하여 점심식사를 접대하다.

④ 불우이웃돕기 성금을 1,000,000원 지급하다.

027 다음 중 경영성과에 영향을 미치는 거래는 어떤 것인가?

① 거래처로부터 계약금을 현금 수령하다.

② 전기요금을 현금으로 지급하다.

③ 토지를 매입하고 당좌수표를 지급하다.

④ 현금을 보통예금 통장에 입금하다.

정답 및 해설

025 ① 자산, 부채, 자본의 증감에만 영향을 미치고 수익 또는 비용이 발생하지 않는 교환거래이다.

(차) 상품(자산의 증가)	1,000,000	(대) 지급어음(부채의 증가)		600,000
		외상매입금(부채의 증가)		400,000
② (차) 단기차입금(부채의 감소)	500,000	(대) 현금(자산의 감소)		520,000
이자비용(비용의 발생)	20,000			
③ (차) 통신비(비용의 발생)	34,000	(대) 현금(자산의 감소)		84,000
여비교통비(비용의 발생)	50,000			
④ (차) 현금(자산의 증가)	2,000,000	(대) 상품매출(수익의 발생)		2,000,000

026 ① 손익계산서에 영향을 미치지 않는 거래는 수익과 비용이 발생하지 않는 교환거래를 의미한다.

(차) 보통예금(자산의 증가)	600,000	(대) 외상매출금(자산의 감소)	600,000

027 ② 전기요금은 비용 항목으로 손익계산서에 표시되는 계정과목이므로 경영성과에 영향을 미친다.

회계의 순환과정

▲핵심키워드
• 결산   • 전기
• 시산표   • 마감

■ 1회독   ■ 2회독   ■ 3회독

1 회계순환과정

▶ 최신 30회 중 3문제 출제

1. 회계순환과정의 의의

회계순환과정이란 기업이 유용한 재무정보를 정보이용자들에게 제공하기 위해 해당 기업이 행한 경제활동에서 회계정보를 식별해 내고 이를 분류, 정리, 요약하여 재무제표로 만들어 공시하기까지의 절차이다. 순환이라 하는 이유는 이런 일련의 절차가 해당 기업의 회계연도(회계기간)에 맞춰 계속 반복되기 때문이다.

2. 회계처리와 결산과정

기업이 수행하는 회계기간 중 회계처리와 결산과정은 다음과 같다.

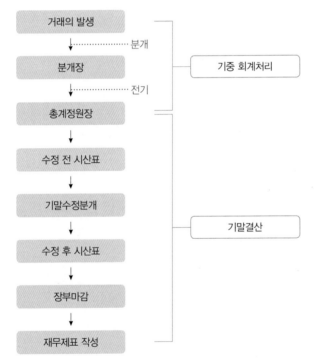

회계순환과정에서 분개와 전기는 회계기간 중 발생한 거래를 처리하는 것이다. 보고기간 종료일에 각종 장부를 마감하고 총계정원장의 기록을 기초로 하여 재무상태표와 손익계산서를 만드는 것을 결산이라고 한다.

회계순환과정
회계연도마다 재무제표를 만들어 공시하는 과정

분개 vs. 전기
• 분개: 회계상 거래의 계정과목과 금액을 차변과 대변으로 나누어 기입하는 절차
• 전기: 분개한 내용을 계정과목별로 옮기는 절차

2 전기와 회계장부 〈중요〉

▶ 최신 30회 중 18문제 출제

1. 전기의 의의

거래가 발생하면 이에 대한 전표가 작성되고 분개장이 만들어진다. 거래가 발생한 순서대로 기록되어 있는 분개장은 계정과목별로 잔액을 파악할 수가 없다. 이를 해결하고자 분개를 계정별로 분류하여 장부에 기록하는 전기를 하며 전기를 통해 계정들을 모아 놓은 장부를 원장 혹은 총계정원장이라 부른다. 원장의 형식에는 표준식과 잔액식이 있다.

▌표준식 총계정원장

현금

월일		적요	분면	금액	월일	적요	분면	금액
9	16	자본금	1	112,000				

▌잔액식 총계정원장

현금

월일		적요	분면	금액	대변	차·대	잔액
9	16	자본금	1	112,000		차	112,000

2. 전기의 절차

(1) [1단계] 분개장의 차변 금액은 원장상 해당 계정과목의 차변에 기입한다.

(2) [2단계] 분개장의 대변 금액은 원장상 해당 계정과목의 대변에 기입한다.

(3) [3단계] 원장에 전기된 금액 앞에 거래의 원인을 표기하기 위하여 분개장의 상대 계정과목을 기입한다. 이때 상대 계정과목이 두 개 이상인 경우에는 제좌라고 기입한다.

3. 회계장부

재무상태와 경영성과를 파악하기 위해 기업활동을 기록·계산·정리한 기록부이다. 회계장부는 법령에 따라 장기간 보존하여야 하며 기업의 거래내용에 대한 증거자료가 되므로 법령의 규제가 없더라도 잘 관리해야 한다.

회계장부에는 주요장부와 보조장부가 있다. 주요장부는 모든 거래를 총괄하여 기록·계산하는 장부로 분개장과 총계정원장을 말하고, 보조장부는 주요장부를 보충해 주는 것으로 특정 계정의 증감 변동내역을 발생순서에 따라 상세히 기입한 보조기입장과 총계정원장의 특정 계정에 대한 구성 내용을 보충하는 역할을 하는 보조원장이 있다.

회계장부는 기업회계기준에 의해 작성되어야 하며 기업회계기준은 각 회계장부의 기록에 대한 오류나 변칙방법 등을 막아주는 역할을 수행한다.

회계장부
- 주요장부: 분개장과 총계정원장
- 보조장부: 주요장부를 보충
  - 보조기입장: 특정 계정의 거래를 발생순서에 따라 기입
  - 보조원장: 특정 계정의 구성내용을 보충

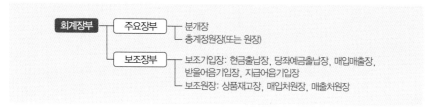

3 시산표 ◁중요▷

▶ 최신 30회 중 8문제 출제

1. 시산표의 의의

원장의 기록이 올바르게 기입되었는지 알아보기 위한 점검표로 모든 계정의 차변과 대변 금액을 한 곳에 모아 정리한 표이다. 시산표는 재무제표에 해당하지 않으며, 회계장부가 아니므로 꼭 작성해야 할 의무는 없다.

2. 시산표의 종류

시산표는 작성방법과 목적에 따라 합계시산표, 잔액시산표, 합계잔액시산표로 구분할 수 있다.

(1) 합계시산표

총계정원장상 각 계정과목의 차변 금액의 합계와 대변 금액의 합계를 모아 작성하는 표이다.

합계시산표

차변	계정과목	대변
합계		합계

(2) 잔액시산표

총계정원장상 각 계정과목의 차변 금액의 합계와 대변 금액의 합계를 비교하여 차감한 잔액만을 모아서 작성하는 표이다.

잔액시산표

차변	계정과목	대변
잔액		잔액

(3) 합계잔액시산표

합계시산표와 잔액시산표를 하나의 표에 모아 놓은 것이다. 합계잔액시산표상 차변 금액의 합계 및 잔액과 대변 금액의 합계 및 잔액을 비교해서 이 금액이 일치하면 기록 과정에서 오류가 없었다고 판단할 수 있다.

만약, 차변 합계액과 대변 합계액이 일치하지 않는 경우, 회계기간 중 기록한 분개나 전기 과정에 오류가 발생한 것이므로 이를 찾아서 수정한 후에 다시 시산표를 작성해서 차변 합계액과 대변 합계액이 일치하는지 확인해야 한다.

합계잔액시산표

차변		계정과목	대변	
잔액	합계		합계	잔액

시산표의 의의
원장의 기록이 올바르게 기입되었는지 알아보기 위한 점검표

시산표의 종류
- 합계시산표: 학습용
- 잔액시산표: 학습용
- 합계잔액시산표: 실무용

(4) 시산표에서의 오류

시산표에서는 차변과 대변의 금액 차이가 발생하는 오류만 발견할 수 있으며 금액 차이가 발생하지 않는 오류는 발견할 수 없다.

> **포인트** 시산표를 통해 발견할 수 없는 오류
>
> • 거래 전체의 분개가 누락되거나, 전기가 누락된 경우
> • 분개는 틀렸으나 차변과 대변의 금액이 일치하는 경우
> • 어떤 거래의 분개가 이중으로 분개된 경우
> • 분개장에서 원장에 차변과 대변을 반대로 전기한 경우
> • 다른 계정과목에 잘못 전기한 경우
> • 오류에 의해 전기된 금액이 우연히 일치하여 서로 상계된 경우

(5) 시산표 등식

재무상태표 등식은 '기말자산 = 기말부채 + 기말자본'이며 순손익계산은 '기말자본 = 기초자본 + 당기순이익(총수익 − 총비용)'이다. 이 둘을 더하면 다음의 등식을 만들 수 있는데 이를 시산표 등식이라 한다.

$$기말자산 + 총비용 = 기말부채 + 기초자본 + 총수익$$

4 기말수정분개

결산은 보고기간 종료일에 각종 장부를 마감하고 총계정원장의 기록을 기초로 하여 재무상태표와 손익계산서를 만드는 것이다. 결산일에 실제 재고액과 장부상 재고액이 일치하지 않는 경우 불일치를 수정·정리하여 분개하는 것을 기말수정분개(결산정리분개)라고 한다.

기말수정분개

기업의 정확한 재무상태와 경영성과를 파악하기 위해 자산, 부채, 자본, 수익, 비용을 수정·정리하는 분개

5 마감 ◀중요

▶ 최신 30회 중 4문제 출제

기말수정분개를 정확히 계산한 후에는 총계정원장의 각 계정들을 마감하여 다음 회계기간의 경영활동을 기록하기 위한 준비를 하여야 한다. 계정을 마감하는 방법은 영구 계정과 임시 계정이 다르므로 이를 구분하여야 한다. 여기서 영구 계정은 잔액이 차기로 이월되어 영구적으로 존재하는 계정으로 자산, 부채, 자본 계정인 재무상태표 계정을 의미한다. 반면에 임시 계정은 보고기간 종료일에 계정을 마감하고 나면 잔액이 차기로 이월되지 않고 특정 기간에만 일시적으로 존재하는 계정으로 손익계산서 계정인 수익, 비용 계정이 해당된다.

손익계산서 계정 vs. 재무상태표 계정

• 손익계산서 계정: 임시 계정
  → 잔액이 '0'이 되도록 함
• 재무상태표 계정: 영구 계정
  → 잔액을 차기로 이월시킴

1. 손익계산서 계정의 마감

수익과 비용 계정은 당기의 경영성과를 나타내는 것으로 차기의 경영성과를 파악할 때 영향을 미쳐서는 안 된다. 따라서 수익·비용 계정은 한 회계기간이 끝나면 잔액을 '0'으로 만들어 차기에 '0'으로 시작하도록 해야 한다. 이를 위해서 다음의 단계에 따라 계정을 마감해야 한다.

(1) [1단계] 집합손익 계정의 설정

수익 계정과 비용 계정의 마감을 위해 잔액을 '0'으로 만들어야 하는데, 이때 임시 계정인 집합손익 계정을 설정해야 한다.

(2) [2단계] 수익 계정의 마감

수익 계정은 대변에 잔액이 남아 있으므로 이를 '0'으로 만들기 위해서 수익 계정의 잔액을 차변에 기록하고 집합손익 계정의 대변에 동일한 금액을 기록하여 수익 계정의 잔액을 집합손익 계정으로 대체한다.

(차) 수익	×××	(대) 집합손익	×××

이처럼 모든 수익 계정을 마감분개하면 수익 계정의 잔액은 모두 '0'이 된다.

(3) [3단계] 비용 계정의 마감

비용 계정은 차변에 잔액이 남아 있으므로 이를 '0'으로 만들기 위해서 대변에 비용 계정의 잔액을 기록하고 집합손익 계정의 차변에 동일한 금액을 기록하여 비용 계정의 잔액을 집합손익 계정으로 대체한다.

(차) 집합손익	×××	(대) 비용	×××

(4) [4단계] 집합손익 계정의 마감

수익 계정과 비용 계정을 마감하게 되면 수익 계정의 잔액은 집합손익 계정의 대변에 집계되고 비용 계정의 잔액은 집합손익 계정의 차변에 집계된다. 따라서 집합손익 계정이 대변 잔액이면 수익이 비용보다 큰 것으로 당기순이익이 발생한 것이고, 집합손익 계정이 차변 잔액이면 비용이 수익보다 큰 것으로 당기순손실이 발생한 것이다. 마지막으로 두 경우 모두 집합손익 계정의 잔액을 '0'으로 만들면서 재무상태표 계정인 '자본금' 계정으로 대체된다.

집합손익

비용	×××	수익	×××

① **당기순이익이 발생한 경우**: 당기순이익이 발생한 경우 집합손익 계정은 대변에 잔액이 남게 된다. 이를 마감하기 위해서 대변 잔액을 집합손익 계정의 차변에 기록하고 동일한 금액을 자본금 계정의 대변에 기록한다.

(차) 집합손익	×××	(대) 자본금	×××

② **당기순손실이 발생한 경우**: 당기순손실이 발생한 경우 집합손익 계정은 차변에 잔액이 남게 된다. 이를 마감하기 위해서 차변 잔액을 집합손익 계정의 대변에 기록하고 동일한 금액을 자본금 계정의 차변에 기록한다.

(차) 자본금	×××	(대) 집합손익	×××

이처럼 수익과 비용 계정을 집합손익 계정에 대체하고, 집합손익 계정의 잔액인 당기순손익을 자본금 계정에 대체하기 위하여 분개장에 분개를 하는데, 이를 마감분개라고 한다.

손익계산서 계정의 마감
• 1단계: 집합손익 계정의 설정
• 2단계: 수익 계정의 마감
• 3단계: 비용 계정의 마감
• 4단계: 집합손익 계정의 마감

집합손익 계정
• 대변 잔액: 당기순이익
 → 자본금 증가
• 차변 잔액: 당기순손실
 → 자본금 감소

2. 재무상태표 계정의 마감

재무상태표 계정은 수익과 비용 계정과는 달리 한 회계기간이 종료되더라도 잔액이 '0'으로 되지 않고 계속해서 잔액을 유지하게 된다. 자산이나 부채 및 자본 계정은 영구 계정으로 다음 연도에도 권리나 의무가 그대로 존속되기 때문이다. 따라서 재무상태표 계정 잔액을 다음 회계기간으로 이월시키는 것을 재무상태표 계정의 마감이라고 한다.

재무상태표 계정 중에서 자산 계정은 차변에 잔액이 남아 있고 부채와 자본 계정은 대변에 잔액이 남아 있으므로 다음과 같은 방법으로 마감한다.

(1) 자산 계정의 마감

자산 계정은 차변에 잔액이 남아 있으므로 대변에 차변 잔액만큼 기입하여 차변과 대변을 일치시켜 마감한다. 그리고 다음 연도의 첫 날짜로 남아 있던 대변 잔액을 전기이월로 기록해 기초에 가지고 있는 자산 금액이라는 것을 표시한다.

자산

1/1	기초	×××		감소	×××
	증가	×××	12/31	차기이월	×××
1/1	전기이월	×××			

(2) 부채 및 자본 계정의 마감

부채 및 자본 계정은 대변에 잔액이 남아 있으므로 차변에 대변 잔액만큼 기입하여 차변과 대변을 일치시켜 마감시킨 뒤에 그 잔액만큼 다음 연도 장부의 동일 계정과목 대변에 기입하여 다음 회계기간으로 이월시킨다.

부채 및 자본

	감소	×××	1/1	기초	×××
12/31	차기이월	×××		증가	×××
			1/1	전기이월	×××

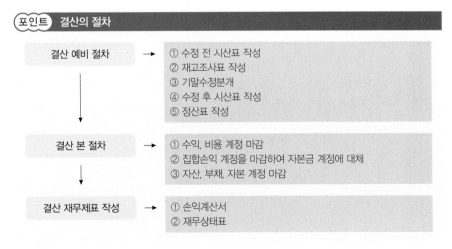

포인트 | 결산의 절차

결산 예비 절차 →
① 수정 전 시산표 작성
② 재고조사표 작성
③ 기말수정분개
④ 수정 후 시산표 작성
⑤ 정산표 작성

결산 본 절차 →
① 수익, 비용 계정 마감
② 집합손익 계정을 마감하여 자본금 계정에 대체
③ 자산, 부채, 자본 계정 마감

결산 재무제표 작성 →
① 손익계산서
② 재무상태표

결산의 절차
• 결산 예비 절차
 – 수정 전 시산표 작성
 – 재고조사표 작성
 – 기말수정분개
 – 수정 후 시산표 작성
 – 정산표 작성
• 결산 본 절차: 마감
 – 수익, 비용 계정 마감
 – 집합손익 계정 마감
 – 자산, 부채, 자본 계정 마감
• 결산 재무제표 작성
 – 손익계산서
 – 재무상태표

6 재고조사표

시산표를 통해 각 계정에 오류가 없는지 확인하였어도 그 계정의 잔액 중에서 실제로 남아 있는 것과 일치되지 않는 경우가 있다. 따라서 장부 잔액을 실제 재고액에 일치시키기 위하여 자산·부채의 현재액과 기간 중 수익·비용의 실제 발생액을 조사하는 것을 재고조사라 하며, 그 결과를 기재한 표가 재고조사표이다.

7 정산표

정산표란 원장 각 계정의 마감 전에 신속·정확하게, 또는 간단한 방법으로 기업의 경영성과와 재무상태를 알기 위하여 작성한 일람표이다.

회계기간 동안의 거래를 분개하고 총계정원장에 전기해 놓은 것을 회계연도 말 최종적으로 정리해 재무상태표와 손익계산서를 작성하는 결산과정은 매우 복잡하다. 이 과정을 단순화하여 결산을 신속하고 정확하게 마칠 수 있도록 하기 위해 정산표를 사용할 수 있다. 정산표는 장부나 재무제표가 아니고 결산을 단순화하기 위해 임의적으로 작성하는 표로, 다음과 같은 10위식 정산표 형식이 가장 대표적이다.

계정과목	수정 전 시산표		기말수정분개		수정 후 시산표		손익계산서		재무상태표	
	차변	대변	차변	대변	차변	대변	차변	대변	차변	대변

사례연습

논리상사의 2024년의 거래를 통해 회계순환과정을 살펴보자.

> 1월 1일 현금 500,000원을 출자하여 영업을 시작하다.
> 2월 2일 업무용으로 소유한 건물의 재산세 30,000원을 현금으로 지급하다.
> 3월 3일 거래처 직원과의 식사비 20,000원을 현금으로 지급하다.
> 4월 4일 사무실을 빌려주고 대가로 받은 200,000원을 보통예입하다.
> 5월 5일 직원의 급여 100,000원을 보통예금에서 계좌이체하여 지급하다.

001 분개하시오.

월일	차변		대변	
	개정과목	금액	개정과목	금액
1월 1일				
2월 2일				
3월 3일				
4월 4일				
5월 5일				

정답 및 해설

001

월일	차변		대변	
	개정과목	금액	개정과목	금액
1월 1일	현금	500,000	자본금	500,000
2월 2일	세금과공과	30,000	현금	30,000
3월 3일	접대비	20,000	현금	20,000
4월 4일	보통예금	200,000	임대료	200,000
5월 5일	급여	100,000	보통예금	100,000

002 총계정원장에 전기하시오.

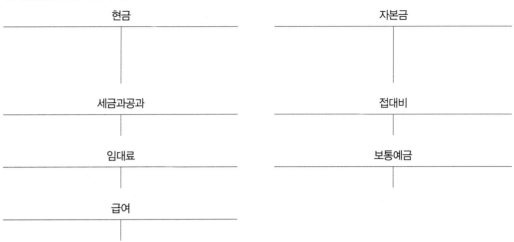

현금		자본금	

세금과공과		접대비	

임대료		보통예금	

급여	

002

현금

1/1 자본금	500,000	2/2 세금과공과	30,000
		3/3 접대비	20,000

자본금

		1/1 현금	500,000

세금과공과

2/2 현금	30,000		

접대비

3/3 현금	20,000		

임대료

		4/4 보통예금	200,000

보통예금

4/4 임대료	200,000	5/5 급여	100,000

급여

5/5 보통예금	100,000		

003 합계잔액시산표를 작성하시오.

합계잔액시산표

차변		계정과목	대변	
잔액	합계		합계	잔액
		현 금		
		보 통 예 금		
		자 본 금		
		임 대 료		
		세 금 과 공 과		
		접 대 비		
		급 여		
		합 계		

003

차변		계정과목	대변	
잔액	합계		합계	잔액
450,000	500,000	현 금	50,000	
100,000	200,000	보 통 예 금	100,000	
		자 본 금	500,000	500,000
		임 대 료	200,000	200,000
30,000	30,000	세 금 과 공 과		
20,000	20,000	접 대 비		
100,000	100,000	급 여		
700,000	850,000	합 계	850,000	700,000

004 총계정원장을 마감하시오.

(1) 손익계산서 계정을 마감하시오.

① 수익 계정의 마감

② 비용 계정의 마감

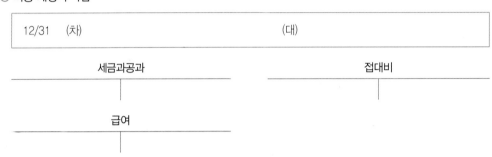

정답 및 해설

004 (1) ① 수익 계정의 마감

12/31 (차) 임대료	200,000	(대) 집합손익	200,000

임대료			
12/31 집합손익	200,000	4/4 보통예금	200,000

② 비용 계정의 마감

12/31 (차) 집합손익	150,000	(대) 세금과공과	30,000
		접대비	20,000
		급여	100,000

세금과공과					접대비			
2/2 현금	30,000	12/31 집합손익	30,000		3/3 현금	20,000	12/31 집합손익	20,000

급여			
5/5 보통예금	100,000	12/31 집합손익	100,000

③ 집합손익 계정의 마감

12/31 (차)	(대)

집합손익		자본금	

(2) 재무상태표 계정을 마감하시오.

현금	보통예금

자본금	

③ 집합손익 계정의 마감

12/31 (차) 집합손익	50,000	(대) 자본금	50,000

집합손익

12/31 세금과공과	30,000	12/31 임대료	200,000
12/31 접대비	20,000		
12/31 급여	100,000		
12/31 자본금	50,000		

자본금

		1/1 현금	500,000
		12/31 집합손익	50,000

(2)

현금

1/1 자본금	500,000	2/2 세금과공과	30,000
		3/3 접대비	20,000
		12/31 차기이월	450,000
1/1 전기이월	450,000		

보통예금

4/4 임대료	200,000	5/5 급여	100,000
		12/31 차기이월	100,000
1/1 전기이월	100,000		

자본금

		1/1 현금	500,000
12/31 차기이월	550,000	12/31 집합손익	50,000
		1/1 전기이월	550,000

005 손익계산서를 작성하시오.

손익계산서

논리상사		2024.1.1.~ 2024.12.31.		(단위: 원)
비용		수익		
(순)이익				
합계		합계		

006 재무상태표를 작성하시오.

재무상태표

논리상사		2024.12.31. 현재		(단위: 원)
자산		부채		
		자본		
합계		합계		

정답 및 해설

005
손익계산서

논리상사		2024.1.1.~ 2024.12.31.		(단위: 원)
비용			수익	
	세금과공과	30,000	임대료	200,000
	접대비	20,000		
	급여	100,000		
(순)이익		50,000		
합계		200,000	합계	200,000

006
재무상태표

논리상사		2024.12.31. 현재		(단위: 원)
자산			부채	
	현금	450,000		
	보통예금	100,000	자본	
			자본금	550,000
합계		550,000	합계	550,000

합격을 다지는 실전문제

스마트폰으로 QR코드를 촬영하여
저자의 해설 강의를 확인하세요.

유형 1 **회계순환과정**

상 중 하

001 다음 절차 중 (가)에 대한 옳은 설명만을 〈보기〉에서 모두 고른 것은?

┤보 기├

ㄱ. 분개장의 기입 내용을 해당 계정에 옮겨 적는 과정이다.
ㄴ. 전산회계에서는 자동 처리되므로 (가)의 과정이 생략된다.
ㄷ. (가)는 어느 계정, 어느 변에 얼마를 기입할 것인가를 결정하는 절차이다.

① ㄱ   ② ㄱ, ㄴ
③ ㄴ, ㄷ   ④ ㄱ, ㄴ, ㄷ

상 중 하

002 다음 중 회계순환과정의 순서로 올바른 것은?

a. 분개   b. 시산표 작성
c. 결산수정분개   d. 거래의 발생
e. 총계정원장의 마감   f. 결산 보고서 작성 절차
g. 전기(총계정원장)

① a → b → c → d → e → f → g   ② b → a → d → g → c → e → f
③ d → a → g → b → c → e → f   ④ d → a → g → c → b → f → e

정답 및 해설

001 ② (가) 전기는 분개장에서 총계정원장으로 옮겨 적는 절차를 말하며, 전산회계에서는 자동으로 처리된다. 어느 계정, 어느 변에 얼마를 기입할 것인가를 결정하는 절차는 분개(거래 → 분개장)에 해당한다.

002 ③ 회계의 순환과정은 '거래의 발생 → 분개(분개장) → 전기(총계정원장) → 결산 예비 절차(시산표 작성 → 결산수정분개) → 결산 본절차(총계정원장의 마감) → 결산 보고서 작성 절차(손익계산서와 재무상태표 작성)' 순으로 이루어진다.

003 다음 전표의 분개 내용을 계정별원장에 바르게 전기한 것은?

거래일	계정과목	차변	대변
12월 31일	소모품비	1,000,000원	
	미지급금		500,000원
	현금		500,000원
	소계	1,000,000원	1,000,000원

① _____현금_____
　12/31 소모품비 500,000 |

② _____미지급금_____
　　　　　　　　| 12/31 현금　　500,000

③ _____미지급금_____
　12/31 소모품비 500,000 |

④ _____미지급금_____
　　　　　　　　| 12/31 소모품비 500,000

004 다음 계정 기입에 대한 설명으로 옳은 것은?

선수금	
	7/15 현금　　　100,000

① 원인 불명의 송금수표 100,000원이 송금되어 오다.

② 상품을 매입하기로 하고 계약금 100,000원을 현금으로 지급하다.

③ 상품을 매출하기로 하고 현금 100,000원을 계약금으로 받다.

④ 업무용 비품을 매각하고 대금 100,000원을 현금으로 받다.

정답 및 해설

003 ④ (차) 소모품비(비용의 발생)　　　　1,000,000　　(대) 미지급금(부채의 증가)　　　　500,000
　　　　　　　　　　　　　　　　　　　　　　　　　　　현금(자산의 감소)　　　　　　500,000

현금		미지급금	
	12/31 소모품비　500,000		12/31 소모품비　500,000

004 ③ (차) 현금(자산의 증가)　　　　　　100,000　　(대) 선수금(부채의 증가)　　　　　100,000

상 중 하

005 다음 선급금 계정에서 4월 6일의 거래에 대한 설명으로 옳은 것은?

선급금			
4/6 현금	150,000	4/8 상품	150,000

① 상품을 주문하고 계약금을 현금으로 지급하다.
② 상품을 주문받고 계약금을 현금으로 받다.
③ 상품을 매입하고 계약금을 차감하다.
④ 상품을 매출하고 계약금을 차감하다.

상 중 하

006 다음 계정에 대한 설명으로 옳은 것은? (단, 반드시 아래에 표시된 계정만으로 판단할 것)

외상매입금		지급어음	
90,000			90,000

① 상품 180,000원을 매입하고, 90,000원은 어음으로 지급하고, 90,000원은 외상으로 구입하다.
② 외상매입금 90,000원을 어음으로 지급하다.
③ 상품 90,000원을 외상으로 매입하다.
④ 상품 90,000원을 매입하고, 어음으로 지급하다.

상 중 하

007 다음 거래에서 계정의 증감 내용이 기입될 곳으로 바른 것은?

외상매입금 1,000,000원을 당사 보통예금 계좌에서 이체하여 지급하다.			
자산 계정		부채 계정	
가	나	다	라

① 가, 다   ② 가, 라
③ 나, 다   ④ 다, 라

정답 및 해설

005 ① (차) 선급금(자산의 증가)   150,000   (대) 현금(자산의 감소)   150,000
006 ② (차) 외상매입금(부채의 감소)   90,000   (대) 지급어음(부채의 증가)   90,000
007 ③ • (차) 외상매입금(부채의 감소)   1,000,000   (대) 보통예금(자산의 감소)   1,000,000
     • 부채의 감소는 부채 계정의 '다'에, 자산의 감소는 자산 계정의 '나'에 기입된다.

008 다음 장부 중 주요장부에 해당하는 것끼리 짝지어진 것은?

① 분개장, 매입장   ② 총계정원장, 분개장

③ 매출장, 매입장   ④ 분개장, 현금출납장

009 다음은 무엇에 관한 설명인가?

- 각 계정과목별로 기록한다.
- 분개장 기입 후 전기하는 장부이다.

① 시산표   ② 정산표

③ 총계정원장   ④ 매출처원장

010 다음 거래내용에서 기록되어야 할 모든 장부를 나열한 것으로 옳은 것은?

상품을 720,000원에 매출하고, 대금 중 300,000원은 현금으로 받고 200,000원은 상대방이 발행한 약속어음으로 받고 잔액은 외상으로 하다.

① 매출장, 현금출납장, 받을어음기입장, 매출처원장, 상품재고장

② 매출장, 당좌예금출납장, 지급어음기입장, 매출처원장, 상품재고장

③ 매출장, 매입처원장, 지급어음기입장, 매출처원장, 상품재고장

④ 매출장, 매입처원장, 매출처원장, 받을어음기입장, 상품재고장

정답 및 해설

008 ② 장부 중 분개장과 총계정원장은 주요장부에 해당하고 매출장, 매입장, 현금출납장 등은 보조장부에 해당한다.

009 ③ 총계정원장에 관한 설명이다. 총계정원장은 각 계정과목별로 정리되어 있으며, 분개장 기입 후 전기하는 장부이다.

010 ① (차) 현금(현금출납장)   300,000   (대) 상품매출(매출장, 상품재고장)   720,000

              받을어음(받을어음기입장)   200,000

              외상매출금(매출처원장)   220,000

011 다음 설명과 관련 있는 장부는?

> • 총계정원장과 함께 주요장부라 한다.
> • 거래의 발생순서에 따라 분개하여 기록하는 장부이다.

① 보조부   ② 매입장

③ 분개장   ④ 상품재고장

012 다음 중 계정 잔액의 표시로 옳지 않은 것은?

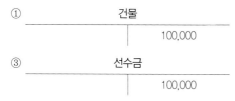

①	건물		②	미지급금
		100,000			100,000

③	선수금		④	외상매입금
		100,000			100,000

유형 3   시산표

013 다음 자료가 설명하고 있는 장부는?

> • 분개장에서 총계정원장으로 정확하게 전기되었는가를 확인할 수 있다.
> • 대차평균의 원리를 이용하여 장부기장의 오류를 검증하여 기업의 결산 절차를 보다 쉽게 도와준다.

① 시산표   ② 정산표

③ 손익계산서   ④ 재무상태표

정답 및 해설

011 ③ 분개장에 관한 설명이다. 주요장부에는 거래를 발생순서에 따라 기록하는 분개장과 계정들을 모아 놓은 총계정원장이 있다.

012 ① 건물은 자산 계정으로 잔액이 차변에 남고, ②, ③, ④는 부채 계정으로 잔액이 대변에 남는다.

013 ① 정확하게 전기되었는가를 확인할 수 있는 장부는 시산표이다.

상 중 하

014 다음 중 시산표 작성을 통해 발견할 수 있는 오류는?

① 차변과 대변의 계정과목을 바꾸어 전기한 경우

② 거래를 중복하여 두 번 전기한 경우

③ 거래를 완전히 누락한 경우

④ 차변과 대변 중 한쪽의 전기를 누락한 경우

상 중 하

015 다음 중 시산표에 대한 설명으로 틀린 것은?

① 차변과 대변의 합계액이 일치한다면 계정기록의 오류가 전혀 없다는 것을 의미한다.

② 작성시기에 따라 수정 전 시산표와 수정 후 시산표로 구분된다.

③ 대차평균의 원리에 근거하여 분개장에서 원장으로의 전기의 정확성을 점검한다.

④ 시산표의 종류에는 잔액시산표, 합계시산표, 합계잔액시산표가 있다.

상 중 하

016 다음 중 시산표 등식으로 올바른 것은?

① 기말자산 + 총수익 = 기말부채 + 기초자본 + 총비용

② 기말자산 + 총수익 = 기말부채 + 기말자본 + 총비용

③ 기말자산 + 총비용 = 기말부채 + 기초자본 + 총수익

④ 기말자산 + 총비용 = 기말부채 + 기말자본 + 총수익

정답 및 해설

014 ④ 시산표는 차변과 대변의 총액을 비교하므로 차변과 대변 중 한쪽의 전기를 누락한 경우 시산표를 통해서 오류검증이 가능하다.

015 ① 시산표에서 발견할 수 있는 오류는 차변과 대변의 금액에 차이가 발생하는 오류이다. 차변과 대변의 합계액이 일치하더라도 계정의 오류가 발생할 수 있다.

016 ③ 시산표 등식은 '기말자산 + 총비용 = 기말부채 + 기초자본 + 총수익'이다.

017 다음은 개인기업인 청석상점의 총계정원장 전기 후 작성한 잔액시산표이다. 오류를 올바르게 수정한 후 차변의 합계 금액은 얼마인가?

잔액시산표

청석상점 　　　　　　　　　　　2024년 12월 31일 　　　　　　　　　　(단위: 원)

차변	원면	계정과목	대변
350,000	1	현　　　　　　　금	
120,000	2	받　을　어　음	
80,000	3	선　　급　　금	
	4	상　　　　　품	150,000
	5	외　상　매　입　금	250,000
	6	미　지　급　금	130,000
200,000	7	자　　본　　금	
	8	상　품　매　출	120,000
80,000	9	이　자　수　익	
50,000	10	보　　험　　료	
30,000	11	여　비　교　통　비	
잘못된 계산식			잘못된 계산식

① 630,000원

② 680,000원

③ 780,000원

④ 830,000원

유형 4 　마감

018 다음 계정별 원장에 기입된 거래에서 (A) 안에 들어갈 계정과목은?

(A)			
9/15	200,000	기초	1,500,000
기말	1,600,000	9/10	300,000

① 받을어음

② 외상매입금

③ 광고선전비

④ 미수금

정답 및 해설

017 ③ • 상품은 자산 계정이므로 차변에, 자본금은 자본 계정이므로 대변에, 이자수익은 수익 계정이므로 대변에 기장되어야 한다.

　　　• 현금 350,000원 + 받을어음 120,000원 + 선급금 80,000원 + 상품 150,000원 + 보험료 50,000원 + 여비교통비 30,000원 = 780,000원

018 ② • 기초잔액이 대변에 기록되는 항목은 부채 또는 자본 계정이다. 외상매입금은 부채 계정에 해당한다.

　　　• 받을어음, 미수금은 자산 계정, 광고선전비는 비용 계정이다.

019 다음 중 회계처리가 거래내용에 적합한 것을 모두 고른 것은?

거래내용	회계처리			
가. 수익 계정과목을 손익 계정에 대체	(차) 수익 계정	×××	(대) 손익	×××
나. 비용 계정과목을 손익 계정에 대체	(차) 손익	×××	(대) 비용 계정	×××
다. 순이익을 자본금 계정에 대체	(차) 손익	×××	(대) 자본금	×××
라. 순손실을 자본금 계정에 대체	(차) 자본금	×××	(대) 손익	×××

① 가
② 가, 나
③ 가, 나, 다
④ 가, 나, 다, 라

020 다음 계정 기입의 설명으로 올바른 것은?

자본금				
12/31 차기이월	35,000	1/1 전기이월		20,000
		12/31 손익		15,000

① 기초자본금은 35,000원이다.
② 기말자본금은 20,000원이다.
③ 당기순이익은 15,000원이다.
④ 당기순손실은 15,000원이다.

021 다음 손익 계정의 기입 내용을 가장 적절하게 설명한 것은?

손익	
자본금	5,000

① 자본금 5,000원을 손익 계정에 대체한다.
② 당기순손실 5,000원을 자본금 계정에 대체한다.
③ 추가출자액 5,000원을 손익 계정에 대체한다.
④ 당기순이익 5,000원을 자본금 계정에 대체한다.

정답 및 해설

019 ④ 가, 나, 다, 라 모두 적합한 회계처리이다.

020 ③ 기초자본금은 20,000원, 기말자본금은 35,000원이며, 자본금 계정의 손익은 당기순이익을 의미한다.

021 ④ 당기순이익은 손익 계정에 집계되어 자본금으로 대체된다.

022 ○○상사의 회계기간 말에 일부 총계정원장과 손익 계정을 대체 마감하고자 한다. (가)~(라)에 대한 설명으로 옳은 것은?

광고선전비				이자수익			
8/8 현금	2,000	12/31 (가)	7,000	12/31 (나)	5,000	7/5 현금	8,000

손익	
12/31 (다)	12/31 (라)

① (가)는 '손익'이다.
② (나)는 '차기이월'이다.
③ (다)는 '이자수익 8,000'이다.
④ (라)는 '광고선전비 7,000'이다.

023 다음 중 결산마감 시 가장 먼저 마감(손익 계정으로 마감)되는 계정은?

① 선급금
② 선수금
③ 자본금
④ 여비교통비

024 다음 계정 중 다음 연도로 이월시키는 영구 계정에 해당하지 않는 것은?

① 외상매입금
② 이자수익
③ 단기차입금
④ 비품

025 결산의 절차 중 결산 준비를 위한 예비 절차에 해당하는 것은?

① 재무상태표의 작성
② 시산표의 작성
③ 총계정원장의 마감
④ 포괄손익계산서의 작성

정답 및 해설

022 ① • 재무상태표 계정과목은 차기이월과 전기이월로 마감하고, 손익계산서 계정과목은 손익으로 마감한다.
　　　• (나) − 손익, (다) − 광고선전비 7,000, (라) − 이자수익 5,000

023 ④ 결산마감 시 가장 먼저 마감되는 계정은 손익계산서 계정이다. 선급금은 자산, 선수금은 부채, 자본금은 자본 계정에 해당한다.

024 ② 실질 계정이라고도 하는 영구 계정은 재무상태표에 표시되며 이자수익은 임시 계정(명목 계정)으로 손익계산서에 표시된다.

025 ② 결산 예비 절차에는 수정 전 시산표 작성, 재고조사표 작성, 기말수정분개, 수정 후 시산표 작성, 정산표 작성이 해당된다.

인생의 가장 큰 손실은
내가 가진 것을 잃는 것이 아니라
나를 바꿀 수 있는 기회를 잃는 것입니다.

– 조정민, 『사람이 선물이다』, 두란노

P A R T

02

계정과목론

CHAPTER 01 당좌자산과 유동부채(Ⅰ)
CHAPTER 02 당좌자산과 유동부채(Ⅱ)
CHAPTER 03 재고자산
CHAPTER 04 비유동자산과 비유동부채
CHAPTER 05 자본
CHAPTER 06 결산

당좌자산과 유동부채(Ⅰ)

1 당좌자산과 유동부채 〈중요〉

▶ 최신 30회 중 14문제 출제

1. 당좌자산

(1) 당좌자산의 의의

당좌자산이란 기업이 자금 운용 목적으로 현금처럼 보유하고 있는 자산으로, 보고기간 종료일로부터 1년 이내에 현금화가 가능한 자산 중 판매 목적으로 보유한 재고자산을 제외한 것이다.

(2) 당좌자산의 종류

계정과목	개념
현금 및 현금성자산	현금 등 재무상태표 공시용 계정
단기금융상품	보고기간 종료일로부터 만기가 1년 이내에 도래하는 예금 및 적금 등의 금융상품
단기매매증권	주식 및 채권(단기시세차익 목적으로 취득한 것)
외상매출금	매출채권(일반적인 상거래의 채권)
받을어음	
미수금	일반적인 상거래 이외의 채권
단기대여금	보고기간 종료일로부터 1년 이내에 회수하기로 하고 빌려준 채권
선급금	미리 지급한 계약금
선납세금	미리 납부한 세금
가지급금	임시 당좌자산 계정(재무상태표 공시 ×)

2. 유동부채

(1) 유동부채의 의의

보고기간 종료일로부터 지급시기가 1년 이내에 도래하는 부채이다.

(2) 유동부채의 종류

계정과목	개념
외상매입금	매입채무(일반적인 상거래의 채무)
지급어음	
미지급금	일반적인 상거래 이외의 채무
단기차입금	보고기간 종료일로부터 1년 이내에 상환하기로 하고 빌려온 채무
선수금	미리 받은 계약금
예수금	일시적으로 미리 받아둔 금액

당좌자산과 유동부채
- 당좌자산: 현금 또는 보고기간 종료일로부터 1년 이내에 현금화가 가능한 자산
- 유동부채: 보고기간 종료일로부터 지급시기가 1년 이내에 도래하는 부채

당좌자산의 종류
현금 및 현금성자산, 단기금융상품, 단기매매증권, 매출채권(외상매출금, 받을어음), 미수금, 단기대여금, 선급금, 선납세금, 가지급금 등

유동부채의 종류
매입채무(외상매입금, 지급어음), 미지급금, 단기차입금, 선수금, 예수금, 가수금, 유동성 장기부채 등

가수금	임시 유동부채 계정(재무상태표 공시 ×)
유동성 장기부채	장기부채였으나 보고기간 종료일 현재 만기가 1년 이내에 도래하는 부채

2 현금 및 현금성자산 <중요>

▶ 최신 30회 중 13문제 출제   ▶ 강의 바로보기

현금 및 현금성자산

1. 현금 및 현금성자산의 의의

현금은 유동성이 제일 높은 자산으로 자산을 취득하거나 부채를 상환하기 위해 사용하는 교환수단의 역할을 한다. 기업은 현금과 같은 목적으로 보유하고 있는 자산을 통합하여 현금 및 현금성자산으로 재무상태표에 공시한다.

2. 현금 및 현금성자산의 종류

구분		내용
현금	통화	지폐와 동전
	통화대용증권	타인발행수표, 자기앞수표, 우편환증서*(송금환증서), 만기가 도래한 국·공·사채이자표, 배당금지급통지서, 일람출급어음 등
요구불예금	보통예금	사용에 제한이 없고 언제든지 인출할 수 있는 보통예금과 당좌예금
	당좌예금	
현금성자산	금융상품	큰 거래비용 없이 현금으로 전환이 용이하고 이자율 변동에 따른 가치 변동의 위험이 경미한 금융상품 중 취득일로부터 만기가 3개월 이내인 것으로 채권, 상환우선주, 환매채, 정기예금, 정기적금, CD, CMA 등

> **현금 및 현금성자산의 구분**
> • ○: 현금, 요구불예금(보통예금, 당좌예금), 현금성자산
> • ×: 우표·수입인지(또는 수입증지), 직원가불금, 선일자수표, 당좌차월, 당좌개설보증금 등

* 우편환증서: 수취인 본인이 신분증을 지참하고 우체국을 방문하면 수수료 없이 우편환증서에 기재되어 있는 금액만큼 즉시 현금으로 교환할 수 있다.

3. 현금 및 현금성자산이 아닌 항목

구분	내용	계정과목
우표·수입인지	우표와 수입인지[1](또는 수입증지[2])는 현금이 아님	통신비 등
직원가불금	급여 지급기일 전에 미리 지급한 금액	단기대여금
선일자수표	수표를 발행하는 회사가 수표 교부일에는 은행에 예금이 없지만 나중에 예금할 예정으로 그 예정일을 수표 발행일로 하여 발행한 수표	매출채권(받을어음) 또는 미수금
당좌차월	당좌수표 발행 시 당좌예금 잔액 이상으로 수표를 발행할 때 사용하는 계정	단기차입금
당좌개설보증금	당좌개설 시 지급하는 보증금	장기금융상품 (특정 현금과 예금)

[1] 수입인지: 인지세, 면허세 등의 세금으로 세금과공과로 처리한다.

[2] 수입증지: 조세나 국가에 납부할 수수료로 수수료비용으로 처리한다.

> ▶ 당좌수표의 발행은 당좌예금 잔액 한도 내에서만 가능하지만 사전에 은행에 토지·건물 등을 담보로 제공하고 당좌차월 계약을 맺은 경우, 당좌예금 잔액을 초과하여 수표를 발행할 수 있다. 이때 초과하는 금액을 당좌차월이라 하고 대변에 단기차입금 계정으로 기입한다.

당좌차월 - 상품을 100,000원에 매입하고 대금은 전액 당좌수표를 발행하여 지급하다(단, 당좌예금의 잔액은 50,000원임).

(차) 상품	100,000	(대) 당좌예금	50,000
		단기차입금*	50,000

* 기중에 단기차입금 대신 당좌차월이라는 임시 계정과목을 사용했다가 보고기간 종료일에 당좌차월을 단기차입금으로 대체해도 된다.

3 단기금융상품

▶ 최신 30회 중 2문제 출제

1. 단기금융상품의 의의

금융기관이 취급하는 정형화된 상품으로 보고기간 종료일(결산일, 재무상태표 기준일)로부터 만기가 1년 이내에 도래하는 금융상품(정기예금, 정기적금, 양도성예금증서, 어음관리 계좌, 환매체, 기업어음 등)으로서 현금성자산이 아닌 것을 말한다. 만약 만기가 보고기간 종료일로부터 1년 이후에 도래한다면 장기금융상품이 되며, 이는 비유동자산 중 투자자산으로 분류된다.

2. 만기에 따른 분류

구분	만기
현금 및 현금성자산	취득일로부터 3개월 이내
단기금융상품	보고기간 종료일로부터 1년 이내
장기금융상품	보고기간 종료일로부터 1년 이후

3. 단기금융상품 포함 항목

(1) 정기예금, 정기적금 등 저축성예금

(2) 사용이 제한된 예금에는 담보로 제공한 예금, 감채기금 등

(3) 기타 정형화된 금융상품으로 양도성예금증서(CD), 어음관리 계좌(CMA), 환매채(RP), 기업어음(CP), 펀드

4. 주요 금융상품

구분	내용
양도성예금증서 (CD; Certificate of Deposit)	제3자에게 양도가 가능한 정기예금증서
어음관리 계좌 (CMA; Cash Management Account)	예탁금을 어음이나 채권에 투자하여 그 수익을 고객에게 돌려주는 실적배당 금융상품
환매채 (RP; Repurchase Agreement)	채권을 일정 기간(보통 1년 이내) 후에 일정가액으로 환매수(도)할 조건으로 매매하는 것
기업어음 (CP; Commercial Paper)	보통 신용도가 높은 기업이 무담보로 단기어음으로 발행하는 것

4 현금과부족 〈중요〉

▶ 최신 30회 중 6문제 출제

실제 잔액과 장부상 잔액이 일치하지 않는 경우 차이의 원인을 밝혀낼 때까지 일시적으로 처리하는 임시 계정이다.

1. 실제 현금 잔액이 장부 잔액보다 부족한 경우(실제 < 장부)

현금과부족 계정을 차변에, 현금 계정을 대변에 기입하였다가 원인이 밝혀지면 해당 계정으로 대체하고, 보고기간 종료일까지 원인이 밝혀지지 않으면 잡손실 계정으로 대체한다.

> 💰 **실전 적용**
>
> [1] 장부 잔액은 120,000원이고 실제 잔액은 100,000원이다.
>
> | (차) 현금과부족 | 20,000 | (대) 현금 | 20,000 |
> |---|---|---|---|
>
> [2] 이 중 15,000원은 전화요금의 기장 누락으로 판명되었다.
>
> | (차) 통신비 | 15,000 | (대) 현금과부족 | 15,000 |
> |---|---|---|---|
>
> [3] 부족액 5,000원은 결산일까지 원인 불명이다.
>
> | (차) 잡손실 | 5,000 | (대) 현금과부족 | 5,000 |
> |---|---|---|---|
>
> [4] 결산 당일 5,000원의 현금 부족이 발견되었다.
>
> | (차) 잡손실 | 5,000 | (대) 현금 | 5,000 |
> |---|---|---|---|

2. 실제 현금 잔액이 장부 잔액보다 많은 경우(실제 > 장부)

현금 계정을 차변에, 현금과부족 계정을 대변에 기입하였다가 원인이 밝혀지면 해당 계정으로 대체하고, 보고기간 종료일까지 원인이 밝혀지지 않으면 잡이익 계정으로 대체한다.

> 💰 **실전 적용**
>
> [1] 장부 잔액이 100,000원인 반면 실제 잔액은 110,000원이다.
>
> | (차) 현금 | 10,000 | (대) 현금과부족 | 10,000 |
> |---|---|---|---|
>
> [2] 이 중 6,000원은 외상대금 회수의 기장 누락으로 판명되었다.
>
> | (차) 현금과부족 | 6,000 | (대) 외상매출금 | 6,000 |
> |---|---|---|---|
>
> [3] 과잉액 4,000원은 결산일까지 원인 불명이다.
>
> | (차) 현금과부족 | 4,000 | (대) 잡이익 | 4,000 |
> |---|---|---|---|
>
> [4] 결산 당일 4,000원의 현금 과잉이 발견되었다.
>
> | (차) 현금 | 4,000 | (대) 잡이익 | 4,000 |
> |---|---|---|---|

5 단기투자자산 〈중요〉

▶ 최신 30회 중 5문제 출제

단기투자자산은 기업이 여유자금의 활용 목적으로 보유하는 **단기예금(단기금융상품), 단기매매증권, 단기대여금 및 유동자산으로 분류되는 매도가능증권과 만기보유증권** 등의 자산을 포함한다. 단기투자자산은 각 항목별 금액 등이 중요한 경우에는 각각 표시하지만, 중요하지 않은 경우에는 모두 합하여 단기투자자산의 과목으로 통합하여 공시할 수 있다.

현금과부족의 회계처리
- 현금 부족: (차) 현금과부족 / (대) 현금
  → 기말까지 사유 불분명 시:
  (차) 잡손실 / (대) 현금과부족
- 현금 과잉: (차) 현금 / (대) 현금과부족
  → 기말까지 사유 불분명 시:
  (차) 현금과부족 / (대) 잡이익

단기투자자산
단기예금(단기금융상품), 단기매매증권, 단기대여금 및 유동자산으로 분류되는 매도가능증권과 만기보유증권 등

1. 유가증권의 분류

주식과 채권을 유가증권이라 하며 다음과 같이 분류한다.

계정과목	보유 목적	유가증권 주식	유가증권 채권	분류
단기매매증권	1년 이내 처분할 목적	○	○	당좌자산
만기보유증권	만기보유 목적	×	○	투자자산 (만기가 1년 이내로 도래하면 유동자산)
지분법 적용 투자주식	다른 회사에 유의적인 영향력을 행사할 목적	○	×	투자자산
매도가능증권	장기투자 목적	○	○	투자자산 (만기가 1년 이내로 도래하면 유동자산)

2. 단기매매증권

주로 단기간 내의 매매차익을 목적으로 취득한 유가증권으로서 매수와 매도가 적극적이고 빈번하게 이루어지는 것을 말한다. 일반기업(금융기관 제외)의 경우에는 단기매매증권을 취득하여 보유하는 것은 여유자금을 투자하는 데 목적이 있으므로 단기매매증권 관련 손익은 영업활동과 관련이 없는 영업외손익(영업외수익과 영업외비용)에 반영한다. 또한 단기매매증권은 다른 범주로 재분류할 수 없으며 다른 범주의 유가증권도 단기매매증권으로 재분류할 수 없다.

> **단기매매증권의 회계처리**
> • 취득원가: 취득시점의 공정가치 (단, 수수료는 수수료비용으로 처리)
> • 이자를 받는 경우: 이자수익
> • 배당을 받는 경우: 배당금수익
> • 기말평가: 기말의 공정가치
> • 처분 시: 단기매매증권 처분손익

(1) 취득원가(최초측정)

단기매매증권의 취득원가는 취득시점의 공정가치로 인식하며 공정가치란 시장에서 거래되고 있는 가격인 시가이다. 또한 주식을 취득할 때 대리인 또는 중개인에게 지급하는 수수료, 증권거래소의 거래수수료 등의 매입수수료는 수수료비용(영업외비용)으로 처리한다.

> **빈출지문 OX**
> 단기매매증권의 취득원가는 취득시점의 공정가치로 인식하며 수수료도 취득원가에 포함한다. ( )
> 정답 X

> **💰 실전 적용**
> 단기간 매매차익을 목적으로 주식 10주를 주당 5,000원에 매입하고 거래수수료 1,000원과 함께 현금으로 지급하다.
>
> | (차) 단기매매증권 | 50,000 | (대) 현금 | 51,000 |
> |---|---|---|---|
> | 수수료비용(영업외비용) | 1,000 | | |

> **포인트 자산 취득 시 취득부대비용의 회계처리**
>
> | 구분 | 취득부대비용(수수료, 운반비, 취득세 등)의 회계처리 |
> |---|---|
> | 단기매매증권 | 영업외비용 |
> | 단기매매증권 이외 자산 | 자산의 취득원가에 가산 |

(2) 배당금수익 및 이자수익

단기매매증권을 보유하는 기간 중에 주식에 대한 배당금을 받는 경우에는 대변에 배당금수익, 국·공채 등 채권에 대한 이자를 받는 경우에는 대변에 이자수익으로 처리한다.

실전 적용

[1] 주식에 투자한 대가로 현금배당 20,000원이 확정되어 보통예금 계좌로 입금되다.

| (차) 보통예금 | 20,000 | (대) 배당금수익 | 20,000 |

[2] 국·공채 등 채권에 투자한 대가로 이자 15,000원이 보통예금 계좌로 입금되다.

| (차) 보통예금 | 15,000 | (대) 이자수익 | 15,000 |

(3) 기말평가(후속측정)

단기매매증권은 보고기간 종료일에 공정가치로 평가하며, 보고기간 종료일 현재 공정가치와 장부금액을 비교하여 '단기매매증권 평가이익' 또는 '단기매매증권 평가손실'로 계상한다.

실전 적용

[1] 보유 중인 단기매매증권의 장부금액은 100,000원이며 기말의 공정가치는 110,000원이다. 기말평가에 관한 회계처리를 하시오.

| (차) 단기매매증권 | 10,000 | (대) 단기매매증권 평가이익 | 10,000 |

[2] 보유 중인 단기매매증권의 취득원가는 90,000원, 장부금액은 100,000원이며 기말의 공정가치는 80,000원이다. 기말평가에 관한 회계처리를 하시오.

| (차) 단기매매증권 평가손실* | 20,000 | (대) 단기매매증권 | 20,000 |

* 기말 장부금액과 공정가치를 비교하여 평가손익을 인식한다.

(4) 처분 시

단기매매증권을 처분하는 경우에는 처분 전의 장부금액을 제거하고 처분금액과 장부금액의 차액은 단기매매증권 처분손익으로 계상한다. 처분 과정에서 발생한 거래수수료 등은 처분가액에서 직접 차감한다. 즉, 단기매매증권을 처분하는 시점에서 처분금액이 장부금액을 초과하는 경우 '단기매매증권 처분이익'으로 회계처리하고, 장부금액이 처분금액을 초과하는 경우에는 '단기매매증권 처분손실'로 회계처리한다.

▶ 단기매매증권 처분손익 = 순처분가 (처분가 − 처분 관련 비용) − 장부금액

실전 적용

[1] 단기매매증권(장부금액 100,000원)을 200,000원에 매각처분하고 매각수수료 10,000원을 차감한 후 현금으로 받다.

| (차) 현금 | 190,000 | (대) 단기매매증권 | 100,000 |
| | | 단기매매증권 처분이익 | 90,000 |

[2] 단기매매증권(장부금액 100,000원)을 50,000원에 매각처분하고 매각수수료 10,000원을 차감한 후 현금으로 받다.

| (차) 현금 | 40,000 | (대) 단기매매증권 | 100,000 |
| 단기매매증권 처분손실 | 60,000 | | |

(포인트) 자산 처분 시 취득부대비용의 회계처리

구분	취득부대비용의 회계처리
일반적 상거래 (상품매매거래)	기업의 주된 영업활동인 상품매출 관련 부대비용(수수료, 운반비 등)은 별도의 비용(판매비와 관리비)으로 처리
일반적 상거래 이외의 거래	기업의 주된 영업활동이 아닌 자산의 처분 시 발생하는 부대비용은 자산의 처분가액에서 직접 차감하여 처분손익(영업외수익 또는 영업외비용)에 반영

합격을 다지는 실전문제

스마트폰으로 QR코드를 촬영하여 저자의 해설 강의를 확인하세요.

유형 1 당좌자산과 유동부채

상 중 하

001 당좌자산에 대한 설명으로 옳지 않은 것은?

① 유동자산 중 판매 과정을 거치지 않고 바로 현금화할 수 있는 자산이다.

② 현금 계정으로 처리되는 것에는 보험증권, 주식, 상품권도 포함된다.

③ 미수수익, 미수금, 선급금은 항목이 중요한 경우에는 재무제표에 개별 표시한다.

④ 단기투자자산은 기업의 단기 유동성을 파악하는 데 중요한 정보이기 때문에 당좌자산 내에 별도 항목으로 표시한다.

상 중 하

002 다음에서 설명하고 있는 자산의 종류는 무엇인가?

> • 보고기간 종료일로부터 1년 이내 현금화가 가능한 자산
> • 판매를 목적으로 보유하지 않는 자산

① 당좌자산   ② 재고자산

③ 투자자산   ④ 무형자산

상 중 하

003 다음 중 당좌자산에 해당하지 않는 것은?

① 현금 및 현금성자산   ② 매출채권

③ 단기투자자산   ④ 당좌차월

정답 및 해설

001 ② 보험증권은 보험료, 주식은 단기매매증권, 상품권은 선수금으로 처리한다.

002 ① 당좌자산에 대한 설명이다.

003 ④ 당좌차월은 단기차입금으로 유동부채에 해당한다. 당좌차월, 단기차입금 및 유동성 장기차입금 등은 보고기간 종료일로부터 1년 이내에 결제되어야 하므로 영업주기와 관계없이 유동부채로 분류한다. 또한 비유동부채 중 보고기간 종료일로부터 1년 이내에 자원의 유출이 예상되는 부분은 유동부채로 분류한다.

유형 2 현금 및 현금성자산

상 중 하

004 다음에서 설명하는 항목과 통합 계정으로 재무제표에 표시되는 것이 아닌 것은?

> 큰 거래비용 없이 현금으로 전환이 용이하고 이자율 변동에 따른 가치 변동의 위험이 중요하지 않은 금융상품
> 으로서 취득 당시 만기일(또는 상환일)이 3개월 이내인 것

① 통화 및 타인발행수표   ② 당좌예금
③ 보통예금   ④ 매출채권

상 중 하

005 다음 중 회계상 현금으로 처리하는 것은?

| (가) 타인발행수표 | (나) 주식 | (다) 가계수표 |
| (라) 수입인지 | (마) 약속어음 | (바) 자기앞수표 |

① (가), (다), (바)   ② (가), (라), (마)
③ (가), (나), (라)   ④ (나), (다), (바)

상 중 하

006 다음 자료에서 현금 및 현금성자산의 합계를 구하면 얼마인가?

| • 당좌예금 | 200,000원 | • 우표 | 100,000원 |
| • 만기가 도래한 사채이자표 | 120,000원 | • 배당금지급통지표 | 300,000원 |

① 500,000원   ② 620,000원
③ 600,000원   ④ 420,000원

정답 및 해설

004 ④ 현금 및 현금성자산은 통화, 타인발행수표 등 통화대용증권, 당좌예금, 보통예금, 큰 거래비용 없이 현금으로 전환이 용이하고 이자율 변동에 따른 가치 변동의 위험이 중요하지 않은 금융상품으로서 취득 당시 만기일(또는 상환일)이 3개월 이내인 것을 말한다.

005 ① 타인발행수표, 가계수표, 자기앞수표는 통화와 언제든지 교환 가능한 통화대용증권으로 현금에 해당한다. 이외에도 통화대용증권에는 우편환증서, 송금수표, 일람출급어음, 공·사채 만기이자표, 배당금영수증, 만기도래어음 등이 있다.

006 ② 당좌예금 200,000원＋만기가 도래한 사채이자표 120,000원＋배당금지급통지표 300,000원＝620,000원

상 중 하

007 다음 중 현금 및 현금성자산에 포함되지 않는 것은?

① 지폐

② 자기앞수표

③ 우편환

④ 선일자수표

상 중 하

008 다음 중 분개의 빈칸에 들어갈 계정과목으로 옳은 것은?

> [거래]
> • 5/10 (주)무릉으로부터 상품 350,000원을 매입하고, 대금은 당좌수표를 발행하여 지급하다.
> • 5/20 (주)금강에 상품 500,000원을 공급하고, 대금은 매입처 발행 당좌수표로 받다.
>
> [분개]
> 5/10 (차) 상품   350,000   (대) (㉠)   350,000
> 5/20 (차) (㉡)   500,000   (대) 상품매출   500,000

	㉠	㉡		㉠	㉡
①	당좌예금	당좌예금	②	당좌예금	현금
③	현금	현금	④	현금	당좌예금

상 중 하

009 당좌예금 계정에 기입된 거래내용에 대한 설명으로 옳지 않은 것은? (단, 당좌차월 발생 시 당좌차월을 즉시 인식하기로 함)

당좌예금				
1/1	전기이월	200,000	2/5 상품	150,000
3/7	매출	50,000	4/8 상품	300,000
5/10	외상매출금	500,000		

① 2월 5일 당좌예금 잔액이 50,000원이다.

② 4월 8일 당좌차월(단기차입금) 200,000원이 발생한다.

③ 5월 10일 당좌예금 잔액은 300,000원이다.

④ 5월 10일 분개는 (차) 당좌예금 500,000 (대) 외상매출금 500,000이다.

정답 및 해설

007 ④ 선일자수표는 수표에 기재된 발행일이 실제 발행일보다 앞선 수표를 말하며 거래의 성격에 따라 매출채권(받을어음) 또는 미수금으로 처리한다.

008 ② 당점발행 당좌수표를 발행하면 당좌예금으로, 타인발행의 당좌수표를 받으면 현금으로 처리한다.

009 ④ 5월 10일 분개는 다음과 같다.

(차) 당좌차월   200,000   (대) 외상매출금   500,000
　　당좌예금   300,000

상 중 하

010 다음 ㉠, ㉡을 처리할 계정으로 옳은 것은?

> 박 부장: 10월의 외상매출금 500,000원은 어떤 방법으로 회수했습니까?
> 김 대리: 네, ㉠ 200,000원은 타인발행수표로, ㉡ 300,000원은 어음으로 받았습니다.

	㉠	㉡			㉠	㉡
①	받을어음	현금		②	현금	받을어음
③	당좌예금	지급어음		④	지급어음	당좌예금

상 중 하

011 다음 중 현금 계정을 차변에 기입해야 하는 거래는?

① 상품을 매출하고 약속어음을 받다.
② 상품 매입대금을 당좌수표를 발행하여 지급하다.
③ 외상매출금을 거래처 발행 당좌수표로 받다.
④ 소지하고 있던 자기앞수표를 거래은행에 당좌예입하다.

상 중 하

012 다음 중 회계상 현금 계정으로 처리할 수 없는 것은?

① 당점발행 당좌수표   ② 조선은행 발행 자기앞수표
③ 배당금지급통지표   ④ 우편환증서

유형 3   현금과부족

상 중 하

013 다음 중 현금과부족에 대한 설명으로 잘못된 것은?

① 기중에 실제 잔액보다 장부 잔액이 많은 것을 발견 시 '(차) 현금 ××× (대) 현금과부족 ×××'으로 분개한다.
② 현금 실제액이 장부 잔액과 일치하지 않을 때 사용하는 계정과목이다.
③ 기말재무상태표상에는 표시되지 않는 임시 계정이다.
④ 결산 시 현금 부족액의 원인을 발견하지 못한 경우 잡손실로 처리한다.

정답 및 해설

010 ② 타인발행수표는 통화대용증권이므로 현금 계정으로 처리하고 일반적인 상거래에서 어음을 받으면 받을어음 계정으로 처리한다.

011 ③ • 거래처 발행 당좌수표는 현금 계정으로 처리한다.
      • (차) 현금   ×××   (대) 외상매출금   ×××

012 ① 당점발행 당좌수표는 당좌예금 계정으로 처리한다.

013 ① 기중에 실제 잔액보다 장부 잔액이 많은 것을 발견 시 '(차) 현금과부족 ××× (대) 현금 ×××'으로 분개한다.

014 다음 거래에 대한 분개로 옳은 것은?

> 12월 31일 결산 시 금고에 있는 현금의 실제 금액은 120,000원이고, 장부상 현금 계정의 잔액은 100,000원인데 그 원인을 알 수 없다.

① (차) 현금   20,000   (대) 현금과부족   20,000
② (차) 현금과부족   20,000   (대) 현금   20,000
③ (차) 현금   20,000   (대) 잡이익   20,000
④ (차) 잡손실   20,000   (대) 현금과부족   20,000

015 다음은 현금과부족 계정의 기입 내용을 표시한 것이다. 옳은 것은?

현금과부족			
5/31 현금	150,000	7/5 여비교통비	100,000
		12/31 ( )	50,000
	150,000		150,000

① 5/31 현금의 시재액이 장부 잔액보다 150,000원이 많음을 발견하다.
② 7/5 현금과부족 100,000원은 여비교통비로 판명되어 회계처리하다.
③ 12/31 결산 시 현금과부족 50,000원을 잡이익으로 회계처리하다.
④ 12/31 결산 시 현금과부족 50,000원을 재무상태표에 표시하다.

016 다음 현금과부족 계정의 ( ) 안에 들어갈 계정과목은?

현금과부족			
12/10 이자수익	15,000	12/8 현금	30,000
12/31 ( )	15,000		

① 현금과부족   ② 잡이익
③ 잡손실   ④ 차기이월

정답 및 해설

014 ③ 장부상 잔액과 실제 잔액 사이에 차이가 발생하면 임시 계정인 현금과부족 계정으로 회계처리한다. 하지만 결산 시까지 원인을 알수 없으며 장부상 잔액이 20,000원 더 많으므로 잡이익 계정으로 처리한다.

015 ② ① 5/31 현금의 시재액이 장부 잔액보다 150,000원이 부족한 것을 발견하였다.
③, ④ 12/31 결산 시 현금과부족 50,000원을 잡손실로 회계처리하였으며 재무상태표에 표시하지 않는다.

016 ② 12/8 실제 현금 잔액이 장부 잔액보다 많음을 발견하였고, 그중 기말결산 시까지 현금과부족의 원인을 알 수 없는 금액은 잡이익으로 처리한다.

유형 4 단기투자자산

상 중 하

017 단기시세차익을 목적으로 구입한 타회사 발행의 주식을 결산 시 재무상태표에 표시할 때 올바른 항목은?

① 매출채권 ② 매입채무

③ 단기투자자산 ④ 현금 및 현금성자산

상 중 하

018 다음 자료에서 재무상태표에 단기투자자산 항목으로 표시되는 금액은?

• 현금	150,000원	• 보통예금	200,000원
• 당좌예금	100,000원	• 단기매매증권	50,000원
• 받을어음	100,000원	• 단기대여금	80,000원

① 130,000원 ② 150,000원

③ 180,000원 ④ 230,000원

상 중 하

019 다음 중 아래의 빈칸에 들어갈 내용으로 적합한 것은?

단기금융상품은 만기가 결산일로부터 (   ) 이내에 도래하는 금융상품으로서 현금성자산이 아닌 것을 말한다.

① 1개월 ② 3개월

③ 6개월 ④ 1년

정답 및 해설

017 ③ 단기시세차익을 목적으로 구입한 타회사 발행의 주식은 단기매매증권이므로 단기투자자산으로 통합표시할 수 있다.

018 ① • 단기투자자산: 단기매매증권 50,000원 + 단기대여금 80,000원 = 130,000원

　　　 • 현금, 보통예금, 당좌예금은 현금 및 현금성자산, 받을어음은 매출채권으로 표시한다.

019 ④ 단기금융상품은 만기가 결산일로부터 1년 이내에 도래하는 금융상품으로서 현금성자산이 아닌 것을 말한다.

020 다음 거래의 결산 후 재무상태표에 표시될 과목으로 옳은 것은?

> 9월 1일 대한은행에 1년 만기 정기예금으로 10,000,000원을 예입하다(단, 결산일은 12/31).

① 장기금융상품   ② 현금 및 현금성자산
③ 단기매매증권   ④ 단기금융상품

021 다음 거래에서 단기매매증권의 취득원가는 얼마인가?

> 증권거래소에 상장되어 있는 (주)동원상사의 주식 100주를 1주당 10,000원에 취득하고 증권회사에 대한 증권 매매수수료 10,000원과 함께 수표를 발행하여 지급하다.

① 900,000원   ② 1,000,000원
③ 1,010,000원   ④ 1,100,000원

022 (가)와 (나)를 회계처리한 경우 재무상태표에 통합표시될 항목으로 옳은 것은?

> 서울상사는 거래처에서 외상대금 5,000,000원을 회수하여 (가) 2,000,000원은 6개월 만기 정기예금에 가입하고, (나) 잔액은 당좌예금에 입금하다.

	(가)	(나)
①	단기투자자산	단기투자자산
②	단기투자자산	현금 및 현금성자산
③	현금 및 현금성자산	단기투자자산
④	현금 및 현금성자산	현금 및 현금성자산

정답 및 해설

020 ④ 취득일로부터 만기가 3개월 초과 1년 이내이므로 단기금융상품이다.

021 ② 단기매매증권의 취득원가는 취득시점의 공정가치로 인식하므로 100주 × 10,000원 = 1,000,000원이다. 취득 시 발생하는 수수료는 수수료비용(영업외비용)으로 처리한다.

022 ② 6개월 만기 정기예금은 단기금융상품이므로 단기투자자산에, 당좌예금은 현금 및 현금성자산에 통합표시할 수 있다.

023 다음 계정을 분석하여 10월 1일 단기매매증권 처분금액을 계산하면?

단기매매증권				단기매매증권 처분이익		
9/1 당좌예금	80,000	10/1 현금	80,000		10/1 현금	10,000

① 60,000원

② 70,000원

③ 80,000원

④ 90,000원

024 다음은 (주)태평의 단기매매증권과 관련된 총계정원장의 일부이다. 이에 대한 내용으로 옳지 않은 것은?

단기매매증권			
4/5 당좌예금	1,000,000	7/24 보통예금	500,000
		12/31 단기투자자산 평가손실	100,000

단기투자자산 처분이익			
		7/24 보통예금	80,000

단기투자자산 평가손실		
12/31 단기매매증권	100,000	

① 4월 5일 단기매매증권의 취득원가는 1,000,000원이다.

② 7월 24일에 매각한 단기매매증권의 처분금액은 580,000원이다.

③ 12월 31일 단기매매증권의 기말 공정가치는 400,000원이다.

④ 12월 31일 결산 시 공정가치가 장부금액보다 상승하였다.

정답 및 해설

023 ④ 9/1 장부상 80,000원인 단기매매증권을 10/1에 처분하면서 단기매매증권 처분이익 10,000원이 발생하였으므로 처분금액은 90,000원이다. 10/1 분개는 다음과 같다.

(차) 현금	90,000	(대) 단기매매증권	80,000
		단기매매증권 처분이익	10,000

024 ④ 장부금액보다 공정가치가 낮은 경우 단기매매증권 평가손실이 발생한다.

025 다음 ㉠, ㉡에 들어갈 내용으로 올바른 것은?

> 결산일 현재 보유하고 있는 단기매매증권은 (㉠)로 평가하고 단기매매증권 평가손익은 (㉡)(으)로 보고한다.

	㉠	㉡		㉠	㉡
①	취득원가	판매비와 관리비	②	공정가치	판매비와 관리비
③	공정가치	영업외손익	④	취득원가	영업외손익

026 다음은 (주)대박의 2024년 거래 중 단기매매증권과 관련된 것이다. 2024년 (주)대박의 재무제표에 표시될 단기매매증권 및 영업외수익은 각각 얼마인가?

> • 4월 8일 (주)오메가전자의 보통주 100주를 5,000,000원에 취득하다.
> • 8월 1일 (주)오메가전자로부터 200,000원의 중간배당금을 수령하다.
> • 12월 31일 (주)오메가전자의 보통주 공정가치는 5,450,000원이다.

① 5,000,000원, 200,000원
② 5,000,000원, 450,000원
③ 5,450,000원, 650,000원
④ 5,450,000원, 450,000원

027 다음 중 단기금융상품에 대한 설명으로 옳지 않은 것은?

① 단기매매증권은 주로 단기간 내의 매매차익을 목적으로 취득한 유가증권으로서 매수와 매도가 적극적이고 빈번하게 이루어지는 것을 말한다.
② 단기금융상품은 만기가 1년 이내에 도래하는 금융상품으로 현금성자산이 아닌 것을 말한다.
③ 만기가 1년 이내에 도래하는 양도성예금증서, 종합자산관리 계좌, 환매채는 단기금융상품이다.
④ 단기매매증권은 다른 범주로 재분류할 수 있고 다른 범주의 유가증권의 경우에도 단기매매증권으로 재분류할 수 있다.

정답 및 해설

025 ③ 단기매매증권은 기말에 공정가치로 평가하여 재무상태표에 표시하며, 평가손익은 영업외손익 계정이다.
026 ③ • 단기매매증권 장부가액: 5,450,000원
　　　• 영업외수익: 단기매매증권 평가이익 450,000원 + 중간배당금 200,000원 = 650,000원
027 ④ 단기매매증권은 다른 범주로 재분류할 수 없다.

유형 5 당좌자산과 유동부채(Ⅰ) 종합문제

상 중 하

028 다음 자료에 의하여 재무상태표에 표시되는 당좌자산을 계산하면 얼마인가?

• 현금	200,000원	• 보통예금	300,000원
• 외상매출금	600,000원	• 예수금	50,000원
• 지급어음	100,000원	• 단기대여금	180,000원

① 1,100,000원 ② 1,230,000원
③ 1,280,000원 ④ 1,330,000원

상 중 하

029 다음은 기말자산과 기말부채의 일부분이다. 기말재무상태표에 표시될 계정과목과 금액이 틀린 것은?

• 외상매출금	400,000원	• 자기앞수표	300,000원
• 지급어음	150,000원	• 외상매입금	200,000원
• 받을어음	100,000원	• 당좌예금	50,000원

① 현금 및 현금성자산 - 300,000원 ② 매출채권 - 500,000원
③ 매입채무 - 350,000원 ④ 당좌자산 - 850,000원

상 중 하

030 다음 중 유동부채에 해당하는 항목의 합계 금액은?

• 유동성 장기부채	4,000,000원	• 장기차입금	5,000,000원
• 미지급금	1,400,000원	• 선급금	2,500,000원
• 예수금	500,000원	• 외상매입금	3,300,000원

① 5,200,000원 ② 9,200,000원
③ 11,700,000원 ④ 16,700,000원

정답 및 해설

028 ③ 당좌자산: 현금 200,000원 + 보통예금 300,000원 + 외상매출금 600,000원 + 단기대여금 180,000원 = 1,280,000원

029 ① 현금 및 현금성자산: 자기앞수표 300,000원 + 당좌예금 50,000원 = 350,000원
② 매출채권: 외상매출금 400,000원 + 받을어음 100,000원 = 500,000원
③ 매입채무: 지급어음 150,000원 + 외상매입금 200,000원 = 350,000원
④ 당좌자산: 외상매출금 400,000원 + 자기앞수표 300,000원 + 받을어음 100,000원 + 당좌예금 50,000원 = 850,000원

030 ② • 유동부채: 유동성 장기부채 4,000,000원 + 미지급금 1,400,000원 + 예수금 500,000원 + 외상매입금 3,300,000원 = 9,200,000원
• 선급금은 당좌자산에 해당하고, 장기차입금은 비유동부채에 해당한다.

CHAPTER

당좌자산과
유동부채(Ⅱ)

> ✦핵심키워드
> • 매출채권　　• 매입채무
> • 대손회계　　• 원천징수제도
> • 가지급금　　• 외화환산
>
> ■ 1회독　■ 2회독　■ 3회독

1 매출채권과 매입채무 ◀중요

▶ 최신 30회 중 26회 출제　▶ 강의 바로보기

매출채권과 매입채무는 <mark>일반적인 상거래에서 발생한 채권·채무</mark>이다. 일반적인 상거래는 당해 기업의 사업 목적을 위한 경상적 영업활동에서 발생한 거래로, 상기업의 경우 상품을 사고 파는 거래를 말한다. 실무에서는 <mark>매출채권을 외상매출금과 받을어음으로, 매입채무는 외상매입금과 지급어음으로 구분</mark>하여 회계처리한다.

1. 외상매출금과 외상매입금

일반적인 상거래에서 외상으로 판매한 경우에는 외상매출금 계정을, 외상으로 매입한 경우에는 외상매입금 계정을 사용한다. 하지만 외상매출금, 외상매입금 계정을 사용해 회계 처리한 경우 각 거래처별로 채권과 채무가 얼마나 있는지 파악하기 어렵다. 따라서 <mark>각 거래처별로 채권·채무를 관리하기 위하여 외상매출금과 외상매입금의 보조장부인 매출처원장과 매입처원장을 사용</mark>한다.

일반적인 상거래의 채권과 채무
• 매출채권 ┌ 어음 ○: 받을어음
　　　　　 └ 어음 ×: 외상매출금
• 매입채무 ┌ 어음 ○: 지급어음
　　　　　 └ 어음 ×: 외상매입금

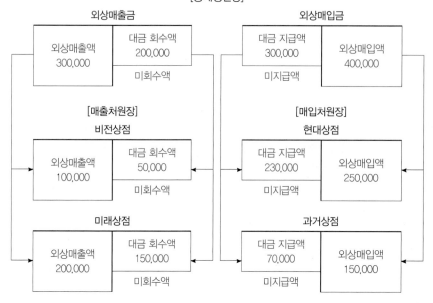

[총계정원장]

外상매출금 / 외상매입금

(1) 외상매출금의 T 계정

외상매출금 계정은 외상매출에 의해 차변에서 증가하고 외상매출금의 회수, 매출환입(외상판매한 상품 등의 반품으로 인한 외상매출금 감소분), 매출에누리(외상판매한 상품 등의 하자로 인한 외상매출금 감소분), 매출할인(약정에 의한 외상대금 조기회수에 따른 외상매출금 감소분), 대손발생(파산 등에 의해 외상매출금을 떼인 경우) 등에 의해 대변에서 감소한다.

외상매출금 관련 계정
• 매출환입: 외상매출 후 반품
• 매출에누리: 상품 하자에 대한 할인
• 매출할인: 외상매출금의 조기회수
• 대손발생: 파산 등

외상매출금

기초잔액	×××	외상매출금의 회수	×××
외상매출	×××	매출환입, 매출에누리, 매출할인	×××
		받을어음으로 대체	×××
		대손발생	×××
		기말잔액	×××
	×××		×××

🪙 실전 적용

다음 자료에 따라 외상매출금의 T 계정을 완성하시오.

- 외상매출금 기초잔액: 2,000,000원
- 외상매출금 기말잔액: 3,000,000원
- 당기 발생 외상매출액: 5,000,000원
- 외상매출금 중 회수액: 3,960,000원
- 당기 발생 외상매출금의 조기회수에 따른 매출할인액: 40,000원

외상매출금

기초잔액	2,000,000	외상매출금 회수	3,960,000
외상매출	5,000,000	매출할인	40,000
		대손발생	0
		기말잔액	3,000,000
	7,000,000		7,000,000

(2) 외상매입금의 T 계정

외상매입금 계정은 외상매입에 의해 대변에서 증가하고 외상매입금의 지급, 매입환출(외상매입한 상품 등의 반품으로 인한 외상매입금 감소분), 매입에누리(외상매입한 상품 등의 하자로 인한 외상매입금 감소분), 매입할인(약정에 의한 외상대금 조기지급에 따른 외상매입금 감소분) 등에 의해 차변에서 감소한다.

외상매입금 관련 계정
- 매입환출: 외상매입 후 반품
- 매입에누리: 상품 하자에 대한 할인
- 매입할인: 외상매입금의 조기지급

외상매입금

지급어음으로 대체	×××	기초잔액	×××
지급액	×××	외상매입	×××
매입환출, 매입에누리, 매입할인	×××		
기말잔액	×××		
	×××		×××

🪙 실전 적용

다음 자료에 따라 외상매입금의 T 계정을 완성하시오.

- 외상매입금 기초잔액: 450,000원
- 외상매입금 기말잔액: 300,000원
- 당기 외상매입액: 1,000,000원
- 외상매입금 중 환출액: 50,000원
- 당기 외상매입금 지급액: 1,100,000원

외상매입금

매입환출	50,000	기초잔액	450,000
지급액	1,100,000	당기매입	1,000,000
기말잔액	300,000		
	1,450,000		1,450,000

CHAPTER 02 당좌자산과 유동부채(Ⅱ) · **125**

2. 어음회계

(1) 받을어음과 지급어음

일반적인 상거래에서 발생한 채권·채무에 대하여 어음을 주고 받는 경우가 많은데 어음을 받는 경우를 받을어음, 어음을 발행하여 지급하는 경우를 지급어음이라고 한다.

(2) 어음의 추심

추심의뢰는 어음의 수취인이 어음의 지급기일이 도래하여 거래은행에 어음대금을 받아 줄 것을 의뢰하는 것이며, 추심은 어음대금을 회수하는 것이다. 추심을 의뢰하면서 지급한 수수료는 수수료비용으로 처리하며, 수수료비용은 일반적인 상거래의 일부로서 영업활동과 관련된 거래이므로 판매비와 관리비에 해당한다.

> **💰 실전 적용**
> 포항상사에 대한 받을어음 1,100,000원이 만기가 도래하여 추심수수료 100,000원을 차감한 금액이 보통예금 통장에 입금되다.
>
> | (차) 보통예금 | 1,000,000 | (대) 받을어음 | 1,100,000 |
> |---|---|---|---|
> | 수수료비용 | 100,000 | | |

(3) 어음의 부도

부도어음은 만기가 되어 지급을 청구하였으나 지급불능이 되어버린 어음이다. 어음 부도 시의 회계처리는 어음 금액에 관련된 비용(지급거절 작성비용 등)을 가산한 금액을 부도어음과 수표 계정으로 처리한다. 부도어음과 수표 계정은 기타 비유동자산에 해당하며, 회계기간 중에 사용하는 임시 계정이므로 재무상태표상에서는 매출채권에 포함시켜서 보고한다.

> **💰 실전 적용**
> 상품을 매출하고 (주)부산으로부터 수취한 어음 5,000,000원이 부도처리된 것을 국민은행으로부터 통보받다.
>
> | (차) 부도어음과 수표 | 5,000,000 | (대) 받을어음 | 5,000,000 |
> |---|---|---|---|

(4) 어음의 배서

어음의 배서란 수취한 어음을 어음의 만기가 되기 전에 상품 매입대금이나 외상매입금의 지급을 위하여 제3자에게 양도하는 것이다. 이때 어음의 뒷면에 양도자의 인적사항을 기재하는 것을 배서라고 한다.

> **💰 실전 적용**
> 해남상사의 외상매입금 1,000,000원을 지급하기 위하여 포항상사로부터 매출대금으로 받은 약속어음 1,000,000원을 배서양도하여 상환하다.
>
> | (차) 외상매입금 | 1,000,000 | (대) 받을어음 | 1,000,000 |
> |---|---|---|---|

어음회계
- 추심수수료 발생: 수수료비용
- 부도: 부도어음과 수표
- 배서: (대변) 받을어음
- 할인료: 매출채권 처분손실

받을어음과 지급어음
- 받을어음
  - 채권 발생(차변): 어음 수취
  - 채권 소멸(대변): 어음대금 회수, 어음의 배서양도, 어음의 할인
- 지급어음
  - 채무 소멸(차변): 어음대금 지급
  - 채무 발생(대변): 어음 발행

(5) 어음의 할인

수취한 어음은 만기일이 되어야 어음대금을 추심할 수 있으나 **기업이 자금이 필요한 경우 만기일 이전에 은행에 배서양도하고 자금을 융통받는 것을 할인**이라 한다. 만기일 이전에 만기에 추심할 어음의 액면을 담보로 어음대금을 미리 지급받는 것이므로 만기일까지의 이자를 공제하고 잔액만 받게 되는데 이때 차감되는 이자를 할인료라고 하며 매출채권 처분손실 계정으로 처리한다. 이는 일반적인 상거래가 아닌 자금조달활동에 해당하므로 영업외비용으로 분류한다.

> 할인료 = 어음 금액 × 할인율(연 이자율) × 할인월수/12

🗃 실전 적용

영업활동자금의 원활한 운용을 위해 주옥상회에서 받은 받을어음 9,000,000원을 국민은행에서 할인하고 할인료 750,000원을 제외한 전액을 당사 당좌예금으로 송금받다.

(차) 당좌예금	8,250,000	(대) 받을어음	9,000,000
매출채권 처분손실*	750,000		

* 일반적인 상거래가 아닌 자금조달활동에 해당하므로 영업외비용으로 분류한다.

2 대손회계 ◀중요

▶ 최신 30회 중 11문제 출제

1. 대손의 의의

외상매출금, 받을어음 등의 채권이 채무자의 파산 등의 사유로 회수가 불가능하게 된 경우를 대손이라 한다. 즉, 대손이란 받을 돈을 못 받게 되어 손해를 본 경우를 말한다. 일반적인 상거래에 발생한 매출채권에 대한 대손이 발생하면 비용 계정인 대손상각비 계정으로 처리한다.

포인트 대손발생 시 회계처리

구분	계정과목	대손 관련 비용
일반적인 상거래	외상매출금, 받을어음	대손상각비(판매비와 관리비)
일반적인 상거래 이외 거래	미수금	기타의 대손상각비 (영업외비용)
금전대차거래	대여금	

2. 회계처리 방법

대손에 관한 회계처리 방법은 직접차감법과 충당금설정법이 있으며, 일반기업회계기준은 충당금설정법(보충법)을 채택하고 있다.

(1) 직접차감법

보고기간 종료일에 충당금을 별도로 설정하지 않고, 실제 대손사유가 발생할 때 관련 채권을 직접 차감하여 비용으로 회계처리하는 방법이다.

실전 적용

[1] 2024.12.1. 불량거래처에 상품을 100,000원에 외상으로 판매하다.

(차) 외상매출금	100,000	(대) 상품매출	100,000

[2] 2024.12.31. 불량거래처의 외상대금이 회수불능할 것으로 예상되나 회계처리는 없다.

재무상태표

외상매출금	100,000	외상매출금 회수불능으로 예상되나 정보이용 자에게 보고하지 않음

[3] 2025.1.1. 대손사유가 발생하다.

(차) 대손상각비	100,000	(대) 외상매출금	100,000

(2) 충당금설정법(보충법)

보고기간 종료일에 대손예상액을 충당금으로 설정한 후, 실제 대손사유 발생 시 충당금과 상계처리하는 방법이다.

충당금설정법
- 기말: 대손예상액 → 대손충당금 설정(채권의 차감적 평가 계정)
- 대손확정: 대손충당금 우선 상계

실전 적용

[1] 2024.12.1. 불량거래처에 상품을 100,000원에 외상으로 판매하다.

(차) 외상매출금	100,000	(대) 상품매출	100,000

[2] 2024.12.31. 불량거래처의 외상대금 100,000원이 회수불능될 것으로 예상된다.

(차) 대손상각비	100,000	(대) 대손충당금	100,000

재무상태표

외상매출금	100,000	대손충당금을 설정하여 회수예상액을 정보이용자에게 공시함
(대손충당금)	(100,000)	
	0	

[3] 2025.1.1. 대손사유가 발생하다.

(차) 대손충당금	100,000	(대) 외상매출금	100,000

3. 대손의 회계처리

(1) 보고기간 종료일 대손예상 시

보고기간 종료일에 기말채권에 대하여 그 회수가능성을 검토하고, 회수가 불가능하다고 예상한 대손예상액(대손추산액)과 수정 전 잔액과의 차액만 보충하여 충당금으로 설정한 후 대손상각비를 차변에, 대손충당금을 대변에 기입한다.

대손예상액과 잔액 비교 후 회계처리
- 부족분: (차) 대손상각비 / (대) 대손충당금
- 초과분: (차) 대손충당금 / (대) 대손충당금 환입

$$\text{대손예상액} = (\text{매출채권 잔액} \times \text{대손예상율}) - \text{대손충당금 잔액} = \begin{array}{l} + \text{설정} \\ - \text{환입} \\ 0 \text{ 분개 없음} \end{array}$$

실전 적용

기말결산 시 매출채권 잔액 1,000,000원에 대하여 1% 대손을 설정하다.

No	대손예상액	대손충당금 잔액	차변		대변	
①	10,000	없음	대손상각비	10,000	대손충당금	10,000
②	10,000	5,000	대손상각비	5,000	대손충당금	5,000
③	10,000	10,000	분개 없음			
④	10,000	20,000	대손충당금	10,000	대손충당금 환입	10,000

대손충당금의 재무상태표 표시방법

재무상태표

자산	금액		부채 · 자본	금액
단기매매증권	1,000,000			
대손충당금	10,000	990,000		

(2) 대손발생 시

대손사유가 발생하면 대손충당금과 우선 상계한 후 부족한 금액은 대손상각비로 처리한다.

> ▶ 대손상각비는 손익계산서상 판매비와 관리비에 해당하고, 대손충당금은 재무상태표상 채권의 차감적 평가 계정으로 기말시점에 회수가 불가능할 것으로 예상되는 채권이다.

💰 **실전 적용**

외상매출금 10,000원이 회수불능되다.

No	대손충당금 잔액	차변		대변	
①	0	대손상각비	10,000	외상매출금	10,000
②	5,000	대손충당금 대손상각비	5,000 5,000	외상매출금	10,000
③	20,000	대손충당금	10,000	외상매출금	10,000

(3) 대손채권의 회수 시

대손된 채권을 회수하는 경우에는 감소시킨 대손충당금을 회복시킨다.

💰 **실전 적용**

대손처리한 외상매출금 10,000원을 현금으로 회수하다.

(차) 현금   10,000   (대) 대손충당금   10,000

3 원천징수제도

> ▶ 최신 30회 중 4문제 출제

소득을 지급하는 자가 특정 소득을 지급할 때 소득자가 내야 할 세금 등을 걷어서 일시적으로 가지고 있다가 대신 납부하는 제도이다. 소득을 지급하는 자가 원천징수하여 일시적으로 가지고 있는 금액을 예수금이라고 하며, 소득을 얻는 자가 원천징수 당한 금액은 다음에 납부해야 할 세금을 미리 납부한 것이므로 선납세금으로 처리한다.

> **예수금 vs. 선납세금**
> • 예수금: 소득을 지급하는 자 입장에서 원천징수한 금액
> • 선납세금: 소득을 얻는 자 입장에서 원천징수 당한 금액

1. 예수금

최종적으로 제3자에게 지급해야 할 금액을 기업이 거래처나 종업원에게 미리 받아서 일시적으로 보관하는 경우 사용하는 유동부채이며, 관련 기관에 납부하게 되면 현금 계정 등으로 대체된다. 즉, 근로자에게 급여 지급 시 소득세, 건강보험, 고용보험, 국민연금 등 근로자 부담액을 일시적으로 받았다가 대신 납부해야 하는 금액을 말한다.

💰 **실전 적용**

종업원 급여 1,000,000원 지급 시 근로소득세 10,000원과 건강보험료 20,000원을 차감한 잔액을 현금으로 지급하다.

(차) 급여   1,000,000   (대) 현금   970,000
                                         예수금   30,000

2. 선납세금

소득자 입장에서 이자소득 등에 대하여 원천징수 당한 경우 미리 납부한 세금 또는 중간예납세액을 말한다. 선납세금은 다음 연도에 세금을 신고·납부 시 내야 할 세금을 줄이거나, 세금이 없다면 환급받게 되는 것으로 당좌자산으로 분류된다.

> **🪙 실전 적용**
> 보통예금에서 발생된 이자 100,000원에 대한 원천징수세액 14,000원을 차감한 잔액이 보통예금 통장에 입금된다.
>
> | (차) 선납세금 | 14,000 | (대) 이자수익 | 100,000 |
> |---|---|---|---|
> | 보통예금 | 86,000 | | |

4 가지급금과 가수금

▶ 최신 30회 중 2문제 출제

일반기업회계기준에서 가지급금과 가수금 계정은 임시 계정이므로 보고기간 종료일까지 그 내역을 확인하여 적절한 계정과목으로 재무제표에 표시한다.

1. 가지급금

실제 현금 지출은 있으나 계정과목이나 금액을 확정할 수 없을 때 사용하는 임시 당좌자산 계정과목이다. 즉, 비용이 발생할 것이 확실하나 아직 용도가 확정되지 않은 임시 금액을 말한다.

> **🪙 실전 적용**
> [1] 사원에게 출장을 명하고, 출장비 200,000원을 현금으로 지급하다.
>
> | (차) 가지급금 | 200,000 | (대) 현금 | 200,000 |
> |---|---|---|---|
>
> [2] 출장 간 사원이 돌아와서 개산 지급한 금액 200,000원 중 여비로 정산한 180,000원을 차감한 나머지를 현금으로 반납하다.
>
> | (차) 여비교통비 | 180,000 | (대) 가지급금 | 200,000 |
> |---|---|---|---|
> | 현금 | 20,000 | | |

2. 가수금

회사가 내용 불명의 송금액을 받은 경우 등에 사용하는 임시 유동부채 계정과목이다.

> **🪙 실전 적용**
> [1] 출장 중인 사원이 내용 불명의 송금수표 500,000원을 보내다.
>
> | (차) 현금 | 500,000 | (대) 가수금 | 500,000 |
> |---|---|---|---|
>
> [2] 출장 간 사원이 돌아와서 위의 송금액 500,000원이 거래처의 외상매출금 회수액임이 판명되다.
>
> | (차) 가수금 | 500,000 | (대) 외상매출금 | 500,000 |
> |---|---|---|---|

가지급금 vs. 가수금
- 원인 불명의 현금 지출: (차) 가지급금
- 원인 불명의 현금 입금: (대) 가수금

빈출지문 OX
종업원의 소득세, 건강보험료 등을 일시적으로 보관하는 경우 대변에 가수금으로 회계처리한다. (   )
정답 X

5 외화환산

▶ 최신 30회 중 1문제 출제

외국통화로 측정된 채권과 채무를 자국통화로 수정하여 표시하는 절차이다. 우리나라 기업은 발생한 외화채권과 채무를 모두 원화금액으로 표시하므로 외화환산 문제가 발생한다.

1. 거래발생

외화거래가 발생한 경우 발생시점의 환율로 환산하여 회계처리한다.

> 🗄 **실전 적용**
>
> 수출 – 미국의 (주)옵션에 상품을 $1,000에 외상으로 수출하다. 수출 시 환율은 $1당 1,100원이다.
>
> (차) 외상매출금   1,100,000   (대) 상품매출   1,100,000

2. 보고기간 종료일 평가

보고기간 종료일 현재 외화채권과 외화채무를 보유하고 있는 경우 기말 현재의 환율로 환산한 금액을 재무상태표에 표시하여야 한다. 이 경우 발생하는 외화환산이익 또는 외화환산손실은 손익계산서 영업외손익으로 처리한다.

> 🗄 **실전 적용**
>
> [1] 외화채권의 환율이 상승한 경우 – (주)옵션의 외화외상매출금($1,000의 장부금액 1,100,000원)에 대해 보고기간 종료일 환율이 $1당 1,200원인 경우 기말평가하시오.
>
> (차) 외상매출금   100,000   (대) 외화환산이익   100,000
>
> [2] 외화채권의 환율이 하락한 경우 – (주)옵션의 외화외상매출금($1,000의 장부금액 1,100,000원)에 대해 보고기간 종료일 환율이 $1당 1,000원인 경우 기말평가하시오.
>
> (차) 외화환산손실   100,000   (대) 외상매출금   100,000

3. 거래 종료

외화채권을 수취하거나 외화채무를 지급하여 거래가 종료되는 경우에는 종료시점의 환율로 회계처리하고 환율변동으로 인한 이익과 손실은 외환차익 또는 외환차손으로 하여 손익계산서 영업외손익으로 처리한다.

> 🗄 **실전 적용**
>
> [1] 환율이 상승한 경우 – (주)옵션의 외화외상매출금($1,000의 장부금액 1,000,000원)을 달러로 받아서 원화로 환전하다. 회수 시 환율이 $1당 1,100원인 경우 회계처리하시오.
>
> (차) 현금   1,100,000   (대) 외상매출금   1,000,000
>   외환차익   100,000
>
> [2] 환율이 하락한 경우 – (주)옵션의 외화외상매출금($1,000의 장부금액 1,000,000원)을 달러로 받아서 원화로 환전하다. 회수 시 환율이 $1당 900원인 경우 회계처리하시오.
>
> (차) 현금   900,000   (대) 외상매출금   1,000,000
>   외환차손   100,000

환율변동으로 인한 이익과 손실
- 보고기간 종료일 ┌ 이익: 외화환산이익
　　　　　　　　└ 손실: 외화환산손실
- 거래 종료 ┌ 이익: 외환차익
　　　　　└ 손실: 외환차손

합격을 다지는 실전문제

스마트폰으로 QR코드를 촬영하여 저자의 해설 강의를 확인하세요.

유형 1 매출채권과 매입채무

상 중 하

001 매출채권은 일반적인 상거래에서 발생한 외상매출금과 받을어음을 말한다. 여기서 일반적인 상거래의 의미를 가장 적절하게 설명한 것은?

① 당해 회사의 사업 목적을 위한 정상적 영업활동에서 발생한 거래이다.
② 회계상의 거래가 아니면서 일반적인 거래에 해당되는 것이다.
③ 회계상의 거래이면서 일반적인 거래에 해당되는 것이다.
④ 일반적인 거래가 아니면서 회계상의 거래에 해당되는 것이다.

상 중 하

002 다음 중 재무상태표에 매출채권으로 계상되는 금액은?

• 외상매출금	100,000원	• 받을어음	50,000원
• 단기대여금	30,000원	• 미수금	20,000원
• 선급금	10,000원	• 단기차입금	10,000원

① 100,000원
② 150,000원
③ 180,000원
④ 200,000원

상 중 하

003 다음 중 재무상태표에 표시되는 매입채무 계정에 해당하는 것은?

① 외상매입금, 지급어음
② 미수금, 미지급금
③ 외상매출금, 받을어음
④ 가수금, 가지급금

정답 및 해설

001 ① 일반적인 상거래는 주된 영업활동과 관련된 거래를 의미한다.

002 ② 매출채권: 외상매출금 100,000원 + 받을어음 50,000원 = 150,000원

003 ① 매입채무는 외상매입금과 지급어음의 통합 계정이다.

상 중 하

004 다음 자료는 둘리전자의 거래내역이다. 기말재무상태표에 계상된 매출채권은 얼마인가?

- 기초 매출채권은 350,000원이다.
- 아라전자에 판매용 스마트TV를 400,000원에 외상판매하다.
- 우리유통에 판매용 냉장고를 500,000원에 판매하고 200,000원은 현금으로, 나머지는 어음으로 받다.
- 기말 현재 어음의 만기일은 도래하지 않았고, 아라전자의 외상대금은 회수되다.

① 350,000원 ② 650,000원 ③ 750,000원 ④ 1,050,000원

상 중 하

005 모든 매출은 외상으로 판매하고 1개월 후에 현금 또는 보통예금으로 회수하는 신원상사의 매출채권과 관련한 다음 자료를 보고 당기총매출액을 계산하면 얼마인가? (단, 대손이나 매출할인 등의 변동요인은 없음)

전기이월액	차기이월액	현금회수액	보통예금 회수액	당기총매출액
370,000원	260,000원	260,000원	200,000원	?

① 570,000원 ② 350,000원 ③ 630,000원 ④ 720,000원

상 중 하

006 다음과 같이 주어진 자료에서 당기의 외상매출금 현금회수액은 얼마인가?

- 외상매출금 기초잔액: 5,000,000원
- 외상매출금 기말잔액: 3,000,000원
- 당기에 발생한 외상매출액: 13,000,000원
- 당기에 외상매출금을 받을어음으로 대체한 금액: 10,000,000원

① 13,000,000원 ② 10,000,000원 ③ 5,000,000원 ④ 3,000,000원

정답 및 해설

004 ② 기말 매출채권: 기초 매출채권 350,000원 + 외상매출금 400,000원 + 받을어음 300,000원 − 회수액 400,000원 = 650,000원

005 ②

매출채권			
기초잔액	370,000	현금회수액	260,000
총매출액	( )	보통예금 회수액	200,000
		기말잔액	260,000
	720,000		720,000

당기총매출액: 현금회수액 260,000원 + 보통예금 회수액 200,000원 + 차기이월액 260,000원 − 전기이월액 370,000원 = 350,000원

006 ③

외상매출금			
기초잔액	5,000,000	현금회수액	( )
외상매출액	13,000,000	받을어음으로 대체	10,000,000
		기말잔액	3,000,000
	18,000,000		18,000,000

외상매출금 현금회수액: 기초잔액 5,000,000원 + 당기 외상매출액 13,000,000원 − 받을어음 10,000,000원 − 기말잔액 3,000,000원 = 5,000,000원

007 다음 중 외상매출금 계정이 대변에 기입될 수 있는 거래를 모두 고른 것은?

> 가. 상품을 매출하고 대금을 한 달 후에 지급받기로 했을 때
> 나. 외상매출금이 보통예금으로 입금되었을 때
> 다. 외상매출금을 현금으로 지급받았을 때
> 라. 외상매입한 상품 대금을 한 달 후에 보통예금으로 지급했을 때

① 가, 나   ② 나, 다
③ 다, 라   ④ 가, 라

008 다음은 외상매출금 계정의 차변과 대변에 기록되는 내용을 표시한 것이다. 잘못 표시하고 있는 항목은?

(차변)	외상매출금	(대변)
기초재고액		환입 및 에누리액
매출액		대손액
회수액		기말재고액

① 매출액   ② 회수액
③ 환입 및 에누리액   ④ 대손액

009 다음 자료에서 당기 중에 외상으로 매출한 금액은 얼마인가?

> • 외상매출금 기초잔액   100,000원   • 외상매출금 당기회수액   400,000원
> • 외상매출금 중 에누리액   20,000원   • 외상매출금 기말잔액   80,000원

① 300,000원   ② 360,000원
③ 400,000원   ④ 500,000원

정답 및 해설

007 ② 외상매출금이 대변에 기입되는 거래는 외상매출금을 현금이나 보통예금 등으로 회수한 때이다.

008 ② 외상매출금의 회수액은 외상매출금 계정의 대변에 기입하여야 한다.

009 ③

외상매출금			
기초잔액	100,000	당기회수액	400,000
당기 외상매출액	( )	에누리액	20,000
		기말잔액	80,000
	500,000		500,000

당기회수액 400,000원 + 에누리액 20,000원 + 기말잔액 80,000원 - 기초잔액 100,000원 = 400,000원

상 중 하

010 다음 매출처원장을 이용하여 산출한 외상매출금 미회수액으로 옳은 것은?

매출처원장

오산상회

8/1 전월이월	100,000	9/20 현금	400,000
8/15 매출	700,000		

화성상회

8/1 전월이월	500,000	9/17 당좌예금	900,000
8/15 매출	1,000,000		

① 400,000원

② 600,000원

③ 700,000원

④ 1,000,000원

상 중 하

011 다음 중 외상매입금 계정이 차변에 기입되는 거래는?

ㄱ. 상품을 외상으로 매입했을 때
ㄴ. 외상매입한 상품을 반품했을 때
ㄷ. 외상매입대금을 현금으로 지급했을 때
ㄹ. 외상매입금을 에누리 받았을 때

① ㄱ, ㄴ

② ㄴ, ㄷ

③ ㄴ, ㄷ, ㄹ

④ ㄹ

정답 및 해설

010 ④ 오산상회 차변 800,000원(= 전월이월 100,000원 + 매출 700,000원)과 화성상회 차변 1,500,000원(= 전월이월 500,000원 + 매출 1,000,000원)을 합한 금액인 채권 2,300,000원에서 외상매출금을 회수한 1,300,000원(= 현금 400,000원 + 당좌예금 900,000원)을 차감하면 미회수액은 1,000,000원이다.

011 ③ ㄱ. (차) 상품 ××× (대) 외상매입금 ×××
ㄴ. (차) 외상매입금 ××× (대) 매입환출 및 에누리 ×××
ㄷ. (차) 외상매입금 ××× (대) 현금 ×××
ㄹ. (차) 외상매입금 ××× (대) 매입환출 및 에누리 ×××

012 다음 거래를 분개할 경우 (가), (나)의 계정과목이 올바르게 짝지어진 것은?

우현상사는 거래처에서 컴퓨터 10대(@800,000원)를 8,000,000원에 매입하고 당사발행 약속어음으로 지급하다(단, 5대는 판매용, 5대는 영업부의 업무용으로 구입함).

(차) 상품	4,000,000	(대) (가)	4,000,000
(차) 비품	4,000,000	(대) (나)	4,000,000

	(가)	(나)		(가)	(나)
①	지급어음	지급어음	②	미지급금	미지급금
③	미지급금	지급어음	④	지급어음	미지급금

013 다음 자료를 이용하여 외상매입금 기초잔액을 계산하면 얼마인가?

- 당기 외상매입액: 1,000,000원
- 당기 외상매입금 지급액: 1,100,000원
- 외상매입금 중 환출액: 50,000원
- 외상매입금 기말잔액: 300,000원

① 300,000원
② 350,000원
③ 400,000원
④ 450,000원

정답 및 해설

012 ④ 당사가 발행한 약속어음 중 상거래의 경우 지급어음 계정으로, 상거래가 아닌 경우 미지급금 계정으로 회계처리한다.

013 ④

	외상매입금		
매입환출	50,000	기초잔액	( )
지급액	1,100,000	당기매입	1,000,000
기말잔액	300,000		
	1,450,000		1,450,000

외상매입금 기초잔액: 당기 외상매입금 지급액 1,100,000원 + 매입환출 50,000원 + 기말 외상매입금 300,000원 − 당기 외상매입액 1,000,000원 = 450,000원

014 다음 계정 기입에서 당기 어음 발행금액은 얼마인가?

지급어음					
3/5	제좌	30,000	1/1	전기이월	200,000
6/10	보통예금	100,000	2/22	상품	150,000
12/31	차기이월	220,000			

① 100,000원 ② 130,000원
③ 150,000원 ④ 220,000원

015 다음 계정 기입에 대한 설명으로 가장 옳은 것은? (단, 반드시 아래에 표시된 계정만으로 판단할 것)

받을어음		
	8/3 현금	500,000

① 상품 500,000원을 현금으로 매입하다.
② 받을어음 500,000원을 현금으로 회수하다.
③ 지급어음 500,000원을 현금으로 지급하다.
④ 상품 500,000원을 매출하고 거래처 발행 약속어음으로 받다.

016 다음 중 받을어음 계정이 대변에 기록되는 거래에 해당하는 것은?

① 상품 2,000,000원을 매출하고 매출처 발행 약속어음을 받다.
② 매입처에 발행한 약속어음 2,000,000원이 만기가 되어 현금으로 지급하다.
③ 외상매출금 2,000,000원을 매출처 발행 약속어음으로 받다.
④ 외상매입금 지급을 위하여 소지한 매출처 발행 약속어음 2,000,000원을 배서양도하여 외상매입금을 지급하다.

정답 및 해설

014 ③ 2/22 (차) 상품 150,000 (대) 지급어음 150,000

015 ② • 분개 추정: 8/3 (차) 현금 500,000 (대) 받을어음 500,000
　　 • 거래 추정: 8/3 받을어음 500,000원을 현금으로 회수하다.

016 ④ 받을어음의 할인, 받을어음 금액의 회수, 받을어음 배서양도는 대변에 받을어음 계정으로 회계처리한다.

(차) 외상매입금	2,000,000	(대) 받을어음	2,000,000
① (차) 받을어음	2,000,000	(대) 상품매출	2,000,000
② (차) 지급어음	2,000,000	(대) 현금	2,000,000
③ (차) 받을어음	2,000,000	(대) 외상매출금	2,000,000

017 다음 (가), (나)에 해당하는 계정과목은?

> (가) 사무실에서 사용하던 복사기의 외상판매 대금
> (나) 상품판매 시 수령한 어음

	(가)	(나)		(가)	(나)
①	대여금	받을어음	②	미수금	대여금
③	미수금	받을어음	④	외상매출금	미수금

018 다음 내용에 맞는 회계처리는?

> 상품을 공급하고 받은 약속어음 550,000원을 주거래 국민은행에서 50,000원의 할인비용을 차감한 후 보통예금 계좌로 입금받다(단, 매각거래로 처리할 것).

① (차) 보통예금　　　　　　　500,000　　　(대) 받을어음　　　　　　　550,000
　　　매출채권 처분손실　　　 50,000

② (차) 보통예금　　　　　　　500,000　　　(대) 받을어음　　　　　　　500,000
　　　매출채권 처분손실　　　 50,000　　　　　 현금　　　　　　　　　 50,000

③ (차) 보통예금　　　　　　　500,000　　　(대) 받을어음　　　　　　　550,000
　　　수수료비용　　　　　　 50,000

④ (차) 보통예금　　　　　　　500,000　　　(대) 받을어음　　　　　　　500,000

정답 및 해설

017 ③ 상품 이외의 자산을 외상으로 판매하고 받을 돈은 미수금 계정, 상품을 판매하고 수령한 어음은 받을어음 계정으로 회계처리한다.

018 ① 어음의 할인 시 매각거래로 처리한 경우 회계처리는 다음과 같다.

　　　(차) 보통예금　　　　　　　　　　　　500,000　　　(대) 받을어음　　　　　　　　　　550,000
　　　　　매출채권 처분손실　　　　　　　　 50,000

유형 2   대손회계

상 중 하

019 다음 중 대손상각할 수 있는 계정과목에 속하지 않는 것은?

① 받을어음   ② 외상매출금

③ 선수금   ④ 미수금

상 중 하

020 매출채권에 대한 대손충당금 계정의 성격으로 옳은 것은?

① 자산 계정   ② 부채 계정

③ 차감적 평가 계정   ④ 수익 계정

상 중 하

021 다음 거래에 대한 분개로 올바른 것은?

> 9/30 거래처의 파산으로 외상매출금 90,000원이 회수불능되다(단, 전기에 설정된 대손충당금 잔액은 30,000원이 있음).

① (차) 대손상각비   90,000   (대) 외상매출금   90,000

② (차) 대손충당금   30,000   (대) 외상매출금   90,000

        대손상각비   60,000

③ (차) 대손충당금   60,000   (대) 외상매출금   90,000

        대손상각비   30,000

④ (차) 대손충당금 환입   90,000   (대) 외상매출금   90,000

정답 및 해설

019 ③ 대손상각할 수 있는 계정과목은 채권이므로 부채인 선수금은 대손의 대상이 되지 않는다.

020 ③ 대손충당금은 자산의 차감적 평가 계정이다.

021 ② 대손이 발생하면 대손충당금에서 우선 상계한 후 대손충당금이 부족할 경우 대손상각비(비용)로 인식한다.

022 다음 자료에서 2024년 말 대손충당금 추가설정액은 얼마인가? (단, 대손충당금은 매출채권 잔액의 1%를 설정하며, 전기의 회수불능채권은 대손충당금으로 상계처리한 것으로 가정할 것)

• 2024.1.1.	대손충당금 이월액	1,200,000원
• 2024.7.1.	전기 회수불능채권 현금 회수액	200,000원
• 2024.12.31.	매출채권 잔액	200,000,000원

① 600,000원   ② 800,000원

③ 1,000,000원   ④ 1,200,000원

023 다음 자료로 당기 외상매출금 발생액을 구하면 얼마인가?

• 기초 외상매출금	2,300,000원	• 당기 외상매출금 회수액	2,900,000원
• 기초 대손충당금	0원	• 기말 대손충당금	11,000원
• 대손율: 1%			

① 1,500,000원   ② 1,600,000원

③ 1,700,000원   ④ 1,800,000원

024 대손충당금을 설정할 경우의 거래내용과 회계처리가 적절하지 않은 것은?

거래내용	회계처리			
① 대손충당금 잔액이 없을 경우	(차) 대손상각비	×××	(대) 대손충당금	×××
② 대손예상액＞대손충당금 잔액	(차) 대손상각비	×××	(대) 대손충당금	×××
③ 대손예상액＝대손충당금 잔액	(차) 대손상각비	×××	(대) 대손충당금	×××
④ 대손예상액＜대손충당금 잔액	(차) 대손충당금	×××	(대) 대손충당금 환입	×××

정답 및 해설

022 ① 추가설정액: 매출채권 잔액 200,000,000원 × 1% − 대손충당금 잔액 1,400,000원(대손충당금 이월액 1,200,000원 + 현금 회수액 200,000원) = 600,000원

023 ③ • 기말 외상매출금 x × 1% = 기말 대손충당금 11,000원

∴ 기말 외상매출금 x = 1,100,000원

• 기초 외상매출금 2,300,000원 + 당기 외상매출금 발생액 x − 당기 외상매출금 회수액 2,900,000원 = 기말 외상매출금 1,100,000원

∴ 당기 외상매출금 발생액 x = 1,700,000원

024 ③ 대손예상액과 대손충당금 잔액이 같을 경우 분개는 없다.

025 다음 자료를 토대로 2024년 말 손익계산서에 보고할 대손상각비는 얼마인가?

• 2024년 1월 1일 현재 대손충당금 잔액은 150,000원이다.
• 2024년 5월 10일 거래처의 파산으로 매출채권 200,000원이 회수불능되다.
• 기말 매출채권 잔액 7,500,000원에 대해 1%의 대손을 설정하다.

① 25,000원   ② 75,000원

③ 105,000원   ④ 125,000원

026 다음 계정 기입에 대한 설명으로 옳은 것은?

대손충당금				
3/20 외상매출금	14,000	1/1 전기이월	40,000
7/10 외상매출금	6,000	12/31 대손상각비	10,000
12/31 차기이월	30,000		
	50,000		50,000

① 전기 말의 대손충당금 잔액은 30,000원이다.
② 당기 중 매출채권에 대한 실제 대손발생액은 20,000원이다.
③ 당기 말 매출채권에 대한 대손추산액은 10,000원이다.
④ 당기 손익계산서에 표시되는 대손상각비는 30,000원이다.

정답 및 해설

025 ④ • 5월 10일 회계처리

(차) 대손충당금	150,000	(대) 매출채권	200,000
대손상각비	50,000		

• 기말 회계처리

(차) 대손상각비	75,000	(대) 대손충당금	75,000

∴ 2024년 말 손익계산서에 보고할 대손상각비: 50,000원 + 75,000원 = 125,000원

026 ② ① 전기 말의 대손충당금 잔액은 전기이월액 40,000원이다.
③ 기말 매출채권에 대한 대손추산액은 차기로 이월되는 30,000원이다.
④ 당기 손익계산서에 표시되는 대손상각비는 10,000원이다.

027 다음 설명 중 옳은 것은?

① 대손상각비 계정은 수익 계정이다.
② 대손충당금 환입 계정은 자본 계정이다.
③ 대손상각비 계정은 재무상태표에 표시해야 한다.
④ 대손충당금 계정은 매출채권에 대한 차감적 평가 계정이다.

028 다음 중 대여금에 대한 대손상각비를 판매비와 관리비 항목에 포함하여 처리하였을 경우 일반기업회계기준으로 판단할 때, 손익계산서에 미치는 영향으로 옳은 것은?

① 영업이익은 과소계상되었으나 당기순이익에는 변함없다.
② 기업의 매출활동 결과인 매출총이익에 영향을 미친다.
③ 기업회계기준에 따라 정상 처리되었다.
④ 당기순이익 계산에 영향을 미친다.

유형 3 　 원천징수제도

029 다음의 회계처리를 보고 해당 거래를 추정한 것으로 옳은 것은?

(차) 예수금	10,000	(대) 보통예금	10,000

① 종업원 급여에서 차감하기로 하고 10,000원을 보통예금 계좌에서 이체하다.
② 상품판매 계약을 체결하고 계약금 10,000원이 보통예금 계좌에 입금되다.
③ 거래처에 상품을 주문하고 계약금 10,000원을 보통예금 계좌에서 이체하다.
④ 종업원 급여 지급 시 차감한 소득세 등 10,000원을 보통예금 계좌에서 이체하다.

정답 및 해설

027 ④ 대손상각비는 비용 계정이며 손익계산서상 판매비와 관리비에 해당하므로 대손충당금 환입 계정은 판매비와 관리비에 (−)계정으로 표시한다.

028 ① 대여금에 대한 대손상각비는 기타의 대손상각비 계정으로 영업외비용에 해당하며, 이를 판매비와 관리비 항목에 포함하여 처리하였을 경우, 보고식 손익계산서에서 영업이익에 영향을 미치지만 당기순이익에는 영향을 미치지 않는다.

029 ④ 급여 지급 시 원천징수한 소득세 등을 보통예금 계좌에서 이체한 분개로 추정할 수 있다.

030 다음은 급여명세표이다. 급여 지급 시 급여명세표의 공제내역에 관한 회계처리와 관련 있는 계정은?

소속: 무한상사 영업부		성명: 성실한	실수령액: 2,200,000원	

급여내역		공제내역	
기본급	1,900,000원	소득세	150,000원
□□수당	300,000원	지방소득세	15,000원
급식비	150,000원	건강보험료	85,000원
교통비	100,000원		
급여 계	2,450,000원	공제 계	250,000원

① 예수금   ② 가수금
③ 선수금   ④ 미수금

031 6월 30일 (주)강산의 보통예금 통장을 정리하였다. 다음 중 분개로 적절한 것은?

거래일	내용	찾으신 금액	맡기신 금액	남은 금액	처리점
2024.6.30.	결산이자		6,000		
	이자세금	900		5,100	

① (차) 보통예금   5,100   (대) 이자수익   6,000
      선납세금   900
② (차) 보통예금   6,000   (대) 이자수익   6,000
③ (차) 보통예금   5,100   (대) 이자수익   5,100
④ (차) 보통예금   5,100   (대) 이자수익   6,000
      예수금   900

정답 및 해설

030 ① 종업원의 급여 지급 시 차감하는 소득세 원천징수액, 국민연금, 건강보험료 등을 일시적으로 보관하는 경우 예수금 계정을 대변에 기입하고, 나중에 납부하는 경우 차변에 기입한다.

031 ① 이자소득세의 원천징수분은 선납세금으로 처리한다.

상 중 하

032 다음 (가)와 (나)의 계정과목으로 올바른 것은?

> (가) 기업이 종업원의 소득세, 건강보험료를 일시적으로 보관하는 경우
> (나) 현금은 입금되었으나 계정과목이 확정되지 않은 경우

	(가)	(나)		(가)	(나)
①	선수금	가수금	②	예수금	선수금
③	예수금	가수금	④	선수금	예수금

상 중 하

033 다음 중 부채에 대한 설명으로 옳지 않은 것은?

① 외상매입금은 일반적 상거래에서 발생하는 채무이다.
② 선수금은 상품을 주문받고 대금의 일부를 계약금으로 수취하였을 때 처리하는 계정과목이다.
③ 가지급금은 기업이 급여 등을 지급 시 종업원 등으로부터 미리 받아 일시적으로 보관하는 금액을 처리하는 계정과목에 해당한다.
④ 가수금은 현금의 수입이 발생하였으나 처리할 계정과목이나 금액이 확정되지 않은 경우 계정과목이나 금액이 확정될 때까지 일시적으로 처리하는 계정과목이다.

상 중 하

034 다음 (가)와 (나)를 분개할 때, 차변의 계정과목으로 옳은 것은?

> (가) 출장을 가는 사원에게 출장비 100,000원을 현금으로 지급하다.
> (나) 거래처에 상품을 주문하고, 계약금으로 50,000원을 현금으로 지급하다.

	(가)	(나)		(가)	(나)
①	가수금	선급금	②	가수금	선수금
③	가지급금	선급금	④	가지급금	선수금

정답 및 해설

032 ③ 종원업의 소득세, 건강보험료를 일시적으로 보관하는 경우는 예수금으로, 현금은 입금되었으나 계정과목이 확정되지 않은 경우는 가수금으로 회계처리한다.

033 ③ 기업이 급여 지급 시 종업원으로부터 미리 받아 일시적으로 보관하는 금액을 처리하는 계정과목은 예수금이다.

034 ③ 출장을 가는 사원에게 어림잡아 지급한 금액은 가지급금 계정으로, 상품을 매입하기로 하고 지급한 계약금은 선급금 계정으로 회계처리한다.

유형 5   외화환산

상 중 하

035 다음 거래와 관련이 있는 계정과목은?

> 기말 현재, 미국 하이사의 외상매출금 $1,000에 대하여 외화평가를 하다(매출 시 환율 1,300원/$, 기말평가 시 환율 1,000원/$).

① 외환차손

② 외화환산손실

③ 외환차익

④ 외화환산이익

---

035 ② 기말에 외화자산, 부채에 대한 평가를 하였을 때 원화금액과 장부상에 기입되어 있는 원화금액 사이에서 발생하는 차액은 외화환산손익으로 회계처리한다. 위 경우는 장부상에 기입되어 있는 원화금액보다 평가 시 금액이 하락했기 때문에 외화환산손실 계정과목으로 회계처리한다.

재고자산

↖핵심키워드
- 재고자산
- 취득원가
- 매출원가
- 수량결정
- 단가결정

■ 1회독 ■ 2회독 ■ 3회독

1 재고자산 ◀중요

▶ 최신 30회 중 7문제 출제

1. 재고자산의 의의

회사가 주된 영업활동을 통해 판매 목적으로 보유하고 있거나 생산과정에 있는 자산이다. 재고자산의 구성 항목은 상기업(상품매매회사)과 제조회사가 서로 다르다. 즉, 상기업에서 재고자산은 상품을 의미하며, 제조회사에서는 제품과 이를 생산하는 데 사용되는 원재료, 저장품 그리고 생산 중에 있는 재공품, 반제품 등을 가리킨다.

2. 재고자산의 종류

구분	내용
상품	상기업이 판매 목적으로 구입한 상품, 미착품, 적송품, 시송품 등
제품	제조기업이 판매 목적으로 직접 제조한 생산물
재공품	제품 또는 반제품을 만들어내기 위해 아직 제조 중인 미완성품
반제품	미완성품이라는 점에서 재공품과 유사하나, 중간과정에서 판매가 가능하다는 점에서 재공품과 차이가 있음
원재료	제품을 생산하기 위해 매입한 원료, 재료 등
저장품	소모품, 수선용 부분품 및 기타 저장물
미착품	아직 도착하지 않은 상품
적송품	위탁판매를 위해 발송한 상품
시송품	시험적으로 상품을 사용하게 할 때 보내는 상품

재고자산의 종류
상품, 제품, 재공품, 반제품, 원재료, 저장품, 미착품, 적송품, 시송품 등

2 상기업(상품매매회사)의 회계처리 ◀중요

▶ 최신 30회 중 19문제 출제

상품을 구입한 후 판매하게 되면 매입원가는 최종적으로 매출원가라는 비용이 되고 판매금액은 상품매출이라는 수익으로 인식된다.

1. 수익과 비용의 인식

(1) 현금주의

현금이 유입된 시점에 수익을, 현금이 유출된 시점에 비용을 기록하는 것이다. 현금주의에 따라 수익과 비용을 인식하게 되면 현금의 유·출입을 객관적으로 확인할 수 있다는 장점이 있지만 경영자가 고의적으로 현금의 유·출입 시기를 조작함으로써 경영성과를 왜곡시킬 수 있다는 단점이 있다.

▶ 강의 바로보기

상품 매입의 회계처리

(2) 발생주의

현금의 유·출입 그 자체보다는 현금의 유·출입을 가져오는 **근원적인(중요한) 사건이 발생한 시점**에 수익과 비용을 인식하는 것으로 일반기업회계기준에서 채택하고 있다.

① **실현주의**: 수익은 실현주의에 따라 인식한다. 실현주의란 경제적 효익의 유입 가능성이 매우 높고, 그 효익을 신뢰성있게 측정할 수 있을 때 수익을 인식해야 한다는 것이다. 즉, 실현주의에 따른 상품매출은 돈을 받을 권리가 확정된 인도시점에 수익을 인식해야 한다는 것이다.

② **수익·비용 대응의 원칙**: 비용은 수익·비용 대응의 원칙에 따라 수익을 인식하는 회계기간에 대응하여 인식한다. 수익·비용 대응의 원칙이 성립되기 위해서는 일정 기간 동안에 이루어진 지출이 특정한 수익과 관련이 있어야 하며, 관련된 수익과 동일 기간에 이루어져야 한다. 따라서 상품을 매입할 때 취득과 관련한 지출은 취득시점에는 수익을 창출한 것이 없으므로 일단 자산으로 처리하였다가 판매가 되어 수익이 창출되는 시점에 매출원가(비용)로 인식한다. 반면에 판매자가 부담하는 운반비는 지출시점에 상품매출이라는 수익이 창출되므로 수익·비용 대응의 원칙에 따라 운반비 계정으로 비용처리한다.

수익·비용의 인식기준
• 수익: 실현주의
• 비용: 수익·비용 대응의 원칙

2. 상품의 매매거래 - 2분법

상품 계정의 기장방법에는 단일 계정, 분할 계정, 2분법, 3분법, 5분법 등이 있으나 실무에서는 2분법을 사용하고 있다. 2분법은 재고분과 매입분을 나타내는 상품 계정, 매출분을 나타내는 상품매출 계정 2가지를 사용한다.

(1) 상품의 취득원가

상품을 판매 가능한 상태로 만들기까지 지출된 모든 지출액이 포함된다. 즉, **상품의 취득원가는 그 매입금액에 취득과정에서 지출된 매입수수료, 수입관세, 보관료, 운반비, 보험료, 하역비 등의 금액을 합한 것**이다. 취득부대비용을 비용으로 처리하지 않고 상품의 취득원가에 가산하는 이유는 수익·비용 대응의 원칙에 따른 것이다.

반면 판매자가 부담하는 운반비는 지출시점에 상품매출이라는 수익이 창출되므로 수익·비용 대응의 원칙에 따라 운반비 계정으로 비용처리한다.

상품 운반비 회계처리
• 구매자 부담 시: 상품(자산)
• 판매자 부담 시: 운반비(비용)

상품의 취득원가
총매입금액 + 취득부대비용

▶ 판매 시 매출운임은 운반비 계정으로 처리한다.

$$취득원가 = 총매입금액 + 취득부대비용$$

💰 **실전 적용**

상품 500,000원(운반비 50,000원 별도)을 외상으로 매입하다.

(차) 상품	550,000	(대) 외상매입금	550,000

PART 02

(2) 상품매입의 차감 계정

매입환출, 매입에누리, 매입할인은 매입액에서 차감한다.

① **매입환출 및 에누리**: 매입환출은 상품의 현격한 하자로 인하여 상품을 반품하는 것이며, 매입에누리는 상품 구입 후 상품의 파손이나 하자를 이유로 가격을 깎는 것이다. 매입에누리와 매입환출의 가액만큼 지급해야 할 금액이 감소하거나 지급한 금액을 돌려받기 때문에 매입한 상품에서 차감한다.

② **매입할인**: 상품을 외상으로 매입한 후 외상대금을 당초에 약정한 기일 전에 결제한 경우 외상대금의 일정률을 할인받는 것이다. 매입할인의 약정은 (2/10, n/30)과 같이 표시하며, 이는 대금지급이 30일 이내에 이루어져야 하고 10일 이내 조기 결제 시 대금의 2%를 할인받는다는 것을 의미한다. 매입할인액만큼 매입과 관련하여 지급되는 금액이 감소하므로 매입한 상품에서 차감한다.

> **실전 적용**
>
> [1] 외상매입 – 1/2 상품을 100,000원에 (2/10, n/30)의 조건으로 거래처에 외상으로 매입하다.
>
> | (차) 상품 | 100,000 | (대) 외상매입금 | 100,000 |
>
> [2] 매입환출 및 에누리 – 1/3 매입한 상품 중 하자가 있어서 10,000원은 반품하였고, 상품 중 일부가 파손되어 상품대금 중 15,000원을 깎다.
>
> | (차) 외상매입금 | 25,000 | (대) 매입환출 및 에누리 | 25,000 |
>
> [3] 매입할인 – 1/12 나머지 외상대금 75,000원을 외상 발생일로부터 10일 이내에 현금으로 조기 결제하여 1,500원을 할인받다.
>
> | (차) 외상매입금 | 75,000 | (대) 매입할인 | 1,500 |
> | | | 현금 | 73,500 |

상품의 순매입액

순매입액 = 총매입액 + 운반비 등 부대비용 – 매입환출 및 에누리 – 매입할인

(3) 상품매출의 차감 계정

매출환입, 매출에누리, 매출할인은 매출액에서 차감한다.

① **매출환입 및 에누리**: 매출환입은 매출한 상품 중 불량품 등이 반품되어 오는 것, 매출에누리는 매출한 상품 중 불량품 등에 대하여 가격을 깎아주는 것이다. 매출환입과 에누리는 받아야 할 금액이 감소하거나 받은 금액을 돌려주기 때문에 매출액에서 차감한다.

② **매출할인**: 외상매출금을 기일 전에 회수하여 외상매출금의 일부를 할인하여 주는 것으로, 받아야 할 금액이 감소하거나 받은 금액을 돌려주기 때문에 매출액에서 차감한다.

> **실전 적용**
>
> [1] 외상판매 – 1/2 상품을 100,000원에 (2/10, n/30)의 조건으로 거래처에 외상으로 판매하다.
>
> | (차) 외상매출금 | 100,000 | (대) 상품매출 | 100,000 |
>
> [2] 매출환입 및 에누리 – 1/3 판매한 상품 중 하자가 있어서 10,000원은 반품이 되고, 상품 중 일부가 파손되어 상품대금 중 15,000원을 깎아주다.
>
> | (차) 매출환입 및 에누리 | 25,000 | (대) 외상매출금 | 25,000 |
>
> [3] 매출할인 – 1/12 나머지 외상대금 75,000원을 외상 발생일로부터 10일 이내에 현금으로 회수하여 1,500원을 할인해 주다.
>
> | (차) 매출할인 | 1,500 | (대) 외상매출금 | 75,000 |
> | 현금 | 73,500 | | |

상품의 순매출액

순매출액 = 총매출액 – 매출환입 및 에누리 – 매출할인

③ 재고자산의 매출원가 · 중요

▶ 최신 30회 중 27문제 출제

▶ 강의 바로보기

1. 매출원가 관련 회계처리

동일한 상품을 다양한 가격으로 매입하여 보유 중인 경우, 판매할 때마다 얼마짜리가 팔렸는지 정확하게 계산하여 매출원가를 산정하는 것은 실무적으로 많은 어려움이 따른다. 따라서 상품매출에 대한 원가는 기말재고자산을 통하여 결산일 1회만 인식한다.

> 💰 **실전 적용**
>
> 기초재고액 10,000원, 당기순매입액 90,000원, 기말재고액 20,000원인 경우 매출원가는 80,000원이다(매출원가에 대한 분개).
>
> (차) 매출원가　　　　　　　　80,000　　　(대) 상품　　　　　　　　80,000

2. 매출원가 산정

보고기간 종료일 매출원가는 기말재고자산을 파악하여 다음과 같이 T−BOX법으로 구한다.

(차)	상품	(대)
1/1 상품	감소	I/S 매출원가 ⇒ 상품이 판매된 경우
증가 상품의 총매입금액 (+) 취득부대비용 (−) 매입환출 및 에누리 (−) 매입할인	B/S 12/31 상품 ⇒ 상품이 미판매된 경우	

> 💰 **실전 적용**
>
> 원가 관련 자료가 다음과 같을 때 매출원가를 산정하시오.
>
> | | | | |
> |---|---|---|---|
> | • 기초상품 | 580,000원 | • 매입환출 | 80,000원 |
> | • 당기총매입 | 1,530,000원 | • 운반비 | 150,000원 |
> | • 매입에누리 | 80,000원 | • 기말상품 | 120,000원 |
>
> | (차) | 상품 | (대) | |
> |---|---|---|---|
> | ❶ | 580,000 | ❸ | 1,980,000 |
> | ❷ | 1,530,000 | | |
> | (−) | 80,000 | | |
> | (−) | 80,000 | ❹ | 120,000 |
> | (+) | 150,000 | | |
> | | 2,100,000 = | | 2,100,000 |

3. 상품 매매 관련 계산식

(1) 당기순매입액 = 당기총매입액 − 매입환출 및 에누리 − 매입할인액 + 운반비 등 부대비용

(2) 상품매출원가 = 기초상품재고액 + 당기순매입액 − 기말상품재고액

(3) 당기순매출액 = 당기총매출액 − 매출환입 및 에누리 − 매출할인액

(4) 매출총이익 = 당기순매출액 − 상품매출원가

매출원가

매출원가 = 기초상품재고액 + 당기순매입액 − 기말상품재고액

매출총이익 계산

손익계산서

Ⅰ. 매출액

⊖ Ⅱ. 매출원가

Ⅲ. 매출총이익

4 재고자산의 수량결정

재고자산의 수량을 결정하는 방법에는 계속기록법, 실지재고조사법, 혼합법이 있다.

재고자산의 수량결정방법
- 계속기록법
- 실지재고조사법
- 혼합법

상품

기초	150개	매출원가	?
매입	300개	기말	?
	450개		450개

1. 계속기록법

입고수량과 실제 매출 시 판매수량을 계속 기록해 두는 방법이다. 기말수량은 실제 창고에 가서 조사하지 않고 기초상품수량에 당기매입수량을 더한 후 판매수량을 차감하여 구한다.

상품

기초	150개	원가	350개	→ 실제 수량을 기록
매입	300개	기말	100개	→ 추정에 의해 구함
	450개		450개	

2. 실지재고조사법

매출 시 판매수량을 기록하지 않으며, 기말수량은 실제 창고에 가서 조사하여 파악하는 방법이다. 판매수량은 기초상품수량에 당기매입수량을 더한 후 기말상품수량을 차감하여 구한다.

상품

기초	150개	판매	370개	→ 추정에 의해 구함
매입	300개	기말	80개	→ 실제 수량을 기록
	450개		450개	

3. 혼합법

혼합법은 실제 매출 시 계속하여 판매수량을 기록하고, 기말재고수량도 실제 창고에 가서 조사하여 수량을 파악하는 방법이다. 실무에서는 장부상 재고수량과 실제 재고수량을 모두 알 수 있어 감모수량을 파악할 수 있기 때문에 혼합법을 인정하고 있다.

상품

기초	150개	판매	350개	→ 실제 수량을 기록
		감모	20개	→ 재고자산 감모수량
매입	300개	기말	80개	→ 실제 수량을 기록
	450개		450개	

5 재고자산의 단가결정(원가흐름의 가정) <중요>

▶ 최신 30회 중 12문제 출제

원가흐름의 가정은 재고자산의 취득시기에 따라 재고자산의 구입단가가 계속하여 변동하는 경우 재고자산이 어떤 순서로 팔리는지를 가정한 것이다. 즉, 재고자산의 판매량과 기말재고량에 적용할 단위원가를 결정하는 방법으로 원가흐름의 가정에 따라 개별법, 선입선출법, 후입선출법, 이동평균법, 총평균법 등이 있다. 통상적으로 상호 교환될 수 없는 재고 항목이나 특정 프로젝트별로 생산되는 제품 또는 서비스의 원가는 개별법을 사용하여 결정하며, 개별법이 적용되지 않는 재고자산의 단가는 선입선출법이나 가중평균법(총평균법과 이동평균법), 후입선출법을 사용한다.

1. 개별법(바코드법)

매출 시 실제 구입원가를 기록하였다가 매출원가로 대응시키는 방법이다. 원가흐름과 실제 물량흐름이 일치하기 때문에 가장 정확하며 수익·비용 대응의 원칙에 적합하다. 그러나 회사는 상품을 한두 가지만 파는 것이 아니므로 그 물건이 팔릴 때마다 개별자산의 구입원가를 찾아서 매출원가로 대응시킨다는 것이 현실적으로 불가능하여 이를 적용하는 것은 매우 어렵다. 따라서 개별법은 귀금속이나 명품 등 고가품의 거래에만 사용하는 것이 일반적이다.

2. 선입선출법(FIFO; First-In-First-Out)

먼저 들어온 상품이 먼저 나간다(판매된다)는 가정하에 계산하는 방법이다. 선입선출법을 적용하면 기중에 여러 번 구입했을 때 기말에 남아 있는 상품은 가장 나중에 구입한 상품의 단가를 적용해야 한다. 이 방법은 실제 회사의 물량흐름과 유사하기 때문에 실무에서 가장 많이 쓰인다.

3. 후입선출법(LIFO; Last-In-First-Out)

선입선출법과는 반대로 나중에 구입한 상품을 먼저 판다고 가정하는 방법을 말한다. 매출시점에서 가장 가깝게 매입된 상품의 구입단가가 판매되는 상품의 단가가 되고, 그 결과 기말재고원가는 가장 오래전에 매입한 상품의 구입단가가 된다. 따라서 일반적인 물량의 흐름과는 상반되는 단가결정방법이다.

4. 이동평균법

입고될 때마다 새로 입고되는 재고자산의 가액과 기존 재고자산의 가액을 합하여 새로운 평균단가를 계산하고 이를 남아 있는 재고자산 및 출고되는 재고자산의 단가로 보는 방법이다.

$$\text{이동평균단가} = \frac{\text{매입 직전 재고자산의 가액} + \text{매입가액}}{\text{매입 직전 재고자산의 수량} + \text{매입수량}}$$

재고자산의 단가결정방법
- 개별법
- 선입선출법
- 후입선출법
- 이동평균법
- 총평균법

개별법(바코드법)
매출 시 실제 구입원가를 기록하였다가 매출원가로 대응시키는 방법

선입선출법(FIFO)
먼저 들어온 상품이 먼저 판매된다는 가정하에 계산하는 방법

후입선출법(LIFO)
나중에 구입한 상품이 먼저 판매된다는 가정하에 계산하는 방법

PART 02

5. 총평균법

일정 기간 판매 가능 상품의 원가를 판매 가능 상품의 수량으로 나누어 총평균단가를 구하고 이를 이용하여 매출원가와 기말재고를 구하는 방법이다. 기말에 단가가 나오므로 기중에 매출원가와 기말재고금액을 알 수 없다.

$$\text{총평균단가} = \frac{\text{기초재고액} + \text{당기매입액}}{\text{기초재고수량} + \text{당기매입수량}}$$

📚 실전 적용

상품의 매입, 매출에 대한 T 계정이 다음과 같을 때, 재고자산의 단가결정방법별 매출원가, 기말재고자산, 순이익, 법인세(10%라 가정)의 크기를 비교하시오.

(차)	상품	(대)
1/1　1개(@1,000원)		3/1　1개(@2,000원)
		5/1　1개(@2,000원)
2/1　1개(@1,200원)		12/31 1개
4/1　1개(@1,400원)		

구분	선입선출법	이동평균법	총평균법	후입선출법
매출원가	1개 @1,000원 1개 @1,200원 = 2,200원	1개 @1,100원*1 1개 @1,250원*2 = 2,350원	2개 @1,200원*3 = 2,400원	1개 @1,400원 1개 @1,200원 = 2,600원
기말 재고자산	1개 @1,400원 = 1,400원	1개 @1,250원 = 1,250원	1개 @1,200원 = 1,200원	1개 @1,000원 = 1,000원
순이익	4,000원 − 2,200원 = 1,800원	4,000원 − 2,350원 = 1,650원	4,000원 − 2,400원 = 1,600원	4,000원 − 2,600원 = 1,400원
법인세	180원	165원	160원	140원

*1 (1,000원 + 1,200원) ÷ 2 = 1,100원
*2 (1,100원 + 1,400원) ÷ 2 = 1,250원
*3 (1,000원 + 1,200원 + 1,400원) ÷ 3 = 1,200원

즉, 물가 상승 시 각각의 크기를 비교하면 다음과 같다.

구분	선입선출법	이동평균법	총평균법	후입선출법
매출원가	❹	❸	❷	❶
기말재고자산	❶	❷	❸	❹
순이익	❶	❷	❸	❹
법인세	❶	❷	❸	❹

물가 상승 시 순이익 비교
선입선출법 > 이동평균법 ≧ 총평균법 > 후입선출법

물가 상승 시 크기 비교
• 매출원가: 선입선출법 < 이동평균법 ≦ 총평균법 < 후입선출법
• 기말재고자산, 순이익, 법인세: 선입선출법 > 이동평균법 ≧ 총평균법 > 후입선출법

6 재고자산의 감모손실과 평가손실

▶ 최신 30회 중 2문제 출제

1. 재고자산 감모손실

재고자산의 감모는 재고자산을 보관하는 과정에서 파손, 마모, 도난, 분실 등으로 수량이 부족하여 발생된 손실을 말한다. 재고자산 감모손실은 장부상 수량과 실제 수량의 차이에서 발생한 수량 차이를 의미한다.

> 재고자산 감모손실 = (장부상 수량 − 실제 수량) × 단위당 취득원가

2. 재고자산 평가손실

재고자산은 역사적 원가주의에 의하여 취득원가로 평가한다. 다만, 유행의 경과 등의 사유로 시가가 취득원가보다 낮은 경우에는 시가를 재무상태표 가액으로 표시해야 하는데 이를 저가법이라 한다. 역사적 원가주의란 자산은 구입할 때 지불한 금액으로 재무상태표에 공시해야 함을 의미한다. 재고자산 평가손실은 재고자산의 구입가격보다 현재 판매가격이 더 하락한 경우의 가격 차이를 의미한다.

⑩ 100원에 매입한 상품의 시가가 200원이더라도 상품의 실제 판매한 시점까지 200원으로 평가하지 않는다. 만약 100원에 매입한 상품을 200원으로 평가하면 100원의 평가이익이 계상되는데 아직 상품이 팔리기 전이므로 100원의 이익을 계상하는 것은 적절하지 않다. 따라서 이때 100원의 이익은 상품을 판매하여 발생한 사업활동의 성과이므로 상품이 판매되었을 때 손익계산서에 반영되는 것이 합리적이다.

감모손실과 평가손실
• 감모손실: 부족한 수량 차이
• 평가손실: 시가 하락으로 인한 가격 차이

PART 02

합격을 다지는 실전문제

유형 1　재고자산

001 다음 자료에서 설명하는 자산은?

> 정상적인 영업과정에서 판매를 위하여 보유하거나 생산과정에 있는 자산 및 생산 또는 서비스 제공과정에 투입될 상품이나 원재료의 형태로 존재하는 자산

① 재고자산　　　　　　　　　　② 현금 및 현금성자산
③ 유형자산　　　　　　　　　　④ 무형자산

002 다음 중 재고자산으로 분류될 수 없는 것은?

① 오리를 사육하여 판매하는 회사가 사육 중인 오리
② 컴퓨터 게임방을 운영하는 회사가 고객 게임용으로 사용하는 컴퓨터
③ 항공기 제조회사가 주문을 받아 생산 중인 항공기
④ 건설회사에서 분양 목적으로 건설 중인 아파트

003 다음 항목 중 재고자산에 포함되는 것은 몇 개인가?

• 저장품	• 비품	• 상품	• 미착품

① 1개　　　　　　　　　　② 2개
③ 3개　　　　　　　　　　④ 4개

정답 및 해설

001 ① 재고자산에 대한 설명이다.
002 ② 판매 목적이 아닌 영업용으로 사용하는 컴퓨터는 재고자산이 아니라 유형자산이다.
003 ③ 재고자산에는 저장품, 상품, 미착품 등이 포함되며, 비품은 유형자산에 포함된다.

유형 2 상기업(상품매매회사)의 회계처리

상 중 하

004 다음의 상품과 관련된 지출금액 중 상품의 취득원가에 포함할 수 없는 것은?

① 상품매입 시 하역료
② 상품매입 시 수수료비용
③ 상품을 수입함에 따라 발생하는 관세
④ 상품매출 시 운반비

상 중 하

005 다음의 재고자산에 대한 설명 중 틀린 것은?

① 판매를 목적으로 보유하는 자산은 재고자산에 해당한다.
② 재고자산은 유동자산에 속하는 자산이다.
③ 재고자산은 취득원가를 장부금액으로 한다. 다만, 시가가 취득원가보다 낮은 경우 시가를 장부금액으로 한다.
④ 재고자산을 판매하기 위하여 발생하는 비용도 재고자산의 취득원가에 포함된다.

상 중 하

006 다음 설명에서 (가), (나), (다)를 바르게 나열한 것은?

(가) 매입시점에서 판매자가 값을 깎아주는 것
(나) 매입한 상품에 파손이나 결함이 있어 반환하는 것
(다) 상품 구입대금을 조기에 지급함에 따라 판매자가 구입대금을 깎아주는 것

	(가)	(나)	(다)
①	매입에누리	매입환출	매입할인
②	매입할인	매입환출	매입에누리
③	매입에누리	매입할인	매입환출
④	매입할인	매입에누리	매입환출

정답 및 해설

004 ④ 상품매출 시 운반비는 자산(상품)으로 처리하지 않고 비용(운반비)으로 처리한다.

005 ④ 재고자산을 판매하기 위하여 발생하는 비용은 판매비와 관리비에 해당되므로 취득원가에 포함되지 않는다.

006 ① (가)는 매입에누리, (나)는 매입환출, (다)는 매입할인에 대한 설명이다.

007 다음은 ○○상사의 분개장 일부이다. 10월 7일 '적요'란의 (가)에 들어갈 내용으로 적절한 것은?

분개장

날짜		적요	원면	차변	대변
10	5	(현금)	1	800,000	
		(자본금)	7		800,000
		현금 출자 개업			
	7	(상품)	4	100,000	
		(현금)	1		100,000
		(가)			

① 업무용 책상 구입　　　　　② 판매용 컴퓨터 구입
③ 장기투자 목적 토지 구입　　④ 대표자 개인용 승용차 구입

008 아래 상품 거래와 관련된 내용을 토대로 판매 가능한 금액을 구하면 얼마인가?

• 총매출액	1,500,000원	• 매출에누리	75,000원
• 기초상품재고액	350,000원	• 총매입액	1,050,000원
• 매입에누리	14,000원	• 기말상품재고액	370,000원

① 910,000원　　　　　② 1,016,000원
③ 1,386,000원　　　　④ 1,425,000원

정답 및 해설

007 ② 업무용 책상은 비품 계정. 장기투자 목적 토지는 투자부동산 계정. 대표자 개인용 승용차 구입은 '인출금' 계정으로 처리한다.

008 ③ • 상품의 순매입액: 총매입액 1,050,000원 − 매입에누리 14,000원 = 1,036,000원
　　• 판매 가능한 금액: 기초상품재고액 350,000원 + 순매입액 1,036,000원 = 1,386,000원

상 중 하

009 매입운임, 매입환출 및 에누리가 발생하였을 때 매입한 재고자산의 취득원가를 구하는 계산식은?

① 매입가격 + 매입운임 − 매입환출 및 에누리
② 매입가격 + 매입운임 + 매입환출 및 에누리
③ 매입가격 − 매입운임 − 매입환출 및 에누리
④ 매입가격 − 매입운임 + 매입환출 및 에누리

상 중 하

010 다음의 장부가 모두 필요한 거래로 옳은 것은?

• 분개장	• 현금출납장	• 총계정원장
• 상품재고장	• 당좌예금출납장	

① 상품 30,000원을 매입하고 대금은 당좌수표를 발행하여 지급하다.
② 상품 30,000원을 매입하고 인수운임비 10,000원과 함께 현금 지급하다.
③ 상품 30,000원을 매입하고 인수운임비 10,000원과 함께 당좌수표를 발행하여 지급하다.
④ 상품 30,000원을 매입하고 대금 중 10,000원은 당좌수표를 발행하고 잔액은 현금 지급하다.

상 중 하

011 다음의 자료에 기초하여 상품의 취득원가를 계산하면 얼마인가?

• 매입상품수량: 120개	• 매입단가: 3,000원
• 매입운반비: 8,000원	• 매입수수료: 2,000원
• 매입 후 판매 시까지 발생한 창고 보관료: 5,000원	

① 360,000원 ② 368,000원
③ 370,000원 ④ 375,000원

정답 및 해설

009 ① 재고자산의 취득원가＝매입가격＋매입운임−매입환출 및 에누리

010 ④ • 거래를 분개하면 다음과 같다.

(차) 상품	30,000	(대) 당좌예금	10,000
		현금	20,000

• 회계상의 거래를 분개하면 분개장과 총계정원장에 기입된다. 상품 매입은 상품재고장에. 현금 지급은 현금출납장에. 당좌예금 감소는 당좌예금출납장에 기입한다.

011 ③ 취득원가: 매입단가 3,000원 × 매입상품수량 120개 + 매입운반비 8,000원 + 매입수수료 2,000원＝370,000원

012 외상매입금을 조기 지급하여 매입할인을 받은 경우, 당기 손익계산서에 미치는 영향으로 가장 옳은 것은?

① 순매입액의 감소　　　　　　　　　　　② 순매입액의 증가
③ 매출총이익의 감소　　　　　　　　　　④ 영업이익의 감소

013 다음 중 외상매입금을 조기 지급함에 따라 매입할인을 받고 이를 영업외수익으로 회계처리하였을 경우 손익계산서에 미치는 영향으로 옳지 않은 것은?

① 매출원가 과대계상　　　　　　　　　　② 매출총이익 과소계상
③ 영업이익 과소계상　　　　　　　　　　④ 당기순이익 과소계상

014 일반기업회계기준에 따른 매출에누리와 매출할인에 대한 처리방법으로 옳은 것은?

① 모두 당기비용 처리한다.
② 모두 매출액에서 차감한다.
③ 매출할인은 당기비용, 매출에누리는 매출에서 차감한다.
④ 매출에누리는 당기비용, 매출할인은 매출에서 차감한다.

유형 3　재고자산의 매출원가

015 다음 자료에 의하면 순매출액은 얼마인가?

• 총매출액	800,000원	• 매출에누리	50,000원
• 매출운임	30,000원	• 매출환입	30,000원

① 690,000원　　　　　　　　　　　　　② 720,000원
③ 800,000원　　　　　　　　　　　　　④ 830,000원

정답 및 해설

012 ① 외상매입금을 조기 지급하여 매입할인을 받은 경우, 당기 총매입액에서 이를 차감하여 순매입액이 감소하고, 매출총이익과 영업이익은 증가한다.

013 ④ 매입할인액을 재고자산의 취득원가에서 차감하지 않고 영업외수익으로 회계처리할 경우 당기매입액이 과대계상되어 매출원가는 과대계상, 매출총이익은 과소계상된다.

014 ② 매출에누리와 매출할인 및 환입은 모두 매출액에서 차감한다.

015 ② • 순매출액: 총매출액 800,000원 − (매출에누리 50,000원 + 매출환입 30,000원) = 720,000원
　　　• 매출운임은 순매출액 계산과 무관하며 판매비와 관리비에 해당한다.

016 다음 자료에서 총매출액은 얼마인가?

• 기초재고액	57,000원	• 총매입액	280,000원
• 매입환출액	13,000원	• 기말재고액	85,000원
• 매출환입액	5,000원	• 매출총이익	24,000원

① 474,000원   ② 352,000원

③ 268,000원   ④ 276,000원

017 다음 자료에서 상품 순매입액은 얼마인가?

• 구매수량: 1,000개	• 단가: 5,500원	• 운임: 150,000원(당사가 부담함)
• 매출처에서 계속적인 거래를 위하여 500,000원을 할인해 줌		

① 5,500,000원   ② 5,000,000원

③ 5,650,000원   ④ 5,150,000원

018 다음 대화를 통해 상품 순매입액을 구하면 얼마인가?

> 사　　장: 박 부장! 소명상점에 주문한 상품이 들어왔습니까?
> 박 부장: 예. 8월 1일 갑상품 200개(개당 단가 1,000원)를 창고에 입고했습니다.
> 사　　장: 그럼 상품 구입 시 운임은 누구 부담인가요? 대금은 지불했습니까?
> 박 부장: 예. 상품대금 중 50,000원은 현금 지급하고, 나머지는 외상으로 하였으며 운임 30,000원은 상대방이 지불하였습니다. 8월 20일에 갑상품 10개에 흠이 발견되어 반품시켰습니다. 약속기일(8월 31일) 전인 8월 30일에는 나머지 외상매입대금을 지급하고, 외상매입대금의 10%를 할인받았습니다.

① 160,000원   ② 176,000원

③ 180,000원   ④ 186,000원

정답 및 해설

016 ③ • 매출원가: 기초재고액 57,000원 + (총매입액 280,000원 − 매입환출액 13,000원) − 기말재고액 85,000원 = 239,000원
　　　 • 매출총이익: (총매출액 − 매출환입액 5,000원) − 매출원가 239,000원 = 24,000원
　　　 ∴ 총매출액 = 268,000원

017 ④ 순매입액: 구매수량 1,000개 × 단가 5,500원 + 운임 150,000원 − 매출할인 500,000원 = 5,150,000원

018 ② 순매입액: 구매수량 200개 × 단가 1,000원 − 매입환출 10,000원 − 매입할인{(150,000원 − 10,000원) × 10%} = 176,000원

019 다음 자료의 등식을 만족시키는 것은?

- (㉮) = 총매출액 − 매출환입 및 매출에누리 − 매출할인
- (㉯) = 총매입액 − 매입환출 및 매입에누리 − 매입할인
- 매출원가 = 기초상품재고액 + (㉰) − 기말상품재고액
- 매출총이익 = (㉱) − 매출원가

	㉮	㉯	㉰	㉱
①	순매출액	순매입액	순매출액	순매입액
②	순매출액	순매입액	순매입액	순매출액
③	순매입액	순매출액	순매입액	순매출액
④	순매입액	순매출액	순매출액	순매입액

020 다음 자료는 의류매매업의 3월 중 거래내용이다. 이익을 계산한 금액으로 옳은 것은?

- 숙녀용 의류 5벌(@50,000원)을 외상으로 매입하고, 운반비 5,000원은 현금으로 지급하다.
- 위의 의류를 모두 450,000원에 판매하고 대금은 현금으로 받다.
- 당월분 매장 전기요금 60,000원을 현금으로 납부하다.

① 135,000원   ② 140,000원
③ 195,000원   ④ 200,000원

021 다음 자료에 의하여 매출총이익을 계산하면 얼마인가?

• 당기매출액	5,000,000원	• 기초상품재고액	700,000원
• 당기상품매입액	800,000원	• 기말상품재고액	1,000,000원
• 매입운임	50,000원	• 이자비용	300,000원

① 3,850,000원   ② 4,150,000원
③ 4,450,000원   ④ 4,500,000원

정답 및 해설

019 ② ㉮ 순매출액, ㉯ 순매입액, ㉰ 순매입액, ㉱ 순매출액을 의미한다.

020 ① 상품매출 450,000원 − 외상매입(50,000원 × 5벌) − 운반비 5,000원 − 전기요금 60,000원 = 135,000원

021 ③ • 매출총이익 계산 시 이자비용은 영업외비용에 해당하므로 고려대상이 아니다.
- 매출총이익: 당기매출액 5,000,000원 − {기초상품재고액 700,000원 + (당기상품매입액 800,000원 + 매입운임 50,000원) − 기말상품재고액 1,000,000원} = 4,450,000원

상 중 하

022 다음 중 매출원가의 계산에 영향을 미치지 않는 것은?

① 상품 매입운반비

② 매출환입 및 에누리

③ 매입환출 및 에누리

④ 당기 상품 외상매입액

상 중 하

023 다음 자료에 의하여 매출원가를 구하면 얼마인가?

• 기초상품재고액	900,000원	• 당기총매입액	2,000,000원
• 기말상품재고액	300,000원	• 상품매입 시 운반비	50,000원
• 매입환출 및 에누리	100,000원	• 매입할인	50,000원

① 2,300,000원

② 2,400,000원

③ 2,500,000원

④ 2,600,000원

상 중 하

024 다음의 자료를 이용하여 영업이익을 계산하면 얼마인가?

• 매출액	6,000,000원	• 기초상품재고액	1,000,000원
• 당기상품매입액	3,000,000원	• 기말상품재고액	1,500,000원
• 판매비와 관리비	1,000,000원	• 영업외수익	1,200,000원

① 1,300,000원

② 2,500,000원

③ 3,500,000원

④ 3,700,000원

정답 및 해설

022 ② 매출환입 및 에누리는 순매출액 계산 시 사용한다.

023 ③ 매출원가: 기초상품재고액 900,000원 + (당기총매입액 2,000,000원 + 상품매입 시 운반비 50,000원 − 매입환출 및 에누리 100,000원 − 매입할인 50,000원) − 기말상품재고액 300,000원 = 2,500,000원

024 ② • 매출원가: 기초상품재고액 1,000,000원 + 당기상품매입액 3,000,000원 − 기말상품재고액 1,500,000원 = 2,500,000원
 • 매출총이익: 매출액 6,000,000원 − 매출원가 2,500,000원 = 3,500,000원
 • 영업이익: 매출총이익 3,500,000원 − 판매비와 관리비 1,000,000원 = 2,500,000원

025 다음 중 기말상품재고액은 얼마인가?

• 당기매출액	1,000,000원	• 기초상품재고액	200,000원
• 당기상품매입액	800,000원	• 매출총이익률은 30%이다.	

① 240,000원　　　　　　　　　　　　② 300,000원
③ 700,000원　　　　　　　　　　　　④ 1,300,000원

026 재고자산은 그 평가방법에 따라 금액이 달라질 수 있는데, 평가방법의 변경에 따른 기말재고자산 금액의 변동이 매출원가와 매출총이익에 미치는 영향으로 올바른 것은?

① 기말재고자산 금액이 증가하면 매출원가가 증가한다.
② 기말재고자산 금액이 증가하면 매출총이익이 증가한다.
③ 기말재고자산 금액이 감소하면 매출총이익이 증가한다.
④ 기말재고자산 금액이 감소하면 매출원가가 감소한다.

027 매출할인을 당기총매출액에서 차감하지 않고, 판매비와 관리비로 처리하였을 경우 손익계산서상 매출총이익과 당기순이익에 미치는 영향으로 옳은 것은?

	매출총이익	당기순이익		매출총이익	당기순이익
①	과소계상	과대계상	②	과소계상	불변
③	과대계상	불변	④	과대계상	과소계상

정답 및 해설

025 ② • 매출원가: 당기매출액 1,000,000원 × (1 − 매출총이익률 30%) = 700,000원
　　　 • 기말상품재고액: 기초상품재고액 200,000원 + 당기상품매입액 800,000원 − 매출원가 700,000원 = 300,000원

026 ② '기초재고액 + 당기매입액 = 매출원가 + 기말재고액'이다. 등식의 왼쪽에 판매 가능액(= 기초재고액 + 당기매입액)이 고정되어 있을 때 기말재고액이 증가하면 매출원가는 감소한다. 따라서, '매출액 − 매출원가 = 매출총이익'이므로 매출원가가 감소하면 매출총이익은 증가한다.

027 ③ 매출할인을 당기총매출액에서 차감하지 않고 판매비와 관리비로 처리하는 경우 매출총이익은 과대계상되고 당기순이익은 영향을 받지 않는다.

유형 4 재고자산의 수량결정과 단가결정 및 감모손실과 평가손실

상 중 하

028 재고자산의 단가결정방법에 해당하지 않는 것은?

① 개별법

② 이동평균법

③ 선입선출법

④ 생산량비례법

상 중 하

029 다음 중 재고자산에 대한 설명으로 옳지 않은 것은?

① 재고자산은 정상적인 영업과정에서 판매를 위하여 보유하거나 생산과정에 있는 자산 및 생산 또는 서비스 제공과정에 투입될 원재료나 소모품의 형태로 존재하는 자산을 말한다.

② 재고자산의 취득원가는 취득과 직접적으로 관련되어 있으며 정상적으로 발생되는 기타원가를 포함한다.

③ 선입선출법은 먼저 구입한 상품이 먼저 판매된다는 가정하에 매출원가 및 기말재고액을 구하는 방법이다.

④ 개별법은 상호 교환될 수 있는 재고자산 항목인 경우에만 사용 가능하다.

상 중 하

030 다음 자료에서 선입선출법과 후입선출법으로 각각 매출원가를 계산하였을 때 매출총이익은 얼마인가?

일자	구분	수량	단가	금액
8월 1일	상품재고	40개	@1,000원	40,000원
8월 15일	상품매입	10개	@1,100원	11,000원
8월 20일	상품매출	20개	@1,200원	24,000원

	선입선출법	후입선출법		선입선출법	후입선출법
①	4,000원	4,000원	②	3,000원	3,000원
③	3,000원	4,000원	④	4,000원	3,000원

정답 및 해설

028 ④ 개별법과 선입선출법, 후입선출법, 이동평균법, 총평균법은 재고자산 단가결정방법이며, 체감잔액법과 정액법, 연수합계법, 생산량비례법은 유형자산의 감가상각방법에 해당한다.

029 ④ 일반기업회계기준에 의하면 개별법은 통상적으로 상호 교환될 수 없는 재고자산 항목의 원가를 계산할 때 적용한다. 예를 들어 주문생산하는 특수기계와 같이 원가를 식별할 수 있을 때 개별법을 사용한다.

030 ④

구분	선입선출법	후입선출법
매출원가	20개 × 1,000원 = 20,000원	10개 × 1,100원 + 10개 × 1,000원 = 21,000원
매출총이익	24,000원 − 20,000원 = 4,000원	24,000원 − 21,000원 = 3,000원

031

다음은 당사의 당기 재고자산과 관련된 자료이다. 선입선출법을 적용한 경우와 총평균법을 적용한 경우의 기말재고자산 가액의 차이는 얼마인가?

구분	수량	단가
기초재고(1월 1일)	10개	100원
매입(3월 10일)	20개	200원
매입(7월 25일)	30개	300원
매입(8월 20일)	40개	400원
매출(9월 15일)	30개	700원

① 3,000원   ② 4,000원
③ 5,000원   ④ 6,000원

032

다음은 12월 상품재고장이다. 재고자산 평가방법으로 총평균법을 사용할 경우 12월의 매출총이익은 얼마인가?

상품재고장

구분	수량	단가	금액
기초	100개	100원	10,000원
매입	500개	100원	50,000원
매출	250개	210원	52,500원
매입	200개	100원	20,000원
매출	250개	210원	52,500원

① 55,000원   ② 60,000원
③ 80,000원   ④ 130,000원

정답 및 해설

031 ② • 선입선출법: (30개 × 300원) + (40개 × 400원) = 25,000원
      • 평균법: 총평균단가 300원* × 70개 = 21,000원
        * 30,000원(기초재고액 + 당기매입액) ÷ 100개(기초재고수량 + 당기매입수량) = 300원
      ∴ 25,000원 − 21,000원 = 4,000원

032 ① 매출액(500개 × 210원) − 매출원가(500개 × 100원*) = 55,000원
        * 80,000원(기초재고액 + 당기매입액) ÷ 800개(기초재고수량 + 당기매입수량) = 100원

033 재고자산의 단가결정방법 중 후입선출법에 대한 설명으로 옳지 않은 것은?

① 실제 물량흐름과 원가흐름이 대체로 일치한다.
② 기말재고가 가장 오래 전에 매입한 상품의 단가로 계상된다.
③ 물가 상승 시 이익이 과소계상된다.
④ 물가 상승 시 기말재고가 과소평가된다.

034 다음 중 재고자산의 단가결정방법 중 선입선출법에 대한 설명으로 적절하지 않은 것은?

① 물가 상승 시 기말재고자산이 과소평가된다.
② 물량흐름과 원가흐름이 대체적으로 일치한다.
③ 기말재고자산이 현행원가에 가깝게 표시된다.
④ 물가 상승 시 이익이 과대계상된다.

035 상품을 보관하는 과정에서 파손, 마모, 도난, 분실 등으로 인하여 실제 재고수량이 장부상의 재고수량보다 적은 경우에 발생하는 손실을 처리하기 위한 계정과목으로 적절한 것은?

① 대손상각비   ② 재고자산 감모손실
③ 재해손실   ④ 잡손실

정답 및 해설

033 ① 실제 물량흐름과 원가흐름이 대체로 일치하는 단가결정방법은 선입선출법이다.

034 ① 물가 상승 시 기말재고자산이 과소평가되는 것은 후입선출법에 대한 설명이다.

035 ② 재고자산 감모손실에 대한 설명이다.

인생은 자전거를 타는 것과 같습니다.
균형을 잡으려면 계속해서 움직여야만 합니다.

– 알버트 아인슈타인(Albert Einstein)

CHAPTER 4

비유동자산과 비유동부채

핵심키워드
- 투자자산
- 유형자산
- 감가상각비
- 취득 후 추가지출
- 무형자산

■ 1회독   ■ 2회독   ■ 3회독

1 투자자산

▶ 최신 30회 중 4문제 출제

1. 투자자산의 의의

투자자산이란 비유동자산 중에서 판매활동 이외의 장기적인 투자수익을 얻기 위하여 가지고 있는 토지, 장기대여금, 유가증권, 특정 목적의 예금 등을 말한다.

2. 투자자산의 종류

(1) 투자부동산

투자 목적의 건물이나 토지 등은 투자부동산으로 분류한다. 건물이나 토지 취득 시 투자 목적인 경우에는 투자자산, 판매 목적인 경우에는 재고자산, 사용 목적인 경우에는 유형자산으로 분류한다. 투자자산은 취득 시 매입가액과 취득세 등 취득부대비용을 가산한 금액을 취득원가로 하며, 이후 처분 시 이익이 발생하면 투자자산 처분이익, 손실이 발생하면 투자자산 처분손실 계정으로 손익계산서 영업외손익에 반영한다.

> **💰 실전 적용**
>
> [1] 투자 목적의 토지 매입 – 상기업인 미소전자는 투자 목적으로 토지를 100,000,000원에 취득하고 대금은 보통예금에서 취득세 3,500,000원과 함께 계좌이체하다.
>
> | (차) 투자부동산 | 103,500,000 | (대) 보통예금 | 103,500,000 |
> |---|---|---|---|
>
> [2] 투자부동산의 처분 – 토지를 현금 110,000,000원을 받고 처분하다.
>
> | (차) 현금 | 110,000,000 | (대) 투자부동산 | 103,500,000 |
> |---|---|---|---|
> | | | 투자자산 처분이익 | 6,500,000 |

토지를 매입하는 경우
- 투자 목적: 투자부동산(투자자산)
- 판매 목적: 상품(재고자산)
- 사용 목적: 토지(유형자산)

(2) 장기대여금

대여금이란 다른 기업이나 개인이 자금이 필요한 경우 빌려준 금액을 말한다. 대여금의 만기가 보고기간 종료일로부터 1년 이내인 경우 단기대여금으로 당좌자산에 속하며, 1년 이상인 경우 장기대여금으로 투자자산에 속한다.

대여금
- 보고기간 종료일 현재 만기 1년 이내: 단기대여금(당좌자산)
- 보고기간 종료일 현재 만기 1년 이후: 장기대여금(투자자산)

(3) 장기금융상품

장기금융상품은 금융상품 중 보고기간 종료일로부터 만기가 1년을 초과(장기성예금)하거나 차입금에 담보적 성격이 있는 것으로 1년 이내로 사용이 제한되어 있는 당좌개설보증금(특정 현금과 예금) 등을 말한다. 전산회계 프로그램에서 장기성예금, 특정 현금과 예금 계정을 사용할 경우 이 계정과목들은 재무제표 제출용으로 조회 시 장기금융상품으로 통합되어 표시된다.

정기예금·적금 등 금융상품
- 취득일로부터 만기가 3개월 이내: 현금 및 현금성자산(당좌자산)
- 보고기간 종료일 현재 만기 1년 이내: 단기금융상품(당좌자산)
- 보고기간 종료일 현재 만기 1년 이후: 장기금융상품(투자자산)

(4) 유가증권

유가증권은 재산권을 나타내는 증권으로 지분증권(주식)과 채무증권(채권)을 말한다. 이는 보유하는 목적에 따라 단기매매증권, 만기보유증권, 지분법적용투자주식, 매도가능증권 중의 하나로 분류해야 한다.

계정과목	보유 목적	유가증권		재무상태표상 분류
		주식	채권	
단기매매증권	주로 단기간 내의 매매차익 목적	○	○	당좌자산
만기보유증권	만기보유 목적	×	○	투자자산 (만기가 1년 이내로 도래하면 유동자산)
지분법적용 투자주식	다른 회사에 유의적인 영향력을 행사할 목적	○	×	투자자산
매도가능증권	장기투자 목적	○	○	투자자산 (만기가 1년 이내로 도래하면 유동자산)

포인트 유가증권의 취득원가

구분	취득원가
단기매매증권	매입 시 공정가치(매입수수료 ⇨ 수수료비용)
매도가능증권	매입 시 공정가치 + 수수료비용
만기보유증권	매입 시 공정가치 + 수수료비용

2 유형자산

1. 유형자산의 의의와 취득원가 중요

▶ 최신 30회 중 14문제 출제

유형자산은 회사가 영업활동에 1년을 초과하여 사용할 목적으로 보유한 자산으로서 물리적 실체가 있는 자산을 말한다. 유형자산을 취득하는 경우 취득원가는 구입원가 또는 제작원가 및 경영진이 의도하는 방식으로 자산을 가동하는 데 필요한 장소와 상태에 이르게 하는데 직접 관련되는 원가와 관련된 지출 등으로 구성된다. 즉, 매입금액에 그 자산이 본래의 기능을 수행하기까지 발생한 부대비용(매입수수료, 운송비, 하역비, 설치비, 시제품 판매대금 차감 후 시운전비, 취득세 등)을 가산하여 취득원가를 산정한다.

2. 유형자산의 종류

▶ 최신 30회 중 4문제 출제

(1) 토지

영업활동에 사용할 목적의 대지, 임야, 전답(논밭), 잡종지 등을 말한다.

> 💰 실전 적용
>
> 비전부동산에서 영업용 토지를 1,000,000원에 구입하고, 취득세 100,000원을 포함하여 현금으로 지급하다.
>
> (차) 토지　　　　　　1,100,000　　(대) 현금　　　　　　1,100,000

(2) 건물

본사 건물이나 창고, 점포, 공장 및 냉·난방, 통풍 및 기타의 건물 부속설비 등을 말한다.

> 💰 **실전 적용**
>
> 영업에 사용하기 위해 본사 건물을 5,000,000원에 외상으로 구입하고, 취득세 200,000원과 공인 중개사 수수료 100,000원을 현금으로 지급하다.
>
> | (차) 건물 | 5,300,000 | (대) 미지급금 | 5,000,000 |
> |---|---|---|---|
> | | | 현금 | 300,000 |

(3) 구축물

토지 위에 건설한 건물 이외의 설비로서 교량, 저수지, 댐, 상하수도, 터널, 정원 등을 말한다.

> 💰 **실전 적용**
>
> 본사 건물 앞에 분수대를 설치하고 설치대금 1,000,000원을 현금으로 지급하다.
>
> | (차) 구축물 | 1,000,000 | (대) 현금 | 1,000,000 |
> |---|---|---|---|

(4) 기계장치

기계장치, 기중기 등의 운송설비와 기타의 부속설비를 포함한다.

> 💰 **실전 적용**
>
> (주)총알택시는 제품 생산을 위한 기계장치를 900,000원에 수표를 발행하여 구입하다.
>
> | (차) 기계장치 | 900,000 | (대) 당좌예금 | 900,000 |
> |---|---|---|---|

(5) 건설 중인 자산

유형자산의 건설을 위한 재료비, 노무비 및 경비를 건설 중인 자산으로 계상한다. 여기에는 건설을 위해 지출한 도급금액이 포함되며 나중에 건설이 완료되었을 때 건물 등의 유형자산으로 대체한다.

> 💰 **실전 적용**
>
> [1] 자산을 건설 중인 경우 – 본사 건물 공사 대금 1,000,000원을 현금으로 지급하다.
>
> | (차) 건설 중인 자산 | 1,000,000 | (대) 현금 | 1,000,000 |
> |---|---|---|---|
>
> [2] 건설 완공 시 – 본사 건물이 완공되어 관할구청으로부터 준공검사를 완료하고 취득세 20,000원을 현금으로 지급하다(건설 중인 자산 1,000,000원인 경우).
>
> | (차) 건물 | 1,020,000 | (대) 건설 중인 자산 | 1,000,000 |
> |---|---|---|---|
> | | | 현금 | 20,000 |

(6) 차량운반구

영업활동에 사용되는 승용차, 트럭, 화물 운반 차량, 지게차 등 육상운반구를 말하며 등록비, 취득세 등을 포함한다.

> 💰 **실전 적용**
>
> 영업부에서 상품을 수송하기 위해 트럭 1대를 5,000,000원에 현금으로 구입하다.
>
> | (차) 차량운반구 | 5,000,000 | (대) 현금 | 5,000,000 |
> |---|---|---|---|

▶ 유형자산 중 건물, 구축물, 기계장치 등 감가상각 대상자산은 설비자산으로 통합표시할 수 있다.

건설 중인 자산
• 건설 중: (차) 건설 중인 자산
• 완공 시: (대) 건설 중인 자산

▶ 자동차 구입 후의 자동차세는 세금과공과, 자동차 보험료는 보험료, 차량유지 관련 지출 및 수선비는 차량유지비 계정으로 처리한다.

(7) 비품

영업활동에 사용할 목적으로 보유한 것으로 사용기간이 1년을 초과하는 책상, 의자, 컴퓨터, 노트북, 에어컨, 온풍기 등을 말한다.

> 🖐 **실전 적용**
>
> 사무실용 복사기 1대를 300,000원에 어음을 발행하여 구입하다.
>
> (차) 비품 300,000 (대) 미지급금* 300,000
>
> * 유형자산의 구입이나 처분 등 일반적인 상거래 이외의 외상거래에서 어음을 발행하거나 수령하더라도 지급어음이나 받을어음이 아닌 미지급금이나 미수금으로 회계처리한다.

3. 비용의 인식시점

▶ 최신 30회 중 1문제 출제

지출한 금액은 결국 비용이 된다. 이 비용은 수익·비용 대응의 원칙에 따라 수익을 인식하는 회계기간에 대응하여 인식한다. 즉, 일정 기간 동안 발생한 지출이 특정한 수익과 관련이 있어야 하며 동일 기간에 이루어져야 한다. 수익·비용 대응의 원칙에 따라 비용을 인식하는 방법은 다음과 같다.

(1) 직접대응

특정 재화나 용역을 생산하거나 구입하면서 지출된 금액이 어느 시점에 수익이 창출되는지를 직접 알 수 있으면 그 시점에 맞추어서 비용을 인식하는 방법이다. 🞰 재고자산의 매출원가

(2) 기간대응

특정 수익과의 직접적인 인과관계를 명확히 알 수 없지만 발생한 원가가 일정 기간 동안 수익창출 활동에 기여한 것으로 판단되면 해당하는 기간에 합리적이고 체계적으로 배분하는 방법이다. 🞰 유형자산의 감가상각비

(3) 당기비용

당기에 발생한 원가가 미래에 경제적 효익을 제공하지 못하거나 미래효익의 가능성이 불확실한 경우에 발생 즉시 비용으로 인식하는 방법이다. 🞰 일반관리비나 광고선전비 등

3 감가상각 ◀중요

▶ 최신 30회 중 17문제 출제

1. 감가상각의 의의

해당 자산의 평가과정이 아니라 자산의 취득과 관련하여 지출한 금액을 체계적이고 합리적인 방법으로 수익을 창출하는 기간(내용연수) 동안 배분하는 과정을 의미한다.

비용의 인식시점

수익·비용 대응의 원칙에 따름
- 직접대응: 재고자산의 매출원가
- 기간대응: 유형자산의 감가상각비
- 당기비용: 일반관리비, 광고선전비 등

감가상각의 의의

감가상각 대상금액(= 취득원가 − 잔존가치)을 수익창출 기간(내용연수) 동안 비용으로 배분하는 과정

2. 감가상각 계산의 구성

감가상각비 계산의 3요소에는 취득원가, 잔존가치, 내용연수가 있다. 내용연수는 유형자산을 영업에 사용할 수 있는 기간을 말하며 잔존가치는 유형자산의 내용연수가 끝나는 시점에 처분하여 얻을 수 있는 금액이다. 취득원가에서 잔존가치를 차감한 금액을 감가상각 대상금액이라 하고 이를 내용연수 동안 배분하는 방법이 감가상각이다.

3. 감가상각의 회계처리

감가상각의 회계처리는 보고기간 종료일에 하는 것으로 유형자산 계정에서 직접 차감하는 직접법과 감가상각누계액 계정을 사용하는 간접법이 있다. 이 중 일반기업회계기준은 간접법을 채택하고 있다.

감가상각의 회계처리
• 시점: 보고기간 종료일
• 방법: 간접법

(1) 직접법

보고기간 종료일에 유형자산에 대한 감가상각비를 계산하여 감가상각비 계정을 차변에, 유형자산 계정을 대변에 기입하여 유형자산 금액을 직접 감소시키는 방법이다.

> **📀 실전 적용**
>
> [1] 2024.1.1. 차량운반구를 1,000,000원에 현금으로 지급하고 취득하다.
>
> | (차) 차량운반구 | 1,000,000 | (대) 현금 | 1,000,000 |
>
> [2] 2024.12.31. 감가상각비 100,000원을 계상하다.
>
> | (차) 감가상각비 | 100,000 | (대) 차량운반구 | 100,000 |
>
> **재무상태표**
>
> | 차량운반구 | 900,000 | 취득원가와 가치 감소분을 알 수 없음 |

(2) 간접법

보고기간 종료일에 감가상각비 계정을 차변에 기입하고 감가상각누계액 계정을 대변에 기입하는 방법으로 유형자산 계정에는 변화를 주지 않는다. 감가상각누계액 계정을 자산의 차감적 평가 계정이라 하고, 재무상태표에 표시할 때에는 해당 유형자산에서 차감하는 형식으로 표시한다.

간접법
(차) 감가상각비 / (대) 감가상각누계액

> **📀 실전 적용**
>
> [1] 2024.1.1. 차량운반구를 1,000,000원에 현금으로 지급하고 취득하다.
>
> | (차) 차량운반구 | 1,000,000 | (대) 현금 | 1,000,000 |
>
> [2] 2024.12.31. 감가상각비 100,000원을 계상하다.
>
> | (차) 감가상각비 | 100,000 | (대) 감가상각누계액 | 100,000 |
>
> **재무상태표**
>
> | 차량운반구 | 1,000,000 | 취득원가 |
> | (감가상각누계액) | (100,000) | 감가상각의 합 |
> | | 900,000 | 장부금액 |

4. 감가상각의 계산방법

감가상각의 계산은 합리적인 방법을 사용하도록 되어 있다. 여기서 합리적인 방법이란 정액법, 정률법, 생산량비례법 등을 말한다.

(1) 정액법

매 보고기간 종료일마다 동일한 금액을 감가상각비로 계산하는 방법으로 계산이 간단하다는 장점이 있으나 생산량의 변화를 무시하거나 취득 초기에 많은 수익창출 효과를 반영하지 않으므로 합리적이지 않다.

정액법
매 보고기간 종료일마다 동일한 금액을 감가상각비로 계산하는 방법

$$감가상각비 = (취득원가 - 잔존가치) \times \frac{1}{내용연수}$$

🔖 실전 적용

2024년 1월 1일에 기계장치를 1,000,000원에 구입하였다. 취득 당시 기계장치의 내용연수는 3년이며, 3년 후 잔존가치는 100,000원으로 추정된다. 감가상각방법이 정액법일 경우에 각 연도 말 감가상각비를 구하시오.

일자	계산근거	감가상각비	감가상각누계액	장부금액
2024.12.31.	(1,000,000원 − 100,000원) ÷ 3년	300,000원	300,000원	700,000원
2025.12.31.	(1,000,000원 − 100,000원) ÷ 3년	300,000원	600,000원	400,000원
2026.12.31.	(1,000,000원 − 100,000원) ÷ 3년	300,000원	900,000원	100,000원

(2) 정률법

매 보고기간 종료일마다 미상각 잔액에 대하여 동일한 비율의 금액을 감가상각비로 계산하는 방법이다. 내용연수 초기에 많은 금액을 상각하고 연수가 경과할수록 적은 금액을 계상한다. 취득 초기에 많은 수익창출 효과를 반영하는 가속상각법의 일종으로 수익·비용대응에 부합하는 방법이지만 계산이 복잡하다. 여기서 미상각 잔액은 취득원가에서 감가상각누계액을 차감한 후의 금액이다.

정률법
매 보고기간 종료일마다 미상각 잔액에 대하여 동일한 비율의 금액을 감가상각비로 계산하는 방법

$$감가상각비 = \underline{미상각 잔액} \times 상각률$$
$$\quad\quad\quad\quad\quad \downarrow (취득원가 - 감가상각누계액)$$

🔖 실전 적용

2024년 1월 1일에 기계장치를 1,000,000원에 구입하였다. 취득 당시 기계의 내용연수는 3년이며, 3년 후 잔존가치는 100,000원이다. 감가상각방법이 정률법(상각률 0.536)일 경우의 각 연도 말 감가상각비를 구하시오.

일자	계산근거	감가상각비	감가상각누계액	장부금액
2024.12.31.	1,000,000원 × 0.536	536,000원	536,000원	464,000원
2025.12.31.	(1,000,000원 − 536,000원) × 0.536	248,704원	784,704원	215,296원
2026.12.31.	(1,000,000원 − 784,704원) × 0.536	115,296원*	900,000원	100,000원

* 2026년 보고기간 종료일의 감가상각비는 잔존가치가 100,000원이 되도록 조정하였는데, 이는 상각률을 정확히 구하지 않았기 때문이다.

가속상각법

정률법, 이중체감법, 연수합계법

➕ 가속상각법

정액법은 매기 동일한 금액을 감가상각하는 방법이며, 가속상각법은 초기에는 많은 감가상각비를, 후기에는 적은 감가상각비를 비용으로 계상하는 방법이다. 가속상각법에는 정률법, 연수합계법, 이중체감법 등이 있다.

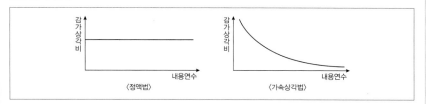

- 연수합계법: 감가상각 대상액을 내용연수 합계에 대한 연차역순의 구성비로 배분하여 감가상각비를 배분하는 방법이다.

> 매기 감가상각비 = (취득원가 − 잔존가치) × 잔여 내용연수/내용연수 합계

- 이중체감법: 내용연수의 역수(1/n)에 200%를 곱하여 상각률(2/n)을 구한 후 정률법과 같은 방법으로 감가상각비를 계산하는 방법이다.

> 매기 감가상각비 = 미상각 잔액(취득원가 − 감가상각누계액) × 2/내용연수

(3) 생산량비례법

자산의 예상조업도 또는 예상생산량에 근거하여 감가상각비를 계산하는 방법이다.

> 매기 감가상각비 = (취득원가 − 잔존가치) × 실제 생산량/추정 총생산량

💰 실전 적용

2024년 1월 1일에 기계장치를 1,000,000원에 구입하였다. 취득 당시 기계의 내용연수는 3년이며, 3년 후 잔존가치는 100,000원으로 추정된다. 감가상각방법이 생산량비례법일 경우의 각 연도 말 감가상각비를 구하시오(생산량=1차 연도: 500개, 2차 연도: 300개, 3차 연도: 200개).

일자	계산근거	감가상각비	감가상각누계액	장부금액
2024.12.31.	(1,000,000원 − 100,000원) × 500개 ÷ (500개 + 300개 + 200개)	450,000원	450,000원	550,000원
2025.12.31.	(1,000,000원 − 100,000원) × 300개 ÷ (500개 + 300개 + 200개)	270,000원	720,000원	280,000원
2026.12.31.	(1,000,000원 − 100,000원) × 200개 ÷ (500개 + 300개 + 200개)	180,000원	900,000원	100,000원

5. 감가상각을 하지 않는 자산

감가상각은 영업활동에 사용되어 수익을 창출하며 가치가 감소하는 것만 해당하므로, 영업활동으로 수익을 창출하지 않거나 가치가 감소하지 않는 것은 감가상각을 하지 않는다.

감가상각을 하지 않는 자산

토지, 건설 중인 자산 등

구분	계정과목	비고
유형자산	토지, 건설 중인 자산, 폐기 예정인 자산	
투자자산	투자 목적의 부동산	투자부동산
재고자산	판매 목적의 부동산	

4 취득 후 추가적 지출 〈중요〉

▶ 최신 30회 중 6문제 출제

유형자산을 취득하여 사용하다 보면 시간이 지남에 따라서 파손이나 고장 등 수선을 해야 하는 경우가 있다. 수선은 가치를 증가시키는 것일 수도 있고, 현상 유지에 불과한 것일 수도 있다. 이러한 차이에 따라 자본적 지출과 수익적 지출로 구분된다.

1. 자본적 지출

(1) 자본적 지출의 의의

생산능력 증대, 내용연수 연장, 상당한 원가절감 또는 품질 향상을 위한 지출을 말한다. 이러한 지출은 자산의 취득원가에 가산한 후, 지출의 효과가 나타날 미래기간에 걸쳐 감가상각을 통하여 비용으로 배분하는 것이 수익·비용 대응의 원칙에 부합된다.

(2) 자본적 지출의 예

① 본래의 용도를 변경하기 위한 제조
② 엘리베이터, 냉·난방장치, 피난시설 등의 설치
③ 본래의 용도에 이용가치가 없는 자산 등의 복구
④ 개량, 확장, 증설 철골보강공사비 등

2. 수익적 지출

(1) 수익적 지출의 의의

원상회복, 수선유지를 위한 지출을 말한다. 이러한 지출의 효과가 당기의 수익을 창출하는 데만 영향을 미치고 미래기간에는 효익을 제공하지 않기 때문에 수익·비용 대응의 원칙에 따라 수익이 창출되는 당기의 비용으로 처리한다.

(2) 수익적 지출의 예

① 건물 벽의 도장
② 파손된 유리창, 기와의 대체
③ 소모된 부속품 및 자동차 타이어 교체
④ 일반적인 소액수선비 등

3. 취득 후 지출의 계상 오류가 미치는 영향

구분	손익계산서 비용	재무상태표 자산	당기순이익
자본적 지출(자산) ⇨ 수익적 지출(비용)	과대	과소	과소
수익적 지출(비용) ⇨ 자본적 지출(자산)	과소	과대	과대

5 유형자산의 처분 〈중요〉

▶ 최신 30회 중 14문제 출제

유형자산의 내용연수가 경과하거나 아직 내용연수가 남아 있더라도 더 이상 사용으로 인한 경제적 효익이 발생하지 않는다면 처분하는 경우가 있는데, 이러한 처분은 3단계로 분개를 하면 이해하기 쉽다. 1단계는 유형자산의 감소액인 장부금액(= 취득원가 − 감가상각누계액)을 없애는 것이며, 2단계는 처분금액만큼 자산을 증가시키는 것이다. 이때, 외상으로 거래한 경우에는 외상매출금이 아니라 미수금으로 처리한다. 마지막으로 3단계는 장부금액과 처분금액을 비교하여 유형자산 처분손익(영업외손익)을 계산하는 것이다.

취득 후 지출
• 자본적 지출: 자산으로 처리
• 수익적 지출: 비용으로 처리

빈출지문 OX
건물 외벽의 도색비용과 파손된 유리 및 전등 교체비는 자본적 지출에 해당한다. ( )
정답 X

유형자산의 처분
• [1단계] 장부금액 제거
• [2단계] 처분금액만큼 자산 증가
• [3단계] 처분손익 계산

취득원가 10,000,000원, 감가상각누계액 3,000,000원인 차량을 6,000,000원에 외상으로 처분하다.

- [1단계] 차량운반구의 취득원가와 감가상각누계액을 기록한다.

  (차) 감가상각누계액   3,000,000 (대) 차량운반구   10,000,000

- [2단계] 처분금액을 기록한다.

  (차) 미수금   6,000,000

- [3단계] 처분손실 또는 처분이익을 인식한다.

  (차) 유형자산 처분손실 1,000,000

▶ 유형자산 처분손익 = 순처분가(= 처분금액 – 처분 관련 비용) – (취득원가 – 감가상각누계액)

6 무형자산

▶ 최신 30회 중 3문제 출제

1. 무형자산의 의의

무형자산이란 1년을 초과하여 영업활동에 사용할 목적으로 보유하고 있는 물리적 실체가 없는 자산을 말하며 식별이 가능하고 기업의 통제가 가능하며 미래의 경제적 효익이 있어야 한다. 대부분의 무형자산은 독점적·배타적으로 일정 기간 동안 특정 권리나 효익을 향유할 수 있는 법률적·경제적 권리이다.

2. 무형자산의 종류

(1) 영업권

영업권(Good Will)이란 우수한 경영진, 뛰어난 판매조직, 양호한 신용, 원만한 노사관계, 기업의 좋은 이미지 등 동종산업에 종사하는 타기업에 비하여 특별히 유리한 사항을 집합한 무형의 자원을 말한다. 영업권은 타 기업과 인수·합병 등을 통해 유상으로 취득한 것만 인정된다.

무형자산의 종류
영업권, 개발비, 소프트웨어, 산업재산권, 광업권, 어업권, 지상권, 라이선스, 프랜차이즈, 저작권 등

영업권
- 자가창설영업권: 자산 ×
- 매수영업권: 자산 ○

(2) 개발비

신제품, 신기술의 개발과 관련하여 발생한 비용으로서 개별적으로 식별 가능하고 미래 경제적 효익을 확실하게 기대할 수 있는 것을 말한다.

연구단계 vs. 개발단계
- 연구단계: 연구비(비용)
- 개발단계
  - 자산인식 ○: 개발비(자산)
  - 자산인식 ×: 경상개발비(비용)

구분		회계처리
연구단계에서 발생한 지출		연구비 계정과목으로 하여 발생한 기간에 판매비와 관리비로 처리함
개발단계에서 발생한 지출	자산요건*을 충족시킨 경우	무형자산(개발비)으로 계상하여 20년 이내의 합리적인 기간 동안 상각함
	자산요건을 충족시키지 못한 경우	경상개발비 계정과목으로 하여 발생한 기간에 판매비와 관리비로 처리함

* 자산요건: 미래의 경제적 효익이 기업에 유입될 가능성이 매우 높으며 취득원가를 신뢰성 있게 측정할 수 있어야 한다.

(3) 소프트웨어

자산인식조건을 충족하는 소프트웨어를 구입하여 사용하는 경우의 동 구입비용은 소프트웨어의 과목으로 하여 무형자산으로 인식하지만, 내부에서 개발된 소프트웨어에 소요된 원가가 자산요건을 충족하는 경우에는 개발비의 과목으로 하여 무형자산으로 처리한다.

소프트웨어
- 외부 구입: 소프트웨어
- 내부 개발: 개발비

(4) 산업재산권

법률에 의하여 일정 기간 독점적, 배타적으로 이용할 수 있는 권리를 말한다.

예 특허권, 실용신안권, 디자인권, 상표권 등

(5) 기타의 무형자산

그 외에 광업권, 어업권, 지상권, 라이선스, 프랜차이즈, 저작권 등이 무형자산에 포함된다.

7 기타 비유동자산

1. 기타 비유동자산의 의의

비유동자산 중 투자자산 및 유형자산, 무형자산에 속하지 않는 자산을 의미한다.

2. 기타 비유동자산의 종류

(1) 임차보증금

기업이 건물이나 창고 등을 장기간 임차하는 경우에는 일반적으로 보증금을 내는데, 임차료 미지급액이 없는 상태라면 계약만료 시점에 보증금을 돌려 받을 권리가 있으므로 기타 비유동자산에 해당한다.

(2) 장기매출채권

일반적인 상거래에서 발생한 매출채권 중 만기가 보고기간 종료일로부터 1년 이후에 도래하는 것을 말한다.

(3) 장기미수금

유형자산의 매각 등 일반적인 상거래 이외의 거래에서 발생하는 채권으로 만기가 보고기간 종료일로부터 1년 이후에 도래하는 것을 말한다.

> **기타 비유동자산의 종류**
> 임차보증금, 장기매출채권, 장기미수금 등

8 비유동부채

▶ 최신 30회 중 4문제 출제

1. 비유동부채의 의의

보고기간 종료일로부터 1년 이후에 만기가 도래하는 부채를 말한다. 비유동부채는 자본금과 더불어 주요 장기자금의 조달 원천이다.

2. 비유동부채의 종류

사채	회사가 장기자금을 조달하기 위해 발행한 확정 채무임을 표시하는 증서
퇴직급여충당부채	장래에 종업원이 퇴직할 때 지급해야 할 퇴직금에 대비하여 기말에 미리 설정한 부채
장기차입금	차입금 중 만기가 보고기간 종료일로부터 1년 이후에 도래하는 부채
장기매입채무	일반적 상거래에서 발생한 장기의 외상매입금 및 지급어음
장기미지급금	미지급금 중 지급시기가 보고기간 종료일로부터 1년 이후에 도래하는 부채
임대보증금	기업이 건물이나 창고 등을 장기간 임대하는 경우에 받은 보증금

> **비유동부채의 종류**
> 사채, 퇴직급여충당부채, 장기차입금, 장기매입채무, 장기미지급금, 임대보증금 등

합격을 다지는 실전문제

📱 스마트폰으로 QR코드를 촬영하여 저자의 해설 강의를 확인하세요.

유형 1 투자자산

상 중 하

001 기업 고유의 목적과 관계없이 타회사를 지배할 목적이나 장기적인 투자이윤을 얻을 목적으로 장기적으로 취득한 자산을 무엇이라 하는가?

① 유형자산 ② 투자자산
③ 무형자산 ④ 당좌자산

상 중 하

002 일반기업회계기준상 투자자산에 해당되지 않는 것은?

① 투자부동산 ② 구축물
③ 장기대여금 ④ 장기금융상품

상 중 하

003 다음 거래의 회계처리에 대한 설명으로 옳은 것은?

> 장기 보유 목적으로 (주)문정의 주식(1주당 액면금액 1,000원) 100주를 액면금액으로 매입하고 수수료 10,000원과 함께 자기앞수표로 지급하다.

① 영업외비용이 10,000원 증가한다.
② 투자자산이 110,000원 증가한다.
③ 만기보유증권이 110,000원 증가한다.
④ 유동자산이 10,000원 감소한다.

정답 및 해설

001 ② 장기적인 투자이윤을 얻을 목적으로 취득한 자산은 투자자산으로 분류한다.

002 ② 구축물은 토지 위에 건설한 건물 이외의 설비이며 유형자산으로 분류한다.

003 ② '(차) 매도가능증권 110,000 (대) 현금 110,000'으로 영업외비용과 만기보유증권은 관련이 없으며 투자자산(매도가능증권)은 110,000원 증가한다. 또한 유동자산은 자기앞수표의 지급으로 인해 110,000원 감소한다.

유형 2 · 유형자산의 의의와 취득원가 및 종류

상 중 하

004 다음 중 유형자산에 관한 설명으로 옳지 않은 것은?

① 미래 경제적 효익이 유입될 가능성이 매우 높고 그 원가를 신뢰성 있게 측정할 수 있어야 한다.

② 토지, 건물, 구축물, 기계장치, 건설 중인 자산 등은 유형자산의 대표적인 항목이다.

③ 판매를 목적으로 보유하고 있는 자산이다.

④ 장기적으로 사용할 목적으로 물리적 형체가 있는 자산이다.

상 중 하

005 다음 중 유형자산의 정의로 틀린 것은?

① 물리적 형체가 있는 자산이다.

② 모든 유형자산은 감가상각의 대상이 된다.

③ 1년을 초과하여 사용할 것이 예상되는 자산이다.

④ 재화의 생산, 용역의 제공, 타인에 대한 임대 또는 자체적으로 사용할 목적으로 보유하는 것이다.

상 중 하

006 〈보기〉 중 아래의 (가)에 해당하는 자산으로 옳은 것은?

비유동자산은 투자자산, (　가　), 무형자산, 기타 비유동자산으로 구분된다.

┤보 기├	
A. 상품 운반용 트럭	B. 판매용 컴퓨터
C. 투자 목적용 건물	D. 사무실용 책상

① A, B

② A, D

③ B, C

④ C, D

정답 및 해설

004 ③ 판매를 목적으로 보유하고 있는 자산은 재고자산이다.

005 ② 유형자산 중 토지와 건설 중인 자산은 감가상각의 대상이 아니다. 유형자산은 재화의 생산, 용역의 제공, 타인에 대한 임대 또는 자체적으로 사용할 목적으로 보유하는 물리적 형체가 있는 자산으로, 1년을 초과하여 사용할 것이 예상되는 자산을 말한다.

006 ② (가)는 유형자산이다. 상품 운반용 트럭(차량운반구)과 사무실용 책상(비품)은 유형자산에 해당하고, 판매용 컴퓨터(상품)는 재고자산, 투자 목적용 건물(투자부동산)은 투자자산에 해당한다.

007 다음의 유형자산과 관련된 지출금액 중 유형자산의 취득원가에 포함할 수 없는 것은?

① 취득 시 발생한 설치비

② 취득 시 사용 가능한 장소까지 운반을 위하여 발생한 외부 운송 및 취급비

③ 매입할인, 매입에누리

④ 유형자산의 제작 시 설계와 관련하여 전문가에게 지급하는 수수료

008 기계장치를 구입하면서 구입대금 250,000원, 구입한 기계장치를 운반하기 위해 지불한 비용 50,000원, 구입 후 설치비 30,000원이 발생하였다. 이후 시제품을 생산하는 데 5,000원이 발생하였으며 이 시제품을 7,000원에 판매하였다. 기계장치의 취득원가는 얼마인가?

① 328,000원   ② 330,000원

③ 335,000원   ④ 337,000원

009 다음 공문에 나타난 거래를 회계처리할 때 차변의 계정과목과 금액으로 옳은 것은?

도담상사

수신: 내부결재

(경유)

제목: 회사 별관 신축 건립 보고

─────────────────────────────────────

가. 별관 신축 관련

    1) 토지 30,000,000원(제비용 1,000,000원 포함) 취득

    2) 사무실 업무용 컴퓨터, TV 등 2,000,000원(제비용 100,000원 포함) 구입

                       – 이하 생략 –

① 토지 30,000,000원, 비품 2,000,000원

② 토지 31,000,000원, 비품 2,000,000원

③ 토지 29,000,000원, 비품 1,900,000원

④ 토지 30,000,000원, 비품 1,900,000원

정답 및 해설

007 ③ 유형자산의 취득원가는 구입원가 또는 제작원가 및 경영진이 의도하는 방식으로 자산을 가동하는 데 필요한 장소와 상태에 이르게 하는 데 직접 관련되는 지출로 구성된다. 또한, 매입할인 등이 있는 경우에는 이를 차감하여 취득원가를 산출한다.

008 ① • 유형자산의 취득원가는 구입원가와 구입 시부터 사용 가능한 상태가 될 때까지의 획득에 직접 관련된 추가적 지출을 포함한다.
    • 기계장치 취득원가: 구입대금 250,000원 + 운반비 50,000원 + 설치비 30,000원 – 시운전비(7,000원 – 5,000원) = 328,000원

009 ① 토지와 비품 등 유형자산 구입 시 제비용을 취득 금액에 포함하여 회계처리한다.

010 다음 항목들과 관련하여 회계처리하는 경우 분개상 차변에 비용이 발생하는 경우가 아닌 것은?

> 가. 상품을 매입하고 매입대금 500,000원과 매입운임 30,000원을 현금으로 지급하다.
> 나. 은행 차입금에 대한 이자 10,000원이 현재 미지급 상태이다.
> 다. 거래처 직원의 결혼축하금으로 현금 50,000원을 지급하다.
> 라. 상품 운반용 트럭을 구입하면서 취득세 20,000원을 현금으로 지급하다.

① 가, 나

② 가, 다

③ 나, 라

④ 가, 라

011 다음 중 기업이 납부하는 각종 세금에 대한 회계처리 시 계정과목으로 잘못 연결된 것은?

① 토지 취득 시 납부한 취득세 – 토지

② 회사 보유 차량에 대한 자동차세 또는 건물의 재산세 – 세금과공과

③ 종업원 급여 지급 시 원천징수한 소득세 – 예수금

④ 회사 소유 건물에 대한 재산세 – 건물

012 다음에서 설명하는 계정과목으로 옳은 것은?

> • 판매를 목적으로 하지 않는 자산
> • 장기간에 걸쳐 영업활동에 사용되는 물리적 실체가 있는 자산
> • 감가상각을 하지 않는 자산

① 영업권

② 차량운반구

③ 상품

④ 토지

정답 및 해설

010 ④ 매입운임과 취득세는 취득원가에 가산되는 항목이므로 차변에 비용이 발생하지 않는다.

가. (차) 상품		530,000	(대) 현금	530,000
나. (차) 이자비용		10,000	(대) 미지급금	10,000
다. (차) 복리후생비		50,000	(대) 현금	50,000
라. (차) 차량운반구		20,000	(대) 현금	20,000

011 ④ 회사 소유 건물에 대한 재산세는 세금과공과 계정으로 처리한다.

012 ④ 판매가 목적이 아닌 영업활동에 사용되며 물리적 실체가 있는 자산은 유형자산으로 이 중 감가상각을 하지 않는 자산에는 토지, 건설 중인 자산 등이 있다.

013 다음의 거래내용을 나타내는 계정과목으로 가장 적절한 것은?

> (가) 사무용으로 사용하는 컴퓨터, 프린터, 책상, 의자 등의 구매 금액
> (나) 사무실에서 사용하는 문구류 등의 구매 금액

	(가)	(나)		(가)	(나)
①	비품	접대비	②	단기차입금	복리후생비
③	비품	소모품비	④	가지급금	광고선전비

014 다음 중 아래의 자료에서 설명하고 있는 성격의 자산으로 분류할 수 없는 것은?

> • 보고기간 종료일로부터 1년 이상 장기간 사용 가능한 자산
> • 물리적 형태가 있는 자산
> • 타인에 대한 임대 또는 자체적으로 사용할 목적의 자산

① 화장품을 판매하는 회사의 영업장 건물
② 휴대폰을 판매하는 회사가 보유하고 있는 판매용 휴대폰
③ 가구를 판매하는 회사가 사용하고 있는 운반용 차량운반구
④ 자동차 판매회사가 보유하고 있는 영업용 토지

015 본사 건물을 신축하기 위해 총 공사비 중 일부를 계약금으로 지급하였다. 차변에 기입되는 계정으로 옳은 것은?

① 건설 중인 자산
② 건물
③ 보증금
④ 선급금

정답 및 해설

013 ③ 사무용으로 사용하는 컴퓨터, 프린터 등 사용기간이 1년을 초과하는 자산은 유형자산 중 비품에 해당되고 사무실에서 사용하는 문구류 등의 구매 금액은 소모품비에 해당한다.

014 ② 유형자산에 대한 설명이다. 휴대폰 판매회사가 보유하고 있는 판매용 휴대폰은 재고자산(상품)이다.

015 ① 본사 건물을 신축하기 위해 계약금으로 공사비의 일부를 지급한 경우에 사용하는 계정과목은 건설 중인 자산이다.

016 수원산업이 신축 중인 건물이 완성되어 공사 대금의 잔액을 현금으로 지급하였을 경우, 수원산업의 재무상태에 미치는 최종적인 결과로 옳은 것은?

① 자산 감소

② 자산 증가

③ 자산 불변

④ 자본 감소

017 다음의 거래에서 발생하지 않은 계정과목은 무엇인가?

> 본사 신축용 토지 1,000㎡를 300,000,000원에 구입하고, 대금 중 100,000,000원은 자기앞수표로 지급하고, 잔액은 한 달 후에 지급하기로 하였다.

① 미수금

② 토지

③ 미지급금

④ 현금

018 다음 대화에 나타난 내용을 회계처리한 것으로 옳은 것은?

> 사장: 총무 부장님, 신입사원은 영업부서에 배치하고 당사에서 판매하는 책상(매입원가 200,000원, 판매가격 250,000원)을 지급하도록 하세요.
> 부장: 네, 사장님 이미 그렇게 하였습니다.

① (차) 비품   200,000   (대) 상품   200,000

② (차) 소모품비   250,000   (대) 상품   250,000

③ (차) 소모품   200,000   (대) 소모품비   200,000

④ (차) 비품   250,000   (대) 미지급금   250,000

정답 및 해설

016 ③ 거래 추정 시 해당 분개는 아래와 같으며 자산의 증가, 감소가 동시에 발생하므로 자산은 불변한다.

     (차) 건물(자산의 증가)   ×××   (대) 건설 중인 자산(자산의 감소)   ×××

                                          현금(자산의 감소)   ×××

017 ① (차) 토지   300,000,000   (대) 현금   100,000,000

                                                      미지급금   200,000,000

018 ① 본사에서 판매하는 상품으로 제공하였기 때문에 비품으로 회계처리해야 한다.

019 당기의 비용으로 회계처리해야 하는 지출은?

① 토지 취득 시 중개수수료

② 자동차의 자동차세

③ 상품매입 시 운반비

④ 건물 취득 시 취득세

020 다음은 업무용 차량 구입과 관련된 거래내용이다. (가), (나)에 들어갈 계정과목은?

2/5 차량 구입 계약 시 계약금 지급	(차) (가)	×××	(대) 현금	×××
2/8 차량 구입 후 취득세 지급	(차) (나)	×××	(대) 현금	×××

	(가)	(나)		(가)	(나)
①	선수금	차량운반구	②	선급금	세금과공과
③	선급금	세금과공과	④	선급금	차량운반구

유형 3 　감가상각

021 유형자산에 대한 차감적 평가 계정의 계정과목으로 옳은 것은?

① 대손충당금　　　　　　　　　② 감가상각누계액

③ 인출금　　　　　　　　　　　④ 건물

022 정액법에 의한 감가상각 시 3요소에 해당하지 않는 것은?

① 취득원가　　　　　　　　　　② 내용연수

③ 미상각 잔액　　　　　　　　　④ 잔존가치

정답 및 해설

019 ② 자동차세는 비용 계정인 세금과공과로 회계처리한다.

020 ④

2/5 (차) 선급금	×××	(대) 현금	×××
2/8 (차) 차량운반구	×××	(대) 현금	×××

021 ② 유형자산에 대한 차감적 평가 계정은 감가상각누계액이다.

022 ③ 감가상각 계산의 3요소는 취득원가, 내용연수, 잔존가치이다.

상 중 하

023 유형자산의 감가상각방법이 아닌 것은?

① 정액법

② 정률법

③ 생산량비례법

④ 선입선출법

상 중 하

024 다음은 유형자산의 감가상각방법을 나타낸 것이다. A, B에 해당하는 것은?

> • 정액법에 의한 감가상각비 = (취득원가 − A) ÷ 내용연수
> • 정률법에 의한 감가상각비 = (취득원가 − B) × 감가상각률

	A	B		A	B
①	잔존가치	감가상각누계액	②	잔존가치	내용연수
③	감가상각누계액	잔존가치	④	내용연수	잔존가치

상 중 하

025 다음은 감가상각누계액의 변화추이에 따른 감가상각방법을 나타낸 그래프이다. (가)와 (나)에 대한 설명으로 옳은 것을 모두 고른 것은?

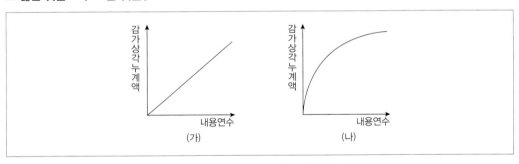

> ㄱ. (가)는 자산의 예상조업도 혹은 생산량에 근거하여 감가상각액을 인식하는 방법이다.
> ㄴ. (가)는 자산의 내용연수 동안 일정액의 감가상각액을 인식하는 방법이다.
> ㄷ. (나)는 자산의 내용연수 동안 감가상각액이 매기간 감소하는 방법이다.

① ㄱ

② ㄴ

③ ㄱ, ㄴ

④ ㄴ, ㄷ

정답 및 해설

023 ④ 선입선출법은 재고자산의 단가결정방법이다.

024 ① • 정액법에 의한 감가상각비 = (취득원가 − 잔존가치) ÷ 내용연수
  • 정률법에 의한 감가상각비 = (취득원가 − 감가상각누계액) × 감가상각률

025 ④ (가)는 정액법에 의한 감가상각방법, (나)는 정률법에 의한 감가상각방법을 의미한다. 또한 자산의 예상조업도(생산량)에 근거하여 감가상각액을 인식하는 방법은 생산량비례법이다.

상 중 하

026 내용연수 경과에 따른 감가상각비 변화를 나타낸 그래프와 관련 없는 감가상각방법은?

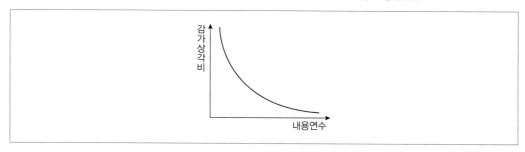

A. 정률법	B. 연수합계법	C. 이중체감법	D. 정액법

① A, B, C, D   ② B, C, D   ③ C, D   ④ D

상 중 하

027 12월 말 결산법인의 당기 취득 기계장치 관련 자료가 다음과 같다. 이를 바탕으로 당기 손익계산서에 반영될 당기의 감가상각비는 얼마인가?

- 7월 1일 기계장치를 1,000,000원에 취득하였다.
- 7월 1일 기계장치 취득 즉시 수익적 지출 100,000원이 발생하였다.
- 위 기계장치의 잔존가치는 0원, 내용연수는 5년, 상각방법은 정액법이다(월할상각할 것).

① 100,000원   ② 110,000원   ③ 200,000원   ④ 220,000원

상 중 하

028 주어진 자료에서 기말(2024.12.31.)에 계상할 감가상각비(1년분)를 정액법으로 계산하면?

- 2024년 1월 1일 차량운반구 취득
  - 내용연수: 10년
  - 취득세: 200,000원
  - 잔존가치: 0원
  - 자동차 보험료: 300,000원
  - 매입가액: 5,000,000원
- 2024년 6월 30일 차량운반구 자동차세 지급: 300,000원

① 500,000원   ② 520,000원   ③ 550,000원   ④ 580,000원

정답 및 해설

026 ④ 가속상각법의 내용연수 경과에 따른 감가상각비 추세를 나타내는 그래프이다. 가속상각법이 아닌 것은 정액법이다.

027 ① • 감가상각비: 취득원가 1,000,000원×1년/5년×6개월/12개월=100,000원
    • 수익적 지출은 감가상각 대상금액이 아니다.

028 ② 감가상각비: (취득원가 5,200,000원 − 잔존가치 0원) ÷ 내용연수 10년=520,000원

029 다음 자료에서 2024년 12월 31일 결산 후 재무제표와 관련된 내용으로 옳은 것은?

> • 2023년 1월 1일 차량운반구 10,000,000원에 취득
> • 정률법 상각, 내용연수 5년, 상각률 40%

① 손익계산서에 표시되는 감가상각비는 4,000,000원이다.
② 재무상태표에 표시되는 감가상각누계액은 6,400,000원이다.
③ 상각 후 차량운반구의 미상각 잔액은 6,000,000원이다.
④ 상각 후 차량운반구의 미상각 잔액은 2,400,000원이다.

030 성원전자는 2023년 1월 1일에 취득한 건물에 대하여 정액법으로 감가상각을 하고 있다. 2024년 12월 31일 현재 감가상각누계액이 500,000원으로 계상되어 있다면 이 건물의 취득원가는 얼마인가? (단, 내용연수는 10년이며 잔존가치는 없음)

① 1,500,000원   ② 2,000,000원
③ 2,500,000원   ④ 3,000,000원

031 주어진 자료에서 기말(2024.12.31.) 결산 후 재무상태표에 표시될 차량운반구에 대한 감가상각누계액으로 옳은 것은?

> • 2023년 1월 1일 차량운반구 취득: 취득가액 5,000,000원(내용연수 5년, 상각률 40%)
> • 상각방법: 정률법

① 1,000,000원   ② 1,200,000원
③ 2,000,000원   ④ 3,200,000원

정답 및 해설

029 ② • 2023년 12월 31일의 감가상각비: 10,000,000원 × 상각률 40% = 4,000,000원
    • 2024년 12월 31일의 감가상각비: (10,000,000원 − 2023년 감가상각비 4,000,000원) × 상각률 40% = 2,400,000원
    • 2024년 12월 31일의 감가상각누계액: 4,000,000원 + 2,400,000원 = 6,400,000원(미상각 잔액은 3,600,000원)

030 ③ • 1년분 감가상각비: 감가상각누계액 500,000원 ÷ 2년 = 250,000원
    • 취득원가: 1년분 감가상각비 250,000원 × 내용연수 10년 = 2,500,000원

031 ④ • 2023년 12월 31일의 감가상각비: 취득가액 5,000,000원 × 상각률 40% = 2,000,000원
    • 2024년 12월 31일의 감가상각비: (취득가액 5,000,000원 − 2023년 감가상각비 2,000,000원) × 상각률 40% = 1,200,000원
    • 2024년 12월 31일의 감가상각누계액: 2,000,000원 + 1,200,000원 = 3,200,000원

032 2024년 7월 1일에 차량운반구 5,000,000원을 현금으로 구입하고, 취득세 500,000원을 현금으로 납부하였다. 2024년 12월 31일 결산 시 정액법에 의해 감가상각을 할 경우 감가상각비는 얼마인가? (단, 내용연수 5년, 잔존가치 0원, 결산 연 1회, 감가상각은 월할계산함)

① 400,000원 ② 450,000원
③ 500,000원 ④ 550,000원

033 주어진 자료에서 2024년 결산 시 (가)와 (나)의 내용으로 옳은 것은?

재무상태표			
			2024년 12월 31일 현재
비품	2,000,000		
감가상각누계액	(가)	(나)	

- 취득일: 2022년 1월 1일
- 내용연수: 5년(잔존가치 없음)
- 정액법에 의해 매년 정상적으로 감가상각하였음
- 취득원가: 2,000,000원
- 결산: 연 1회(12/31)

	(가)	(나)		(가)	(나)
①	400,000	1,600,000	②	800,000	1,200,000
③	1,200,000	800,000	④	1,600,000	400,000

유형 4　취득 후 추가적 지출

034 다음 중 수익적 지출이 아닌 것은?
① 기계장치의 내용연수 연장을 위한 지출
② 외벽 도장비용
③ 건물 내부의 조명기구 교체
④ 건물 바닥의 청소비용

정답 및 해설

032 ④ 일반기업회계기준에서는 월할상각을 원칙으로 하고 있으므로 감가상각비는 다음과 같이 계산한다.
2024년 12월 31일의 감가상각비: (차량운반구 5,000,000원 + 취득세 500,000원) ÷ 내용연수 5년 × 6개월/12개월 = 550,000원

033 ③ • (가) 2022년~2024년 감가상각누계액: 취득원가 2,000,000원 ÷ 내용연수 5년 × 3년 = 1,200,000원
• (나) 장부금액: 취득원가 2,000,000원 − 감가상각누계액 1,200,000원 = 800,000원

034 ① 기계장치의 내용연수를 연장하기 위한 지출은 자본적 지출에 해당한다.

035 다음 중 자산의 취득원가에 가산되는 자본적 지출 항목에 해당되지 않는 것은?

① 건물의 엘리베이터 설치

② 건물의 증축공사비

③ 생산라인의 대규모 개보수비용

④ 기존 생산설비의 현상 유지를 위한 지출

036 수원상점은 2024년 3월 1일 영업용 건물을 10,000,000원에 구입하였다. 같은 해 4월 1일에 〈보기〉와 같이 지출한 후 건물 계정의 잔액은?

┤보 기├

• 건물 외벽의 도색비용 1,000,000원	• 파손된 유리 및 전등 교체비 600,000원
• 건물 증축비용 500,000원	• 엘리베이터 설치비 2,500,000원

① 11,160,000원   ② 12,100,000원

③ 13,000,000원   ④ 14,600,000원

037 다음 내용을 설명한 것으로 올바른 것은?

• 본래의 용도 변경을 위한 생산라인의 대규모 개보수비용

• 건물의 엘리베이터 설치

① 당사의 업무와 관련 없이 발생한 비용으로 손익계산서에 나타낸다.

② 취득 후 발생한 비용으로 차후 감가상각을 하지 않는다.

③ 수익적 지출에 속하므로 수선비로 처리한다.

④ 자본적 지출에 속하므로 해당 자산의 취득원가에 포함한다.

정답 및 해설

035 ④ 기존 생산설비의 현상 유지를 위한 지출은 수익적 지출에 해당한다.

036 ③ • 건물 구입 금액 10,000,000원 + 증축비용 500,000원 + 엘리베이터 설치비 2,500,000원 = 13,000,000원

　　　• 건물 외벽의 도색비용과 파손된 유리 및 전등 교체비는 수익적 지출이므로 당기비용으로 처리한다.

037 ④ 자본적 지출에 대한 설명으로 해당 자산의 취득원가에 포함하여 감가상각해야 한다.

038 다음 거래에 대한 잘못된 분개가 재무제표에 미치는 영향으로 옳은 것은?

> [거래] 본사 건물에 냉·난방 장치를 설치하고 대금 20,000,000원을 당좌수표를 발행하여 지급하였다. 이는 자
> 본적 지출에 해당한다.
> [분개] (차) 수선비   20,000,000   (대) 당좌예금   20,000,000

① 자산의 과대계상   ② 당기순이익의 과대계상
③ 부채의 과소계상   ④ 비용의 과대계상

039 자본적 지출을 수익적 지출로 처리하였을 때의 영향으로 옳은 것은?

① 자산의 과대계상   ② 비용의 과소계상
③ 자본의 과대계상   ④ 당기순이익의 과소계상

유형 5	유형자산의 처분

040 회사의 업무용 컴퓨터 1대(취득원가: 1,500,000원, 처분 시까지의 감가상각누계액: 1,200,000원)를 500,000원에 처분하고 현금으로 받은 경우 올바른 분개는?

① (차) 현금   500,000   (대) 비품   1,500,000
    감가상각누계액   1,200,000   유형자산 처분이익   200,000
② (차) 현금   300,000   (대) 비품   1,500,000
    감가상각누계액   1,200,000
③ (차) 현금   300,000   (대) 비품   1,000,000
    감가상각누계액   1,200,000   유형자산 처분이익   500,000
④ (차) 현금   500,000   (대) 비품   500,000

정답 및 해설

038 ④ '(차) 건물 20,000,000 (대) 당좌예금 20,000,000'이 올바른 분개이다. 자본적 지출을 수익적 지출로 처리했으므로 자산이 과소계상
되고, 비용이 과대계상된다.

039 ④ 자본적 지출인 자산을 수익적 지출인 비용으로 처리하면 자산은 과소계상되고, 비용은 과대계상된다. 이로 인해 당기순이익은 과소
계상된다.

040 ① (차) 현금   500,000   (대) 비품   1,500,000
        감가상각누계액   1,200,000   유형자산 처분이익   200,000

041 다음 자료에서 유형자산 처분손익은 얼마인가?

> • 비품 매입대금: 900,000원
> • 비품 매입부대비용: 100,000원
> • 정액법에 의한 1년간의 비품 감가상각비: 50,000원
> • 2년간 정액법에 의해 감가상각한 후 비품 처분금액: 900,000원

① −50,000원   ② 0원

③ 50,000원   ④ 100,000원

042 다음 자료에서 차량 처분 시 유형자산 처분손익을 계산한 금액으로 옳은 것은? (단, 회계기간은 1월 1일 ~12월 31일이며, 감가상각은 월할계산함)

> • 2022년 1월 1일: 차량운반구 취득(취득가액 10,000,000원, 잔존가액 0원, 내용연수 10년, 정액법 상각)
> • 2024년 7월 1일: 차량운반구 처분(현금 처분금액 7,300,000원)

① 처분이익 200,000원   ② 처분이익 300,000원

③ 처분손실 200,000원   ④ 처분손실 300,000원

043 다음은 기계장치 처분과 관련된 자료이다. 해당 기계장치의 감가상각누계액은 얼마인가?

> • 취득가액: 680,000원   • 처분가액: 770,000원   • 유형자산 처분이익: 450,000원

① 300,000원   ② 330,000원

③ 360,000원   ④ 390,000원

정답 및 해설

041 ② (매입대금 900,000원 + 매입부대비용 100,000원) − 2년간 감가상각누계액 100,000원 − 처분금액 900,000원 = 0원

042 ③ 차량을 처분하는 경우 2024년 차량을 사용한 1월~6월까지의 감가상각비 500,000원을 계산한다. 장부금액은 7,500,000원(= 취득가액 10,000,000원 − 감가상각누계액 2,500,000원)이며, 처분금액 7,300,000원과의 차액 200,000원은 유형자산 처분손실로 회계처리한다.

(차) 감가상각누계액	2,500,000	(대) 차량운반구	10,000,000
현금	7,300,000		
유형자산 처분손실	200,000		

043 ③ 감가상각누계액: 취득가액 680,000원 + 유형자산 처분이익 450,000원 − 처분가액 770,000원 = 360,000원

044 다음은 5월 1일의 거래 중 재무상태표 관련 계정을 나타낸 것이다. 거래를 잘못 추정한 것은?

기계장치			
기초	3,000,000	5/1 처분	3,000,000

감가상각누계액				미수금		
5/1	800,000	기초	600,000	5/1	2,500,000	
		5/1	200,000			

① 5월 1일 취득원가 3,000,000원인 기계장치를 처분하다.
② 처분한 기계장치 관련 당기 감가상각비는 200,000원이다.
③ 처분 시 장부금액은 3,000,000원이다.
④ 기계장치 처분금액은 2,500,000원이다.

무형자산

상 중 하

045 다음 내용을 모두 포함하는 계정과목에 해당하는 것은?

- 기업의 영업활동에 장기간 사용되며, 기업이 통제하고 있다.
- 물리적 형체가 없으나 식별 가능하다.
- 미래에 경제적 효익이 있다.

① 유가증권   ② 미수금
③ 특허권   ④ 상품권

정답 및 해설

044 ③ 처분 시 장부금액은 3,000,000원 − 감가상각누계액 800,000원 = 2,200,000원이다.
045 ③ 무형자산에 대한 설명이다. 보기 중 무형자산에 해당하는 것은 특허권이다.

상 중 하

046 다음 계정과목 중 일반기업회계기준에 의해 무형자산에 해당하는 항목은?

| ㄱ. 연구비 | ㄴ. 개발비 | ㄷ. 경상개발비 | ㄹ. 영업권 |

① ㄱ, ㄴ   ② ㄱ, ㄷ

③ ㄴ, ㄷ   ④ ㄴ, ㄹ

상 중 하

047 다음 비유동자산 중 유형자산으로 분류할 수 없는 것은?

① 컴퓨터 소프트웨어   ② 기계장치

③ 토지   ④ 건물

유형 7   기타 비유동자산

상 중 하

048 다음 중 비유동자산에 속하지 않는 것은?

① 투자부동산   ② 장기매출채권

③ 영업권   ④ 당좌차월

상 중 하

049 다음 중 비유동자산으로만 짝지어진 것은?

① 비품 – 받을어음   ② 토지 – 차량운반구

③ 선급금 – 임대보증금   ④ 비품 – 선수금

정답 및 해설

046 ④ 무형자산에 해당하는 것은 개발비와 영업권이다. 연구비와 경상개발비는 판매비와 관리비로 비용에 해당한다.

047 ① 컴퓨터 소프트웨어는 무형자산에 해당한다.

048 ④ 당좌차월은 유동부채로 재무상태표의 단기차입금으로 분류된다.

049 ② 받을어음과 선급금은 유동자산이고, 선수금과 임대보증금은 부채이다.

050 다음 중 비유동자산과 영업외수익으로 짝지은 것으로 옳지 않은 것은?

① 투자자산, 이자수익　　　　　　　　　② 재고자산, 기부금

③ 유형자산, 배당금수익　　　　　　　　④ 무형자산, 임대료

유형 8　비유동부채

051 다음 중 비유동부채에 해당하는 것은?

① 임대보증금　　　　　　　　　　　　② 선수금

③ 단기차입금　　　　　　　　　　　　④ 미지급금

052 다음 설명 중 밑줄 친 (가)와 관련 있는 계정으로만 나열된 것은?

> 부채는 타인자본을 나타내는 것으로 미래에 기업 외부의 권리자에게 현금이나 서비스를 지급해야 할 채무를 말하며, 유동부채와 (가) 비유동부채로 분류한다.

① 외상매입금, 지급어음　　　　　　　② 사채, 장기차입금

③ 선수금, 미지급금　　　　　　　　　④ 예수금, 단기차입금

정답 및 해설

050 ② • 비유동자산: 투자자산, 유형자산, 무형자산, 기타 비유동자산
　　　• 영업외수익: 이자수익, 배당금수익, 임대료 등
　　　• 재고자산은 유동자산, 기부금은 영업외비용에 해당한다.

051 ① 미지급금, 선수금, 단기차입금은 유동부채에 해당한다.

052 ② 회계에서는 1년 또는 정상 영업주기 내에 현금으로 결제할 부채를 유동부채, 그 외의 부채를 비유동부채라고 한다. 비유동부채에는 사채, 장기차입금, 퇴직급여충당부채 등이 있다.

1 자본

기업은 경영활동을 하는 데 필요한 자금을 조달하는 원천으로 자기자본과 타인자본에 의존하게 된다. 최초 설립 시에는 자기자본으로 기업에 필요한 자금을 조달하였으나, 기업의 규모가 커짐에 따라 자기자본만으로는 충분한 자금을 확보할 수 없기 때문에 타인자본으로도 자금을 조달하게 된다.

일반적으로 타인자본을 부채 또는 채권자 지분이라 하고, 자기자본을 자본 또는 소유주 지분이라고 한다. 자기자본은 기업의 자산에서 채권자 지분인 부채를 차감한 후의 잔여지분, 즉 기업의 순자산을 말한다.

자본을 이렇게 잔여지분으로 파악하는 이유는 자산과 부채는 각각 독립적으로 측정할 수 있는 반면, 자본은 독립적으로 측정할 수 없기 때문이다. 즉, 자본은 일정하게 고정되어 있는 것이 아니라 기업의 수익성에 따라 변동되며, 총자산에서 채권자에게 지급하고 남은 금액을 의미한다.

자본
• 타인자본: 부채 또는 채권자 지분
• 자기자본: 자본 또는 소유주 지분

▶ 자본 = 자산 − 부채

2 자본금

▶ 최신 30회 중 5문제 출제

개인기업에서는 기업과 기업주가 동일하므로 자본과 관련된 모든 거래는 **자본금 계정** 하나로 회계처리한다. 기업주가 출자하면 출자액만큼 자본금이 증가하고 당기순이익이 발생하면 마감을 통해 자본금 계정에 대체되어 자본금이 증가한다.

반면, 기업주 개인이 사용할 목적으로 기업의 자금을 인출하면 관리 목적으로 인출금 계정을 별도로 사용하다가 기말에 자본금 계정으로 대체되어 결국 자본금이 감소하게 된다.

자본금	
인출액	기초자본금
당기순손실	추가출자액
기말자본금	당기순이익

3 인출금 <중요>

▸ 최신 30회 중 12문제 출제

개인기업은 사업과 무관하게 기업주의 개인적 용도의 인출이 자주 일어난다. 이처럼 빈번한 인출을 자본금 계정으로 기입하게 되면 자본금 계정을 복잡하게 만들어 출자액과 인출액 등의 구분이 어려워진다. 따라서 기업주가 업무와 관계없이 개인 용도로 사용하는 경우 자본금 계정의 차감적 평가 계정인 인출금 계정을 사용하며 보고기간 종료일에 인출금 계정의 잔액은 자본금 계정으로 대체하여 마감한다.

인출금	
인출액	반환액
	추가출자액
	자본금 계정에 대체

🪙 실전 적용

[1] 기업주가 현금 2,000,000원을 출자하여 사업을 개시하다.

(차) 현금	2,000,000	(대) 자본금	2,000,000

[2] 기업주가 현금 300,000원을 가사용으로 인출하다.

(차) 인출금	300,000	(대) 현금	300,000

[3] 기업주가 인출한 자금 중 100,000원을 현금으로 반환하다.

(차) 현금	100,000	(대) 인출금	100,000

[4] 보고기간 종료일에 인출금 계정 잔액 200,000원을 자본금 계정으로 대체하여 마감하다.

(차) 자본금	200,000	(대) 인출금	200,000

인출금 vs. 세금과공과
- 인출금: 개인기업의 사업소득세 (종합소득세)
- 세금과공과: 기업이 부담하는 재산세, 자동차세, 상공회의소 회비 등

합격을 다지는 실전문제

📱 스마트폰으로 QR코드를 촬영하여
저자의 해설 강의를 확인하세요.

유형 1 자본

상 중 하

001 다음 거래의 결과로 자본(순자산)이 변동되는 거래가 아닌 것은?

① 은행으로부터 운영자금 1,000,000원을 현금으로 차입하다.

② 사업 확장을 위해 현금 5,000,000원을 추가로 출자하다.

③ 은행 차입금에 대한 이자 10,000원을 현금으로 지급하다.

④ 원가 50,000원의 상품을 60,000원에 현금 판매하다.

상 중 하

002 수원상점의 2024년 12월 31일 현재 기말자산은 100,000원, 기말부채는 30,000원이며, 1년 동안 발생한 수익과 비용은 다음과 같다. 2024년 1월 1일 영업을 시작하였을 때 출자한 자본금은 얼마인가?

• 매출총이익	50,000원	• 급여	20,000원
• 이자수익	50,000원	• 광고선전비	20,000원

① 10,000원

② 20,000원

③ 30,000원

④ 40,000원

정답 및 해설

001 ① (차) 현금(자산의 증가)   1,000,000   (대) 차입금(부채의 증가)   1,000,000

→ 자산과 부채가 동시에 증가하여 자본변동 없음

② (차) 현금(자산의 증가)   5,000,000   (대) 자본금(자본의 증가)   5,000,000

③ (차) 이자비용(비용의 발생)   10,000   (대) 현금(자산의 감소)   10,000

④ (차) 현금(자산의 증가)   60,000   (대) 상품매출(수익의 발생)   60,000

     매출원가(비용의 발생)   50,000   상품(자산의 감소)   50,000

002 ① • 당기순이익: 매출총이익 50,000원 + 이자수익 50,000원 − 급여 20,000원 − 광고선전비 20,000원 = 60,000원

• 기말자본: 기말자산 100,000원 − 기말부채 30,000원 = 70,000원

∴ 기초자본: 기말자본 70,000원 − 당기순이익 60,000원 = 10,000원

상 중 하

003 다음은 인출금 계정과목에 대한 설명이다. (가), (나), (다)에 들어갈 내용으로 옳은 것은?

> • 주로 기업주(사업주)의 (가)의 지출을 의미한다.
> • (나)에서 사용되며 임시 계정에 해당한다.
> • (다)에 대한 평가 계정으로 보고기간 말에 (다)으로 대체되어 마감한다.

	(가)	(나)	(다)
①	개인적 용도	개인기업	자본금 계정
②	사업적 용도	법인기업	자본금 계정
③	개인적 용도	법인기업	자산 계정
④	사업적 용도	개인기업	자산 계정

상 중 하

004 주어진 자료에서 인출금과 당기순이익을 정리한 후 기말자본금으로 옳은 것은?

인출금			자본금	
12/15 현금　50,000				1/1 전기이월　500,000

단, 당기순이익은 200,000원이다.

① 550,000원　　　　　　　　　　　② 650,000원
③ 700,000원　　　　　　　　　　　④ 750,000원

상 중 하

005 다음 분개로 알 수 있는 가장 적절한 거래내용은?

(차) 인출금	100,000	(대) 현금	100,000

① 상품을 매입하고 대금을 지불하기 위해 현금을 인출하다.
② 종업원의 복리후생비로 사용하기 위해 현금을 인출하다.
③ 사업주가 개인 용도로 사용하기 위해 현금을 인출하다.
④ 상품매매 중개수수료를 지급하기 위해 현금을 인출하다.

정답 및 해설

003 ① 인출금 계정과목은 개인기업의 사업주가 개인적 용도로 지출한 금액을 처리하는 임시 계정으로, 결산일에 자본금 계정으로 대체하여 마감한다.

004 ② 기말자본금: 전기이월액 500,000원 − 인출금 50,000원 + 당기순이익 200,000원 = 650,000원

005 ③ 차변에 인출금이 기입되는 거래는 기업주가 개인 용도로 사용한 경우이다.

006 다음 중 인출금 계정을 차변에 기입하는 거래는?

① 점주 개인 소득세 지급

② 점주의 추가출자

③ 회사 건물 재산세 지급

④ 손익 계정에서 당기순이익 계상

007 다음 중 개인기업의 자본금 계정에 영향을 미치지 않는 거래는?

① 현금 1,000,000원을 거래처에 단기대여하다.

② 사업주가 단기대여금 1,000,000원을 회수하여 사업주 개인 용도로 사용하다.

③ 결산 시 인출금 계정의 차변 잔액 1,000,000원을 정리하다.

④ 사업주의 자택에서 사용할 에어컨 1,000,000원을 회사 자금으로 구입하다.

008 다음 중 자본금 계정이 차변에 나타나는 것은?

① 현금 5,000,000원을 출자하여 영업을 개시하다.

② 기중에 현금 5,000,000원을 추가출자하다.

③ 기말결산 시 인출금 3,000,000원을 정리하다.

④ 기말결산 시 당기순이익 300,000원을 자본금 계정으로 대체하다.

정답 및 해설

006 ① 점주 개인의 소득세를 지급한 경우에는 인출금 계정을 차변에 기입한다.

007				
① (차) 단기대여금	1,000,000	(대) 현금	1,000,000
② (차) 자본금(인출금)	1,000,000	(대) 단기대여금	1,000,000
③ (차) 자본금	1,000,000	(대) 인출금	1,000,000
④ (차) 자본금(인출금)	1,000,000	(대) 현금	1,000,000

008 ③				
③ (차) 자본금	3,000,000	(대) 인출금	3,000,000
① (차) 현금	5,000,000	(대) 자본금	5,000,000
② (차) 현금	5,000,000	(대) 자본금	5,000,000
④ (차) 손익	300,000	(대) 자본금	300,000

상 중 하

009 다음 자료에서 개인기업의 12월 31일 현재 자본금은 얼마인가?

- 1월 1일   현금 5,000,000원을 출자하여 영업을 개시하다.
- 10월 5일   사업주가 개인적으로 사용할 목적으로 1,500,000원을 인출하다.
- 12월 31일 기말결산 시 사업주가 인출한 금액을 자본금 계정으로 대체하다.
- 12월 31일 기말결산 시 당기순이익이 5,000,000원이다.

① 10,000,000원   ② 8,500,000원

③ 6,500,000원   ④ 5,000,000원

상 중 하

010 다음의 자본금 계정에 대한 설명으로 올바른 것은?

자본금			
12/31 인출금	1,000,000	1/1 전기이월	5,000,000
12/31 손익	1,000,000		
12/31 차기이월	3,000,000		

① 기초자본금은 3,000,000원이다.

② 기업주가 1,000,000원의 추가출자를 하였다.

③ 당기순손실이 1,000,000원이다.

④ 기말자본금이 5,000,000원이다.

정답 및 해설

009 ② 현금 출자 5,000,000원 − 인출금 1,500,000원 + 당기순이익 5,000,000원 = 8,500,000원

010 ③ 당기순손실: 기초자본금 5,000,000원 − 기말자본금 3,000,000원 − 인출금 1,000,000원 = 1,000,000원

    ① 기초자본금은 5,000,000원이다.

    ② 기업주가 1,000,000원의 현금 인출 또는 상품을 개인적으로 사용하였다.

    ④ 기말자본금은 3,000,000원이다.

6 결산

1 결산

1. 결산의 개념

기업은 회계기간 동안 거래가 발생하면 이를 거래의 8요소에 따라 분개장에 분개한 후 총계정원장에 전기해 놓았다가 회계연도 말이 되면 회계정보를 종합적으로 정리하여 재무상태표와 손익계산서를 작성하게 된다. 즉, 결산이란 회계기간 동안 발생한 자산, 부채, 자본의 변동내용과 그 결과물을 종합해서 재무상태표와 손익계산서를 작성하는 과정이다.

2. 회계순환과정

기업이 수행하는 회계기간 중 회계처리와 결산과정은 다음과 같다.

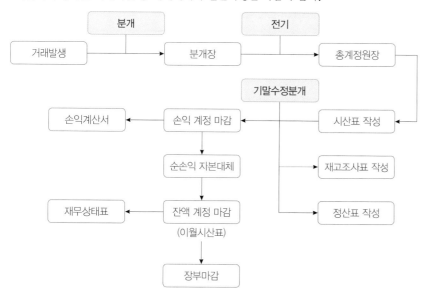

회계순환과정
- 기중 회계처리
  - [1단계] 회계상의 거래 식별
  - [2단계] 분개장에 분개
  - [3단계] 총계정원장에 전기
- 결산
  - [1단계] 수정 전 시산표 작성
  - [2단계] 기말수정분개
  - [3단계] 수정 후 시산표 작성
  - [4단계] 장부마감(I/S, B/S)
  - [5단계] 재무제표 작성

결산을 위해서는 우선 수정 전 시산표를 작성해 회계기간 중의 분개와 전기에 오류가 없는지 확인하고 기말수정분개를 추가적으로 총계정원장에 반영한 후, 수정 후 시산표를 작성하고 장부를 마감한다. 이후 수정 후 시산표를 기초로 재무상태표와 손익계산서를 작성하는 것으로 마무리한다.

2 기말수정분개

회계연도 말에 재무상태표와 손익계산서를 작성하기에 앞서 총계정원장의 부정확한 계정의 잔액을 실제 계정 잔액과 일치하도록 분개를 해야 하는데, 이를 기말수정분개라고 한다.

기말수정분개 예로는 상품의 매출원가 계상, 대손충당금의 추가설정, 유형자산의 감가상각, 소모품의 정리, 수익과 비용의 이연, 수익과 비용의 발생, 현금과부족의 정리, 가지급금과 가수금 정리, 외화채권·채무의 환산, 단기매매증권의 평가 등이 있다.

▶ 강의 바로보기

기말수정분개

1. 소모품

쓰는 대로 닳아 없어지는 물품으로서 문구, 사무용품 등을 말한다. 당기 사용분은 소모품비로 하여 비용으로 계상하여야 하고, 미사용분은 자산으로 계상하여야 한다. 소모품 구입 시 처리 방법에 따라서 두 가지의 결산 분개가 가능하다.

(1) 구입 시 비용처리

당기에 모두 사용할 것으로 예상하여 구입시점에 소모품을 전액 비용으로 회계처리한 경우 기말시점에 비용으로 처리한 금액 중 당기 말 미사용 잔액을 계산하여 해당 금액을 자산으로 대체한다.

> 📋 실전 적용
>
> [1] 당기 중 구입시점 – 기중에 소모품 100,000원을 현금으로 구입하고 전액 비용으로 회계처리하다.
>
> | (차) 소모품비 | 100,000 | (대) 현금 | 100,000 |
> |---|---|---|---|
>
> [2] 보고기간 종료일 – 기말 시점에 당기에 구입한 소모품 중 당기 사용액은 75,000원, 미사용액은 25,000원으로 확인되다.
>
> | (차) 소모품 | 25,000* | (대) 소모품비 | 25,000 |
> |---|---|---|---|
>
> * 미사용한 것만큼 비용을 소멸시키고 그만큼 소모품을 증가시킨다.

(2) 구입 시 자산처리

당기에 모두 사용하지 않을 것으로 예상하여 구입시점에 소모품을 전액 자산으로 회계처리한 경우 기말시점에 자산으로 처리한 금액 중 당기 말 사용한 금액을 계산하여 해당 금액을 비용으로 대체한다.

> 📋 실전 적용
>
> [1] 당기 중 구입시점 – 기중에 소모품 100,000원을 현금으로 구입하고 전액 자산으로 회계처리하다.
>
> | (차) 소모품 | 100,000 | (대) 현금 | 100,000 |
> |---|---|---|---|
>
> [2] 보고기간 종료일 – 기말 시점에 당기에 구입한 소모품 중 당기 사용액은 75,000원, 미사용액은 25,000원으로 확인되다.
>
> | (차) 소모품비 | 75,000* | (대) 소모품 | 75,000 |
> |---|---|---|---|
>
> * 사용한 것만큼 비용으로 인식하고 그만큼 소모품을 감소시킨다.

소모품의 기말수정분개
- 구입 시 비용(소모품비)처리: 미사용분을 소모품으로 처리
- 구입 시 자산(소모품)처리: 사용분을 소모품비로 처리

2. 비용과 수익의 이연 **중요**

▶ 최신 30회 중 13문제 출제

구분	내용
비용의 이연	이미 현금으로 지급한 비용 중 결산일 현재 사용 또는 소비되지 않은 비용은 자산으로 계상하고 차기로 이연시킨다.
수익의 이연	이미 현금으로 받은 수익 중 결산일 현재 실현되지 않은 수익은 부채로 계상하고 차기로 이연시킨다.

(1) 선급비용(자산)

현금은 지출되었으나 다음 연도의 비용에 해당하는 금액이다. 즉, 이미 현금을 지급하고 비용으로 계상하였지만 결산일 현재 일부가 사용 또는 소비되지 않은 경우가 비용의 이연에 해당된다. 결산일까지 비용화되지 않은 부분에 대해서는 자산 계정인 선급비용으로 수정하여 차기로 이연시켜야 한다. 선급비용은 차기에 사용 또는 소비될 때 비용으로 대체된다.

선급비용의 기말수정분개
- 기간 경과분: 해당 비용
- 기간 미경과분: 선급비용(자산)

① **비용처리법**: 둘 이상의 회계기간에 걸쳐 발생하는 임차료, 보험료 등 비용을 지급하는 시점에 전액 비용으로 회계처리한 경우 기말시점에 차기 이후분(소비되지 않은 부분)만큼 당기비용이 아니므로 비용을 소멸시키고 그만큼 자산(선급비용)을 증가시킨다.

📖 **실전 적용**

[1] 지급액을 전액 비용처리한 경우 - 2024년 10월 1일에 1년분 보험료(보험기간 2024년 10월 1일 ~ 2025년 9월 30일) 120,000원으로 현금으로 미리 지급한 후 전액 비용으로 계상하다.

(차) 보험료   120,000   (대) 현금   120,000

[2] 보고기간 종료일 - 기말시점에 당기에 계상한 보험료 중 차기분을 선급비용으로 대체하다.

(차) 선급비용   90,000   (대) 보험료   90,000*

* 120,000원 × 9개월/12개월 = 90,000원

② **자산처리법**: 둘 이상의 회계기간에 걸쳐 발생하는 임차료, 보험료 등 비용을 지급하는 시점에 전액 자산(선급비용)으로 회계처리한 경우 기말시점에 당기분(소비된 부분)만큼 당기비용이므로 해당 금액만큼 비용을 발생시키고 그만큼 자산(선급비용)을 감소시킨다.

📖 **실전 적용**

[1] 지급액을 전액 자산처리한 경우 - 2024년 10월 1일에 1년분 보험료(보험기간 2024년 10월 1일 ~ 2025년 9월 30일) 120,000원으로 현금으로 미리 지급한 후 전액 자산으로 계상하다.

(차) 선급비용   120,000   (대) 현금   120,000

[2] 보고기간 종료일 - 기말시점에 당기에 계상한 선급비용 중 당기분을 보험료(비용)로 대체하다.

(차) 보험료   30,000   (대) 선급비용   30,000*

* 120,000원 × 3개월/12개월 = 30,000원

(2) 선수수익(부채)

이미 현금을 받은 금액 중에서 일부가 당기 수익이 아닌 다음 연도 수익에 속하는 부분이다. 즉, 현금을 미리 받고 수익으로 계상하였지만 결산일 현재 일부의 수익이 실현되지 않은 경우가 수익의 이연에 해당된다. 결산일까지 수익이 실현되지 않은 부분에 대해서는 부채 계정인 선수수익으로 수정하여 차기로 이연시켜야 한다. 선수수익은 선급비용과 상대적인 계정이다.

① 수익처리법: 둘 이상의 회계기간에 걸쳐 발생하는 임대료 등 수익을 수령하는 시점에 전액 수익으로 회계처리한 경우 기말시점에 차기 이후 분(실현되지 않은 부분)만큼 당기 수익이 아니므로 수익을 소멸시키고 그만큼 부채(선수수익)를 증가시킨다.

> **선수수익의 기말수정분개**
> • 기간 경과분: 해당 수익
> • 기간 미경과분: 선수수익(부채)

> 🪙 **실전 적용**
> [1] 수령액을 전액 수익처리한 경우 – 2024년 10월 1일에 1년분 임대료(임대기간 2024년 10월 1일 ~ 2025년 9월 30일) 120,000원으로 현금으로 미리 수령한 후 전액 수익으로 계상하다.
>
> | (차) 현금 | 120,000 | (대) 임대료 | 120,000 |
> |---|---|---|---|
>
> [2] 보고기간 종료일 – 기말 시점에 당기에 계상한 임대료 중 차기분(미실현분)을 선수수익으로 대체하다.
>
> | (차) 임대료 | 90,000 | (대) 선수수익 | 90,000* |
> |---|---|---|---|
>
> * 120,000원 × 9개월/12개월 = 90,000원

② 부채처리법: 둘 이상의 회계기간에 걸쳐 발생하는 임대료 등 수익을 수령하는 시점에 전액 부채(선수수익)으로 회계처리한 경우 기말시점에 당기분(실현된 부분)만큼 당기 수익이므로 해당 금액만큼 수익을 발생시키고 그만큼 부채(선수수익)를 감소시킨다.

> 🪙 **실전 적용**
> [1] 수령액을 전액 부채처리한 경우 – 2024년 10월 1일에 1년분 임대료(보험기간 2024년 10월 1일 ~ 2025년 9월 30일) 120,000원으로 현금으로 미리 수령한 후 전액 부채로 계상하다.
>
> | (차) 현금 | 120,000 | (대) 선수수익 | 120,000 |
> |---|---|---|---|
>
> [2] 보고기간 종료일 – 기말시점에 당기에 계상한 선수수익 중 당기 실현분을 임대료(수익)로 대체하다.
>
> | (차) 선수수익 | 30,000 | (대) 임대료 | 30,000* |
> |---|---|---|---|
>
> * 120,000원 × 3개월/12개월 = 30,000원

3. 비용과 수익의 발생 〈중요〉

▸ 최신 30회 중 8문제 출제

구분	내용
비용의 발생	이미 서비스를 제공받아 비용이 발생했지만 결산일 현재 비용으로 회계처리하지 않았다면 비용을 인식하고 부채로 계상한다.
수익의 발생	이미 서비스를 제공하여 수익이 발생했지만 결산일 현재 수익으로 회계처리하지 않았다면 수익을 인식하고 자산으로 계상한다.

(1) 미지급비용(부채)

기중에 용역을 제공받고도 현금을 지급하지 않아서 비용을 장부에 기록하지 않은 미지급분을 말한다. 이미 서비스를 제공받아 그 대가를 지불할 의무가 있는데 결산일 현재까지 이행되지 않은 경우에 당기비용으로 회계처리해야 한다.

> **💰 실전 적용**
>
> [1] 비용의 발생 – 기말결산일 현재 은행 차입금에 대한 당기 기간 경과분 이자 미지급액 30,000원을 계상하다. 단, 이자지급일은 다음 연도 1월 31일이다.
>
> (차) 이자비용   30,000   (대) 미지급비용   30,000
>
> [2] 이자 지급 시 – 1월 31일: 전년도분 이자 30,000원을 보통예금 계좌에서 이체하여 지급하다.
>
> (차) 미지급비용   30,000   (대) 보통예금   30,000

미지급비용 기말수정분개

• 기간 경과분 상계

(차) 비용 / (대) 미지급비용

(2) 미수수익(자산)

당기에 용역을 제공하고 수익은 획득하였으나 그 대가를 받지 못해서 수익 계정에 기입하지 않은 금액을 말한다. 이미 서비스를 제공하여 그 대가를 수령할 권리가 있는데 결산일 현재까지 이행되지 않은 경우에 당기 수익으로 회계처리해야 한다.

> **💰 실전 적용**
>
> [1] 수익의 발생 – 기말결산일 현재 은행예금에 대한 당기 기간 경과분 이자 미수액 30,000원을 계상하다. 단, 이자수령일은 다음 연도 1월 31일이다.
>
> (차) 미수수익   30,000   (대) 이자수익   30,000
>
> [2] 이자 수령 시 – 1월 31일: 전년도분 이자 30,000원이 보통예금 계좌로 입금되다.
>
> (차) 보통예금   30,000   (대) 미수수익   30,000

미수수익 기말수정분개

• 기간 경과분 상계

(차) 미수수익 / (대) 수익

4. 결산정리사항이 순이익에 미치는 효과 ◀중요▶   ▶ 최신 30회 중 9문제 출제

선급비용이 과소계상되면 당기의 비용이 과대계상되어 당기순이익이 과소계상되며, 미수수익이 과소계상되면 당기의 수익이 과소계상되어 당기순이익이 과소계상된다. 또한, 선수수익이 과소계상되면 당기의 수익이 과대계상되어 당기순이익이 과대계상되며, 미지급비용이 과소계상되면 당기의 비용이 과소계상되어 당기순이익이 과대계상된다.

자산	부채
선급비용 누락	선수수익 누락
미수수익 누락	미지급비용 누락
→ 당기순이익 과소계상	→ 당기순이익 과대계상

즉, 선급비용과 미수수익은 자산이며 이를 누락한 경우 자본금의 구성 항목인 당기순이익이 과소계상되며, 선수수익과 미지급비용은 부채이며 이를 누락한 경우 자본금의 구성 항목인 당기순이익이 과대계상된다.

기말수정분개 누락

• 선급비용, 미수수익 누락 시
→ 순이익 과소계상

• 선수수익, 미지급비용 누락 시
→ 순이익 과대계상

🏦 실전 적용

[1] 선급비용 누락 – 손익계산서에 보험료 120,000원이 계상되어 있으나 해당 보험료 중 선급분 (차기분) 10,000원에 대한 다음의 분개가 누락된 경우

(차) 선급비용(자산 증가)　　　　　10,000　　(대) 보험료(비용 소멸)　　　　　10,000

→ 기말수정분개로 인해 비용이 10,000원 소멸되면 당기순이익은 10,000원이 증가한다. 즉, 기말수정분개 누락으로 선급비용 10,000원이 누락된 경우 당기순이익이 증가하지 않았으므로 당기순이익은 10,000원이 과소계상된다.

[2] 미수수익 누락 – 결산 시 미수이자 20,000원에 대한 다음의 분개가 누락된 경우

(차) 미수수익　　　　　　　　　20,000　　(대) 이자수익　　　　　　　　　20,000

→ 기말수정분개로 인해 수익이 20,000원 발생되면 당기순이익은 20,000원이 증가한다. 즉, 기말수정분개 누락으로 미수수익 20,000원이 누락된 경우 당기순이익이 증가하지 않았으므로 당기순이익은 20,000원이 과소계상된다.

[3] 선수수익 누락 – 손익계산서에 임대료 120,000원이 계상되어 있으나 해당 임대료 중 선수분 (차기분) 30,000원에 대한 다음의 분개가 누락된 경우

(차) 임대료　　　　　　　　　　30,000　　(대) 선수수익　　　　　　　　　30,000

→ 기말수정분개로 인해 수익이 30,000원 소멸되면 당기순이익은 30,000원이 감소한다. 즉, 기말수정분개 누락으로 선수수익 30,000원이 누락된 경우 당기순이익이 감소하지 않았으므로 당기순이익은 30,000원이 과대계상된다.

[4] 선급비용 누락 – 결산 시 미수이자 40,000원에 대한 다음의 분개가 누락된 경우

(차) 이자비용　　　　　　　　　40,000　　(대) 미지급비용　　　　　　　　40,000

→ 기말수정분개로 인해 비용이 40,000원 발생되면 당기순이익은 40,000원이 감소한다. 즉, 기말수정분개 누락으로 미지급비용 40,000원이 누락된 경우 당기순이익이 감소하지 않았으므로 당기순이익은 40,000원이 과대계상된다.

합격을 다지는 실전문제

📱 스마트폰으로 QR코드를 촬영하여 저자의 해설 강의를 확인하세요.

유형 1 결산의 의의

상 중 하

001 다음 내용을 회계의 순환과정으로 바르게 나열한 것은?

가. 거래의 발생	나. 시산표 작성
다. 재무제표 작성	라. 총계정원장 기입

① 가 → 나 → 다 → 라
② 가 → 나 → 라 → 다
③ 가 → 다 → 나 → 라
④ 가 → 라 → 나 → 다

상 중 하

002 다음 중 이월시산표에 기입할 수 있는 계정과목은?

① 이자수익
② 임차료
③ 건물
④ 매출원가

정답 및 해설

001 ④ 회계의 순환과정은 '거래의 발생 → 총계정원장 기입 → 시산표 작성 → 재무제표 작성'의 순서로 이루어진다.

002 ③ 이월시산표에 기입할 수 있는 계정과목은 자산, 부채, 자본 계정이다.

상 중 하

003 기중에 소모품 120,000원을 현금으로 구입하면서 다음과 같이 회계처리를 하였다. 결산시점에 창고를 조사하였더니 소모품이 30,000원 남은 것으로 확인되었을 경우 옳은 회계처리는?

| (차) 소모품비 | 120,000 | (대) 현금 | 120,000 |

① (차) 소모품비　90,000　　(대) 현금　90,000
② (차) 소모품비　30,000　　(대) 현금　30,000
③ (차) 소모품　90,000　　(대) 소모품비　90,000
④ (차) 소모품　30,000　　(대) 소모품비　30,000

상 중 하

004 다음 중 소모품 계정에 기입된 내용에 대한 설명으로 옳은 것은?

소모품			
12/1 현금	200,000	12/31 소모품비	140,000
		12/31 차기이월	60,000
	200,000		200,000

① 당월 소모품 사용액은 140,000원이다.
② 12월 1일 소모품 구입 시 비용으로 처리하였다.
③ 당월에 발생된 소모품비는 손익 계정 대변으로 대체된다.
④ 결산 시 재무상태표에 표시되는 소모품은 200,000원이다.

정답 및 해설

003 ④ 소모품을 구입하는 시점에 비용으로 처리하였으므로 창고에 남아 있는 소모품만큼 자산으로 계상하고 비용은 감소시켜야 한다.

004 ① 소모품 계정을 자산처리법으로 회계처리하였으며 재무상태표에 표시될 소모품은 60,000원이다.

005 다음 계정 기입에서 당기 소모품 미사용분의 금액은?

소모품비			
10/25 현금	50,000	12/31 소모품	20,000
		12/31 손익	30,000
	50,000		50,000

① 10,000원 ② 20,000원
③ 30,000원 ④ 50,000원

유형 3 **비용과 수익의 이연**

006 (가)와 (나)에 해당하는 계정과목을 〈보기〉에서 찾아 바르게 짝지은 것은?

┤보 기├
ㄱ. 선수이자   ㄴ. 선급이자   ㄷ. 미수이자   ㄹ. 미지급이자

① (가) – ㄱ, (나) – ㄴ ② (가) – ㄱ, (나) – ㄹ
③ (가) – ㄴ, (나) – ㄷ ④ (가) – ㄷ, (나) – ㄹ

정답 및 해설

005 ② 12/31 기말정리분개

(차) 소모품	20,000	(대) 소모품비	20,000

006 ① • 수익의 이연(선수수익): 수익에서 차감하여 부채로 이월
  • 비용의 이연(선급비용): 비용에서 차감하여 자산으로 이월
  • 수익의 발생(미수수익): 수익에 가산하여 자산으로 이월
  • 비용의 발생(미지급비용): 비용에 가산하여 부채로 이월

007 다음 중 선급비용에 해당하지 않는 것은?

① 선급보험료

② 종업원에 대한 선급급여

③ 선급임차료

④ 선급이자

008 다음 손익에 관한 기말정리분개 중 비용의 이연으로 회계처리된 것은?

① (차) 선급비용 ××× (대) 보험료 ×××

② (차) 이자수익 ××× (대) 선수수익 ×××

③ (차) 미수수익 ××× (대) 임대료 ×××

④ (차) 임차료 ××× (대) 미지급비용 ×××

009 다음 기말결산 정리사항 중 수익의 이연에 해당하는 것은?

① 임대료 선수분 계상

② 이자 미수분 계상

③ 보험료 선급분 계상

④ 임차료 미지급분 계상

010 다음 자료의 설명으로 옳지 않은 것은?

> 10월 1일 6개월분 임차료 120,000원을 현금으로 지급하다(단, 지급 시 비용으로 회계처리하며, 결산일은 12월 31일임).

10월	11월	12월	1월	2월	3월
← 당기분 →			← 차기분 →		

① 당기분 임차료는 60,000원이다.

② 차기분 60,000원은 선급비용이다.

③ 10월 1일 분개는 '(차) 선급비용 120,000 / (대) 현금 120,000'이다.

④ 손익계산서에 기입되는 임차료는 60,000원이다.

정답 및 해설

007 ② 종업원에 대한 선급급여는 가불금이므로 단기대여금으로 처리한다.

008 ① 당기에 지급된 비용 중 차기에 속하는 금액이 있으면, 발생주의에 따라 차기로 이월한다.

009 ① ② 이자 미수분은 수익의 발생, ③ 보험료 선급분은 비용의 이연, ④ 임차료 미지급분은 비용의 발생에 해당한다.

010 ③ 지급 시 비용으로 회계처리하였으므로 10월 1일 분개는 다음과 같다.

(차) 임차료 120,000 (대) 현금 120,000

011 오성상사는 10월 1일에 보험료 48,000원의 1년 만기 화재보험에 가입하고, 가입과 함께 대금을 전액 현금으로 지급하였다. 10월 1일 경리부장인 김부장은 보험료 계정 차변에 48,000원, 현금 계정 대변에 48,000원을 기록하였다. 기말결산일인 12월 31일에 어느 계정에 대해 수정분개를 하여야 하는가?

① 현금
② 선수보험
③ 미지급보험료
④ 보험료

012 2024년 9월 1일 건물임대료 6개월분 30,000원을 현금으로 받고 수익으로 회계처리하였다. 12월 31일 결산 시 선수임대료에 해당하는 금액은? (단, 월할계산에 의함)

① 10,000원
② 15,000원
③ 20,000원
④ 25,000원

013 당기에 발생한 비용 중 차기분을 이연하는 이유로 올바른 것은?

① 현금주의 인식
② 당기순이익의 과대공시
③ 수익과 비용의 대응
④ 차기순이익의 과소공시

014 다음 자료에서 당기의 손익계산서에 표시되는 이자수익의 금액으로 옳은 것은?

이자수익			
12/31 선수수익	60,000	10/1 보통예금	100,000
12/31 손익	40,000		

① 20,000원
② 40,000원
③ 60,000원
④ 100,000원

정답 및 해설

011 ④ 12/31 (차) 선급보험료   36,000   (대) 보험료   36,000

012 ① 30,000원 × 2개월/6개월 = 10,000원

013 ③ 당기에 발생하였으나 차기와 관련한 비용을 이연하여 수익과 비용을 정확하게 대응하기 위함이다.

014 ② • 10/1   (차) 보통예금   100,000   (대) 이자수익   100,000
      • 12/31 (차) 이자수익   60,000   (대) 선수수익   60,000
      • 12/31 (차) 이자수익   40,000   (대) 손익   40,000

015 장하늘회사의 기말재무상태표에 계상되어 있는 미지급보험료는 8,000원이며(기초 미지급보험료는 없음), 당기 발생되어 손익계산서에 계상되어 있는 보험료가 30,000원일 때 당기에 지급한 보험료는 얼마인가?

① 12,000원　　　　　　　　　　　　　② 32,000원

③ 22,000원　　　　　　　　　　　　　④ 28,000원

016 다음은 (주)공유(회계기간: 1월 1일 ~ 12월 31일)의 계정별원장 일부이다. 다음의 자료를 토대로 당기 이자비용의 거래내역을 바르게 설명한 것은?

이자비용			
10/31 보통예금	300,000	12/31 집합손익	500,000
12/31 미지급비용	200,000		
	500,000		500,000

① 당기에 현금으로 지급한 이자금액은 300,000원이다.

② 당기에 발생한 이자비용이지만 아직 지급하지 않은 금액은 500,000원이다.

③ 당기분 이자비용은 500,000원이다.

④ 차기로 이월되는 이자비용은 500,000원이다.

정답 및 해설

015 ③ 당기 지급보험료: 당기 발생 보험료 30,000원－기말 미지급보험료 8,000원＝22,000원

016 ③

10/31 이자비용 지급 시	(차) 이자비용	300,000	(대) 보통예금	300,000
12/31 결산이자비용 미지급액 계상	(차) 이자비용	200,000	(대) 미지급비용	200,000
12/31 당기분 이자비용 손익계정 대체	(차) 집합손익	500,000	(대) 이자비용	500,000

① 당기에 보통예금으로 지급한 이자비용은 300,000원이다.

② 당기에 발생한 이자비용이지만 미지급한 금액은 200,000원이다.

④ 이자비용은 손익계산서 비용 계정이므로 차기로 이월되지 않는다.

| 유형 5 | 결산정리사항이 순이익에 미치는 영향 |

상 중 하

017 결산 시 미수이자에 대한 분개를 누락한 경우 기말 재무제표에 어떤 영향을 미치는가?

① 비용의 과소계상
② 부채의 과소계상
③ 자산의 과소계상
④ 수익의 과대계상

상 중 하

018 회계기간 말까지 미지급한 이자비용이 결산 시 장부에 반영되지 않았을 때 나타나는 현상으로 옳은 것은?

① 자산의 과대평가와 비용의 과대평가
② 부채의 과대평가와 비용의 과소평가
③ 자산의 과소평가와 비용의 과대평가
④ 부채의 과소평가와 비용의 과소평가

상 중 하

019 결산 시 선수이자에 대한 결산정리분개를 누락한 경우, 기말 재무제표에 미치는 영향으로 옳은 것은?

① 부채의 과소계상
② 수익의 과소계상
③ 자산의 과대계상
④ 비용의 과소계상

상 중 하

020 결산 결과 당기순이익 200,000원이 발생하였으나 다음 사항이 누락되었다. 수정 후 당기순이익은?

| • 임대료 중 선수분 | 30,000원 | • 보험료 중 기간 미경과분 | 20,000원 |

① 150,000원
② 190,000원
③ 210,000원
④ 250,000원

정답 및 해설

017 ③ '(차) 미수이자(자산의 증가) ××× / (대) 이자수익(수익의 발생) ×××'을 누락했으므로 자산의 과소계상과 수익의 과소계상이 발생한다.

018 ④ '(차) 이자비용(비용) ××× / (대) 미지급비용(부채) ×××'의 거래내용이 장부에 반영되지 않는 경우 비용의 과소평가, 부채의 과소평가가 발생한다.

019 ① '(차) 이자수익 ××× / (대) 선수이자 ×××'의 누락으로 부채의 과소계상, 수익의 과대계상이 나타난다.

020 ② 당기순이익 200,000원 − 임대료 중 선수분 30,000원 + 보험료 중 기간 미경과분 20,000원 = 190,000원

021 결산 결과 당기순이익 90,000원이 산출되었으나 다음 사항이 누락되었다. 수정 후 당기순이익은?

| • 보험료 선급액 | 10,000원 | • 이자 미수액 | 20,000원 |

① 60,000원
③ 100,000원
② 80,000원
④ 120,000원

022 결산 후 당기순이익 5,000,000원이 산출되었으나 다음 사항이 누락되었다. 수정 후 당기순이익은?

| • 보험료 선급분 | 800,000원 | • 선수임대료 | 500,000원 |
| • 이자 미지급분 | 500,000원 | | |

① 3,200,000원
③ 4,200,000원
② 3,700,000원
④ 4,800,000원

023 2024년 10월 1일 업무용 자동차 보험료 600,000원(보험기간: 2024.10.1.~2025.9.30.)을 현금 지급하면서 전액 비용처리하고, 2024년 12월 31일 결산 시에 아무런 회계처리를 하지 않았다. 2024년 재무제표에 미치는 영향으로 옳은 것은?

① 손익계산서 순이익이 450,000원 과대계상된다.
② 재무상태표 자산이 450,000원 과소계상된다.
③ 손익계산서 순이익이 150,000원 과소계상된다.
④ 재무상태표 자산이 150,000원 과대계상된다.

정답 및 해설

021 ④ 당기순이익 90,000원 + 보험료 선급액 10,000원 + 이자 미수액 20,000원 = 120,000원

022 ④ 당기순이익 5,000,000원 + 보험료 선급분(비용의 이연) 800,000원 − 선수임대료(수익의 이연) 500,000원 − 이자 미지급분(비용의 발생) 500,000원 = 4,800,000원

023 ② 수정분개: (차) 선급비용 450,000* (대) 보험료 450,000
　　　　* 600,000원×9개월/12개월 = 450,000원
　　　　결산 시 수정분개를 누락하였으므로 손익계산서 순이익이 450,000원 과소계상, 재무상태표 자산이 450,000원 과소계상된다.

024 다음 중 기말결산 수정정리사항이 아닌 것은?

① 미지급비용의 인식

② 기타채권에 대한 대손의 추정

③ 유가증권 처분에 따른 손익 인식

④ 건물의 감가상각

025 다음 중 기말결산 정리사항이 아닌 것은?

① 외상매출금의 회수

② 기타채권에 대한 대손의 추산

③ 단기매매증권의 평가

④ 건물의 감가상각

정답 및 해설

024 ③ 유가증권 처분에 따른 손익 인식은 처분 시 회계처리하는 것으로 기말결산 정리와는 관계없다.

025 ① 외상매출금의 회수는 기중의 회계처리이며 기말결산 정리사항은 아니다.

여러분의 작은 소리
에듀윌은 크게 듣겠습니다.

본 교재에 대한 여러분의 목소리를 들려주세요.
공부하시면서 어려웠던 점, 궁금한 점,
칭찬하고 싶은 점, 개선할 점, 어떤 것이라도 좋습니다.

에듀윌은 여러분께서 나누어 주신 의견을
통해 끊임없이 발전하고 있습니다.

에듀윌 도서몰 book.eduwill.net
• 부가학습자료 및 정오표: 에듀윌 도서몰 → 도서자료실
• 교재 문의: 에듀윌 도서몰 → 문의하기 → 교재(내용, 출간) / 주문 및 배송

2024 에듀윌 전산회계 2급

발 행 일	2024년 1월 15일 초판
편 저 자	박진혁
펴 낸 이	양형남
펴 낸 곳	(주)에듀윌
등록번호	제25100-2002-000052호
주 소	08378 서울특별시 구로구 디지털로34길 55 코오롱싸이언스밸리 2차 3층

www.eduwill.net
대표전화 1600-6700

처음에는 당신이 원하는 곳으로
갈 수는 없겠지만,
당신이 지금 있는 곳에서
출발할 수는 있을 것이다.

– 작자 미상

2024

에듀윌 전산회계 2급

실무편 + 최신기출

KcLep 프로그램 다운로드 방법

⬇ 에듀윌 홈페이지에서 다운로드 받는 경우

❶ 에듀윌(http://www.eduwill.net) 전산세무회계 홈페이지에 접속한다.

❷ 상단의 [학습자료]를 클릭한다.

❸ 좌측의 [실무 프로그램 다운로드] – [실무 프로그램] 탭에서 프로그램을 다운로드한다.

❹ 다운로드된 압축파일을 풀고 프로그램을 설치한다.

⬇ 한국세무사회 홈페이지에서 다운로드 받는 경우

❶ 한국세무사회 국가공인자격시험(http://license.kacpta.or.kr) 홈페이지에 접속한다.

❷ 좌측 하단에 [케이렙(수험용) 다운로드]를 클릭하여 다운로드한다.

KcLep 프로그램 설치방법

❶ 다운로드된 KcLepSetup 아이콘을 더블클릭하여 실행한다.

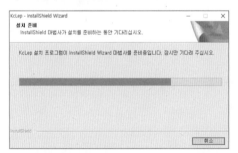

❷ 다운로드된 Setup파일을 실행해 프로그램을 설치한다.

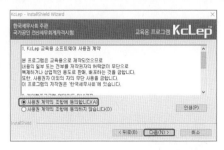

❸ 프로그램이 정상적으로 설치된 것을 확인한다.

KcLep 백데이터 설치방법

❶ 에듀윌(http://www.eduwill.net) 전산세무회계 홈페이지에 접속한다.

❷ 상단의 [학습자료]를 클릭한다.

❸ 좌측의 [실무 프로그램 다운로드] – [실무 백데이터] 탭에서 '2024 전산회계 2급'을 바탕화면에 다운로드한다.

❹ 바탕화면에 생성된 파일의 압축을 풀어 실행프로그램 아이콘을 더블클릭한 후 실행을 선택하면 컴퓨터 해당 폴더(C: KcLepDB/KcLep)에 자동으로 설치가 완료된다.

〈주의〉 새롭게 설치하려는 회사의 코드번호와 동일한 회사코드가 해당 폴더에 존재하는 경우 덮어쓰기 되므로 중요한 기존 자료는 미리 따로 복사해서 관리해야 한다.

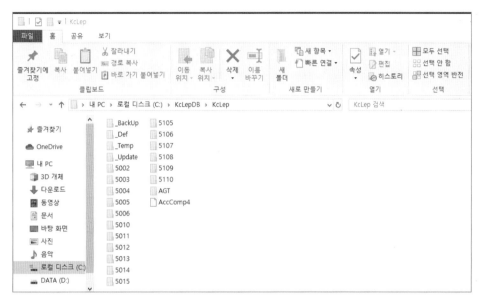

❺ 한국세무사회 KcLep 교육용 프로그램을 실행하고 로그인 화면에서 [종목선택]란에 '전산회계2급', [드라이브]란에 'C:₩KcLepDB'를 선택하고 화면 하단의 회사등록을 클릭한다.

❻ 회사등록 메뉴 상단의 'F4. 회사코드재생성'을 클릭하면, 자동으로 실습용 데이터의 회사코드가 나타난다.

❼ 회사등록 창을 닫고 다시 KcLep 로그인 화면에서 [회사코드]란 옆의 아이콘을 클릭한다.

❽ 회사코드도움 창에서 실습하고자 하는 회사를 선택하여 프로그램을 시작한다.

CONTENTS
차례

전산회계 2급 이론편

PART 01 | 회계의 기본원리

CHAPTER 01	부기와 회계의 기본원리	18
	합격을 다지는 실전문제	23
CHAPTER 02	기업의 재무상태	27
	합격을 다지는 실전문제	32
CHAPTER 03	기업의 경영성과와 순손익계산	40
	합격을 다지는 실전문제	44
CHAPTER 04	회계기록의 대상과 방법	54
	실전 분개사례 50선	63
	합격을 다지는 실전문제	73
CHAPTER 05	회계의 순환과정	82
	사례연습	89
	합격을 다지는 실전문제	95

PART 02 | 계정과목론

CHAPTER 01	당좌자산과 유동부채(Ⅰ)	108
	합격을 다지는 실전문제	114
CHAPTER 02	당좌자산과 유동부채(Ⅱ)	124
	합격을 다지는 실전문제	132
CHAPTER 03	재고자산	146
	합격을 다지는 실전문제	154
CHAPTER 04	비유동자산과 비유동부채	168
	합격을 다지는 실전문제	178
CHAPTER 05	자본	195
	합격을 다지는 실전문제	197
CHAPTER 06	결산	201
	합격을 다지는 실전문제	207

전산회계 2급 실무편 + 최신기출

PART 01 | 실무시험

CHAPTER 01	기초정보등록	10
CHAPTER 02	일반전표입력	36
	합격을 다지는 실전문제	46
CHAPTER 03	결산	62
	합격을 다지는 실전문제	82
CHAPTER 04	재무제표 및 제장부 조회	84
	합격을 다지는 실전문제	91

PART 02 | 실무시험 문제

출제유형별 연구문제	96
01회 실무 모의고사	105
02회 실무 모의고사	109
03회 실무 모의고사	113
04회 실무 모의고사	117
05회 실무 모의고사	121

PART 03 | 최신기출문제

110회 기출문제	128
109회 기출문제	137
108회 기출문제	146
107회 기출문제	155
106회 기출문제	164
105회 기출문제	174

실무시험

CHAPTER 01 기초정보등록
CHAPTER 02 일반전표입력
CHAPTER 03 결산
CHAPTER 04 재무제표 및 제장부 조회

NCS 능력단위 요소

회계관련 DB 마스터 관리하기_0203020105_17v3.1
회계프로그램 운용하기_0203020105_17v3.2
재무상태표 작성하기_0203020111_17v1.1
손익계산서 작성하기_0203020111_17v1.2

학습전략

전산회계 프로그램의 메뉴별 기능과 입력 방법을 파악한다. 다양한 거래내용에 따른
분개를 이해하고 직접 프로그램에 입력할 수 있어야 하며, 결산 방법을 이해하고 장부
별 내용을 파악하여 문제에서 요구하는 장부를 찾을 수 있도록 한다. 연습문제와 실전
문제를 통해 학습한 내용을 문제에 적용하고 복습하도록 한다.

기초정보등록

1 프로그램 실행하기

전산회계 프로그램 KcLep을 설치한 후, 바탕화면에 생성되어 있는 단축아이콘 을 더블클릭하면 다음과 같은 전산회계 교육용 프로그램 KcLep 실행화면이 나타난다.

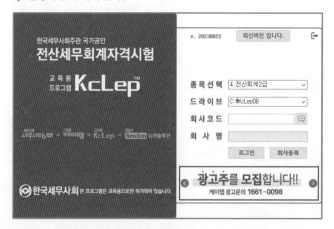

1. 종목선택과 드라이브

종목은 '전산회계 2급'을, 드라이브는 저장하고자 하는 드라이브를 선택한다. 급수에 따라 프로그램 실행 메뉴와 기능 및 내용면에서 많은 차이가 있기 때문에 공부하고자 하는 급수를 정확히 선택해야 한다.

2. 회사코드와 회사명

(1) 회사가 등록되어 있지 않은 경우

전산회계 프로그램 KcLep을 최초로 실행할 때에는 화면 우측 하단의 회사등록 을 클릭하여 회사를 등록해야 한다. [회사등록] 메뉴는 관리하고자 하는 회사의 기초정보를 등록하는 메뉴로 프로그램 운용 전반에 영향을 미치므로 정확히 입력해야 한다.

꿀팁 백데이터 설치방법은 p.5를 참고한다.

(2) 회사가 등록되어 있는 경우

회사코드에 커서를 놓고 키보드의 F2를 누르거나, 회사코드 우측의 🔲을 클릭하면 '회사코드도움' 창이 뜬다. 기장하려는 회사코드를 선택하고 확인(Enter)을 클릭한다.

3. 로그인

회사를 등록한 후 로그인하면 다음 메인 화면이 나온다.

(1) 전표입력

거래가 발생하면 관련 분개를 전표에 입력하는 메뉴이다. 전산회계 2급 실무시험의 4번 문제인 일반전표입력은 3점 배점으로 8문항이 출제되어 총 24점, 5번 문제인 오류수정은 3점 배점으로 2문항이 출제되어 총 6점으로 구성되어 있다. 100점 만점에 총 30점이 출제되는 가장 중요한 메뉴라고 할 수 있다.

(2) 기초정보관리

프로그램을 구동하기 위한 기본적인 회사등록, 거래처등록, 계정과목 및 적요등록, 환경등록을 하는 메뉴이다. 전산회계 2급 실무시험의 1번 문제는 사업자등록증을 보고 회사등록을 하는 문제가 6점 배점으로 출제되며, 2번 또는 3번 문제에서 거래처등록과 계정과목 및 적요등록에 관한 문제가 3점 배점으로 출제되고 있다.

(3) 장부관리

전표를 입력하면 회계의 여러 장부에 자동으로 저장이 되는데 이 장부들을 조회하는 메뉴이다. 전산회계 2급 실무시험의 7번 문제인 장부조회는 3~4점 배점으로 3문항이 출제되어 총 10점 배점으로 구성되어 있다.

(4) 결산/재무제표

보고기간 종료일(기말)에 장부를 마감하여 재무제표를 확정 짓는 절차를 입력하는 메뉴이다. 전산회계 2급 실무시험의 6번 문제인 결산은 3점 배점으로 4문항이 출제되어 총 12점 배점으로 구성되어 있다.

(5) 전기분 재무제표

전기분 재무제표와 거래처별 초기이월을 입력하는 메뉴이다. 전산회계 2급 실무시험의 2번 또는 3번 문제인 전기분 재무제표 작성은 6점 배점으로 출제되며, 문제 2번 또는 3번인 거래처별 초기이월에 관한 문제가 3점 배점으로 출제되고 있다.

2 회사등록

[기초정보관리]−[회사등록] 메뉴에서 회사의 기본정보를 등록할 수 있다. 사업자가 관할세무서에 사업자등록을 신청하면 사업자등록증을 교부받게 되는데, 이 사업자등록증의 내용을 [회사등록] 메뉴에 입력한다.

1. 왼쪽 화면

① **코드**: 등록할 회사의 코드를 부여하며, 코드는 '0101~9999' 번호 중 사용자가 원하는 숫자를 입력할 수 있다.

② **회사명**: 사업자등록증에 기재된 상호명을 입력한다.

③ **구분**: 개인사업자와 법인사업자 중 사업자등록증상에 기재된 대로 선택하여 입력한다. 법인인 경우 '1'(자동으로 선택됨), 개인인 경우 '2'를 선택하여 입력한다. 전산회계 2급의 시험범위는 개인사업자이므로 '2'를 선택한다.

④ **미사용**: 등록한 회사를 사용할 경우 '0'(자동으로 선택됨), 사용하지 않을 경우 '1'을 선택한다.

2. 기본사항 탭

① **회계연도**: 작업하고자 하는 연도의 기수와 회계기간을 입력한다. 기수는 회사의 존속기간이므로 개업일로부터 작업연도까지의 사업연도에 대한 기수를 입력하며 작업연도의 초일과 말일을 입력한다. 회계기간 내에서만 전표입력이 가능하므로 잘못 입력하지 않도록 주의해야 한다.

② **사업자등록번호**: 사업자등록증의 사업자등록번호를 입력한다. 사업자등록번호의 구성은 다음과 같다.

사업자등록번호를 잘못 입력하여 다음의 메시지가 뜬 경우 다시 확인하여 정확히 입력해야 한다.

③ **과세유형**: 부가가치세법상 사업자의 과세유형을 선택한다. '1.일반과세', '2.간이과세', '3.면세사업자' 중 사업자등 록증에 기재된 유형을 선택한다.

④ **대표자명/대표자거주 구분**: 사업자등록증상의 대표자를 입력한다. 대표자가 2인 이상일 때는 대표자 1인의 이름만 입력하고 그 밖의 대표자는 '외 몇 명'(예 홍길동 외 1명)으로 입력한다. 대표자의 거주 구분은 대표자가 내국인 경우 '1.거주자', 외국인인 경우 '2.비거주자'를 선택한다.

⑤ **대표자 주민번호/주민번호 구분**: 사업자등록증상의 대표자 주민번호를 입력한다. 주민번호 구분은 '0.부여오류', '1.정상', '2~6.중복', '7.기타', '8.법인', '9.외국인', '10.종중단체' 중 선택한다. 주민등록번호를 잘못 입력하여 다음 의 메시지가 뜬 경우 다시 확인하여 정확히 입력해야 한다.

⑥ **사업장주소/자택주소**: F2 코드도움 또는 [우편번호]란 우측의 🖮 을 클릭하면 다음의 '우편번호 검색' 창이 나타난 다. [검색]란에 도로명을 입력하여 주소가 검색되면 해당 주소를 선택한다.

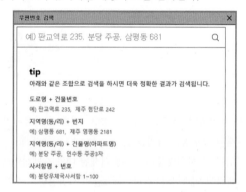

만약 인터넷이 안 되는 경우에는 하단의 [인터넷이 안되는 경우 이 버튼을 눌러주세요 (F2)] 버튼을 클릭하면 '우편번호코드도 움' 창이 나타난다. [검색]란에 도로명을 입력한 후 [확인(Enter)]을 클릭하여 주소가 검색되면 해당 주소를 선택한다.

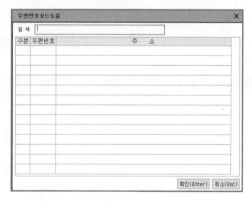

(꿀팁) 시험에서 우편번호 입력은 생략하며 문제에서 제시된 주소를 그대로 입력한다.

⑦ **업태/종목**: 업태란 사업의 형태를 말하며 제조업, 도·소매업, 음식, 숙박업, 보건업, 농업, 수산업, 서비스업, 임대업 등으로 분류된다. 종목이란 업태에 따라 취급하는 주된 품목을 말하며 **사업자등록증상의 업태와 종목을 입력한다.**

⑧ **주업종코드**: 수입금액이 가장 큰 업태/종목의 '주업종코드 및 주업종명'을 조회하여 입력한다.

⑨ **사업장 전화번호/팩스번호/자택 전화번호**: 사업장의 전화번호와 팩스번호 및 자택 전화번호를 입력한다.

⑩ **공동사업장 여부**: 공동사업장이면 '1.여'를, 공동사업장이 아니면 '0.부'를 입력한다.

⑪ **소득구분**: '30.부동산임대', '32.주택임대', '40.사업소득' 중 소득유형을 입력한다.

⑫ **중소기업 여부**: 중소기업기준검토표에 따라 중소기업이면 '1.여'를, 중소기업이 아니면 '0.부'를 입력한다.

⑬ **개업연월일**: 사업자등록증상의 개업연월일을 입력한다.

⑭ **사업장동코드**: F2를 누르거나 🔍을 클릭하여 입력한다.

⑮ **사업장관할세무서**: F2를 누르거나 🔍을 클릭하여 사업자등록증 하단의 기재된 관할 세무서를 검색하여 입력한다.

3. 추가사항 탭 [참고]

회사등록의 추가사항 탭 화면은 다음과 같다.

① **부가세 신고 방법**: 부가가치세는 사업장마다 사업자등록을 하고 신고·납부하는 것이 원칙이다. 다만 두 개 이상의 사업장을 가지고 있는 사업자는 총괄 납부와 사업자단위 과세를 신청할 수 있다.

구분	내용
1.사업장별	사업장별로 부가가치세를 신고·납부하는 경우
2.총괄 납부	부가가치세 납부만 총괄하여 한 사업장에서 하는 경우
3.사업자단위	둘 이상의 사업장이 있을 때 사업장이 아닌 사업자 단위로 모든 납세 의무를 이행하는 경우

② **반기별 납부 여부**: 근로소득세 납부는 지급한 달의 다음 달 10일까지 신고·납부하는 것이 원칙이다. 다만 상시근로자가 20인 이하인 사업장은 예외적으로 소득 지급일이 속하는 반기(1월~6월, 7월~12월)의 다음 달 10일까지 반기 납부할 수 있다.

구분	내용
0.부	근로소득세 납부를 매월 하는 경우
1.여	근로소득세 납부를 반기별로 하는 경우

③ **국세환급금 계좌/국세환급금 계좌번호**: 국세환급받을 은행명을 F2를 이용하여 조회한 후 선택하고 지점명과 계좌번호를 입력한다.

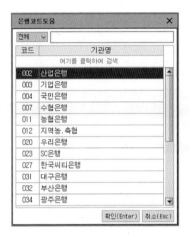

④ **사업자단위 승인번호/종사업자번호**: 사업자단위 과세제도를 적용받는 사업자는 관할세무서로부터 승인받은 승인번호와 종사업자번호를 입력한다.

⑤ **비밀번호**: 비밀번호를 입력하여 관리할 수 있다.

⑥ **본점 여부/본점 회사코드/본점 전화번호**: 당 회사가 본점인 경우에는 '1.여'를, 아닌 경우에는 '0.부'를 입력한다. 본점 여부에서 '0.부'를 입력한 지점은 본점 회사코드와 본점 전화번호를 입력한다.

포인트 상단 툴바의 기능

상단 툴바	키보드	기능
⊗ 닫기	Esc	해당 창 종료하기
? 도움	F1	프로그램에 대한 사용 매뉴얼 불러오기
코드	F2	해당 칸에 입력할 내용 불러오기
삭제	F5	해당 라인 또는 칸의 데이터 삭제하기
인쇄	F9	해당 서식 인쇄하기
조회	F12	해당 화면 다시 불러오기

대박상사는 상품(문구)을 구입하여 판매하는 개인기업이며 회계연도는 제15기 2024년 1월 1일부터 12월 31일이다. 다음의 사업자
등록증을 보고 코드번호 5001로 입력하시오(단, 제시된 자료 이외의 내용은 기본값을 적용하거나 입력을 생략함).

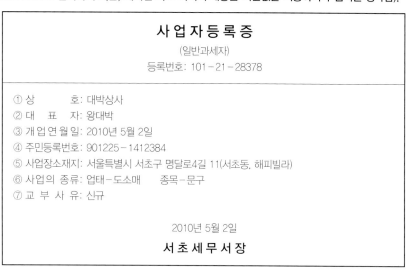

| 풀이 |

KcLep 로그인 화면에서 '회사등록'을 클릭하여 주어진 사업자등록증을 보고 회사를 등록한다.

① [코드]란에 '5001', [회사명]란에 '대박상사'를 입력하고, [구분]란에 '2: 개인', [미사용]란에 '0: 사용'을 선택하여 입력한다.

코드	회사명	구분	미사용
5001	대박상사	개인	사용

② 사업자등록증의 개업연월일이 '2010년 5월 2일'이므로 2010년은 1기, 2011년은 2기, …, 2024년은 15기에 해당한다. 따라서
[1.회계연도]란에 '15', '2024.1.1.～2024.12.31.'을 입력한다.

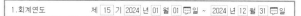

꿀팁 [1.회계연도]란은 실무에서 반드시 입력해야 하지만 시험에서는 미리 반영되어 있다.

③ [2.사업자등록번호]란에 '101－21－28378', [4.대표자명]란에 '왕대박', [5.대표자주민번호]란에 '901225－1412384'를 입력한다.
또한 과세유형, 대표자거주구분, 주민번호 구분은 해당 란에서 다음과 같이 선택하여 반영한다.

④ [6.사업장주소]란에는 F2 또는 🔲을 클릭하여 다음의 '우편번호 검색' 창이 나타나면 [검색]란에 '명달로4길 11'을 입력하여 검색한다.

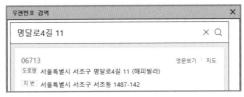

위와 같이 찾고자 하는 주소가 나오면 해당 주소를 클릭하여 다음과 같이 반영한다.

6.사업장주소	06713 🔲	서울특별시 서초구 명달로4길 11		
	(서초동, 해피빌라)		신주소	여

또한 주소를 입력하면 [19.사업장동코드], [21.사업장관할세무서], [23.지방소득세납세지]란은 다음과 같이 자동 반영된다.

19.사업장동코드	1165010800 🔲 서울특별시 서초구 서초동		
20.주소지동코드	🔲		
21.사업장관할세무서	214 🔲 서초	22.주소지관할세무서	🔲
23.지방소득세납세지	서초구 🔲	24.주소지지방소득세납세지	🔲

⑤ [8.업태]란에 '도소매', [9.종목]란에 '문구'를 입력한다.

8. 업태	도소매	9.종목	문구

⑥ [17.개업연월일]란에는 사업자등록증상의 개업일 '2010-05-02'를 입력한다.

17.개업연월일	2010-05-02 🔲

⑦ 완성된 회사등록 화면은 다음과 같다.

기본사항	추가사항			
1.회계연도	제 15 기 2024 년 01 월 01 일 ~ 2024 년 12 월 31 🔲 일			
2.사업자등록번호	101-21-28378	3. 과세유형 일반과세	과세유형전환일 ____-__-__ 🔲	
4.대표자명	왕대박		대표자거주구분	거주자
5.대표자주민번호	901225-1412384		주민번호 구분	정상
6.사업장주소	06713 🔲 서울특별시 서초구 명달로4길 11			
	(서초동, 해피빌라)		신주소	여
7.자택주소	🔲			
			신주소	부
8. 업태	도소매	9.종목	문구	
10.주업종코드	🔲			
11.사업장전화번호	( ) -	12.팩스번호	( ) -	
13.자택전화번호	( ) -	14.공동사업장여부	부	
15.소득구분		16.중소기업여부	여	
17.개업연월일	2010-05-02 🔲	18.폐업연월일	____-__-__ 🔲	
19.사업장동코드	1165010800 🔲 서울특별시 서초구 서초동			
20.주소지동코드	🔲			
21.사업장관할세무서	214 🔲 서초	22.주소지관할세무서	🔲	
23.지방소득세납세지	서초구 🔲	24.주소지지방소득세납세지	🔲	

3 거래처등록

[기초정보관리]−[거래처등록] 메뉴에서 거래처의 기본정보를 등록할 수 있다. 상품, 제품의 외상거래나 기타채권, 채무에 관한 거래가 발생했을 때 외상매출금 계정이나 외상매입금 계정 등의 보조장부로 거래처별 장부를 만들게 되는데, 이렇게 각 거래처별 장부를 만들기 위해서는 장부를 만들고자 하는 거래처를 등록하여야 한다. 즉, 채권·채무에 대한 거래처원장을 관리하기 위한 기초작업으로 관리하고자 하는 거래처의 기본정보를 등록하는 메뉴이다. 거래처등록은 회사 기본사항 등록과 마찬가지로, 거래처의 사업자등록증 사본을 받아 등록하는 것이 가장 정확하지만, 사업자등록증의 내용이 그대로 반영되는 세금계산서나 일반 영수증을 보고 입력해도 된다.

1. 일반거래처 탭

① 코드: '101~97999' 번호 중 사용자가 원하는 숫자를 입력한다.

② 거래처명: 거래처의 사업자등록증상 상호를 입력한다.

③ 유형: 거래처의 유형은 '1: 매출', '2: 매입', '3: 동시' 중 선택한다. 동시는 매입과 매출이 동시에 발생하는 거래처인 경우를 말하며 선택 없이 Enter↵를 누르면 '3: 동시'로 자동 선택된다.

④ 사업자등록번호: 거래처의 사업자등록번호를 입력한다. 실무에서는 [사업자등록상태조회]를 클릭하면 국세청홈택스 홈페이지에 연결되어 입력한 사업자등록번호를 조회하여 일반과세자, 간이과세자, 면세사업자, 폐업자 여부를 확인할 수 있으나 교육용에서는 제공되지 않는 기능이다.

⑤ 주민등록번호: 거래처 대표자의 주민등록번호를 입력한다. 기업체가 아닌 일반 개인이면서 세금계산서합계표상 주민등록기재분을 표시하는 경우에는 주민번호를 입력하면 우측 '주민기재분'이 자동 반영된다.

⑥ 대표자성명: 거래처의 대표자명을 입력한다.

⑦ 업종: 사업자등록증상 업태와 종목을 입력한다.

⑧ 주소: F2 또는 💬을 이용하여 우편번호와 사업장주소를 입력한다.

⑨ 상세 입력 안함: '상세 입력 안함'에 체크하면 커서가 하단으로 이동하지 않으며 다른 거래처등록으로 넘어가게 된다.

- **거래처 삭제 및 변경**

  등록된 거래처를 삭제할 때는 해당 거래처에 커서를 놓고 상단 툴바의 ⊗삭제를 클릭하면 나타나는 다음 창에서 예(Y)를 클릭한다.

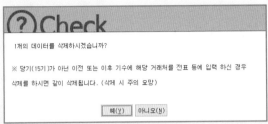

  한번 등록된 거래처명은 변경할 수 있지만 거래처의 코드번호는 변경할 수 없다. 만약 거래처등록 시 코드번호를 잘못 입력했다면 삭제하고 다시 입력해야 한다.

- **삭제된 거래처 복구**

  상단 툴바의 CF5 삭제된데이터를 클릭하면 나타나는 다음의 창에서 해당 거래처를 체크한 후 데이터 복구(F4)를 클릭하면 나타나는 '1개의 데이터를 복구하시겠습니까?' 창에서 예(Y)를 누른다. 만약 해당 거래처와 더 이상의 거래가 발생하지 않는다면 휴지통 비우기(F5)를 눌러 삭제한다.

2. 금융기관 탭

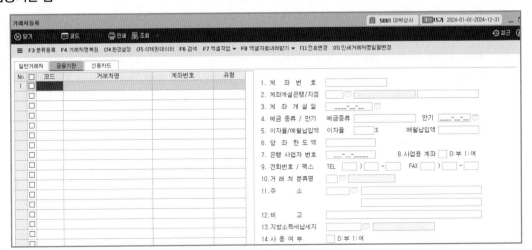

① 코드: '98000~99599' 범위 내에서 코드를 입력한다. 코드를 일련번호순으로 반영하고자 하는 경우에는 [코드]란에 일련
번호 숫자를 입력하면 자동으로 완성된다. 즉, '98001'을 부여하고자 할 때 '1'을 입력하면 '98001'이 자동으로 반영된다.

② 거래처명: 금융기관명을 입력한다.

③ 계좌번호: 계좌번호를 입력한다.

④ 유형: 예금 종류를 의미하며 '1: 보통예금', '2: 당좌예금', '3: 정기적금', '4: 정기예금', '5: 기타' 중 선택한다.

⑤ 계좌개설은행/지점: F2 또는 ⊡을 눌러 조회하여 계좌개설은행 및 지점을 선택한다.

⑥ 계좌개설일: 계좌개설일을 입력한다.

⑦ 예금 종류/만기: 입출금이 자유로운 예금과 그렇지 않은 예금 등으로 표기하고 적금인 경우 만기일을 입력한다.

⑧ 이자율/매월 납입액: 이자율을 입력하고, 적금인 경우에는 매월 납입액을 기입한다.

⑨ 당좌 한도액: 당좌예금인 경우에는 거래은행과 약정한 당좌차월 한도액을 입력한다.

⑩ 은행 사업자번호: 은행의 사업자번호를 입력한다.

⑪ 사업용 계좌: 관련 통장이 세무서에 신고한 사업용 계좌에 해당하면 '1: 여'를, 아니면 '0: 부'를 선택한다.

⑫ 전화번호/팩스: 금융기관의 전화번호와 팩스번호를 입력한다.

⑬ 거래처 분류명: 당사가 분류한 그룹으로 분류 시 사용한다.

⑭ 주소: 금융기관의 주소를 입력한다.

⑮ 사용여부: 현재 거래하는 은행이면 '1: 여'를, 거래하지 않는 은행이면 '0: 부'를 선택한다.

3. 신용카드 탭

① 코드: '99600~99999' 범위 내에서 코드를 입력한다. 코드를 일련번호순으로 반영하고자 하는 경우에는 [코드]란에 일련
번호 숫자를 입력하면 자동으로 완성된다. 즉, '99601'을 부여하고자 할 때 '1'을 입력하면 '99601'이 자동으로 반영된다.

② 거래처명: 신용카드사명을 입력한다.

③ 가맹점(카드)번호: 화면 우측에 입력한 가맹점번호의 카드번호가 자동으로 반영된다.

④ 유형: 당사가 신용카드 가맹점으로 신용카드 매출인 경우 '1: 매출'을, 카드로 매입을 하는 경우 '2: 매입'을 선택한다.

⑤ 사업자등록번호: 신용카드사의 사업자등록번호를 입력한다.

⑥ 가맹점번호: 매출인 경우 가맹점번호를 입력한다.

⑦ 카드번호(매입): 매입 시 사용되는 카드번호를 입력한다.

⑧ 카드종류(매입): '1. 일반카드', '2. 복지카드', '3. 사업용카드' 중 선택한다.

⑨ 전화번호: 해당 카드사의 전화번호를 입력한다.

⑩ 결제 계좌: 신용카드 결제금액이 입출금되는 계좌의 은행코드와 계좌번호를 입력한다.

⑪ 신용카드사: 신용카드사를 입력한다.

⑫ 수수료: 신용카드 수수료율을 입력한다.

⑬ 결제일: 신용카드의 결제일을 입력한다.

⑭ 담당자: 신용카드사의 담당자를 입력한다.

⑮ 홈페이지: 신용카드사의 홈페이지를 입력한다.

⑯ 거래처 분류명: 당사가 분류한 분류명을 조회하여 입력한다.

⑰ 사용한도: 신용카드사에서 부여한 사용한도액을 입력한다.

⑱ 사용여부: 현재 사용하는 신용카드이면 '1: 여'를, 사용하지 않는 신용카드이면 '0: 부'를 선택한다.

⊞ 연습문제

다음 자료를 이용하여 대박상사(회사코드: 5001)의 거래처등록을 하시오(단, 일반거래처의 유형은 '동시'를 선택하여 입력할 것).

코드	거래처명	대표자	사업자등록번호	주소	업태	종목
101	(주)홈플라스	박덧셈	108-80-16943	경기도 파주시 광탄면 광탄천로 419	제조	문구
102	(주)다이쏘	김만물	314-85-00186	대전광역시 유성구 신성남로 101	제조	문구
103	임아트상회	한예술	134-09-70442	경기도 고양시 일산동구 강촌로 151	제조	문구
104	분필문구	이낙서	134-24-62931	경기도 시흥시 경기과기대로 101	소매	문구
105	불꽃상사	최아싸	214-03-61494	서울특별시 서초구 강남대로 476	소매	문구
106	스피드상회	김빨라	134-10-70512	경기도 동두천시 평화로 2647	소매	문구
107	웁스유통	오우예	137-02-78880	인천광역시 남동구 백범로 250	소매	문구
108	성공인	주민등록번호 890401-1005118				
98000	우리은행	계좌번호 111-22-333334(유형: 보통예금)/지점: 서울역				
98001	국민은행	계좌번호 555-66-777778(유형: 당좌예금)/지점: 여의도				
99600	비씨카드	가맹점번호 123456(유형: 매출)				
99601	신한카드	카드번호 4151-5114-8179-3516(유형: 매입, 카드종류: 사업용카드)				

(꿀팁) 거래처 코드번호 '101~108'은 일반거래처, '98000~98001'은 금융기관, '99600~99601'은 신용카드 탭에 입력한다.

| 풀이 |

① [코드]란에 '101', [거래처명]란에 '(주)홈플라스'를 입력하고, [유형]란에서 '3: 동시'를 선택한다.

	코드	거래처명	등록번호	유형
□	00101	(주)홈플라스	108-80-16943	동시

② 화면 우측으로 이동하여 [1.사업자등록번호]란에 '108-80-16943', [3.대표자성명]란에 '박덧셈', [업태]란에 '제조', [종목]란에
'문구'를 입력한다.

1. 사업자등록번호 108-80-16943 [조회] 사업자등록상태조회

2. 주민 등록 번호 - 주 민 기 재 분 [부] 0:부 1:여

3. 대 표 자 성 명 박덧셈

4. 업   종 업태 제조   종목 문구

③ [5.주소]란에서 F2 또는 ⊞을 클릭하여 다음의 '우편번호 검색' 창이 나타나면 '광탄천로 419'를 입력하여 검색한다. 찾고자 하는
주소가 나오면 해당 주소를 클릭한다.

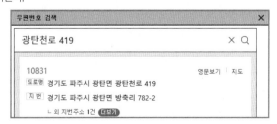

우편번호 검색

광탄천로 419

10831   영문보기 | 지도
[도로명] 경기도 파주시 광탄면 광탄천로 419
[지번] 경기도 파주시 광탄면 방축리 782-2

ㄴ 외 지번주소 1건 [더보기]

④ 일반거래처인 '102.(주)다이쏘～108.성공인'도 동일한 방법으로 입력한다. 입력 후 화면은 다음과 같다.

⑤ [거래처등록] 메뉴 상단의 [금융기관] 탭을 클릭한다.

⑥ [코드]란에 '98000', [거래처명]란에 '우리은행'을 입력하고, [유형]란에서 '1.보통예금'을 선택한다. 화면 우측의 [1.계좌번호]란에 '111-22-333334'를 입력한다. [2.계좌개설은행/지점]란에서 F2를 눌러 '우리은행'을 선택하고 [지점]란에 '서울역'을 입력한다.

⑦ 다음 행의 [코드]란에 '98001', [거래처명]란에 '국민은행'을 입력하고, [유형]란에서 '2.당좌예금'을 선택한 후 화면 우측의 [1.계좌번호]란에 '555-66-777778'을 입력한다. [2.계좌개설은행/지점]란에서 F2를 눌러 '국민은행'을 선택하고 [지점]란에 '여의도'를 입력한다.

⑧ [거래처등록] 메뉴 상단의 [신용카드] 탭을 클릭한다.

⑨ [코드]란에 '99600', [거래처명]란에 '비씨카드'를 입력하고, [유형]란에서 '1.매출'을 선택한다. 그리고 화면 우측의 [2.가맹점번호]란에 '123456'을 입력한다.

⑩ 다음 행의 [코드]란에 '99601', [거래처명]란에 '신한카드'를 입력한 후 [유형]란에서 '2.매입'을 선택한다. 화면 우측의 [3.카드번호(매입)]란에 신용카드번호 '4151-5114-8179-3516'을 입력하고, [4.카드종류(매입)]란에서 '3.사업용카드'를 선택한다.

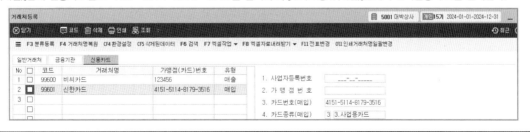

4 계정과목 및 적요등록

[기초정보관리]-[계정과목 및 적요등록] 메뉴에서는 계정과목과 적요를 등록할 수 있다. 일반기업회계기준에 따라 일반적인 계정과목은 이미 등록되어 있는 상태이다. 입력의 편의와 능률 향상을 위해 회사의 특성에 따라 계정과목을 수정하거나 추가하여 사용할 수도 있다.

1. 계정체계

0101부터 1010까지 부여된 코드와 계정과목이 유동성 배열법 등에 따라 체계적으로 정리되어 있다.

2. 코드/계정과목

기본 계정과목 코드번호가 자동으로 부여된다.

구분	내용
사용자설정 계정과목	사용하고자 하는 계정과목이 없는 경우 신규 등록하여 사용
흑색 계정과목	수정이 필요한 경우 수정 가능
적색 계정과목	수정이 불가능하나, Ctrl + F2를 누르면 수정 가능
적요	[적요]란은 추가 등록하거나 수정이 가능하지만, 고정 적요는 수정 불가능

(꿀팁) 본 메뉴에서는 실무에서 사용 중인 관리용 계정과목을 나타낸다. 즉, 실무에서 사용되는 외상매출금과 받을어음을 구체적으로 구분하여 표시하지만 결산 재무제표 작성 시에는 '통합 계정' 등록을 통해 '매출채권'으로 공시한다.

3. 성격

일반적인 항목으로 초기값이 설정되어 있으며, 계정과목에 따라 계정구분이 다르므로 사용자가 선택한다.

구분	내용
예금	예금 계정과목으로 자금 항목에 예금으로 설정한 경우
적금	적금 계정과목으로 자금 항목에 적금으로 설정한 경우
일반	일반적인 성격의 계정과목
차감	관련 계정의 차감적 평가 계정
유가증권	주식, 채권의 유가증권
가지급금	임직원에게 대여한 자금
받을어음	어음을 받은 경우(어음관리 필요시)
대여금	대여금의 자금관리가 필요한 경우
일반재고	매입하거나 제조한 재고자산
공정재고	제조과정에 있는 재고자산
환출차감	재고자산의 차감적 성격인 매입환출 등
할인차감	재고자산의 차감적 성격인 매입할인 등
관세차감	수출을 전제로 수입한 재고자산에 대한 관세환급금이 발생한 경우
평가충당금	재고자산에 대한 평가손실의 누계액
상각	유형자산의 감가상각이나 무형자산의 상각이 필요한 자산
비상각	유형자산의 감가상각이나 무형자산의 상각이 필요하지 않은 자산
임시	건설 중인 자산과 같이 임시적인 자산으로 추후 건물 등으로 대체
차입금	차입금의 자금관리가 필요한 경우
가수금	원인 불명의 자금을 받은 경우
지급어음	어음을 지급한 경우(어음관리 필요시)
준비금	세법상 적립 성격의 계정
충당금	기업회계기준 또는 세법상 적립 성격의 계정
사채차입금	회사채인 경우
증가	사채할증발행차금과 같이 관련 계정에 증가하는 형식으로 표시되는 계정
자본금	출자금
자본잉여금	자본거래에 의한 잉여금
평가이익	기타포괄손익누계액에서 자본의 증가 항목
평가손실	기타포괄손익누계액에서 자본의 감소 항목
법정적립금	상법 등의 법에서 적립이 의무화된 계정
임의적립금	회사 임의로 적립한 계정
미처분이익	주주총회와 이사회에서 아직 처분하지 않은 잉여금

4. 관계

계정과목 상호 간의 관계를 설정하여 전산상 자동으로 분개를 가능하게 해주는 것이다. 이미 선택되어 있으므로 변경하지 않고 사용한다.

5. 적요등록

적요란 거래내역을 간략하게 요약한 일종의 메모이다. 이는 전표출력 시 해당 분개에 대한 간략한 내용을 제공함으로써 거래의 내용을 보충 설명하는 역할을 한다. 각 과목별 현금적요와 대체적요로 구분하여 등록이 가능하며 [일반전표입력] 메뉴에서 상단 툴바의 '적요수정'을 이용하여 수정 및 추가 등록을 할 수 있다. 단, 붉은색으로 되어 있는 적요는 삭제가 불가능하다.

구분	내용
현금적요	현금거래(현금의 입금과 출금)를 기록하기 위한 적요
대체적요	현금거래를 제외한 나머지 거래에 대한 적요

⊞ 연습문제

다음을 대박상사(회사코드: 5001)의 [계정과목 및 적요등록] 메뉴에 입력하시오.

[1] 대박상사는 '세탁비' 계정과목을 추가 설정하고자 한다. '853.사용자설정 계정과목'에 등록하고, 성격은 '3.경비'로 하며 현금적요 및 대체적요를 다음과 같이 입력한다.

현금적요	대체적요
1.포장용 작업복 세탁비 현금지급	1.세탁용역업체 세탁비 카드결제

| 풀이 |

① [코드]란에 '853'을 입력하여 해당 계정과목으로 이동한다.
② 화면 우측의 [계정코드(명)]란에서 '사용자설정계정과목'을 '세탁비'로 수정 입력한 후 [성격]란에서 '3.경비'를 선택한다.
③ [현금적요]란에 '1.포장용 작업복 세탁비 현금지급'을, [대체적요]란에 '1.세탁용역업체 세탁비 카드결제'를 각각 입력한다.

[2] '138.전도금' 계정을 '138.소액현금' 계정으로 수정 입력하시오.

| 풀이 |

① [코드]란에 '138'을 입력하여 '전도금' 계정과목으로 이동한다.

② 계정과목의 수정이 비활성화되어 있으므로 [계정과목]란에 커서를 놓고 Ctrl + F2를 눌러 활성화한다. 화면 우측의 [계정코드 (명)]란을 '소액현금'으로 수정 입력한다.

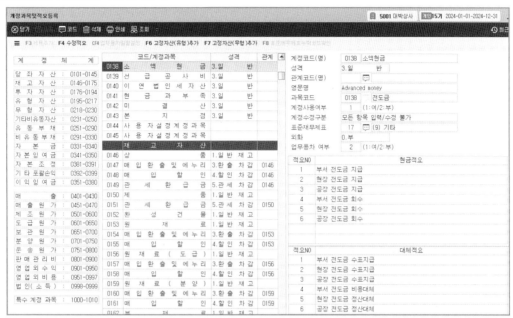

[3] 판매비와 관리비 중 '복리후생비' 계정의 현금적요에 '9.간식대 지급'을 입력하시오.

| 풀이 |

① 화면 좌측의 계정체계 중 판 매 관 리 비 : 0801-0900 을 클릭한 후 [코드/계정과목]란에서 '811.복리후생비'를 찾아 선택한다.

② 화면 우측의 [현금적요]란에 '9.간식대 지급'을 추가 입력한다.

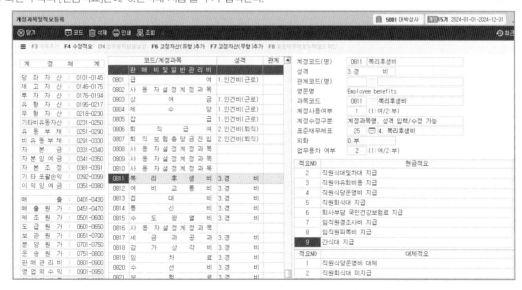

[4] 대박상사는 사무실 전화요금 절감을 위해 인터넷 전화를 사용하기로 하였다. 다음의 적요를 등록하시오.

계정과목	적요구분	적요등록 사항
통신비	현금적요	5.인터넷 전화요금 지급

| 풀이 |

① 화면 좌측의 계정체계 중 판 매 관 리 비 : 0801-0900 을 클릭한 후 [코드/계정과목]란에서 '814.통신비'를 찾아 선택한다.

② 화면 우측의 [현금적요]란에 '5.인터넷 전화요금 지급'을 추가 입력한다.

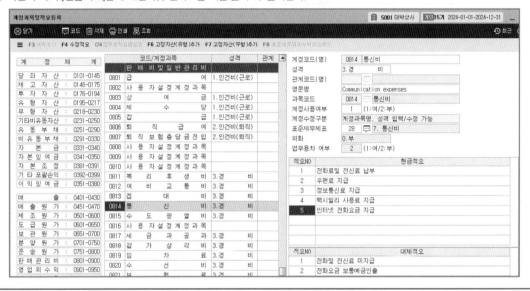

5 전기분 재무상태표

[전기분 재무제표]−[전기분 재무상태표] 메뉴에는 전기의 재무상태표를 입력하여 각 계정별로 전기 잔액을 이월시킴과 동시에 비교식 재무상태표의 전기분 자료를 제공한다.

전기에 회계처리를 한 경우 [마감 후 이월] 메뉴에서 전기 장부를 마감하면 자동 반영되지만, 당해 연도 중에 처음으로 회계처리를 하는 경우에는 전기에 대한 자료가 없기 때문에 결산이 완료된 전기분 재무상태표를 보고 입력하여 당기에 필요한 전기의 자료를 이월받아야 한다.

또한 본 메뉴에 입력된 재고자산 중 상품 계정의 금액은 전기분 손익계산서의 상품매출원가 부분에 기말상품재고액으로 자동 표기되며, 채권·채무 등 거래처 관리가 필요한 과목의 금액은 [거래처별 초기이월] 메뉴에 입력할 수 있는 기초금액을 제공한다.

1. 입력 방법

(1) 코드 및 계정과목

① 방법 1: [코드]란에 계정과목의 한 글자 이상을 입력한 후 Enter↵를 누르고 해당 과목을 선택한다.

② 방법 2: [코드]란에서 F2를 누르거나 상단 툴바의 █코드를 클릭하면 나타나는 '계정코드도움' 창에서 찾고자 하는 계정과목을 입력한 후 선택한다.

(2) 금액

금액 입력 시 '+'를 누르면 '000'이 한 번에 입력된다. 즉, '1,000,000'을 입력하고자 할 때 '1++'를 누르면 된다.

(3) 입력 시 주의사항

① '134.가지급금'과 '257.가수금'을 입력할 때 해당 임직원별로 지급(가수)과 회수(지급)의 적요번호를 구분하여 입력한다.

② 개인기업의 자본금은 '기초자본금 ± 대표자인출금 ± 당기순손익' 금액을 입력한다. 즉, 전기분 손익계산서의 오류수정으로 인한 금액의 차이는 자본금에서 조정한다.

③ 대손충당금, 감가상각누계액 등 차감 계정은 관련 계정의 다음 코드번호를 선택하여 입력한다.

  예 '108.외상매출금'의 대손충당금은 '109.대손충당금'으로 입력한다.

④ 각 계정과목과 금액을 입력하면 하단에 차변 금액과 대변 금액이 자동 집계되며 대차차액이 표시된다. 대차차액 금액이 음수(−)이면 차변 금액이 부족한 경우이고, 양수(+)이면 대변 금액이 부족한 경우이다. 따라서 입력을 완료했을 때 대차차액이 없어야 오류가 없는 것이다.

다음은 대박상사(회사코드: 5001)의 전기분 재무상태표이다. 이를 [전기분 재무상태표] 메뉴에 입력하시오.

재무상태표

대박상사   2023년 12월 31일 현재   (단위: 원)

과목	금액		과목	금액
I. 유 동 자 산		30,300,000	부 채	
1. 당 좌 자 산		29,800,000	1. 유 동 부 채	17,410,000
1) 현 금		5,500,000	1) 외 상 매 입 금	9,055,000
2) 당 좌 예 금		7,400,000	2) 지 급 어 음	1,936,000
3) 보 통 예 금		3,200,000	3) 미 지 급 금	5,655,000
4) 외 상 매 출 금	10,000,000		4) 선 수 금	764,000
대 손 충 당 금	100,000	9,900,000	2. 비 유 동 부 채	40,000,000
5) 받 을 어 음		2,000,000	1) 장 기 차 입 금	20,000,000
6) 가 지 급 금		1,800,000	2) 퇴 직 급 여 충 당 부 채	20,000,000
2. 재 고 자 산		500,000	부 채 총 계	57,410,000
1) 상 품		500,000		
II. 비 유 동 자 산		47,110,000	자 본	20,000,000
1. 투 자 자 산		780,000	1) 자 본 금	20,000,000
1) 장 기 대 여 금		780,000	(당 기 순 이 익:	
2. 유 형 자 산		46,330,000	2,041,000)	
1) 토 지		21,000,000		
2) 차 량 운 반 구	25,000,000		자 본 총 계	20,000,000
감 가 상 각 누 계 액	3,000,000	22,000,000		
3) 비 품	3,700,000			
감 가 상 각 누 계 액	370,000	3,330,000		
3. 무 형 자 산		0		
4. 기 타 비 유 동 자 산		0		
자 산 총 계		77,410,000	부 채 와 자 본 총 계	77,410,000

가지급금의 내역은 다음과 같다.

직책	성명	지급적요	회수적요	금액
대표이사	왕대박	1	4	1,000,000원
직원	박비전	2	3	800,000원

| 풀이 |

① [코드]란에 '현금'을 입력하고 [금액]란에 '5,500,000'을 입력한다.

② 당좌예금부터 같은 방법으로 순서대로 입력한다.

③ 대손충당금과 감가상각누계액은 해당 계정과목의 다음 코드번호를 입력한다.

- 예 · '108.외상매출금'의 대손충당금 → 109.대손충당금
  - · '110.받을어음'의 대손충당금 → 111.대손충당금
  - · '202.건물'의 감가상각누계액 → 203.감가상각누계액
  - · '206.기계장치'의 감가상각누계액 → 207.감가상각누계액
  - · '208.차량운반구'의 감가상각누계액 → 209.감가상각누계액
  - · '212.비품'의 감가상각누계액 → 213.감가상각누계액

④ 가지급금은 임직원별로 제시된 지급과 회수의 적요번호를 등록하고 금액도 '1,000,000'과 '800,000'으로 나누어 입력한다.

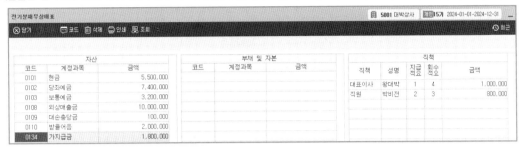

⑤ 퇴직급여충당부채는 입력화면 하단의 [판관비]란에 '20,000,000'을 입력한다. 전산회계 2급 시험범위는 상기업이므로 [판관비]란에만 입력하면 된다.

⑥ 마지막으로 '331.자본금'을 입력한다. 이때, 당기순이익은 별도로 입력하지 않는다. 입력이 완료된 화면은 다음과 같으며 입력화면 하단의 [대차차액]란에 조회되는 금액이 없어야 한다.

꿀팁 > 자산은 차변에, 부채 및 자본은 대변에 구분하여 입력하며, 각종 충당금의 경우 계정과목 명칭이 차감적 의미를 갖고 있더라도 금액 입력 시 마이너스(−)를 입력하지 않도록 주의한다.

6 전기분 손익계산서

[전기분 재무제표]−[전기분 손익계산서] 메뉴에서 전기분 손익계산서를 입력할 수 있다. 전년도 회계처리를 한 경우에는 [마감 후 이월] 메뉴를 통해 전년도 장부가 마감되면서 자동 반영되지만 당해 연도에 처음 회계처리하는 경우에는 비교식 손익계산서를 작성하기 위하여 입력해야 한다.

1. 입력 방법

(1) 코드 및 계정과목

① 방법 1: [코드]란에 계정과목의 한 글자 이상을 입력한 후 Enter↵를 누르고 해당 과목을 선택한다.
② 방법 2: [코드]란에서 F2를 누르거나 화면 상단의 툴바 🔳코드를 클릭하면 나타나는 '계정코드도움' 창에서 찾고자 하는 계정과목을 입력한 후 선택한다.

(2) 입력 시 주의사항

① '451.상품매출원가' 입력 시 '매출원가' 창이 나타나면 기초상품재고액과 당기상품매입액을 입력한다.
② 기말상품재고액은 [전기분 재무상태표] 메뉴에서 '146.상품'으로 입력한 금액이 자동 반영되어 표시되므로 본 메뉴에서는 입력할 수 없다.

> 꿀팁 교재의 당기순이익과 입력화면의 항목별 합계액인 당기순이익이 일치하면 정확히 입력된 것이다.

▦ 연습문제

다음은 대박상사(회사코드: 5001)의 전기분 손익계산서이다. 다음을 [전기분 손익계산서] 메뉴에 입력하시오.

손익계산서

대박상사 　　　　2023년 1월 1일부터 2023년 12월 31일까지 　　　　(단위: 원)

과목	금액	과목	금액
I. 매　　출　　액	70,000,000	세 금 과 공 과	2,500,000
상 품 매 출	70,000,000	감 가 상 각 비	1,200,000
II. 매　출　원　가	31,000,000	보 　 험 　 료	2,200,000
기 초 상 품 재 고 액	1,000,000	소 　 모 품 　 비	4,025,000
당 기 상 품 매 입 액	30,500,000	대 손 상 각 비	80,000
기 말 상 품 재 고 액	500,000	V. 영　　업　　이　　익	3,041,000
III. 매 출 총 이 익	39,000,000	VI. 영 업 외 수 익	0
IV. 판 매 비 와 관 리 비	35,959,000	VII. 영 업 외 비 용	1,000,000
급 　　　　　 여	15,000,000	이 자 비 용	1,000,000
복 리 후 생 비	5,350,000	VIII. 소 득 세 차 감 전 이 익	2,041,000
여 비 교 통 비	2,500,000	IX. 소 　 득 세 　 등	
접 대 비	1,250,000	X. 당 기 순 이 익	2,041,000
통 신 비	1,854,000		

| 풀이 |

① [코드]란에서 입력하고자 하는 계정과목의 한 글자 이상을 입력한 후 Enter↵를 누르고 해당 과목을 선택하여 금액을 입력한다. 화면 좌측에 계정과목과 금액을 입력하면 화면 우측의 계정별 합계에 자동으로 반영된다.

② 기초상품재고액, 당기상품매입액은 '451.상품매출원가'를 입력하여 '매출원가' 창을 띄워서 다음과 같이 입력하고 [기말상품재고액]란까지 Enter↵를 누르면 상품매출원가가 산출된다.

> 꿀팁 '기말상품재고액'을 수정해야 하는 경우에는 [전기분 재무상태표] 메뉴의 상품 금액을 수정하면 [전기분 손익계산서] 메뉴의 [기말상품재고액]란에 자동 반영된다.

③ 입력이 완료된 화면은 다음과 같다.

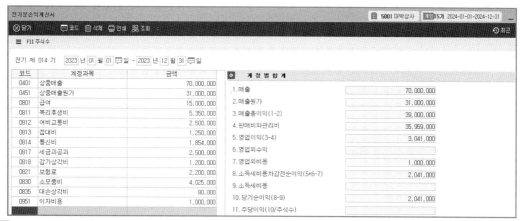

> (꿀팁) 누락한 경우 맨 아래에 추가 입력한 후 화면을 닫고 다시 조회하면 코드순으로 재배열된다.

---

7 거래처별 초기이월

[전기분 재무제표]-[거래처별 초기이월] 메뉴는 전기분 거래처별 초기이월 금액을 입력한다. 전기분 거래처별 초기이월은 채권·채무 등 거래처별 관리가 필요한 재무상태표 항목에 대하여 관련 계정의 거래처별 잔액을 이월받아 관리의 연속성을 유지하기 위한 작업이다. 즉, 거래처별 관리가 필요한 재무상태표 항목에 대하여 거래처별 장부를 만들고자 할 때 거래처를 등록하고 전기 말 잔액을 입력한다.

1. 입력 방법

(1) [거래처별 초기이월] 메뉴에서 입력화면 상단 툴바의 F4 불러오기 를 클릭한다. 다음의 창에서 예(Y) 를 누르면 전기분 재무상태표의 계정과목들이 나타난다.

(2) 거래처별로 초기이월할 계정과목을 클릭하여 우측의 [코드]란에 커서를 놓고 F2를 누르면 '거래처도움' 창이 나타난다. 검색을 통해 해당 거래처를 선택하고 거래처별로 초기이월할 금액을 입력한다.

(3) 화면 좌측의 해당 재무상태표 금액과 화면 우측 하단의 거래처별 합계가 일치해야 하며 화면 우측 하단의 [차액]란에 조회되는 금액이 없어야 오류 없이 입력한 것이다.

대박상사(회사코드: 5001)의 전기 말 현재의 채권, 채무의 잔액이다. 이를 [거래처별 초기이월] 메뉴에 입력하시오.

계정과목	거래처명	금액
외상매출금	(주)홈플라스	5,500,000원
	(주)다이쏘	4,500,000원
받을어음	임아트상회	2,000,000원
외상매입금	분필문구	5,000,000원
	스피드상회	4,055,000원
장기차입금	우리은행	20,000,000원

| 풀이 |

① [거래처별 초기이월] 메뉴에서 상단 툴바의 **F4 불러오기**를 클릭하면 전기분 재무상태표의 계정과목들이 나타난다.

② '108.외상매출금'을 클릭한 후 우측의 [코드]란에 커서를 놓고 **F2**를 눌러 해당 거래처와 금액을 입력한다.

꿀팁 [차액]란에 금액이 조회되면 오류가 발생한 것이므로 올바르게 수정한다.

③ '110.받을어음'을 클릭한 후 우측의 [코드]란에 커서를 놓고 **F2**를 눌러 해당 거래처와 금액을 입력한다.

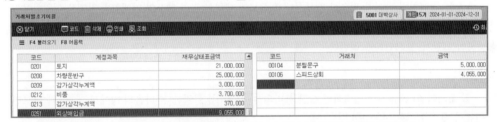

④ '251.외상매입금'을 클릭한 후 우측의 [코드]란에 커서를 놓고 **F2**를 눌러 해당 거래처와 금액을 입력한다.

⑤ '293.장기차입금'을 클릭한 후 우측의 [코드]란에 커서를 놓고 **F2**를 눌러 해당 거래처와 금액을 입력한다.

8 마감 후 이월

[전기분 재무제표]−[마감 후 이월] 메뉴는 다음과 같다. '마감'은 자료의 추가 입력이 불가능하고 입력한 자료가 안전하게 보존되도록 LOCK이 설치되며 다음 회계연도로 회계정보의 이월이 가능한 상태를 말한다.

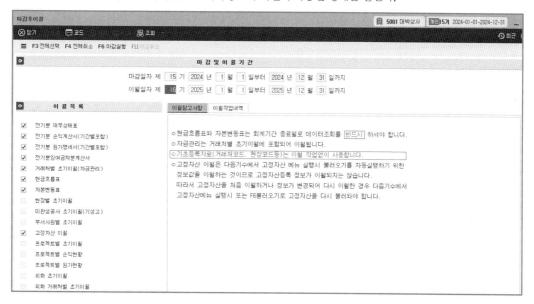

상단 툴바의 F6 마감실행 을 선택하면 제장부가 마감되며 마감이 완료되면 전표의 추가 입력, 수정, 삭제 등이 불가능하다. 이는 재무제표 작성 후에 기장 내용의 변경을 방지하기 위한 것으로 반드시 결산이 완료된 것을 확인한 후에 마감하도록 한다.

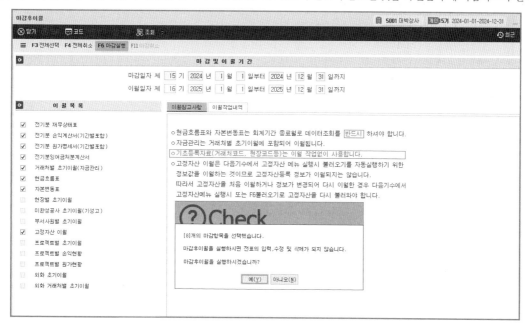

일반전표입력

1 개요

[전표입력]−[일반전표입력] 메뉴에 들어가면 분개를 입력하는 다음의 화면이 나온다. 전산회계 2급은 재무제표를 일반기업회계기준에 따라 작성, 완성하고 장부된 자료를 활용하는 능력을 측정하는 자격시험이다. 재무제표는 '분개 → 총계정원장 → 시산표 → 재무제표' 순으로 작성되는데, 총계정원장부터 재무제표까지는 전산 프로그램에 의해 자동으로 작성된다. 전산 프로그램에 분개를 입력하면 재무제표가 자동으로 작성되므로 재무제표 작성 시 분개 입력은 중요한 작업이며 전산회계 2급 시험에서 분개가 차지하는 비중 또한 매우 높다.

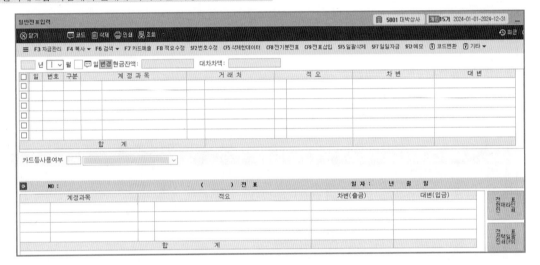

2 입력 요령

1. 월, 일

(1) **월만 입력하고 일자를 입력하지 않는 방법**

해당 월의 전체 거래자료에 대하여 한 화면에서 일자별로 계속 입력이 가능하다.

(2) **월, 일로 입력하는 방법(예 1월 2일)**

한 화면에서 해당 일자의 거래자료만 입력이 가능하다.

2. 번호

전표번호는 '0001'부터 일자별로 자동 부여된다. 즉, 일자가 바뀌면 '0001'부터 새로 부여된다. 대체분개는 1개의 전표로 보아 동일한 번호가 부여되며 차변의 합계와 대변의 합계가 일치되면 다음 번호로 부여된다. 번호를 수정하고자 할 때는 상단 툴바의 |SF2 번호수정|을 클릭한 후 [번호]란에 커서를 놓고 직접 번호를 입력하여 수정한다. 번호를 수정한 후에는 다시 |SF2 번호수정|을 클릭하여 원래의 모드로 복귀해야 한다.

(꿀팁) 상단 툴바의 |SF2 번호수정|(Shift + F2)은 하나의 거래에서 발생한 전표의 전표번호가 다를 경우 하나의 번호로 통일시키고자 할 때 사용한다.

3. 구분

전표의 유형을 입력하는 란이다.

구분	전표 종류	구분	표시	내용
현금전표	출금전표	1	출금	현금의 지출만 있는 거래에 사용 → (차) ×××　　　 (대) 현금
	입금전표	2	입금	현금의 입금만 있는 거래에 사용 → (차) 현금　　　 (대) ×××
대체전표	대체전표	3	차변	분개의 차변에 입력하기 위해 사용
		4	대변	분개의 대변에 입력하기 위해 사용
결산전표	결산전표	5	결차	결산분개의 차변에 입력하기 위해 사용
		6	결대	결산분개의 대변에 입력하기 위해 사용

(꿀팁) 대차가 일치하지 않으면 입력화면 하단에 붉은색으로 분개 대차차액이 표시된다. '−'는 차변이 더 작다는 뜻이고, '+'는 대변이 더 작다는 뜻이다.

4. 코드, 계정과목

[계정과목 및 적요등록] 메뉴에 등록되어 있는 계정과목코드를 입력하는 곳이며, 계정과목코드 3자리를 입력한다.

(1) 계정과목코드를 모르는 경우

① 방법 1: [계정과목코드]란에 커서를 놓고 입력하고자 하는 계정과목명을 한 글자 이상 입력하고 [Enter↵]를 누르면 '계정코드도움' 창에서 해당 글자가 포함되는 계정과목명들이 조회된다. 해당 계정과목에 커서를 놓고 후 [Enter↵]나 |확인(Enter)| 을 누른다.

② 방법 2: [계정과목코드]란에 커서를 놓고 F2를 누르면 '계정코드도움' 창이 나타난다. 입력하고자 하는 계정과목명을 한 글자 이상 입력하면 입력된 단어가 포함되는 계정과목들이 조회된다. 해당 계정과목에 커서를 놓고 [Enter↵]나 |확인(Enter)| 을 누른다.

5. 거래처코드

채권·채무 관련 계정의 거래처별 잔액 또는 거래내역 관리를 위하여 코드를 입력하는 란으로 거래처코드를 입력하면 거래처명이 자동으로 표시된다. 거래처 관리가 필요하지 않은 수익과 비용 등은 입력 시 거래처코드를 입력하지 않아도 된다.

(1) 거래처를 입력해야 하는 채권·채무 관련 계정과목 -중요

채권		채무	
매출채권	외상매출금	매입채무	외상매입금
	받을어음		지급어음
미수금, 미수수익		미지급금, 미지급비용	
장기대여금		장기차입금	
단기대여금(임직원 등 단기채권)		단기차입금(당좌차월)	
선급금, 선급비용		선수금, 선수수익	
임차보증금		임대보증금	
가지급금		가수금	
부도어음과 수표		유동성 장기부채	

(2) 거래처코드를 모르는 경우

① 방법 1: [거래처코드]란에서 해당 거래처명을 한 글자 이상 입력하고 [Enter↵]를 누르면 '거래처도움' 창에서 해당 글자가 포함되는 거래처들이 조회된다. 해당 거래처에 커서를 놓고 [Enter↵]를 누른다.

② 방법 2: [거래처코드]란에 커서를 놓고 [F2]를 누르면 '거래처도움' 창이 나타난다. 입력하고자 하는 거래처명을 한 글자 이상 입력한 후 [Enter↵]를 누르면 입력된 단어가 포함되는 거래처들이 조회된다. 해당 거래처에 커서를 놓고 [Enter↵]를 누른다.

③ 방법 3: [거래처코드]란에서 '+'를 누른 후 입력하고자 하는 거래처명을 정확히 입력하고 [Enter↵]를 누르면 자동으로 반영된다.

(3) 일반전표입력 화면에서 신규 거래처를 등록하는 방법

[거래처코드]란에 커서를 놓고 '+'를 누르면 [코드]란에 '00000'이 자동으로 표시되면서 커서가 [거래처명]란으로 이동한다. 등록하고자 하는 거래처명을 입력하고 [Enter↵]를 누른다. 동일한 거래처가 등록되어 있는 경우에는 기 등록된 거래처 코드번호와 거래처가 자동으로 반영되며 등록되어 있지 않은 신규 거래처인 경우에는 아래의 화면이 나타난다.

① 등록(Enter): 자동으로 부여되는 번호(00101~99999) 범위에서 사용하지 않은 번호 중 빠른 번호가 부여된다.

② 수정(Tab): 거래처의 세부사항을 등록하고자 할 때 클릭하면 다음의 입력란이 생성된다.

③ 취소(Esc): 거래처등록을 원하지 않을 때 선택하거나 키보드의 [Esc]를 누른다.

6. 거래처명

거래처원장은 거래처코드에 의해 작성되므로 거래처원장을 작성하여 관리하고자 하는 거래처는 반드시 거래처등록을 해야 하며 거래처 관리가 필요 없는 거래처는 거래처명만 입력하면 된다.

7. 적요

적요는 거래내역을 간단히 요약한 것이며 숫자 0~8 중 해당 번호를 선택하여 입력한다. 반복되는 거래내역을 매번 입력하는 번거로움을 줄이고 간단히 등록된 적요의 번호만을 선택하여 내장된 적요를 이용할 수 있다. 전산회계 2급 시험에서 적요를 등록하는 것은 몇 가지를 제외하고 점수에 반영되지 않으므로 실무적으로 다음 내용만 숙지하면 된다.

① 0: 적요를 직접 입력하고자 할 때 선택한다.

② 1~8: 하단에 표시되는 적요는 [계정과목 및 적요등록] 메뉴에 등록되어 있는 내용으로 해당하는 번호를 입력한다.

③ 적요수정(F8): 등록된 적요를 사용하지 않고 상단 툴바의 F8 적요수정 을 클릭한 후 '수정적요등록' 창에서 임의로 수정, 등록하여 사용 가능하다.

8. 금액

거래금액을 입력한다. 본 프로그램에서는 '+'를 누르면 '000'이 입력된다.

9. 일반전표입력의 데이터 정렬

일반전표입력 화면상에서 마우스 오른쪽 버튼을 클릭하고 데이터 정렬방식을 누르면 다음의 단축 메뉴가 나온다.

(1) 일자순

전표일자별로 데이터를 정렬한다.

(2) 입력순

사용자가 입력한 전표순으로 데이터를 정렬한다.

10. 입력된 전표의 삭제

입력된 전표를 삭제하는 경우에는 삭제할 전표를 체크하고 상단 툴바의 [⊗삭제] 또는 F5를 눌러 나타나는 다음의 보조창에서 [예(Y)]를 누른다.

③ 주요 상단 툴바의 기능

F3 자금관리 F4 복사 ▾ F6 검색 ▾ F7 카드매출 F8 적요수정 SF2 번호수정 CF5 삭제한데이터 CF8 전기분전표 CF9 전표삽입 SF5 일괄삭제

1. 복사(F4): [F4 복사 ▾]

복사하고자 하는 전표를 선택한 후 대상 월일을 입력하면 복사가 가능하다.

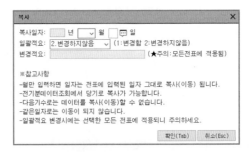

2. 이동(Shift + F3): [SF3 이동] ([F4 복사 ▾]의 아래 화살표 클릭)

선택한 전표를 삭제한 후 이동하고자 하는 경우 사용한다.

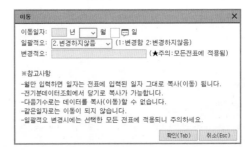

3. 검색([F6]): `F6 검색 ▽`

입력된 전표 수가 많아 특정 전표를 찾기 어려울 때 사용한다.

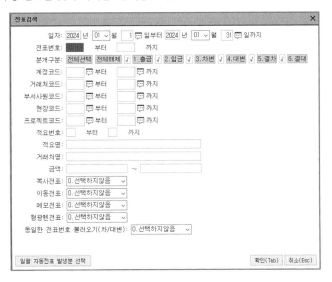

(1) 중복검색([Shift] + [F1]): `SF1 중복검색` (`F6 검색 ▽` 의 아래 화살표 클릭)

선택한 요소의 중복을 검색하여 표시한다. 확인 후 [Esc] 버튼을 누르면 원래 화면으로 돌아간다.

(2) 대차차액검색([Shift] + [F8]): `SF8 대차차액검색` (`F6 검색 ▽` 의 아래 화살표 클릭)

전표번호 내에서 차변 합계와 대변 합계가 일치하지 않는 경우를 찾아 수정할 수 있다. 확인 후 [Esc] 버튼을 누르면 원래 화면으로 돌아간다.

4. 삭제한 데이터([Ctrl] + [F5]): `CF5 삭제한데이터`

휴지통 기능으로 삭제된 데이터를 보관하였다가 필요시 복원하거나 영구삭제할 수 있다.

5. 전기분전표([Ctrl] + [F8]): `CF8 전기분전표`

당기 이전 일반전표입력을 조회하여 같은 달에 어떤 회계처리를 했는지 참조하거나 해당 전표를 복사할 수 있다.

6. 전표삽입([Ctrl]+[F9]): CF9전표삽입

특정 전표에 전표 라인을 추가할 때 사용한다. 삽입하고자 하는 전표 줄의 하단에 커서를 위치시킨 후 CF9전표삽입을 클릭하면 줄이 하나 생기면서 전표를 추가할 수 있다.

4 회사 변경 방법

메인 프로그램 우측 상단의 회사명을 더블클릭하거나 회사를 클릭한 후 변경하고자 하는 회사를 선택하고 '변경'을 클릭한다.

또는 프로그램을 종료한 후 다시 프로그램을 실행한다. 종목은 '전산회계 2급'으로 선택하고 회사코드 우측의 🔳을 클릭하여 변경하고자 하는 회사를 선택한다.

⊞ 연습문제

다음은 분개술술(회사코드: 5002)의 거래자료이다. 이를 [일반전표입력] 메뉴에 추가 입력하시오.

[1] 1월 2일(출금전표)

영업부 직원의 야근식사비 10,000원을 맛집식당에서 현금으로 지급하다.

| 풀이 |

(차) 복리후생비(판)	10,000	(대) 현금	10,000

① [월]란에 '1', [일]란에 '2'를 입력한다. 거래가 현금만 지급되므로 [구분]란에 '1'을 입력하면 '출금'으로 반영된다.

꿀팁〉 '출금'은 프로그램 대변에 현금이 입력되도록 명령하는 것이다.

② 출금거래는 대변이 무조건 현금이므로 [계정과목]란에는 차변 계정과목을 입력한다. [코드]란에 '복리'를 입력한 후 [Enter↵]를 누르면 나타나는 '계정코드도움' 창에서 '811.복리후생비'를 선택한다.

③ 채권·채무 관련 계정과목이 아니므로 거래처는 입력할 필요가 없으며 [차변]란으로 이동한 후 '10,000'을 입력한다.

④ 식대이므로 [적요]란에서 2번을 선택한다.

꿀팁〉 실제 시험에서 [적요]란은 시험점수에 반영되지 않으므로 입력하지 않아도 상관없다.

일	번호	구분	계 정 과 목	거 래 처	적 요	차 변	대 변
2	00002	출금	0811 복리후생비		2 직원식대및차대 지급	10,000	(현금)

[2] 1월 3일(출금전표)

스피드상회의 외상매입금 55,000원을 현금으로 지급하다.

| 풀이 |

(차) 외상매입금[스피드상회]	55,000	(대) 현금	55,000

① 다음 줄의 [일]란에 '3'을 입력하고 [구분]란에 '1.출금'을 입력하면 분개에서 대변에 현금이 입력된다.

② [코드]란에 '외상'을 입력한 후 Enter↵를 누르면 나타나는 '계정코드도움' 창에서 '251.외상매입금'을 선택한다.

③ 외상매입금은 채무의 계정과목이므로 반드시 거래처를 입력해야 한다. [거래처코드]란에 '스피'를 입력한 후 '거래처도움' 창에 '스피드상회'가 조회되면 이를 선택하고 [차변]란에 '55,000'을 입력한다.

일	번호	구분	계 정 과 목	거 래 처	적 요	차 변	대 변
2	00002	출금	0811 복리후생비		2 직원식대및차대 지급	10,000	(현금)
3	00002	출금	0251 외상매입금	00106 스피드상회		55,000	(현금)

(꿀팁) 특정 거래처에 대한 채권·채무와 관련된 거래에서 거래처코드를 입력하면 [거래처원장] 메뉴에 자동으로 반영된다. [장부관리]-[거래처원장]-[내용] 탭을 조회하면 다음과 같다.

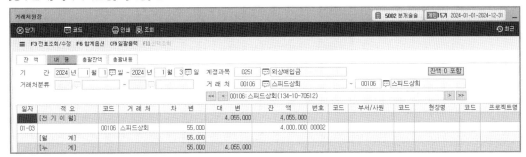

[3] 1월 4일(입금전표)

(주)홈플라스로부터 외상매출금 2,500,000원을 현금으로 회수하다.

| 풀이 |

(차) 현금	2,500,000	(대) 외상매출금[(주)홈플라스]	2,500,000

① 다음 줄의 [일]란에 '4'를 입력하고 [구분]란에 '2'를 입력하면 '입금'이 반영된다.

(꿀팁) '입금'은 프로그램 차변에 현금이 입력되도록 명령하는 것이다.

② 입금거래는 차변이 무조건 현금이므로 [계정과목]란에는 대변 계정과목을 입력한다. [코드]란에 '외상'을 입력한 후 Enter↵를 누르면 나타나는 '계정코드도움' 창에서 '108.외상매출금'을 선택한다.

③ 채권 계정과목이므로 [거래처코드]란에 '홈플'을 입력한 후 Enter↵를 누르면 나타나는 '거래처도움' 창에서 '(주)홈플라스'를 선택하고 [대변]란에 '2,500,000'을 입력한다.

일	번호	구분	계 정 과 목	거 래 처	적 요	차 변	대 변
2	00002	출금	0811 복리후생비		2 직원식대및차대 지급	10,000	(현금)
3	00002	출금	0251 외상매입금	00106 스피드상회		55,000	(현금)
4	00002	입금	0108 외상매출금	00101 (주)홈플라스		(현금)	2,500,000

(꿀팁) [장부관리]-[거래처원장]-[내용] 탭을 조회하면 다음과 같다.

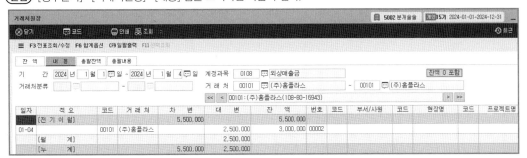

[4] 1월 5일(입금전표 – 거래처등록)

거래처 (주)러쉬앤캐치로부터 익월 말일 지급하기로 하고 현금 10,000,000원을 차입하였다. 거래처코드 120번으로 신규 거래처를 등록하시오.

코드번호	120	사업자등록번호	105 – 84 – 12344
상호	(주)러쉬앤캐치	대표자	돈많아
사업장소재지	경기도 의정부시 중앙로 100		
업태	도소매	종목	사무기기

| 풀이 |

(차) 현금	10,000,000	(대) 단기차입금[(주)러쉬앤캐치]	10,000,000

① 다음 줄의 [일]란에 '5'를 입력하고 [구분]란에 '2.입금'을 입력하면 분개에서 차변에 현금이 입력된다.

② [계정과목]란에 '단기차입금'을 입력하고, [거래처코드]란에 '+'를 입력하면 '00000'이 반영된다. [거래처명]란에 '(주)러쉬앤캐치'를 입력하고 [Enter↵]를 누르면 다음의 화면이 나타난다.

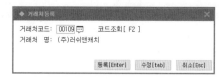

[거래처코드]란에 [거래처등록] 메뉴에서 등록되지 않은 번호 중 가장 빠른 번호인 '109'로 자동 반영되므로 [거래처코드]란을 '120'으로 수정 입력한 후 '수정'을 클릭한다. 다음과 같은 화면에서 [사업자등록번호]란에 '105 – 84 – 12344', [대표자명]란에 '돈많아', [업태]란에 '도소매', [종목]란에 '사무기기', [주소]란에 '경기도 의정부시 중앙로 100'을 차례대로 입력한 후 Esc를 눌러 상단으로 이동한다.

③ [대변]란에 '10,000,000'을 입력한다.

일	번호	구분	계 정 과 목	거 래 처	적 요	차 변	대 변
2	00002	출금	0811 복리후생비		2 직원식대밀차대 지급	10,000	(현금)
3	00002	출금	0251 외상매입금	00106 스피드상회		55,000	(현금)
4	00002	입금	0108 외상매출금	00101 (주)홈플라스		(현금)	2,500,000
5	00002	입금	0260 단기차입금	00120 (주)러쉬앤캐치		(현금)	10,000,000

[5] 1월 6일(대체전표)

훈남식당에서 판매거래처 임원들과 식사를 하고 식사대 30,000원을 신용카드(신한카드)로 결제하다.

| 풀이 |

(차) 접대비(판)	30,000	(대) 미지급금[신한카드] 또는 미지급비용[신한카드]	30,000

① 다음 줄의 [일]란에 '6'을 입력하고 [구분]란에 '3'을 입력하면 '차변'이 입력된다.

② [코드]란에 '접대'를 입력한 후 Enter↵를 누르면 나타나는 '계정코드도움' 창에서 '813.접대비'를 선택한다. 채권·채무 계정과목이 아니므로 거래처 입력은 생략하고 [차변]란에 '30,000'을 입력한다.

꿀팁〉 차·대변의 입력 순서는 상관없다.

③ Enter↵로 다음 줄로 내려간 후 [구분]란에 '4'를 입력하면 '대변'이 입력된다. [코드]란에 '미지'를 입력한 후 Enter↵를 누르면 나타나는 '계정코드도움' 창에서 '253.미지급금'을 선택한다.

④ [거래처코드]란에서 '신한'을 입력한 후 Enter↵를 누르면 나타나는 '거래처도움' 창에서 '신한카드'를 선택하고 [대변]란에 '30,000'을 입력한다.

일	번호	구분	계 정 과 목		거 래 처	적 요	차 변	대 변
2	00002	출금	0811	복리후생비		2 직원식대및차대 지급	10,000	(현금)
3	00002	출금	0251	외상매입금	00106 스피드상회		55,000	(현금)
4	00002	입금	0108	외상매출금	00101 (주)홈플라스		(현금)	2,500,000
5	00002	입금	0260	단기차입금	00120 (주)러쉬앤캐치		(현금)	10,000,000
6	00002	차변	0813	접대비			30,000	
6	00002	대변	0253	미지급금	99601 신한카드			30,000

[6] 1월 7일(대체전표)

(주)다이쏘의 외상매출금 500,000원을 어음으로 받다.

| 풀이 |

(차) 받을어음[(주)다이쏘]	500,000	(대) 외상매출금[(주)다이쏘]	500,000

① 다음 줄의 [일]란에 '7'을 입력하고 [구분]란에 '3.차변'을 입력한다.

② 계정과목에 '110.받을어음'을 입력한 후 채권 계정과목이므로 [거래처]란에 '(주)다이쏘'를, [차변]란에 '500,000'을 입력한다.

③ 다음 줄의 [일]란에 '7'을 입력하고 '4.대변'을 입력한 후 '108.외상매출금'을 입력한다. 채권 계정과목이므로 [거래처]란에 '(주)다이쏘'를 입력하고 [대변]란에 '500,000'을 입력한다.

일	번호	구분	계 정 과 목		거 래 처	적 요	차 변	대 변
2	00002	출금	0811	복리후생비		2 직원식대및차대 지급	10,000	(현금)
3	00002	출금	0251	외상매입금	00106 스피드상회		55,000	(현금)
4	00002	입금	0108	외상매출금	00101 (주)홈플라스		(현금)	2,500,000
5	00002	입금	0260	단기차입금	00120 (주)러쉬앤캐치		(현금)	10,000,000
6	00002	차변	0813	접대비			30,000	
6	00002	대변	0253	미지급금	99601 신한카드			30,000
7	00002	차변	0110	받을어음	00102 (주)다이쏘		500,000	
7	00002	대변	0108	외상매출금	00102 (주)다이쏘			500,000

꿀팁〉 '대차차액 자동 입력' 기능은 차변 금액을 입력하고 그에 상응하는 대변 금액을 입력할 경우 [금액]란에서 Space Bar 를 누르면 자동으로 금액이 정정되는 기능이다. 즉, 대차차액이 발생하는 경우 수정해야 하는 금액에 커서를 놓고 Space Bar 를 누르면 자동으로 오류가 수정된다.

합격을 다지는 실전문제

정답 및 해설 p.2

일반전표입력의 유형	분개술술(회사코드: 5002)

다음은 분개술술(회사코드: 5002)의 거래자료이다. 이를 [일반전표입력] 메뉴에 추가 입력하시오.

[1] 2월 1일

문구 판매 대리점을 개설하기 위해 성공인(임대인)으로부터 건물을 임차하고 보증금 전액과 2월 임차료를 보통예금 계좌에서 이체하여 지급하다.

<table>
<tr><td colspan="7" align="center">(사 무 실) 월 세 계 약 서</td><td>■임차인용</td></tr>
<tr><td rowspan="2">부동산의 표시</td><td>소재지</td><td colspan="6">서울특별시 서초구 명달로26길 11</td></tr>
<tr><td>구조</td><td colspan="2">철근콘크리트</td><td>용도</td><td>사무실</td><td>면적</td><td>250m²</td></tr>
<tr><td>보증금</td><td colspan="4">금 10,000,000원정</td><td>월세</td><td colspan="2">금 500,000원정</td></tr>
<tr><td colspan="8">제1조 위 부동산의 임대인과 임차인의 합의하에 아래와 같이 계약함.
제2조 위 부동산의 임대차에 있어 임차인은 보증금을 아래와 같이 지불하기로 함.</td></tr>
<tr><td>계약금</td><td colspan="7">원정은 계약 시 지불하기로 함.</td></tr>
<tr><td>중도금</td><td colspan="7">원정은   월   일 계약 시 지불하고</td></tr>
<tr><td>잔금</td><td colspan="7">10,000,000원정은 2024년 2월 1일 중개업자 입회하에 지불함.</td></tr>
<tr><td colspan="8">제3조 위 부동산의 명도는 2024년 2월 1일로 함.
제4조 임대차 기간은 2024년 2월 1일로부터 (24)개월로 함.</td></tr>
<tr><td rowspan="2">임대인</td><td>주소</td><td colspan="6">서울특별시 강남구 강남대로 123</td></tr>
<tr><td>주민등록번호</td><td colspan="2">890401-1005118</td><td>전화번호</td><td></td><td>성명</td><td>성공인</td></tr>
<tr><td rowspan="2">임차인</td><td>주소</td><td colspan="6">서울특별시 서초구 명달로 26길 11</td></tr>
<tr><td>사업자등록번호</td><td colspan="2">101-23-33346</td><td>전화번호</td><td></td><td>성명</td><td>분개술술</td></tr>
<tr><td rowspan="2">중개업자</td><td>주소</td><td colspan="4">서울특별시 강남구 강남대로 897</td><td>허가번호</td><td>337789-67</td></tr>
<tr><td>사업자등록번호</td><td colspan="3"></td><td>전화번호</td><td></td><td>성명</td><td>김민하</td></tr>
</table>

[2] 2월 13일

스피드상회의 외상매입금 1,000,000원을 지급하기 위하여 임아트상회로부터 매출대금으로 받은 약속어음을 배서양도하다.

[3] 2월 15일

상품 300,000원을 매입하고 대금은 국민은행에서 당좌수표를 발행하여 지급하다(단, 당좌예금 잔액은 100,000원이었고 국민은행과의 당좌차월계약 한도액은 500,000원임).

[4] 2월 20일

임아트상회에 대한 받을어음 2,000,000원이 만기가 도래하여 추심수수료 30,000원을 차감한 금액이 국민은행 보통예금 통장에 입금되다.

[5] 2월 25일

상품 포장을 위해 일용직 근로자를 채용하고 잡급 430,000원을 현금으로 지급하다.

일용직 급여 지급 영수증

이름: 김길동
주민등록번호: 654321 − 1111111
주소: 서울 서대문구 홍제동 11

〈근무내역〉

입 사 일: 2024.2.1.
근무기간: 2024.2.1.~2024.2.25.
수령금액: 430,000원

본인은 상기 금액을 수령하였음을 확인합니다.
2024년 2월 25일

수령자: 김길동 (인)

분개술술

---

[6] 3월 1일

으뜸상사로부터 받은 다음의 상품매입 견적서에 대해서 판매용 문구 7,000,000원을 구입하기로 계약하고 계약금 1,000,000원을 현금으로 지급하다(단, 으뜸상사는 거래처코드 200번으로 신규 등록할 것).

견적서: 분개술술 발송번호: 24−03−01−101 아래와 같이 견적서를 발송합니다. 2024년 3월 1일	공급자	사업자번호	113−23−79350		
		상호	으뜸상사	대표자	한원석 (인)
		소재지	부산 연제구 연제로 277		
		업태	도소매	종목	팬시
		담당자	김길동	전화번호	051−524−7756

품명	규격	수량	단가	금액	비고
팬시	박스	100	70,000원	7,000,000원	
합계 금액				7,000,000원	

[7] 3월 2일

당사가 국민은행으로부터 12,000,000원을 4개월간 차입하고 선이자 300,000원을 차감한 잔액이 당사 보통예금에 계좌이체되다(단, 선이자는 바로 비용처리함).

[8] 3월 6일

거래처 분필문구에 3개월 전에 대여한 금액 780,000원과 이자 20,000원까지 현금으로 회수하고 다음의 입금표를 발행하다.

No.1																	(공급자 보관용)

입 금 표

분필문구 귀하

공급자	사업자등록번호	101-23-33346															
	상호	분개술술						성명				왕대박 (인)					
	사업장소재지	서울특별시 서초구 명달로26길 11															
	업태	도소매						종목				문구					

작성일			금액									세액					
년	월	일	공란수	억	천	백	십	만	천	백	십	일	천	백	십	만	천	백	십	일
24	3	6															

합계	억		천		백		십		만		천		백		십		일
							8		0		0		0		0		0

내용: 대여금 및 이자 현금 입금

위 금액을 영수함

영 수 자　　왕대박 (인)

[9] 3월 9일

영업부 직원 김길동에게 출장을 명하고 여비개산액 200,000원을 현금으로 지급하다(단, 김길동은 거래처코드 201로 등록할 것).

[10] 3월 12일

지방 출장을 마치고 돌아온 영업부 직원 김길동으로부터 3월 9일에 지급한 출장비 200,000원에 대하여 다음과 같이 지출명세서를 받고 차액은 현금으로 회수하다.

여비정산서

소속	영업부	직위	대리		성명	김길동
출장 일정	일시	2024년 3월 9일 ~ 2024년 3월 11일				
	출장지	광주 일원				
출장비	지급받은 금액	200,000원	지출한 금액	190,000원	잔액	10,000원
지출내역	숙박비 100,000원, 교통비 90,000원					

2024년 3월 12일

정산인 성명　김길동 (인)

[11] 4월 1일

3월 1일 으뜸상사로부터 매입하기로 한 판매용 문구 7,000,000원을 매입하고, 계약금을 제외한 나머지 6,000,000원은 어음을 발행하여 지급하다.

약속어음	
	아 02266228
으뜸상사 귀하	
금 육백만원 (₩6,000,000)	
위의 금액을 귀하 또는 귀하의 지시인에게 이 약속어음과 상환하여 지급하겠습니다.	

지급기일	2024년 10월 1일	발행일	2024년 4월 1일
지 급 지	신한은행	발행지	분개술술
지급장소	서초지점	주 소	서울특별시 서초구 명달로26길 11
		발행인	왕대박 (인)

[12] 4월 12일

영업부서에서 거래처 직원과 식사를 하고 회사카드인 신한카드로 결제하다.

카드매출전표

카드종류: 신한카드
회원번호: 4151-5114-8179-3516
거래일시: 2024.4.12. 19:22:25
거래유형: 신용승인
매　　출: 200,000원
합　　계: 200,000원
결제방법: 일시불
승인번호: 89662511

가맹점명: 고향식당
- 이 하 생 략 -

[13] 4월 15일

당사는 태풍으로 피해를 입은 수재민을 돕기 위해 인근 KTBC 방송사에 아래와 같이 현금으로 지급하다.

<table>
<tr><td colspan="7" align="center">영 수 증</td></tr>
<tr><td rowspan="3" colspan="2"></td><td>등록번호</td><td colspan="4">101-23-33346</td></tr>
<tr><td>상호</td><td colspan="2">분개술술</td><td>대표</td><td>왕대박</td></tr>
<tr><td></td><td colspan="4"></td></tr>
<tr><td>발행일</td><td rowspan="2">2024.4.15.</td><td rowspan="2">거래
번호</td><td rowspan="2"></td><td>모집처</td><td colspan="3">KTBC 방송</td></tr>
<tr><td>등록번호</td><td colspan="2">123-23-43251</td><td>소재지</td><td></td></tr>
<tr><td colspan="7">내용</td></tr>
<tr><td>연월일</td><td>품명</td><td>규격</td><td>수량</td><td>단가</td><td>금액</td><td>비고</td></tr>
<tr><td>2024.4.15.</td><td>수재민돕기성금</td><td></td><td></td><td></td><td>500,000원</td><td></td></tr>
<tr><td></td><td></td><td></td><td></td><td></td><td></td><td></td></tr>
<tr><td colspan="5" align="center">총계</td><td>500,000원</td><td></td></tr>
</table>

[14] 4월 18일

(주)홈플라스에 스케치북 4,000,000원(50개, @80,000원)을 판매하기로 계약하고 계약대금의 30%를 당좌예금 계좌로 이체받다.

[15] 4월 25일

(주)홈플라스에 상품을 판매하고 발급한 거래명세서이다. 4월 18일에 받은 계약금을 제외한 나머지는 동사발행어음으로 받다.

<table>
<tr><td colspan="11" align="center">거래명세서</td><td align="right">(공급자 보관용)</td></tr>
<tr><td rowspan="5">공
급
자</td><td>등록번호</td><td colspan="3">101-23-33346</td><td rowspan="5">공
급
받
는
자</td><td>등록번호</td><td colspan="4">108-80-16943</td></tr>
<tr><td>상호</td><td colspan="2">분개술술</td><td>성명</td><td>왕대박</td><td>상호</td><td colspan="2">(주)홈플라스</td><td>성명</td><td>박뎃셈</td></tr>
<tr><td>사업장주소</td><td colspan="4">서울특별시 서초구 명달로26길 11</td><td>사업장주소</td><td colspan="4">경기도 파주시 광탄면 광탄천로 419</td></tr>
<tr><td>업태</td><td colspan="2">도소매업</td><td colspan="2">종사업장번호</td><td>업태</td><td colspan="2">제조</td><td colspan="2">종사업장번호</td></tr>
<tr><td>종목</td><td colspan="2">문구</td><td colspan="2"></td><td>종목</td><td colspan="2">문구</td><td colspan="2"></td></tr>
<tr><td colspan="2">거래일자</td><td colspan="3">미수금액</td><td colspan="2">공급가액</td><td colspan="2">세액</td><td colspan="3">총합계금액</td></tr>
<tr><td colspan="2">2024.4.25.</td><td colspan="3"></td><td colspan="2">4,000,000원</td><td colspan="2"></td><td colspan="3">4,000,000원</td></tr>
<tr><td>NO</td><td>월</td><td>일</td><td>품목명</td><td>규격</td><td>수량</td><td>단가</td><td colspan="2">공급가액</td><td>세액</td><td colspan="2">합계</td></tr>
<tr><td>1</td><td>4</td><td>25</td><td>문구</td><td></td><td>50</td><td>80,000원</td><td colspan="2">4,000,000원</td><td></td><td colspan="2">4,000,000원</td></tr>
</table>

[16] 4월 30일

4월 판매사원의 급여를 다음의 급여내역과 같이 당사 보통예금 계좌에서 사원 통장으로 자동이체하다.

2024년 4월 급여내역			
이름	이은지	지급일	4월 30일
기본급여	2,200,000원	소득세	50,000원
직책수당		지방소득세	5,000원
상여금		고용보험	
특별수당		국민연금	110,000원
차량유지	120,000원	건강보험	40,000원
교육지원	180,000원	기타	
급여 계	2,500,000원	공제 합계	205,000원
노고에 감사드립니다.		지급 총액	2,295,000원

[17] 5월 1일

상품 견본을 거래처 반월문구에 발송하고 택배비 30,000원을 현금으로 지급하다.

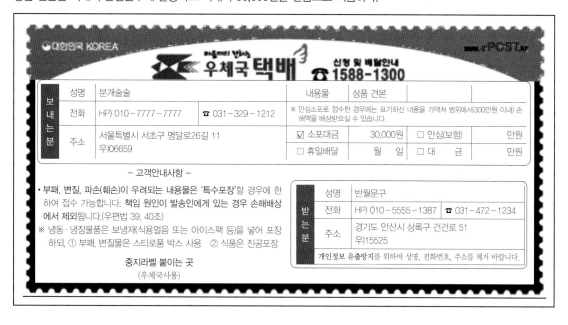

[18] 5월 5일

다음의 휴대전화 이용요금 영수증을 수령하고 납부해야 할 총 금액을 현금으로 지급하다.

기본내역	
휴대전화 서비스 이용요금	19,526원
기본료	16,000원
국내 이용료	3,636원
메시지 이용료	60원
할인 및 조정	−170원
기타금액	4,764원
당월 청구요금	24,290원
미납요금	0원
납부하실 총 금액	24,290원

[19] 5월 7일

새로 판매하는 사무용품을 지역 신문사에 광고하고 대금 50,000원은 동사발행수표로 지급하고 업무용 차량의 정기주차료 50,000원은 현금으로 지급하다.

[20] 5월 10일

4월 30일 종업원 급여 지급 시 원천징수한 금액 중 소득세와 지방소득세 55,000원을 세무서에 현금으로 납부하다.

[21] 6월 15일

거래처 (주)다이쏘에 상품 3,500,000원을 매출하고, 대금 중 500,000원은 약속어음으로 받고 잔액은 외상으로 하다. 또한 당점 부담 퀵서비스는 현금으로 별도 지급하다.

		영 수 증		(공급받는 자용)
				분개술술 귀하
공급자	사업자 등록번호	220-81-11111		
	상호	바른퀵서비스	성명	김바람
	영업장 소재지	생략		
	업태	서비스	종목	퀵서비스
작성연월일		금액		기사명
2024.6.15.		15,000원		김돌이
위 금액을 영수(청구)함				
출발지	도착지	금액		
분개술술	(주)다이쏘	15,000원		

[22] 6월 18일

매출처 (주)다이쏘의 외상매출금 3,000,000원이 빠르게 회수되어 2% 할인된 금액을 당좌예금 통장으로 이체받다.

[23] 6월 20일

승합차 등록비용 205,000원을 자동차등록 대행업체인 예스카에 현금으로 지급하다.

영 수 증		발행일	2024.6.20.	
		받는이	분개술술	귀하
공 급 자				
상 호	예스카	대표자	김센타	(인)
등록번호		321-21-00256		
주 소		경기도 구리시 경춘로 125		
전화	031-570-9963		팩스	
받은 금액				205,000원
날짜	품목	수량	단가	금액
6/20	차량등록 비용			150,000원
6/20	번호판 구입 외			55,000원
합계				205,000원
부가가치세법 시행규칙 제25조의 규정에 의한 (영수증)으로 개정				

[24] 6월 25일

업무용 차량에 대한 제1기분 자동차세를 사업용카드(신한카드)로 납부하고 다음과 같은 영수증을 수령하다.

2024년분 자동차세 세액 신고납부서				납세자 보관용 영수증
납 세 자	왕대박			
주 소	서울특별시 서초구 명달로26길 11			
납세번호	기관번호	제목	납세년월기	과세번호
과세대상	17바 1234 (비영업용, 1,998cc)	구분	자동차세	지방교육세	납부할 세액 합계
		당초 산출세액	198,700원	(자동차세 ×30%)	258,310원
		선납공제액(10%)			
과세기간	2024.1.1. ~2024.6.30.	요일제감면액(5%)			
		납부할 세액	198,700원	59,610원	
〈납부장소〉		위의 금액을 영수합니다.		
		2024년 6월 25일		
	* 수납인이 없으면 이 영수증은 무효입니다.		* 공무원은 현금을 수납하지 않습니다.	

[25] 7월 1일

사용 중인 업무용 자동차(취득원가 25,000,000원, 처분일까지의 감가상각누계액 5,000,000원)를 싸다중고차매매에 18,000,000원에 판매하고 대금은 외상으로 하다(단, 싸다중고차매매는 거래처코드 203으로 등록할 것).

[26] 7월 2일

　운반용 화물차를 싸다중고차매매에서 14,000,000원에 매입하고 대금은 어음을 발행하여 지급하다. 또한 다음과 같은 차량취득세는 현금으로 지급하다.

경기도		차량취득세(전액)		납부(납입)서		납세자 보관용 영수증	
납세자		분개술술					
주소		서울특별시 서초구 명달로26길 11					
납세번호		기관번호 5567991	제목10101503	납세년월기		과세번호	
과세내역	차번	213로 2012	년식	2024		과세표준액	
	목적	신규 등록(일반등록)	특례	세율특례 없음		14,000,000원	
	차명	K3					
	차종	승용자동차	세율				
세목		납부세액	납부할 세액 합계		전용 계좌로도 편리하게 납부!!		
취득세		1,000,000원			대구은행	021-08-3703795	
가산세		0원	1,000,000원		신한은행	661-53-21533	
지방교육세		0원	신고납부기한		기업은행	123-59-33333	
농어촌특별세		0원			국민은행	624-24-0142-911	
합계 세액		1,000,000원	2024.7.2.까지				
지방세법 제6조~22조, 제30조의 규정에 의하여 위와 같이 신고하고 납부합니다.					■ 전용 계좌 납부안내(뒷면 참조)		
담당자		위의 금액을 영수합니다.				수납인	
이은아		납부장소: 전국은행(한국은행 제외), 우체국, 농협			2024년 7월 2일		

[27] 7월 5일

　거래처 성공인에게 판매용 문구류 900,000원을 매입하고, 대금 중 500,000원은 소유하고 있던 (주)다이쏘가 발행한 약속어음을 배서양도하고 잔액은 외상으로 하다.

[28] 7월 6일

　거래처 성공인에게 구입한 상품 중 10,000원을 반품하고 외상매입금과 상계처리하기로 하다.

[29] 7월 31일

　회계부에서 구독한 신문구독료를 현금으로 지급하다.

> **2024년도 7월분 구독료**
> 기간: 2024.7.1.~7.31.
> 월 구독료: 30,000원
>
> 상기와 같이 영수함.
>
> 2024.7.31.
>
> **에듀신문사**
> 구독해 주셔서 감사합니다.

[30] 8월 5일

거래처 (주)다이쏘에 3개월 전에 대여한 금액 6,000,000원과 이자 270,000원까지 현금으로 회수한 후 보통예금으로 이체하였다. 거래처 (주)다이쏘에 다음의 입금표를 발행하다.

No.1																(공급자 보관용)		
					입 금 표													
																(주)다이쏘 귀하		
공급자	사업자등록번호					101 - 23 - 33346												
	상호			분개술술					성명				왕대박 (인)					
	사업장소재지			서울특별시 서초구 명달로26길 11														
	업태			도소매					종목				문구					
작성일			금액									세액						
년	월	일	공란수	억	천	백	십	만	천	백	십	일	천	백	십	만	천	백	십	일
24	8	5																	
합계			억		천		백		십		만		천		백		십		일
						6		2		7		0		0		0		0
내용: 대여금 및 이자 현금 입금																		
위 금액을 영수함																		
영 수 자 왕대박 (인)																		

[31] 8월 15일

직원의 업무 관련 교육을 위해 학원 수강료를 현금으로 결제하고 현금영수증을 수령하다.

```
                    (주)인재개발원
114 - 81 - 80641                       남재안
서울 송파구 문정동 101 - 2      TEL: 3289 - 8085
홈페이지 http://www.kacpta.or.kr
                    현금(지출증빙)
구매 2024/8/15/14:06      거래번호: 0026 - 0107
    상품명              수량              금액
    교육비                           250,000원
                    - 생략 -
    합계                            250,000원
받은 금액                           250,000원
```

[32] 8월 20일

사업주가 업무와 관련 없이 개인 용도로 사용하기 위해 중고 스마트폰기기 50,000원을 구매하고 회사 신한카드(신용카드)로 결제하다(단, 인출금 계정으로 처리할 것).

[33] 8월 31일

상품 배송용 화물차에 대한 자동차 종합보험을 삼성화재에 가입하고 1년분 보험료 1,200,000원을 현금으로 지급하다(단, 거래처등록은 생략하며 보험료 지급은 자산처리할 것).

[34] 9월 1일

보유 중인 (주)소랜토의 주식에 대하여 배당금이 확정되어 1,500,000원을 보통예금 계좌로 받다. 다음의 증명서류를 근거로 적절한 회계처리를 하시오(단, 별도의 거래처등록은 하지 않음).

(정기) 배당금 지급통지서

(주)소랜토 의 배당금 지급내역을 아래와 같이 통지합니다.

■ 주주명: 분개술술　　　　　　　　　　　■ 주주번호: 12551*********
■ 현금배당 및 세금 내역

종류	소유주식수	배당일수	현금배당률	A. 배당금액	B. 원천징수세액	
보통주	100	365	50%		소득세	
우선주				1,500,000원	지방소득세	
상여금					총세액	
				실지급액 (A−B)		

■ 배당금 지급기간 및 장소

1차	지급기간	2024.9.1.	지급장소	증권회사 거래계좌에 세금공제 후 자동입금
2차	지급기간		지급장소	

[35] 9월 5일

영업부 직원의 시내 출장용으로 교통카드를 충전하고 대금은 현금으로 지급하다.

[교통카드 충전 영수증]

역사명: 종각역
장비번호: 151
카드번호: 10122521223251
결제방식: 현금
충전일시: 2024.9.5.

― ― ― ― ― ― ― ― ― ― ― ―

충전 전 잔액: 800원
충전금액: 50,000원
충전 후 잔액: 50,800원

― ― ― ― ― ― ― ― ― ― ― ―

대표자명: 서울메트로 사장
사업자번호: 114−82−01319
주소: 서울특별시 서초구 효령로 432

[36] 9월 16일

(주)다이쏘에 외상으로 판매한 상품 중 일부가 품질 불량으로 100,000원을 에누리하고 외상매출금과 상계처리하다.

[37] 9월 20일

거래처 성공인의 외상매입금 390,000원에 대해 약정에 따라 조기상환하여 10,000원을 할인받고 나머지는 보통예금으로 지급하다.

[38] 10월 5일

현금시재를 확인한 결과 실제 잔액이 장부 잔액보다 200,000원 많은 것을 발견하였는데 그 원인을 알 수 없다.

[39] 10월 18일

분필문구의 파산으로 외상매출금의 일부인 40,000원이 회수 불가능하게 되다(대손충당금의 잔액은 계정별원장을 통해 조회할 것).

[40] 10월 20일

신한카드사의 청구에 의해 9월 동안 회사의 신한카드 사용금액 200,000원을 현금으로 지급하다(단, 신용카드 사용 시 미지급금으로 회계처리하였음).

[41] 10월 31일

만기가 2026년 6월 30일인 정기적금에 이번 달분 1,000,000원을 예금하기 위해 보통예금 통장에서 이체하다.

[42] 11월 10일

지난달에 미지급비용으로 회계처리한 직원 급여 1,800,000원을 지급하면서 근로소득세 등 120,000원을 원천징수하고 보통예금 계좌에서 이체하다.

[43] 11월 11일

관리부 소속 건물의 외벽에 피난시설을 설치하면서 설치비 10,000,000원을 국민은행 보통예금으로 지급하고, 외벽 도장 공사비 2,000,000원은 현금으로 지급하다(단, 피난시설 설치비는 자본적 지출, 외벽 도장공사비는 수익적 지출로 처리함).

영 수 증			(공급받는 자용)
NO.	분개술술 귀하		
공급자	사업자 등록번호	105 - 18 - 89246	
	상호	최고설비	성명	백하윤
	사업장 소재지	경주시 감포읍 오류리 15	
	업태	건설업	종목	시설 설치
작성일자	공급대가 총액		비고
2024.11.11.	12,000,000원		
공급내역			
월일	품명	수량	단가	금액
11.11.	피난시설 설치			10,000,000원
11.11.	외벽 도장공사			2,000,000원
합계		12,000,000원		
위 금액을 영수(청구)함			

[44] 11월 15일

당사는 소유한 창고를 웁스유통에 임대하기로 하고 임대보증금의 잔금을 웁스유통이 발행한 당좌수표로 받다(단, 계약금은 계약서 작성일인 11월 1일에 현금으로 받았으며 별도의 영수증을 발행하였음).

부동산 임대차계약서						■ 월세 □ 전세
임대인과 임차인 쌍방은 표기 부동산에 관하여 다음 계약 내용과 같이 임대차계약을 체결한다.						

1. 부동산의 표시

소재지	경기도 수원시 영통구 선원로 71 B13					
토지	지목	대지			면적	572m²
건물	구조	창고	용도	사업용	면적	176m²
임대할 부분	전체				면적	572m²

2. 계약 내용

제1조 (목적) 위 부동산의 임대차에 한하여 임대인과 임차인은 합의에 의하여 임차보증금 및 차임을 아래와 같이 지불하기로 한다.

보증금	金 10,000,000원정		
계약금	金 1,000,000원정은 계약 시에 지불하고 영수함.	영수자 ( ) (인)	
중도금	金 원정은 년 월일에 지불하며		
잔금	金 9,000,000원정은 2024년 11월 15일에 지불한다.		
차임	金 800,000원정은 매월 15일(후불)에 지불한다.		

제2조 (존속기간) 임대인은 위 부동산을 임대차 목적대로 사용할 수 있는 상태로 2024년 11월 15일까지 임차인에게 인도하며 임대차기간은 인도일로부터 2026년 11월 14일(24개월)까지로 한다.

[45] 11월 30일

다음의 휴대폰 이용요금 청구서를 수령하고 납부해야 할 총 금액을 현금으로 지급하다.

기본내역	
휴대전화 서비스 이용요금	29,526원
기본료	26,000원
국내 이용료	3,636원
메시지 이용료	60원
할인 및 조정	-170원
기타금액	14,764원
당월 청구요금	44,290원
미납요금	0
납부하실 총 금액	44,290원

[46] 12월 1일

업무용 복사용지(비용처리)를 구입하고 대금은 보통예금 계좌에서 인터넷 뱅킹으로 지급하다.

NO.			**영 수 증**		(공급받는 자용)
			분개술술		귀하
공급자	사업자 등록번호		126-01-18454		
	상호	청라문구	**성명**	오희연	
	사업장 소재지		인천 서구 승학로 58번길		
	업태	도소매업	**종목**	문구	
작성일자		**합계 금액**		비고	
2024.12.1.		100,000원			
공급내역					
월일	품명	수량	단가	금액	
12.1.	A4 용지	8	12,500원	100,000원	
합계			100,000원		
위 금액을 영수(청구)함					

[47] 12월 13일

회사 운영비로 현금 800,000원을 사업주로부터 수령하다(단, 사업주로부터 수령한 금액은 인출금으로 처리할 것).

[48] 12월 20일

당사는 사업 확장과 판매촉진에 관한 자문을 개인인 김창해에게 받고, 자문료 5,000,000원 중 원천징수세액 165,000원을 차감한 나머지 금액인 4,835,000원을 보통예금 통장에서 이체하여 지급하다(단, 당사는 자문료를 수수료비용으로 회계처리하기로 함).

[49] 12월 24일

단기적인 자금운영의 목적으로 삼성전자의 주식을 1,500,000원에 취득하고 보통예금 계좌에서 이체하여 지급하다(단, 증권회사에 매입수수료 10,000원은 별도로 현금 지급함).

[50] 12월 30일

취득하여 보유 중이던 삼성전자 주식 전부를 처분하고 현금 1,600,000원을 받다(단, 증권회사에 처분수수료 10,000원은 별도로 현금 지급함).

전산회계 2급 시험에서는 [일반전표입력] 메뉴에 전표를 입력하는 문제 이외에 일반전표를 입력하는 과정에서 발생한 오류를 정정하는 문제가 각 3점으로 2문제가 출제되고 있다.
[일반전표입력] 메뉴에서 오류를 정정하는 문제로 출제되는 유형에는 ① 계정과목·금액·거래처의 오류, ② 이중으로 입력되거나 잘못 입력된 자료의 삭제, ③ 누락된 자료의 추가 등이 있다.

다음은 오류정정(회사코드: 5003)의 기중 오류내역이다. 다음 거래내역을 수정분개하시오.

[1] 2월 20일
임아트상회에 대한 받을어음 2,000,000원이 만기가 도래하여 회수하면서 2,000,000원을 모두 보통예금 통장으로 회수하고 지급한 추심수수료 30,000원은 별도로 현금 지급한 것으로 확인되다.

[2] 3월 6일
단기대여금에 대한 거래처는 읍스유통이 아니고 불꽃상사인 것으로 확인되다.

[3] 4월 1일
상품매입대금 7,000,000원 중 선급금 1,000,000원을 제외한 6,000,000원에서 3,000,000원만 어음을 발행하고 나머지는 익월 말 지급하기로 한 것으로 확인되다.

[4] 4월 18일
(주)홈플러스에 판매한 스케치북 4,000,000원 중 판매계약금 30%를 타인발행수표로 받은 것임을 확인하다.

[5] 5월 5일
우편등기요금 120,000원의 현금지출 중 50,000원은 업무용 화물차의 자동차세를 납부한 것으로 확인되다.

[6] 5월 7일
당사는 거래처인 불꽃상사에 상품 100,000원을 판매하기로 계약한 것을 외상으로 판매한 것으로 회계처리하다.

[7] 6월 3일
외상매출금 170,000원의 회수거래로 회계처리한 내용은 읍스유통에 대여한 단기대여금에 대한 이자가 국민은행 보통예금 계좌에 입금된 거래로 확인되다.

[8] 6월 29일
임차료 300,000원을 보통예금 계좌에서 지급한 것으로 회계처리한 거래는 실제로 보통예금 계좌로 임대료(904) 300,000원을 받은 것으로 확인되다.

[9] 7월 30일
불꽃상사에 지급하고 선급금으로 처리했던 200,000원이 영업부 회식비로 지출한 영수증으로 확인되다.

[10] 8월 11일
당사 보통예금에 입금된 2,000,000원은 으뜸상사에서 외상매출금을 반제하기 위하여 입금한 것임이 확인되다.

[11] 9월 5일
차량에 대한 수선비 250,000원의 현금 인출은 차량운반구의 자본적 지출로 확인되다.

[12] 9월 21일
매출 거래처 스피드상회에서 당좌예금으로 입금된 250,000원이 담당직원의 실수로 이중으로 입력된 것을 확인하다.

[13] 10월 5일

　분필문구로부터 상품을 매입하고 4,500,000원을 보통예금에서 지급하다. 해당 상품매입에 대한 회계처리 시 매입계약에 따라 선지급했던 계약금 500,000원을 누락하였다.

[14] 11월 10일

　카드결제일에 신용카드(신한카드) 대금을 납부하고 비품으로 회계처리하다. 해당 신용카드 대금은 10월 30일에 사무실 에어컨을 500,000원에 신용카드로 구입한 금액이다(11월 10일 회계처리만 수정할 것).

[15] 12월 5일

　국민은행으로부터 차입한 차입금 10,000,000원은 6개월 뒤 상환조건으로 10,000,000원을 차입하면서 선이자 200,000원을 차감한 금액을 보통예금 계좌로 이체받은 것으로 확인된다(단, 선이자는 비용으로 처리할 것).

[16] 12월 10일

　직원 급여 지급 시 원천징수한 소득세 245,000원을 현금 납부하고 세금과공과로 처리하다.

[17] 12월 20일

　강원상사로부터 상품을 매입하고 지급한 운임 100,000원을 운반비로 잘못 처리한 것이 확인된다.

[18] 12월 22일

　영업부 직원에게 경조사비로 지급한 200,000원이 접대비 계정으로 처리되었음을 확인하다.

[19] 12월 26일

　임아트상회에 외상대금을 결제하기 위해 이체한 금액 600,000원에는 송금수수료 3,000원이 포함되어 있다.

[20] 12월 31일

　현금으로 납부한 세금과공과 550,000원에는 사업주의 개인자택 재산세 210,000원이 포함되어 있다(단, 사업주의 개인자택 재산세는 인출금 계정으로 처리할 것).

3 결산

1 개요

전산회계 2급에서 결산 문제는 각 3점 배점으로 4문제가 출제되며 총 배점은 12점이다. 결산이란 일정 시점에서 장부를 마감하여 재무상태를 파악하고 경영성과를 계산하는 절차이다. 전산회계 프로그램에서의 결산은 장부마감 등의 절차 없이 자동으로 작성되어 있는 수정 전 시산표를 출력 검토하고 기말수정분개를 [일반전표입력] 메뉴에서 12월 31일자로 입력함으로써 재무제표를 확정 짓는 작업을 말한다. 즉, 결산은 일정 시점(12월 말)의 회계기간에 기장한 자료를 일반기업회계기준에 맞게 정리하는 과정이다.

결산은 입력 방법에 따라 수동결산과 자동결산으로 구분된다. 먼저 수동결산은 [일반전표입력] 메뉴에서 결산일(12월 31일)에 해당 분개를 직접 입력해야 한다. 자동결산은 계정과목이 정해진 분개를 자동 생성시키는 것으로 [결산/재무제표]-[결산자료입력] 메뉴에서 알맞은 금액을 입력하고 상단 툴바의 F3전표추가를 클릭하면 [일반전표입력] 메뉴의 12월 31일자에 해당 분개가 자동 생성된다.

2 결산작업의 순서

1. [1단계] 수동결산

(1) 방법

[일반전표입력] 메뉴의 12월 31일자에 직접 입력한다.

(2) 유형

소모품의 정리, 선급비용, 선수수익, 미지급비용, 미수수익, 현금과부족의 정리, 인출금의 정리, 가지급금과 가수금의 정리, 단기매매증권 평가, 마이너스 예금통장의 단기차입금으로 대체, 외화채권과 외화채무의 기말환율 변동분 인식 등

2. [2단계] 자동결산

(1) 방법

[결산/재무제표]-[결산자료입력] 메뉴에 입력 후 상단 툴바의 F3전표추가를 누른다.

(2) 유형

유형자산의 감가상각비 입력, 대손충당금의 추가 설정, 상품의 기말재고 입력을 통한 매출원가 계상 등

3. [3단계] 재무제표 확정

[결산/재무제표]에서 [손익계산서] → [재무상태표] 메뉴 순으로 조회하면 기말수정분개를 반영한 재무제표가 확정된다.

❸ 수동결산의 유형

1. 소모품의 정리

소모품이란 쓰는 대로 닳아 없어지는 물품으로 문방구, 사무용품 등을 말한다. 소모품 중에서 당기 사용분은 소모품비로 하여 비용으로 계상해야 하고, 미사용분은 자산으로 계상해야 한다. 소모품 구입 시에 어떠한 처리를 하였느냐에 따라서 두 가지의 결산분개가 가능하게 된다.

구입시점	기말수정분개
비용 (소모품비)	사용하지 않은 것만큼 비용을 소멸시키고 그만큼 소모품을 증가시킨다. (차) 소모품 　×××　　　　　　(대) 소모품비 　×××
자산 (소모품)	사용한 것만큼 비용으로 인식하고 그만큼 소모품을 감소시킨다. (차) 소모품비 　×××　　　　　　(대) 소모품 　×××

⊞ 연습문제

다음 거래자료를 결산확정(회사코드: 5004)의 [일반전표입력] 메뉴에 입력하시오.

[1] 12월 31일

2024년 7월 11일 본사 사무용 소모품 135,000원을 구입한 시점에 비용처리하였다. 보고기간 종료일 현재 소모품 미사용액은 35,000원이다. 기말수정분개를 하시오.

| 풀이 |

사용액만큼만 비용이 되어야 하므로 미사용액 35,000원은 비용에서 소멸시킨다. 또한 미사용분은 자산으로 남아 있으므로 동 금액만큼 소모품을 증가시킨다. 따라서 12월 31일 기말수정분개는 다음과 같다.

구분	코드	계정과목	코드	거래처명	차변	대변
3.차변	122	소모품			35,000	
4.대변	830	소모품비				35,000
분개	(차) 소모품		35,000	(대) 소모품비(판)	35,000	

[2] 12월 31일

2024년 7월 10일 본사 사무용 소모품 1,000,000원을 구입한 시점에 자산처리하였으며, 결산 시 소모품 잔액을 확인한 결과 100,000원이 남아 있었다. 기말수정분개를 하시오.

| 풀이 |

자산처리한 소모품 1,000,000원 중 미사용액이 100,000원이므로 사용액은 900,000원이다. 사용액만큼 자산이 감소하므로 대변에 소모품 900,000원으로 처리한다. 또한, 사용액만큼 비용이 발생하므로 차변에 소모품비 900,000원을 입력한다. 따라서 12월 31일 기말수정분개는 다음과 같다.

구분	코드	계정과목	코드	거래처명	차변	대변
3.차변	830	소모품비			900,000	
4.대변	122	소모품				900,000
분개	(차) 소모품비(판)		900,000	(대) 소모품	900,000	

2. 수익과 비용의 이연

일반기업회계기준에 의하면 수익은 실현주의, 비용은 수익·비용 대응의 원칙에 의해 인식해야 한다. 따라서 현금주의(회계기간 중에 현금이 들어온 금액만큼 수익, 현금이 지출된 금액만큼 비용으로 인식)에 따라 회계처리한 것이 있다면 그 금액 중 차기의 금액은 올해의 수익과 비용이 아니므로 기말에 차기로 이월(이연)시켜야 한다.

비용의 이연(선급비용)	선급비용, 선급보험료 등	당좌자산
수익의 이연(선수수익)	선수이자, 선수임대료 등	유동부채

(1) 비용의 이연(선급비용)

선급비용이란 현금은 지출되었으나 다음 연도의 비용에 해당하는 금액을 말한다. 즉, 이미 현금을 지급하고 비용으로 계상하였지만 결산일 현재 일부가 사용 또는 소비되지 않은 경우가 비용의 이연에 해당된다. 결산일까지 비용화되지 않은 부분에 대해서는 자산 계정인 선급비용으로 수정하여 차기로 이연시켜야 한다. 선급비용은 차기에 사용 또는 소비될 때 비용으로 대체된다.

현금 지급시점	기말수정분개
비용	결산일에 소비되지 않은 부분만큼 자산(선급비용)을 증가시키고 그만큼 비용을 소멸시킨다. (차) 선급비용　　　×××　　　(대) 비용 계정　　　×××
자산 (선급비용)	결산일에 소비된 부분만큼 자산(선급비용)을 감소시키고 그만큼 비용을 발생시킨다. (차) 비용 계정　　　×××　　　(대) 선급비용　　　×××

⊞ 연습문제

다음 거래자료를 결산확정(회사코드: 5004)의 [일반전표입력] 메뉴에 입력하시오.

[1] 12월 31일

2024년 8월 1일에 아래와 같이 보험에 가입하고 전액 당기 비용으로 처리하였다. 기말수정분개를 하시오(단, 월할계산하고, 음수로 입력하지 말 것).

> • 보험회사: (주)나라화재
> • 보험금 납입액: 1,200,000원
> • 보험적용기간: 2024년 8월 1일~2025년 7월 31일

| 풀이 |

① 당기 보험료로 처리한 1,200,000원 중 보고기간 종료일 현재 기간 미경과분은 700,000원(= 1,200,000원 × 7개월/12개월)이다.

② 기간 미경과분 700,000원은 당기 비용이 아니므로 대변에 보험료 700,000원을 소멸시키고 동 금액은 차기 발생할 비용에 대해 먼저 지급한 것이므로 차변에 선급비용 700,000원을 증가시킨다. 또한 선급비용은 채권이므로 거래처에 '98002.(주)나라화재'를 입력한다. 따라서 12월 31일 기말수정분개는 다음과 같다.

구분	코드	계정과목	코드	거래처명	차변	대변
3.차변	133	선급비용	98002	(주)나라화재	700,000	
4.대변	821	보험료				700,000
분개	(차) 선급비용[(주)나라화재]		700,000	(대) 보험료(판)		700,000

> (꿀팁) 선급비용과 미수수익은 채권이며, 선수수익과 미지급비용은 채무이므로 문제에서 거래처가 제시되어 있다면 [일반전표입력] 메뉴에서 거래처를 입력해야 한다. 단, 문제에서 거래처가 제시되어 있지 않다면 거래처 입력을 생략한다.

[2] 12월 31일

2024년 8월 1일에 (주)나라화재에 가입한 화재보험료 1,200,000원 중 보고기간 종료일 현재 기간 미경과분(선지급분)은 700,000원이다(보험료 납부 시 자산처리함). 기말수정분개를 하시오.

| 풀이 |

① 당기 선급비용으로 입력한 1,200,000원 중에서 보고기간 종료일 현재 기간 미경과분이 700,000원이므로 기간 경과분은 500,000원이다.

② 기간 경과분 500,000원은 당기 비용이므로 차변에 보험료 500,000원을 입력하고 동 금액은 기간이 경과하였으므로 대변에 선급비용 500,000원을 감소시킨다. 따라서 12월 31일 기말수정분개는 다음과 같다.

구분	코드	계정과목	코드	거래처명	차변	대변
3.차변	821	보험료			500,000	
4.대변	133	선급비용	98002	(주)나라화재		500,000
분개	(차) 보험료(판)		500,000	(대) 선급비용[(주)나라화재]	500,000	

[3] 12월 31일

결산일 현재 단기차입금에 대한 이자비용으로 회계처리한 금액 중 기간 미경과분 430,000원이 있다. 기말수정분개를 하시오.

| 풀이 |

① 당기 이자비용 중에서 보고기간 종료일 현재 기간 미경과분은 430,000원이다.

② 기간 미경과분 430,000원은 당기 비용이 아니므로 대변에 이자비용 430,000원을 소멸시키고 동 금액은 차기 발생할 비용에 대해 먼저 지급한 것이므로 차변에 선급비용 430,000원을 증가시킨다. 따라서 12월 31일 기말수정분개는 다음과 같다.

구분	코드	계정과목	코드	거래처명	차변	대변
3.차변	133	선급비용			430,000	
4.대변	951	이자비용				430,000
분개	(차) 선급비용		430,000	(대) 이자비용	430,000	

(2) 수익의 이연(선수수익)

선수수익이란 이미 현금을 받은 금액 중에서 당기 수익이 아니고 다음 연도 수익에 속하는 부분을 말한다. 즉, 현금을 미리 받고 수익으로 계상하였지만 결산일 현재 일부의 수익이 실현되지 않은 경우가 수익의 이연에 해당된다. 결산일까지 수익이 실현되지 않은 부분에 대해서는 부채 계정인 선수수익으로 수정하여 차기로 이연시켜야 한다.

현금 수령시점	기말수정분개
수익	결산일 현재 실현되지 않은 부분만큼 부채(선수수익)를 증가시키고 그만큼 수익을 소멸시킨다. (차) 수익 계정　　×××　　(대) 선수수익　　×××
부채 (선수수익)	결산일 현재 실현된 부분만큼 부채(선수수익)를 감소시키고 그만큼 수익을 발생시킨다. (차) 선수수익　　×××　　(대) 수익 계정　　×××

⊞ 연습문제

다음 거래자료를 결산확정(회사코드: 5004)의 [일반전표입력] 메뉴에 입력하시오.

[1] 12월 31일

당사는 본사 건물 중 일부를 임대해주고 있는데, 2024년 4월 1일에 건물임대에 대한 1년분 임대료를 현금으로 받았다. 해당 거래를 조회하여 기말수정분개를 하시오. 월 임대료는 1,000,000원이며 부가가치세는 고려하지 않는다.

| 풀이 |

① [일반전표입력] 메뉴의 4월 1일을 조회하면 다음과 같다.

일	번호	구분	계 정 과 목	거 래 처	적 요	차 변	대 변
1	00002	입금	0904 임대료			(현금)	12,000,000

② 당기 임대료로 처리한 12,000,000원 중 보고기간 종료일 현재 기간 미경과분은 3,000,000원(= 12,000,000원 × 3개월/12개월)이다.

③ 기간 미경과분 3,000,000원은 당기 수익이 아니므로 차변에 임대료 3,000,000원을 소멸시키고 동 금액은 차기 발생할 수익에 대해 먼저 받은 것이므로 대변에 선수수익 3,000,000원을 증가시킨다. 따라서 12월 31일 기말수정분개는 다음과 같다.

구분	코드	계정과목	코드	거래처명	차변	대변
3.차변	904	임대료			3,000,000	
4.대변	263	선수수익				3,000,000
분개	(차) 임대료		3,000,000	(대) 선수수익	3,000,000	

[2] 12월 31일

2024년 8월 1일에 일시적으로 건물 중 일부를 임대(임대기간: 2024년 8월 1일~2025년 7월 31일)하면서 1년분 임대료 6,000,000원을 현금으로 받고 선수수익으로 회계처리하였다. 월할계산하여 기말수정분개를 하시오.

| 풀이 |

① 당기 선수수익으로 처리한 6,000,000원 중 보고기간 종료일 현재 기간 경과분은 2,500,000원(= 6,000,000원 × 5개월/12개월)이다.

② 기간 경과분 2,500,000원은 당기 수익이므로 대변에 임대료 2,500,000원을 입력하고 동 금액은 기간이 경과하였으므로 차변에 선수수익 2,500,000원을 감소시킨다. 따라서 12월 31일 기말수정분개는 다음과 같다.

구분	코드	계정과목	코드	거래처명	차변	대변
3.차변	263	선수수익			2,500,000	
4.대변	904	임대료				2,500,000
분개	(차) 선수수익		2,500,000	(대) 임대료	2,500,000	

3. 수익과 비용의 발생

당기에 현금의 수입과 지출이 없더라도 당기에 실현된 수익이나 수익·비용 대응의 원칙에 따라 비용에 해당하는 것이 있으면 당기의 손익계산서에 수익과 비용으로 포함시켜야 한다.

비용의 발생(미지급비용)	미지급비용, 미지급임차료 등	유동부채
수익의 발생(미수수익)	미수이자, 미수임대료 등	당좌자산

(1) 비용의 발생(미지급비용)

미지급비용이란 기중에 용역을 제공받고도 현금을 지급하지 않아서 아직 비용을 장부에 기록하지 않은 미지급분을 말한다. 이미 서비스를 제공받아 그 대가를 지불할 의무가 있는데 결산일 현재까지 이행되지 않은 경우, 당기 비용으로 회계처리해야 한다.

(차) 비용 계정(비용의 발생)	×××	(대) 미지급비용(부채의 증가)	×××

⊞ 연습문제

다음 거래자료를 결산확정(회사코드: 5004)의 [일반전표입력] 메뉴에 입력하시오.

[1] 12월 31일

우리은행에서 차입한 장기차입금 20,000,000원(2025년 말 만기)에 대한 12월분 이자는 익월 5일 납부할 예정이며 연 이자율은 6%이다(이자는 월할계산하며, 11월까지 이자는 정확히 계상되었다고 가정함).

| 풀이 |

① 1월~11월까지의 이자비용이 정확히 계상되어 있으므로 12월분 이자만 계산하면 된다. 1개월분 이자는 100,000원(= 20,000,000원 × 6% × 1개월/12개월)이다.

② 차변에 이자비용 100,000원을 입력하고 미지급 상태이므로 대변에 미지급비용을 증가시킨다. 또한 미지급비용은 채무이므로 거래처 '98000.우리은행'을 입력한다. 따라서 12월 31일 기말수정분개는 다음과 같다.

구분	코드	계정과목	코드	거래처명	차변	대변
3.차변	951	이자비용			100,000	
4.대변	262	미지급비용	98000	우리은행		100,000
분개	(차) 이자비용		100,000	(대) 미지급비용[우리은행]	100,000	

[2] 12월 31일

12월분 영업부서 직원 급여 2,500,000원은 다음 달 5일에 지급될 예정이며 급여에서 차감할 세금 등은 200,000원이다.

| 풀이 |

① 차기에 지급될 예정이나 당기분에 해당하는 비용이므로 차변에 급여 2,500,000원을 입력하고 아직 미지급된 상태이므로 대변에 미지급비용 2,500,000원을 증가시킨다.

② 세금 200,000원은 차기에 지급할 때 분개를 입력하므로 보고기간 종료일 현재 예수금으로 처리하지 않는다. 따라서 12월 31일 기말수정분개는 다음과 같다.

구분	코드	계정과목	코드	거래처명	차변	대변
3.차변	801	급여			2,500,000	
4.대변	262	미지급비용				2,500,000
분개	(차) 급여(판)		2,500,000	(대) 미지급비용	2,500,000	

(2) 수익의 발생(미수수익)

미수수익이란 당기에 용역을 제공하고 수익은 획득하였으나 그 대가를 받지 못해서 수익 계정에 기입하지 않은 금액을 말한다. 이미 서비스를 제공하여 그 대가를 수령할 권리가 있는데 결산일 현재까지 이행되지 않은 경우, 당기 수익으로 회계처리를 해야 한다.

(차) 미수수익(자산의 증가)	×××	(대) 수익 계정(수익의 발생)	×××

⊞ 연습문제

다음 거래자료를 결산확정(회사코드: 5004)의 [일반전표입력] 메뉴에 입력하시오.

[1] 결산일 단기대여금에 대한 당기분 이자 미수액 150,000원을 계상하다.

| 풀이 |

결산일 현재 단기대여금에 대한 이자 150,000원을 받지 않았지만 당기분 수익에 해당하므로 대변에 이자수익 150,000원을 입력하고 차변에 미수수익 150,000원을 증가시킨다. 따라서 12월 31일 기말수정분개는 다음과 같다.

구분	코드	계정과목	코드	거래처명	차변	대변
3.차변	116	미수수익			150,000	
4.대변	901	이자수익				150,000
분개	(차) 미수수익		150,000	(대) 이자수익	150,000	

[2] 결산일 현재 장부에 계상되지 않은 당기분 임대료(영업외수익)는 300,000원이다.

| 풀이 |

결산일 현재 장부에 계상되지 않은 당기분 임대료(영업외수익) 300,000원은 받지 않았지만 당기분 수익에 해당하므로 대변에 임대료 300,000원을 입력하고 차변에 미수수익 300,000원을 증가시킨다. 따라서 12월 31일 기말수정분개는 다음과 같다.

구분	코드	계정과목	코드	거래처명	차변	대변
3.차변	116	미수수익			300,000	
4.대변	904	임대료				300,000
분개	(차) 미수수익	300,000		(대) 임대료	300,000	

4. 현금과부족의 정리

현금과부족 계정은 일종의 미결산 항목이므로 현금 불일치의 원인을 조사하여 원인이 밝혀지면 올바른 계정으로 대체해야 한다. 결산일까지 원인을 밝혀내지 못하면 현금과부족은 잡손실 또는 잡이익으로 대체해야 한다.

(1) 현금 잔액이 부족한 경우(잡손실)

장부상 현금 잔액보다 실제 보유하고 있는 현금이 부족한 경우, 결산 시까지 원인이 밝혀지지 않으면 현금과부족을 잡손실로 대체한다.

| (차) 잡손실 | ××× | (대) 현금과부족 | ××× |

만약 기말 현재 현금 부족액을 발견하고 원인을 찾지 못한 경우에는 차변에 잡손실, 대변에 현금과부족 대신에 현금을 입력한다.

(2) 현금 잔액이 남는 경우(잡이익)

장부상 현금 잔액보다 실제 보유하고 있는 현금이 많은 경우, 결산 시까지 원인이 밝혀지지 않으면 현금과부족을 잡이익으로 대체한다.

| (차) 현금과부족 | ××× | (대) 잡이익 | ××× |

만약 기말 현재 현금 과잉액을 발견하고 원인을 찾지 못한 경우에는 차변에 현금과부족 대신에 현금을, 대변에 잡이익을 입력한다.

⊞ 연습문제

다음 거래자료를 결산확정(회사코드: 5004)의 [일반전표입력] 메뉴에 입력하시오.

[1] 기말 현재까지 현금과부족으로 처리되었던 현금 과다액 100,000원에 대한 원인이 아직 밝혀지지 않았다.

| 풀이 |

현금과부족으로 처리되었던 현금 과다액 100,000원에 대한 원인이 기말 현재까지 밝혀지지 않았으므로 현금과부족 100,000원을 차변으로 없애고 대변에 잡이익으로 대체한다. 따라서 12월 31일 기말수정분개는 다음과 같다.

구분	코드	계정과목	코드	거래처명	차변	대변
3.차변	141	현금과부족			100,000	
4.대변	930	잡이익				100,000
분개	(차) 현금과부족	100,000		(대) 잡이익	100,000	

[2] 기말 현재 현금 50,000원이 부족함을 확인하였으나 원인을 발견하지 못했다.

| 풀이 |

기말 현재 현금 50,000원이 부족하다는 것을 확인하였으나 원인을 발견하지 못했으므로 결산일에 현금 50,000원을 분실한 것으로 보아 차변에 잡손실, 대변에 현금을 입력한다. 해당 분개는 기중에 현금과부족으로 입력한 것이 없으므로 결산일에 현금과부족을 현금으로 대체하는 분개는 따로 하지 않는다. 따라서 12월 31일 기말수정분개는 다음과 같다.

구분	코드	계정과목	코드	거래처명	차변	대변
1.출금	980	잡손실			50,000	(현금)
분개	(차) 잡손실	50,000		(대) 현금	50,000	

5. 인출금의 정리

개인기업은 기업주의 인출이 자주 일어난다. 이처럼 빈번한 인출을 자본금 계정으로 기입하게 되면 자본금 계정을 복잡하게 만들어 출자액과 인출액 등의 구분 파악을 어렵게 하는 결과를 초래한다. 따라서 인출금 계정을 따로 만들어 기업주가 인출하면 인출금 계정을 차변에 기입하고, 인출한 금액을 반환하면 인출금 계정을 대변에 기입하다가 기말 잔액은 자본금 계정으로 대체하여 마감한다.

(1) 인출금 계정 금액이 대변에 많은 경우

(차) 인출금	×××	(대) 자본금	×××

(2) 인출금 계정 금액이 차변에 많은 경우

(차) 자본금	×××	(대) 인출금	×××

⊞ 연습문제

다음 거래자료를 결산확정(회사코드: 5004)의 [일반전표입력] 메뉴에 입력하시오.

[1] 인출금 잔액을 자본금으로 대체하시오.

| 풀이 |

① [합계잔액시산표] 메뉴에서 12월 31일의 인출금 잔액을 조회하면 대변 잔액이 750,000원이다.

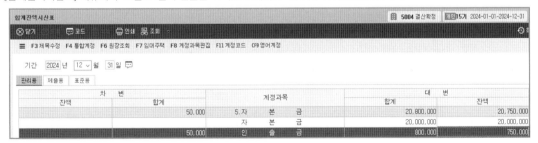

② 자본의 차감 계정인 인출금은 자본금 계정으로 대체하므로 대변 잔액인 인출금을 없애기 위해 차변에 입력하고 이를 자본금에서 증가시키는 분개를 한다. 따라서 12월 31일 기말수정분개는 다음과 같다.

구분	코드	계정과목	코드	거래처명	차변	대변
3.차변	338	인출금			750,000	
4.대변	331	자본금				750,000
분개	(차) 인출금	750,000		(대) 자본금	750,000	

6. 단기매매증권의 기말평가

결산 시 현재 보유하고 있는 단기매매증권(주식과 채권)의 시가가 취득원가와 다른 경우에는 <mark>기말 현재의 공정가치로</mark> <mark>평가</mark>하여 재무상태표에 공시한다.

(1) 장부금액보다 공정가치가 큰 경우(단기매매증권 평가이익)

(차) 단기매매증권	×××	(대) 단기매매증권 평가이익	×××

(2) 장부금액보다 공정가치가 낮은 경우(단기매매증권 평가손실)

(차) 단기매매증권 평가손실	×××	(대) 단기매매증권	×××

⊞ 연습문제

다음 거래자료를 결산확정(회사코드: 5004)의 [일반전표입력] 메뉴에 입력하시오.

[1] 기말 단기매매증권의 결산 시 공정가치는 1,100,000원이다.

| 풀이 |

① [합계잔액시산표] 메뉴에서 12월 31일의 단기매매증권을 조회하면 장부금액은 1,000,000원이다.

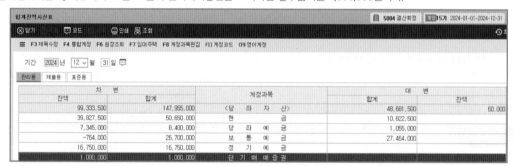

② 기말 공정가치인 1,100,000원으로 재무상태표에 공시해야 하므로 차액인 100,000원만큼 차변에 단기매매증권을 증가시키고 대변에 단기매매증권 평가이익으로 처리한다. 따라서 12월 31일 기말수정분개는 다음과 같다.

구분	코드	계정과목	코드	거래처명	차변	대변
3.차변	107	단기매매증권			100,000	
4.대변	905	단기매매증권 평가이익				100,000
분개	(차) 단기매매증권	100,000		(대) 단기매매증권 평가이익	100,000	

7. 가지급금과 가수금의 정리

일반기업회계기준에서 가지급금과 가수금 계정은 임시적으로 사용하는 계정과목이므로 결산일까지 그 내역을 확인하여 올바른 계정과목으로 재무제표에 표시해야 한다.

⊞ 연습문제

다음 거래자료를 결산확정(회사코드: 5004)의 [일반전표입력] 메뉴에 입력하시오.

[1] 영업부 너가라 과장이 하와이에 출장비로 가져갔던 1,800,000원(출장비 인출 시에 가지급금으로 처리함)에 대한 다음의 지출결의서를 제시하고 잔액을 현금으로 지급받다.

지출결의서 내역	
항공기 왕복표	1,000,000원
숙박시설 이용료	700,000원

| 풀이 |

임시 계정인 가지급금 1,800,000원은 정산 시 대변으로 감소시키며 그 금액 중 1,700,000원이 출장경비로 사용되었으므로 차변에 여비교통비를 입력하고, 잔액 100,000원은 현금으로 반환받았으므로 차변에 현금을 입력한다. 따라서 12월 31일 기말수정분개는 다음과 같다.

구분	코드	계정과목	코드	거래처명	차변	대변
3.차변	812	여비교통비			1,700,000	
3.차변	101	현금			100,000	
4.대변	134	가지급금	204	너가라 과장		1,800,000
분개	(차) 여비교통비(판) 1,700,000 현금 100,000			(대) 가지급금[너가라 과장] 1,800,000		

[2] 당기 말의 가수금 140,000원의 잔액은 웁스유통의 외상매출금 회수분이다(단, 가수금에 대한 거래처 입력은 생략할 것).

| 풀이 |

당기 말의 가수금 140,000원의 잔액이 웁스유통의 외상매출금이 회수된 것으로 확인되었으므로 차변에 가수금을 감소시키고, 대변에 외상매출금으로 입력한다. 따라서 12월 31일 기말수정분개는 다음과 같다.

구분	코드	계정과목	코드	거래처명	차변	대변
3.차변	257	가수금			140,000	
4.대변	108	외상매출금	107	웁스유통		140,000
분개	(차) 가수금 140,000			(대) 외상매출금[웁스유통] 140,000		

8. 마이너스 보통예금 통장의 단기차입금으로 대체

보고기간 종료일 현재 특정한 금융기관의 보통예금 마이너스(−) 잔액을 단기차입금 계정으로 대체하는 분개는 다음과 같다.

(차) 보통예금	×××	(대) 단기차입금	×××

⊞ 연습문제

다음 거래자료를 결산확정(회사코드: 5004)의 [일반전표입력] 메뉴에 입력하시오.

국민은행의 보통예금은 마이너스 통장이다. 기말 현재 보통예금 잔액 −764,000원을 단기차입금 계정으로 대체하다(보통예금에 대한 거래처도 입력할 것).

| 풀이 |

① [합계잔액시산표] 메뉴에서 12월 31일의 보통예금 잔액을 조회하면 −764,000원이다.

② 보통예금 잔액 −764,000원을 단기차입금으로 대체하기 위하여 차변에 보통예금 764,000원을 증가시키고 대변에 단기차입금 764,000원을 증가시킨다. 따라서 기말수정분개는 다음과 같다.

구분	코드	계정과목	코드	거래처명	차변	대변
3.차변	103	보통예금	98001	국민은행	764,000	
4.대변	260	단기차입금	98001	국민은행		764,000
분개	(차) 보통예금[국민은행] 764,000			(대) 단기차입금[국민은행] 764,000		

9. 외화채권과 외화채무의 외화환산

외화환산이란 외국통화로 측정된 채권과 채무를 자국통화로 수정하여 표시하는 절차를 말한다. 기업은 발생한 외화채권과 채무를 모두 원화금액으로 표시해야 하므로 외화환산 문제가 발생한다. 즉, 보고기간 종료일 현재 외화채권과 외화채무를 보유하고 있는 경우에는 기말 현재의 환율로 환산한 금액을 재무상태표에 표시하여야 한다. 이 경우 발생하는 외화환산이익 또는 외화환산손실은 손익계산서 영업외손익으로 처리한다.

(1) 외화자산

환율 변동	기말수정분개			
기말 기준환율>거래환율	(차) 외화자산	×××	(대) 외화환산이익	×××
기말 기준환율<거래환율	(차) 외화환산손실	×××	(대) 외화자산	×××

(2) 외화부채

환율 변동	기말수정분개			
기말 기준환율>거래환율	(차) 외화환산손실	×××	(대) 외화부채	×××
기말 기준환율<거래환율	(차) 외화부채	×××	(대) 외화환산이익	×××

⊞ 연습문제

다음 거래자료를 결산확정(회사코드: 5004)의 [일반전표입력] 메뉴에 입력하시오.

[1] 기중에 미국 ABC Corp.에 판매한 외상매출금 1,000,000원($1,000)의 결산일 현재 적용환율이 미화 $1당 1,100원이다. 기업회계기준에 따라 외화환산손익을 인식한다.

| 풀이 |

결산일 현재 적용환율이 미화 $1당 1,100원이므로 기말 외상매출금은 평가액 1,100,000원(=$1,000 × 1,100원)으로 재무상태표에 공시해야 한다. 따라서 평가액 1,100,000원과 장부금액 1,000,000원의 차액인 100,000원만큼 차변에 자산인 외상매출금을 증가시키고 대변에 영업외수익인 외화환산이익으로 처리해야 하므로 12월 31일 기말수정분개는 다음과 같다.

구분	코드	계정과목	코드	거래처명	차변	대변
3.차변	108	외상매출금	109	ABC Corp.	100,000	
4.대변	910	외화환산이익				100,000
분개	(차) 외상매출금[ABC Corp.]		100,000	(대) 외화환산이익	100,000	

[2] 단기차입금으로 계상된 외화차입금 잔액은 미국 ABC Corp.에서 차입한 금액 $1,000으로 차입일 현재 환율은 $1당 1,000원이었으나 기말 현재 환율은 $1당 1,100원이다. 기업회계기준에 따라 외화환산손익을 인식한다.

| 풀이 |

결산일 현재 적용환율이 미화 $1당 1,100원이므로 기말 단기차입금은 평가액 1,100,000원(=$1,000 × 1,100원)으로 재무상태표에 공시해야 한다. 따라서 평가액 1,100,000원과 장부금액 1,000,000원(=$1,000 × 1,000원)의 차액인 100,000원만큼 대변에 부채인 단기차입금을 증가시키고 차변에 영업외비용인 외화환산손실로 처리해야 하므로 12월 31일 기말수정분개는 다음과 같다.

구분	코드	계정과목	코드	거래처명	차변	대변
3.차변	955	외화환산손실			100,000	
4.대변	260	단기차입금	109	ABC Corp.		100,000
분개	(차) 외화환산손실		100,000	(대) 단기차입금[ABC Corp.]	100,000	

4 자동결산 유형

자동결산은 [결산/재무제표]-[결산자료입력] 메뉴에서 입력해야 하는 해당 란을 정확히 찾는 연습이 필요하다. [결산자료입력] 메뉴의 해당 란에 금액을 입력하고 상단 툴바의 **F3 전표추가** 를 클릭하면 기말수정분개가 결산일자(12월 31일)에 자동으로 생성되어 결산작업을 쉽게 할 수 있다.

1. 결산자료입력

[결산자료입력] 메뉴에서 기간을 1월부터 12월까지 입력하면 다음의 화면이 나타난다.

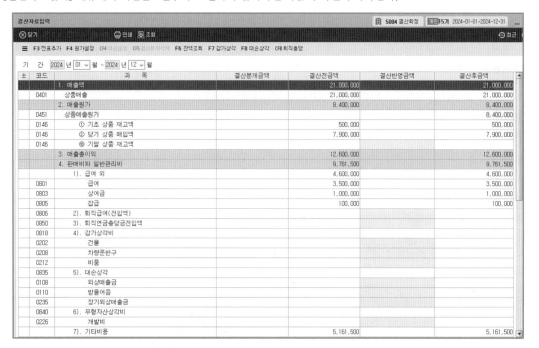

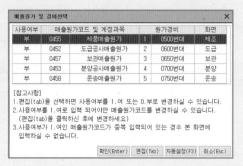

[전기분 재무제표]-[전기분 원가명세서] 메뉴를 작업한 데이터가 있는 경우에는 [결산자료입력] 메뉴에 자동으로 반영되므로 '매출원가 및 경비선택' 창이 나타나지 않는다. 그러나 전산회계 2급의 시험범위는 상기업이므로 [전기분 원가명세서] 메뉴를 작업할 수 없고 매출원가 중 제품매출원가의 코드 및 계정과목을 입력하지 않아도 된다. 따라서 '매출원가 및 경비선택' 창이 나타나면 별도의 작업 없이 '확인'을 클릭한다.

(1) **[결산반영금액]란 입력 방법**

① 매출액: [일반전표입력] 메뉴에 입력한 자료가 자동으로 반영된다.

② 매출원가-⑩기말상품재고액: 기말상품재고액을 입력한다.

③ 매출총이익: 매출액에서 매출원가를 차감한 금액이 자동으로 반영된다.

④ 판매비와 일반관리비

• 4). 감가상각비: 본사의 유형자산별 감가상각비를 각각 입력한다.

• 5). 대손상각: 기말 매출채권 등에 대한 대손충당금 추가설정액을 채권별로 각각 입력한다.

• 6). 무형자산상각비: 무형자산상각비를 무형자산별로 각각 입력한다.

⑤ 영업이익: 매출총이익에서 판매비와 일반관리비를 차감한 금액이 자동으로 반영된다.

⑥ 영업외수익: [일반전표입력] 메뉴에 입력한 자료가 자동으로 반영된다.

⑦ 영업외비용-2). 기타의 대손상각: 기말 매출채권 이외 채권에 대한 대손충당금 추가설정액을 채권별로 각각 입력한다.

⑧ 소득세차감전이익: 영업이익에서 영업외수익을 가산, 영업외비용을 차감한 후 잔액이 자동으로 반영된다.

프로그램 따라하기 👆

결산작업이 완료되면 상단 툴바의 **F3 전표추가** 를 클릭하여 다음의 대화창에서 '예'를 클릭한다. 입력된 기말수정분개를 [일반전표입력] 메뉴의 결산일자(12월 31일)에 자동으로 생성시켜 주는 기능이다.

---

2. 상품매출원가와 기말상품재고액

동일한 상품을 다양한 가격으로 매입하여 보유 중인 경우, 판매할 때마다 얼마짜리가 팔렸는지 정확히 계산하여 매출원가를 산정하는 것은 실무적으로 많은 어려움이 따른다. 따라서 상품매출에 대한 원가의 인식은 기말상품재고액을 통하여 결산일 1회만 인식한다. 전산회계 프로그램은 상품 계정을 2분법(상품, 상품매출)으로 사용하고 있기 때문에 기말 합계잔액시산표상의 상품 계정 잔액은 기초상품재고액과 당기상품매입액의 합계액이며 해당 금액은 [결산자료입력] 메뉴의 매출원가 중 [결산전금액]란에 자동 반영된다. 기말상품재고액을 조사하여 동 금액을 합계잔액시산표상의 상품 계정 잔액에서 차감한 금액이 상품매출원가이다.

(1) **입력 방법**

상품매출원가와 관련된 분개는 자동결산 항목이므로 [결산자료입력] 메뉴의 [2.매출원가]-[⑩기말상품재고액]란에 기말재고액을 입력한 후 상단 툴바의 **F3 전표추가** 를 클릭하면 다음의 분개가 [일반전표입력] 메뉴의 12월 31일자에 자동으로 반영된다.

(결차) 상품매출원가*	×××	(결대) 상품	×××

* 상품매출원가 = 기초상품재고액 + 당기상품매입액 − 기말상품재고액

　　　↳ [합계잔액시산표] 메뉴 12월의 상품 계정 잔액([결산자료입력] 메뉴의 결산 전 금액)

3. 유형자산의 감가상각

토지, 건설 중인 자산을 제외한 유형자산(건물, 비품, 차량운반구 등)은 사용하거나 시일의 경과에 따라 그 가치가 점차적으로 감소하게 된다. 이러한 가치의 감소액을 감가라 하고, 기말결산 시 이를 비용으로 계상한 것을 감가상각비라 하며, 해당 유형자산에 대한 가치 감소분을 기업의 재무상태와 경영성과에 반영하는 절차를 감가상각이라 한다.

(1) 입력 방법

감가상각비 계상과 관련된 분개는 자동결산 항목이므로 [결산자료입력] 메뉴의 [4.판매비와 일반관리비]−[4]. 감가상각비]란에 유형자산별로 감가상각비를 입력한 후 상단 툴바의 **F3전표추가**를 클릭하면 다음의 분개가 [일반전표입력] 메뉴의 12월 31일자에 자동으로 반영된다.

(차) 감가상각비	×××	(대) 감가상각누계액	×××

4. 무형자산의 상각

무형자산의 상각대상금액은 그 자산의 추정내용연수 동안 체계적인 방법에 의하여 비용으로 배분한다. 무형자산은 그 상각액을 당해 자산에서 직접 차감한 잔액으로 표시(직접법)하거나 무형자산상각누계액을 별도로 사용하여 당해 자산에서 차감하는 형식으로 표시(간접법)할 수 있다. 실무에서는 대부분 직접법을 사용한다.

(1) 입력 방법

무형자산상각비 계상과 관련된 분개는 자동결산 항목이므로 [결산자료입력] 메뉴에서 [4.판매비와 일반관리비]−[6]. 무형자산상각비]란에 무형자산별로 입력한다. 입력이 완료된 후 상단 툴바의 **F3전표추가**를 클릭하면 다음의 분개가 [일반전표입력] 메뉴의 12월 31일자에 자동으로 반영된다.

(차) 무형자산상각비	×××	(대) 무형자산	×××

5. 대손충당금 계산 및 처리

외상매출금, 받을어음, 대여금 및 미수금 등 채권의 기말 잔액은 차기로 이월된 후에 전액 회수된다는 보장이 어렵다. 따라서 결산일 현재 채권의 회수 가능성을 검토한 후 대손충당금으로 설정해야 한다. 대손충당금은 영업활동에서 발생한 채권의 회수불능 정도를 말한다. [합계잔액시산표] 메뉴에서 12월을 조회하여 채권 잔액을 확인한 후 대손예상액만큼 대손충당금으로 설정해야 한다.

$$
\begin{aligned}
&\text{시산표상 채권 잔액} \times \text{대손율} = \text{대손예상액(대손충당금)} \quad \rightarrow \text{재무상태표} \\
&\underline{\quad - \text{시산표상 대손충당금 잔액} \quad} \\
&\qquad\qquad = \text{추가설정액(대손상각비)} \quad \rightarrow \text{손익계산서}
\end{aligned}
$$

(1) 입력 방법

대손충당금 추가 계상액과 관련된 분개는 자동결산 항목이므로 [결산자료입력] 메뉴의 [4.판매비와 일반관리비]−[5]. 대손상각]란에 매출채권별로 대손상각비 추가 계상액을 입력한 후 상단 툴바의 **F3전표추가**를 클릭하면 다음의 분개가 [일반전표입력] 메뉴의 12월 31일자에 자동으로 반영된다.

(+) 추가설정액: (차) 대손상각비	×××	(대) 대손충당금	×××

> **꿀팁〉** 채권과 대손충당금의 코드번호
> - 108.외상매출금 − 109.외상매출금에 대한 대손충당금
> - 110.받을어음 − 111.받을어음에 대한 대손충당금

⊞ 연습문제

다음의 기말정리사항에 의하여 결산확정(회사코드: 5004)의 결산을 완료하시오.

[1] 재고자산을 실사한 결과 기말 현재 상품재고액은 400,000원이다.

| 풀이 |

[결산자료입력] 메뉴의 [2. 매출원가]−[⑩기말상품재고액]란에 '400,000'을 입력한다.

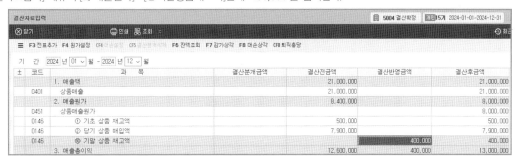

[2] 당기분 건물에 대한 감가상각비 2,000,000원, 차량운반구에 대한 감가상각비 1,000,000원 및 비품에 대한 감가상각비 300,000원을 계상하다.

| 풀이 |

[결산자료입력] 메뉴에서 [4. 판매비와 일반관리비]−[4). 감가상각비]−[건물]란에 '2,000,000', [차량운반구]란에 '1,000,000', [비품]란에 '300,000'을 각각 입력한다.

[3] 당기분 무형자산에 대한 상각비는 개발비 500,000원이다.

| 풀이 |

[결산자료입력] 메뉴에서 [4. 판매비와 일반관리비]−[6). 무형자산상각비]−[개발비]란에 '500,000'을 입력한다.

결산자료입력					5004 결산확정	15기 2024-01-01-2024-12-31
⊗닫기		🖨인쇄 🔍조회				⏱최근
≡ F3 전표추가 F4 원가설정 CF4 CF5 F6 잔액조회 F7 감가상각 F8 대손상각 CF8 퇴직충당						
기 간 2024 년 01 월 ~ 2024 년 12 월						
±	코드	과 목	결산분개금액	결산전금액	결산반영금액	결산후금액
	0840	6). 무형자산상각비			500,000	500,000
	0226	개발비			500,000	500,000

[4] 대손충당금은 기말 현재 외상매출금과 받을어음에 대하여 1%를 설정한다(보충법).

| 풀이 |

① [결산자료입력] 메뉴의 상단 툴바의 **F8 대손상각**을 클릭한다.

② 당기 대손충당금 설정액은 외상매출금과 받을어음 계정 잔액의 1%이므로 당기설정액에서 기 설정된 잔액을 차감한 다음의 금액이 추가설정액이 된다.

- 외상매출금 추가설정액: (10,620,000원 × 1%) − 60,000원 = 46,200원
- 받을어음 추가설정액: (2,300,000원 × 1%) − 0원 = 23,000원

상기 금액은 다음의 '대손상각' 창에서 외상매출금과 받을어음의 [추가설정액]란에 자동으로 반영된다. 매출채권만 설정하는 것이므로 매출채권 이외 채권의 추가설정액은 모두 지운다.

③ '대손상각' 창에서 결산반영 을 클릭하면 [결산자료입력] 메뉴의 [4. 판매비와 일반관리비]−[5). 대손상각]−[외상매출금]란에 '46,200', [받을어음]란에 '23,000'이 자동으로 반영된다.

④ 자동결산 자료의 해당 사항을 모두 입력한 후 상단 툴바의 F3 전표추가 를 클릭한다.
⑤ '결산분개를 일반전표에 추가하시겠습니까?' 창에서 '예'를 선택하면 해당 기말수정분개가 [일반전표입력] 메뉴 12월 31일자에 자동으로 반영되면서 결산이 완료된다.

프로그램 따라하기

[일반전표입력] 메뉴에서 12월 31일을 조회하면 다음과 같이 반영된 기말수정분개를 확인할 수 있다.

일	번호	구분	계 정 과 목	거 래 처	적 요	차 변	대 변
31	00021	결차	0451 상품매출원가		1 상품매출원가 대체	8,000,000	
31	00021	결대	0146 상품		2 상품 매입 부대비용		8,000,000
31	00022	결차	0818 감가상각비			3,300,000	
31	00022	결대	0203 감가상각누계액				2,000,000
31	00022	결대	0209 감가상각누계액				1,000,000
31	00022	결대	0213 감가상각누계액				300,000
31	00023	결차	0835 대손상각비			69,200	
31	00023	결대	0109 대손충당금				46,200
31	00023	결대	0111 대손충당금				23,000
31	00024	결차	0840 무형자산상각비			500,000	
31	00024	결대	0226 개발비				500,000

[결산자료입력] 메뉴에서 금액을 잘못 입력하고 전표추가를 한 경우에는 상단의 CF5 결산분개삭제 를 클릭하여 자동결산분개를 삭제한다. 이후 [결산자료입력] 메뉴에서 잘못 입력한 금액을 수정한 후 상단 툴바의 F3 전표추가 를 한 번 더 클릭한다.

5 재무제표의 확정작업

재무제표의 확정작업은 기말수정분개가 완료된 후의 다음 작업순서로 재무제표를 확정 짓는 절차이다.

포인트 재무제표의 확정순서

① 손익계산서를 조회하면 당기순이익이 산출된다.
② 손익계산서 상단 툴바의 **CF5전표추가**를 클릭하면 수익과 비용이 소멸되며 손익 계정이 자본금으로 대체되는 분개가 [일반전표입력] 메뉴 12월 31일자에 자동으로 생성된다. 즉 손익계산서의 당기순이익이 재무상태표의 자본금 계정으로 대체된다.
③ 재무상태표를 조회하면 재무제표가 완성된다.
④ [일반전표입력] 메뉴에서 12월 31일을 조회하면 '손익 계정의 대체' 분개를 확인할 수 있다.

1. 손익계산서 – 당기순이익의 확정

[손익계산서] 메뉴를 조회하면 일정 기간 중 실현된 수익에서 발생된 비용을 차감하여 산출되는 당기순이익이 확정된다. [손익계산서] 메뉴에서 상단 툴바의 **CF5전표추가**를 클릭하면 수익과 비용이 손익 계정을 통해 소멸되며 손익 계정은 결국 자본금 계정으로 대체되는 분개가 [일반전표입력] 메뉴의 12월 31일자에 자동으로 생성된다. 즉 손익계산서의 당기순이익은 재무상태표의 자본금 계정으로 대체된다. 결산확정(회사코드: 5004)의 [결산/재무제표] – [손익계산서] 메뉴에서 12월로 조회한 화면은 다음과 같다.

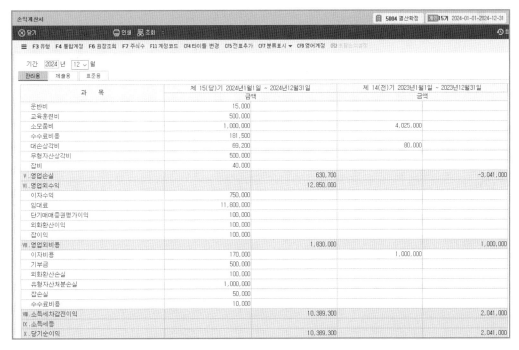

① **기간**: 조회하고자 하는 해당 월을 입력한다.
② **관리용 탭**: 회사관리용인 구체적인 계정과목으로 표시된 손익계산서가 작성된다.
③ **제출용 탭**: 일반기업회계기준의 계정과목으로 표시된 외부공시용 손익계산서가 작성된다.
④ **표준용 탭**: 소득세 사무처리 규정에 의해 소득세 신고 시 부속서류로 제출되는 손익계산서가 작성된다.
⑤ **원장조회(F6 원장조회)**: 조회하고자 하는 해당 항목에 커서를 두고 상단 툴바의 'F6 원장조회'를 클릭하면 해당 계정과목의 계정별원장 조회 및 전표 수정을 할 수 있다. 또한 해당 계정과목에 커서를 위치하고 더블클릭을 하면 조회할 수 있다.

⑥ **전표추가(CF5 전표추가)**: 상단 툴바의 'CF5 전표추가'를 클릭하면 수익과 비용 계정의 잔액을 집합손익 계정에 대체하여 손익계산서 계정을 마감하고, 집합손익 계정의 잔액을 자본금 계정에 대체시키는 분개가 [일반전표입력] 메뉴의 12월 31일자에 자동으로 생성된다. 결산확정(회사코드: 5004)의 12월 31일자 [일반전표입력] 메뉴를 조회하면 다음과 같다.

일반전표에 32건 추가되었습니다.

확인

↓

일	번호	구분	계 정 과 목	거 래 처	적 요	차 변	대 변
31	00027	대변	0812 여비교통비		손익계정에 대체		1,890,000
31	00027	대변	0813 접대비		손익계정에 대체		30,000
31	00027	대변	0814 통신비		손익계정에 대체		70,000
31	00027	대변	0817 세금과공과		손익계정에 대체		50,000
31	00027	대변	0818 감가상각비		손익계정에 대체		3,300,000
31	00027	대변	0819 임차료		손익계정에 대체		120,000
31	00027	대변	0821 보험료		손익계정에 대체		1,000,000
31	00027	대변	0824 운반비		손익계정에 대체		15,000
31	00027	대변	0825 교육훈련비		손익계정에 대체		500,000
31	00027	대변	0830 소모품비		손익계정에 대체		1,000,000
31	00027	대변	0831 수수료비용		손익계정에 대체		181,500
31	00027	대변	0835 대손상각비		손익계정에 대체		69,200
31	00027	대변	0840 무형자산상각비		손익계정에 대체		500,000
31	00027	대변	0848 잡비		손익계정에 대체		40,000
31	00027	대변	0951 이자비용		손익계정에 대체		170,000
31	00027	대변	0953 기부금		손익계정에 대체		500,000
31	00027	대변	0955 외화환산손실		손익계정에 대체		100,000
31	00027	대변	0970 유형자산처분손실		손익계정에 대체		1,000,000
31	00027	대변	0980 잡손실		손익계정에 대체		50,000
31	00027	대변	0984 수수료비용		손익계정에 대체		10,000
31	00027	차변	0400 손익		비용에서 대체	23,460,700	
31	00028	차변	0400 손익		당기순손익 자본금에 대체	10,389,300	
31	00028	대변	0331 자본금		당기순손익 자본금에 대체		10,389,300

2. 재무상태표 – 자산·부채·자본의 확정 및 차기이월

[재무상태표] 메뉴는 특별한 작업 없이 입력된 자료에 의하여 보고기간 종료일 재무상태표를 조회하면 자산·부채·자본이 확정되고 차기이월작업이 마무리되는 것이다. 결산확정(회사코드: 5004)의 [결산/재무제표] – [재무상태표] 메뉴에서 기간을 12월로 입력하여 조회한 화면은 다음과 같다.

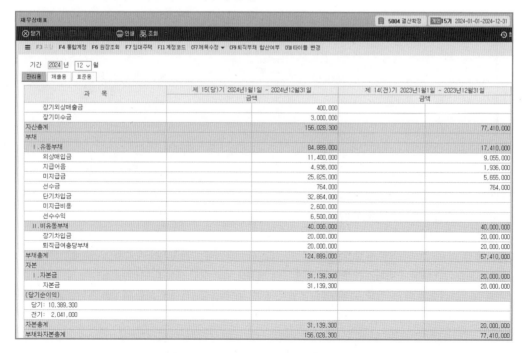

① **관리용 탭**: 회사관리용인 구체적인 계정과목으로 표시된 재무상태표가 작성된다.

② **제출용 탭**: 일반기업회계기준의 계정과목으로 표시된 외부공시용 재무상태표가 작성된다.

③ **표준용 탭**: 소득세 사무처리 규정에 의해 소득세 신고 시 부속서류로 제출되는 재무상태표가 작성된다.

④ **통합계정(F4, F4 통합계정)**: 일반기업회계기준에서는 일부 계정과목을 통합하여 재무제표가 간소화되도록 하고 있다. 그러나 기업에서는 관리목적상 필요한 계정과목은 종전과 같이 쓰고 있으므로 일반기업회계기준에 맞게 재무제표에 표시해 주기 위해서는 기업에서 사용하는 계정과목을 통합하여 주는 절차가 필요하다. 이 기능이 바로 '통합계정과목 등록'이다.

일반적인 통합계정과목은 이미 등록되어 있으며 필요한 경우 추가 등록하거나 이미 등록된 내용을 정정 및 삭제할 수 있다. 우측의 통합되는 계정과목을 추가 또는 삭제하고자 할 경우 커서를 우측의 [계정과목]란으로 이동시킨 후 작업하면 된다. 좌측의 [제출용 명칭]란에 커서를 두고 아래 방향으로 이동시키면 커서가 위치한 통합계정과목명에 통합되는 계정과목이 우측의 [계정과목]란에 표시된다.

⑤ **원장조회(F6 원장조회)**: 조회하고자 하는 항목에 커서를 두고 상단 툴바의 'F6 원장조회'를 클릭하면 해당 계정과목의 계정별원장 조회 및 전표를 수정할 수 있다.

합격을 다지는 실전문제

o━ 정답 및 해설 p.19

결산연습	회사코드: 5005

다음 결산연습(회사코드: 5005)에 입력된 자료를 검토하여 결산정리사항을 입력하여 결산을 완료하시오.

[1] 8월 31일에 구입하여 자산(취득원가 470,000원)으로 회계처리한 소모품 중 기말까지 사용하고 남은 금액은 210,000원이다.

[2] 소모품 구입 시 비용으로 처리한 금액 중 기말 현재 미사용한 금액은 150,000원이다.

[3] 2024년 8월 1일에 아래와 같이 보험에 가입하고 전액 당기 비용으로 처리하다. 기말수정분개를 하시오(단, 월할계산하고, 음수로 입력하지 말 것).

> • 보험회사: (주)러쉬앤캐치
> • 보험적용기간: 2024년 8월 1일~2025년 7월 31일
> • 보험금 납입액: 1,200,000원

[4] 3월 2일 자산으로 분개한 매장의 화재보험료 중 결산일 현재 기간 경과분은 1,000,000원이다.

[5] 결산일 현재 단기대여금에 대한 이자수익 중 기간 미경과분 500,000원이 있다.

[6] 10월 1일 국민은행으로부터 50,000,000원을 연 이자율 6%로 12개월간 차입(차입기간: 2024.10.1.~2025.9.30.)했고, 이자는 12개월 후 차입금을 상환할 때 일시에 지급하기로 하였다. 결산분개를 하시오(단, 월할계산할 것).

[7] 결산일 현재 장부에 계상되지 않은 당기분 임대료(영업외수익)는 300,000원이다.

[8] 결산일 현재 현금과부족 계정으로 처리되어 있는 현금 부족액 60,000원은 대표자가 개인적인 용도로 사용한 금액으로 판명되다.

[9] 결산일 현재 현금 실제액보다 현금 장부 잔액이 85,000원 많은 것으로 확인되다.

[10] 기말 현재 현금과부족 대변 잔액 80,000원의 원인이 불분명한 것으로 판명되다.

[11] 인출금 차변 계정 잔액 560,000원을 정리하다.

[12] 기말 단기매매증권의 결산 시 공정가치는 900,000원이다.

[13] 기말 합계잔액시산표의 가지급금 잔액 1,800,000원은 거래처 김길동에게 이자를 지급한 것으로 판명되다.

[14] 가수금 잔액은 불꽃상사의 외상대금을 수령한 것으로 판명되다.

[15] 국민은행의 보통예금은 마이너스 통장이다. 기말 현재 보통예금 잔액 −514,000원을 단기차입금 계정으로 대체하다(단, 음수로 입력하지 말 것).

[16] 기말 외상매입금 중에는 미국 NICE의 외상매입금 6,000,000원(미화 $5,000)이 포함되어 있으며, 결산일 환율에 의해 평가하고 있다. 결산일 현재의 적용환율은 미화 $1당 1,100원이다.

[17] 기말 외상매출금 중에는 미국 NICE의 외상매출금 1,000,000원(미화 $1,000)이 포함되어 있으며, 결산일 환율에 의해 평가하고 있다. 결산일 현재의 적용환율은 미화 $1당 900원이다.

[18] 재고자산을 실사한 결과 기말 현재 상품재고액은 1,400,000원이다.

[19] 당기 본사 영업부서의 감가상각비는 비품 930,000원, 차량운반구 2,500,000원이며 당기분 무형자산에 대한 상각비는 실용신안권 500,000원, 소프트웨어 700,000원이다.

[20] 외상매출금과 미수금 잔액에 대하여 1%의 대손충당금을 보충법으로 설정하시오.

재무제표 및 제장부 조회

핵심키워드
- 거래처원장
- 계정별원장
- 현금출납장
- 일계표(월계표)
- 분개장
- 총계정원장

■ 1회독 ■ 2회독 ■ 3회독

전산회계 프로그램을 통해 회계상의 거래를 입력하면 그 거래의 내용은 각종 회계장부에 자동으로 반영된다. 기업의 경영자와 이해관계자는 다양한 의사결정을 수행하기 위해서 자동 작성된 회계장부를 보고 이해할 수 있어야 한다. 따라서 전산회계 2급 시험에서는 이러한 능력을 검증하기 위해 제시된 요구에 따라 가장 적합한 장부를 조회하여 해당 금액을 찾는 조회 문제가 3~4점 배점으로 3문제가 출제되고 있다. 장부조회(회사코드: 5006)로 회사를 변경한 후 학습하도록 하자.

1 거래처원장

[장부관리]−[거래처원장] 메뉴에서 [일반전표입력] 메뉴에서 채권과 채무 등의 관리코드가 입력된 계정과목에 대한 거래처별 잔액과 거래내용을 조회할 수 있다.

1. 잔액 탭

해당 기간 말일자의 계정과목별 거래처 잔액을 조회할 수 있다.

예 6월 말 현재 외상매출금의 거래처별 잔액 조회

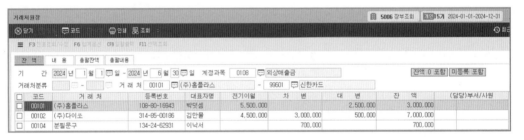

2. 내용 탭

조회기간에 대한 특정 거래처, 계정과목의 증감, 거래내용을 조회할 수 있다.

예 1월 한 달 동안의 (주)다이쏘에 대한 외상매출금을 회수한 금액 조회

2 거래처별 계정과목별 원장

[장부관리]-[거래처별 계정과목별 원장] 메뉴에서 거래처별로 계정과목의 증감내역 및 잔액을 조회할 수 있다.

1. 잔액 탭

특정 거래처에 대하여 선택한 기간 동안 계정과목별 잔액을 조회할 수 있다.

ⓐ 9월 말 현재 (주)홈플라스의 외상매출금과 받을어음의 잔액 조회

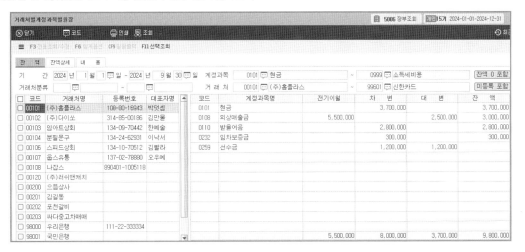

2. 잔액상세 탭

특정 거래처에 대하여 선택한 기간 동안 계정과목별 증감내역 및 잔액을 상세히 조회할 수 있다.

ⓐ (주)홈플라스의 1월에서 9월까지 외상매출금과 받을어음의 증감내역 조회

3. 내용 탭

특정 거래처에 대하여 선택한 기간 동안 계정과목별 증감내역 및 잔액을 조회할 수 있다.

ⓐ (주)홈플라스의 1월에서 9월까지 외상매출금의 증감내역 조회

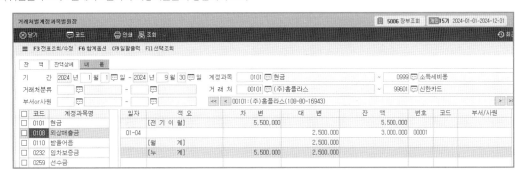

3 계정별원장

[장부관리]-[계정별원장] 메뉴는 거래가 빈번하게 발생하는 특정 계정에 대하여 거래를 발생순서별로 기입하는 보조장부이다. 특정 계정과목에 대한 조회기간 내의 증감내역 및 잔액을 상세히 조회하는 경우 사용한다. 단, 현금 계정의 조회는 [현금출납장] 메뉴에서만 가능하다.

⑩ 1월 1일부터 3월 31일까지 외상매출금의 증감내역 및 3월 31일 잔액 조회

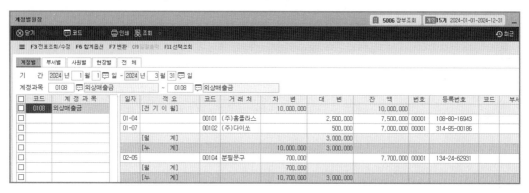

4 현금출납장

[장부관리]-[현금출납장] 메뉴는 현금의 입금과 출금의 내용을 상세히 기록한 보조장부이며 현금의 입금과 출금 거래내역이 날짜순으로 기록되어 있다. 현금 잔액 또는 거래실적을 조회하는 경우 사용한다.

⑩ 10월 말 현재 현금 잔액 조회

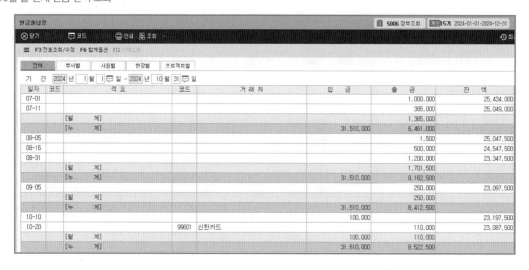

5 일계표(월계표)

원장에서의 전기를 정확하게 작성하기 위해서 전표에서 직접 원장에 전기하지 않고 일계표를 통해 원장에 전기한다. 일계표는 하루의 거래금액을 계정과목별로 총괄적으로 일람할 수 있는 표이며, 월계표는 한 달의 거래내역을 정리한 계정집계표이다.

1. 일계표 탭

[장부관리]−[일계표(월계표)]−[일계표] 탭에서 조회하고자 하는 일을 입력하면 다음의 화면이 나타난다. 일계표는 특정 일 또는 1개월 이내의 기간 동안 대체거래 및 현금거래 조회 시 사용한다.

> **예** 1월 1일부터 1월 15일까지 발생한 판매비와 관리비 중 복리후생비의 현금 지급액 조회

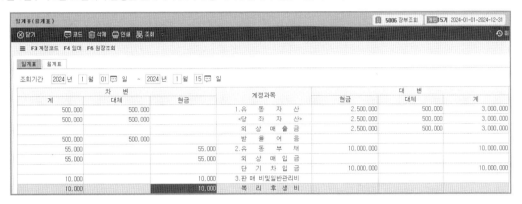

프로그램 따라하기 👆

[일계표(월계표)] 메뉴에서 조회하고자 하는 계정과목을 선택한 후 상단 툴바의 **F6 원장조회** 를 클릭하면 해당 기간의 계정별원장을 조회할 수 있다.

2. 월계표 탭

[장부관리]-[일계표(월계표)]-[월계표] 탭에서 조회하고자 하는 월을 입력하면 다음의 화면이 나타난다. **월계표는 특정 월 또는 1년 이내의 월별 기간 동안 현금거래와 대체거래의 실적 조회 시 사용한다.**

예 1월부터 6월까지의 접대비 발생액 중 대체거래 조회

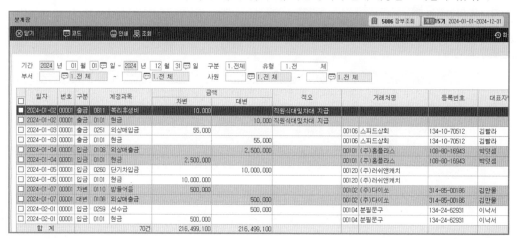

6 분개장

분개장은 분개를 전표일자별 또는 거래가 발생한 순서대로 기록하는 장부이며, 거래를 계정 계좌에 전기하기 위한 중개수단이 된다. [장부관리]-[분개장] 메뉴에서는 기간, 구분, 유형, 부서, 사원에 따라 분개 내용을 조회할 수 있다.

프로그램 따라하기

- 기간: 출력 및 조회할 분개장의 기간을 입력한다.
- 구분: 출력 및 조회할 전표의 구분(1.전체, 2.출금, 3.입금, 4.대체)을 선택한다.
- 유형: 출력 및 조회할 전표의 유형(1.전체, 2.일반전표, 3.매입매출전표)을 선택한다.

7 총계정원장

총계정원장은 결산의 기초가 되는 주요장부로서 그 기업에서 사용하는 모든 계정과목에 대한 증감변화를 기록한 장부이다. 특정 계정의 월별 누계액을 비교·조회할 때 이용한다.

1. 월별 탭

[장부관리]-[총계정원장]-[월별] 탭을 선택하면 다음과 같은 화면이 나온다.

예 회계연도 중 복리후생비 발생액이 가장 큰 월과 금액 조회

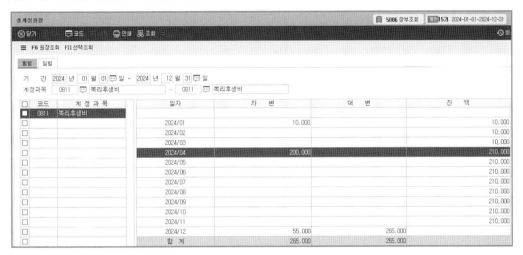

2. 일별 탭

[장부관리]-[총계정원장]-[일별] 탭을 선택하면 다음과 같은 화면이 나온다.

예 회계연도 중 복리후생비 발생액이 가장 큰 일자와 금액 조회

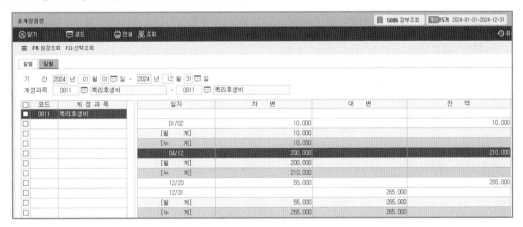

8 전표출력

전표는 회계상의 거래를 적어놓은 용지를 말한다. [장부관리]−[전표출력] 메뉴를 선택하면 다음과 같은 화면이 나온다.

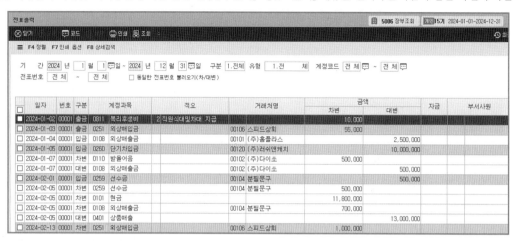

```
프로그램 따라하기 ✍
```

• 기간: 출력 및 조회할 전표의 기간을 입력한다.
• 구분: 출력 및 조회할 전표의 구분(1.전체, 2.출금, 3.입금, 4.대체)을 선택한다.
• 전표번호: 특정 번호의 전표를 출력 및 조회하고자 할 때 해당 번호를 입력한다. 전표번호를 입력하지 않고 Enter↵ 를 누르면 '전체~전체'로 자동 입력되어 모든 전표가 조회된다.

포인트 장부조회 요령

계정별원장	현금 외 특정 계정과목의 증감내역 또는 잔액 조회
현금출납장	현금의 입·출금내역 또는 잔액 조회
총계정원장	계정과목의 월별 금액 또는 일별 금액을 비교
거래처원장	계정과목과 거래처를 동시 조회
거래처별 계정과목별 원장	거래처별 둘 이상의 계정과목을 동시 조회
월계표	1년 이내 현금거래액 또는 대체거래액 조회
일계표	한 달 이내 현금거래액 또는 대체거래액 조회
합계잔액시산표	일정 시점까지의 누계액 조회
재무상태표와 손익계산서	전기와 당기 계정과목(통합 계정과목 포함) 증감액 조회

합격을 다지는 실전문제

◦── 정답 및 해설 p.24

장부조회 **회사코드: 5006**

다음 장부조회(회사코드: 5006)의 입력된 자료를 검토하여 다음 사항을 조회하여 기재하시오.

[1] 상반기(1월 1일~6월 30일) 판매비와 관리비 항목에서 조회하여 입력하시오.

> • 상반기(1월 1일~6월 30일) 판매비와 관리비 중 현금거래한 금액의 합계액은 얼마인가?
> • 상반기(1월 1일~6월 30일) 판매비와 관리비 중 현금거래한 금액이 가장 큰 계정과목은 무엇인가?

[2] 1월(1월 1일~1월 31일) 중 외상매출금이 감소한 건수는 몇 건이며, 그 금액은 얼마인가?

[3] 1/4분기(1월~3월) 중 현금지출이 가장 많았던 월은 몇 월이며, 그 금액은 얼마인가?

[4] 6월 30일 현재 외상매출금 잔액이 가장 많은 거래처와 금액은 얼마인가?

[5] 6월 30일 현재 유동부채는 전기 말 대비 얼마가 증가되었는가?

[6] 5월 중 현금지출액은 얼마인가?

[7] 하반기(7월~12월)에 현금으로 지출된 소모품비는 얼마인가?

[8] 4월 중 당사가 발행한 지급어음 총액은 얼마인가?

[9] 상반기(1월~6월)의 상품매출액은 얼마인가?

[10] 6월 30일 현재 상품재고액이 2,500,000원이라면 1월 1일부터 6월 30일까지의 매출총이익은 얼마인가?

[11] 6월 30일 현재 차량운반구의 장부금액은 얼마인가?

[12] 11월 말 현재 외상매출금의 장부금액은 얼마인가?

[13] 당사의 4월 1일부터 6월 30일까지에 대한 상품매출액과 상품매입액은 각각 얼마인가?

[14] 매월 1일에서 말일까지의 신한카드 사용액은 다음 달 25일에 보통예금으로 자동이체한다. 6월 25일 결제해야 할 카드 대금은 얼마인가? (단, 신용카드 사용액은 미지급금 계정으로 처리함)

[15] 4월과 6월의 상품매출 월평균 발생액은 얼마인가?

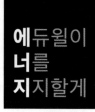

인생에 뜻을 세우는 데 늦은 때라곤 없다.

– 제임스 볼드윈 (James Baldwin)

PART

02

실무시험
문제

출제유형별 연구문제   합격상사(회사코드: 5010)
01회 실무 모의고사   우리완구(회사코드: 5011)
02회 실무 모의고사   모두상사(회사코드: 5012)
03회 실무 모의고사   고득점문구(회사코드: 5013)
04회 실무 모의고사   통과상사(회사코드: 5014)
05회 실무 모의고사   오바마상사(회사코드: 5015)

출제유형별 연구문제

합격상사(회사코드: 5010)는 사무용 가구를 판매하는 개인기업으로 당기(제19기)의 회계기간은 2024.1.1.~2024.12.31. 이다. 전산세무회계 수험용 프로그램을 이용하여 다음 물음에 답하시오.

(꿀팁) 모의고사에 들어가기 전, 실무시험에 출제되는 9가지 유형을 출제 포인트와 함께 쉽게 파악해본다.

유형 1 기초정보관리

┤ 출제 포인트 ├

1. 회사등록사항 중 중요한 항목이 누락되거나 오류가 제시되면 제시된 사업자등록증과 비교하여 추가 입력 또는 수정하는 문제가 출제된다.
2. 주요 출제유형
   ① 법인사업자와 개인사업자의 구분
   ② 사업자등록번호 및 개업연월일의 수정
   ③ 대표자명 및 주민등록번호의 수정
   ④ 업태 및 종목의 수정
   ⑤ 사업장소재지 및 관할세무서의 수정
   ⑥ 과세유형의 수정

다음은 개인사업자인 합격상사의 사업자등록증이다. [회사등록] 메뉴에 입력된 내용을 검토하여 누락분은 추가 입력하고 잘못된 부분은 정정하시오.

사 업 자 등 록 증

(일반과세자)

등록번호: 215-21-41253

1. 상   호   명: 합격상사
2. 대 표 자 명: 박진혁
3. 개 업 연 월 일: 2006.2.6.
4. 주 민 등 록 번 호: 651104-1245381
5. 사 업 장 소 재 지: 서울특별시 종로구 백석동1가길 5
6. 사 업 의 종 류: [업태] 도소매
                    [종목] 사무용 가구
7. 교 부 사 유: 신규

2006년 2월 12일

종로세무서장   인

유형 2 거래처등록

┤ 출제 포인트 ├

1. 문제에 제시된 거래처의 인적사항 자료를 보고 [거래처등록] 메뉴에 신규 등록하는 문제가 주로 출제된다.
2. 제시된 거래처의 자료와 기 등록된 거래처 등록사항을 대조하여 오류나 누락된 부분이 있으면 수정 및 추가 입력해야 한다.

합격상사의 거래처에 대한 자료를 검토하여 [거래처등록] 메뉴에 추가 등록하시오(단, 우편번호 입력은 생략할 것).

구분	매출처	매입처
회사명	현재가구(코드: 111)	미래가구(코드: 112)
대표자명	이현재	최미래
사업자등록번호	135-01-61222	124-31-77153
주소	경기도 의정부시 평화로 561번길 14	경기도 수원시 팔달구 경수대로 419
업태	소매	소매
종목	가구	가구
유형	매출	매입

유형 3 계정과목 및 적요등록

┤ 출제 포인트 ├

1. 기 등록된 계정과목이나 적요를 수정하거나 추가 등록하는 문제가 출제된다.
2. 주요 출제유형
　① 계정과목과 코드 수정 및 추가 입력
　② 현금적요, 대체적요 수정 및 추가 입력
　③ 기 입력된 계정과목의 변경

합격상사는 다음 계정과목과 적요를 사용하고자 한다. 추가로 등록하거나 입력된 내용을 정정하시오.

[1] 합격상사는 창고임차에 대한 임차보증금을 창고보증금 계정으로 설정하고자 한다. '232.임차보증금' 계정을 '232.창고보증금'으로 수정하시오.

[2] 외상매출금과 관련하여 적요 내용이 빈번하게 발생하므로 적요등록에 등록하여 사용하고자 한다. '108.외상매출금' 계정과목의 [적요]란에 추가로 등록하시오(대체적요 8번에 추가).

> 8.외상매출대금 어음으로 회수

┤ 출제 포인트 ├

1. 제시된 전기분 재무상태표와 손익계산서를 보고 기 등록된 내용을 검토하여 오류사항을 수정하거나 누락사항을 추가 입력하는 문제가 출제된다.
2. 재무제표에 대한 이해도를 평가하는 문제이므로 재무제표 간에 연관되는 과목 및 금액에 대한 검토 능력을 키워야 한다.
   ① 손익계산서의 매출원가 산정 시 필요한 기말재고액은 재무상태표에 입력된 상품가액을 불러오므로 수정 시 재무상태표에서 직접 수정해야 한다.
   ② 손익계산서의 당기순이익을 수정하면 재무상태표의 자본금에 변동이 발생하므로 자본금을 수정한 후 재무상태표의 대차차액이 없는지 확인해야 한다.

[1] 다음은 합격상사의 전기분 재무상태표이다. 입력되어 있는 자료를 검토하여 오류 부분은 정정하고 누락된 부분은 추가 입력하시오.

재무상태표

회사명: 합격상사　　　　　　　제18기 2023.12.31. 현재　　　　　　　(단위: 원)

과목	금액		과목	금액	
현　　　　　　금		11,000,000	외 상 매 입 금		16,652,000
당 좌 예 금		21,500,000	지 급 어 음		9,600,000
보 통 예 금		7,000,000	미 지 급 금		4,800,000
외 상 매 출 금	8,500,000		단 기 차 입 금		18,500,000
대 손 충 당 금	85,000	8,415,000	자　　　본　　　금		40,300,000
받 을 어 음	6,300,000		(당 기 순 이 익:		
대 손 충 당 금	63,000	6,237,000	7,840,000)		
미　　　수　　　금		1,500,000			
단 기 대 여 금		4,000,000			
단 기 매 매 증 권		1,000,000			
상　　　　　　품		6,500,000			
차 량 운 반 구	31,000,000				
감 가 상 각 누 계 액	14,000,000	17,000,000			
비　　　　　　품	7,500,000				
감 가 상 각 누 계 액	1,800,000	5,700,000			
자 산 총 계		89,852,000	부 채 와 자 본 총 계		89,852,000

[2] 다음은 합격상사의 전기분 손익계산서이다. 입력되어 있는 자료를 검토하여 오류 부분은 정정하고 누락된 부분은 추가 입력하시오(단, 전기분 재무상태표의 자본금은 적정한 것으로 가정함).

손익계산서

회사명: 합격상사   제18기 2023.1.1.~2023.12.31.   (단위: 원)

과목	금액	과목	금액
Ⅰ. 매 출 액	120,800,000	Ⅴ. 영 업 이 익	9,740,000
1. 상 품 매 출	120,800,000	Ⅵ. 영 업 외 수 익	400,000
Ⅱ. 매 출 원 가	94,100,000	1. 이 자 수 익	350,000
상 품 매 출 원 가	94,100,000	2. 잡 이 익	50,000
1. 기 초 상 품 재 고 액	10,400,000	Ⅶ. 영 업 외 비 용	2,300,000
2. 당 기 상 품 매 입 액	90,200,000	1. 이 자 비 용	1,800,000
3. 기 말 상 품 재 고 액	6,500,000	2. 기 부 금	500,000
Ⅲ. 매 출 총 이 익	26,700,000	Ⅷ. 소 득 세 차 감 전 순 이 익	7,840,000
Ⅳ. 판 매 비 와 관 리 비	16,960,000	Ⅸ. 소 득 세 등	0
1. 급 여	6,000,000	Ⅹ. 당 기 순 이 익	7,840,000
2. 복 리 후 생 비	2,800,000		
3. 여 비 교 통 비	300,000		
4. 수 도 광 열 비	1,100,000		
5. 세 금 과 공 과	700,000		
6. 감 가 상 각 비	800,000		
7. 임 차 료	2,400,000		
8. 보 험 료	600,000		
9. 차 량 유 지 비	500,000		
10. 소 모 품 비	760,000		
11. 광 고 선 전 비	1,000,000		

유형 5 거래처별 초기이월

──┤ 출제 포인트 ├──

전기분 재무상태표의 자산·부채 중 채권·채무 계정과목에 누락된 거래처와 해당 잔액을 추가 등록하거나 거래처별 잔액을 수정 및 삭제하는 문제가 출제된다.

다음은 합격상사의 전기이월된 계정과목의 거래처별 잔액이다. 해당 메뉴를 확인하여 다음 자료를 입력 또는 정정하시오.

계정과목	거래처명	금액	계정과목	거래처명	금액
받을어음	세일가구	2,300,000원	외상매입금	세일가구	6,200,000원
	돌침대가구	2,100,000원		돌침대가구	5,002,000원
	물침대가구	1,900,000원		물침대가구	5,450,000원

유형 6 일반전표입력

─── 출제 포인트 ───

1. 전산회계 2급의 시험 범위는 상품매매업의 개인사업자이다.
2. '입력 시 유의사항'을 숙지한 후 문제를 풀이한다.
   ① 적요의 입력은 생략한다.
   ② 부가가치세는 고려하지 않는다.
   ③ 채권·채무와 관련된 거래 별도의 요구가 없는 한 반드시 기 등록된 거래처코드를 입력하는 방법으로 거래처명을 입력한다.
   ④ 회계처리 시 계정과목은 별도의 제시가 없는 한 등록된 계정과목 중 가장 적절한 과목으로 한다.
3. 실무 능력을 검증하는 자격증이므로 다음과 같이 실무에서 많이 발생하는 거래일수록 출제 비중이 높다.
   ① 상품매입과 상품매출
   ② 급여·임금 등의 지급
   ③ 판매비와 관리비의 발생
   ④ 채권·채무와 관련된 거래
4. 전산으로 자동채점이 이루어지므로 거래일자를 잘못 입력하면 오답처리된다. 전표입력 시 '월'과 '일' 입력을 주의해야 한다.
5. 기중 매출채권과 관련된 거래 자료를 잘못 입력한 경우 기말 대손충당금의 설정은 각 수험자별 기말 채권 잔액과 기중 충당금 변동사항이 감안되어 채점이 별개로 이루어진다.
6. 거래 자료를 입력하고 Esc로 이동을 하면 [일반전표입력] 메뉴의 거래는 '일자순'으로 자동 정렬된다. 입력자료를 검토할 때는 마우스 우측 버튼을 눌러 거래를 '입력순'으로 정렬하면 작업한 내용을 쉽게 확인할 수 있다.

다음의 거래 자료를 [일반전표입력] 메뉴를 이용하여 입력하시오.

[1] 7월 6일
세일가구에서 판매용 가구 1,000,000원과 업무용 가구 200,000원을 매입하다. 대금은 당사가 발행한 약속어음 2매 (1,000,000원 1매, 200,000원 1매)로 지급하다(단, 하나의 분개로 입력할 것).

[2] 7월 8일
종업원의 유니폼을 스타일복장에서 구입하고 대금 30,000원은 월말에 지급하기로 하다(단, 전액 비용처리할 것).

[3] 7월 10일
현재가구에 가구를 2,000,000원에 판매하고, 대금의 40%는 어음으로 결제받고 잔액은 외상으로 하다.

[4] 7월 16일
주차장으로 사용할 토지를 10,000,000원에 준선상사로부터 매입하고 대금은 당좌수표를 발행하여 지급하다. 토지 취득 시 취득세 520,000원은 현금으로 지급하였다.

[5] 7월 19일
상품 운반용으로 사용되던 화물차(취득원가: 10,000,000원, 감가상각누계액: 5,000,000원)의 노후로 인하여 명품고철에 2,000,000원에 매각하고 대금은 1개월 후에 받기로 하다.

[6] 7월 22일

장부금액이 500,000원인 단기매매증권을 600,000원에 현금으로 매각하다. 또한 매도수수료 10,000원은 별도로 현금 지급하다.

[7] 7월 31일

종업원의 급여를 다음과 같이 현금으로 지급하다.

사원명	총급여액	원천징수세액		차감 지급액
		소득세	지방소득세	
우리땅	2,000,000원	120,000원	12,000원	1,868,000원
푸르게	1,500,000원	90,000원	9,000원	1,401,000원
계	3,500,000원	210,000원	21,000원	3,269,000원

[8] 8월 1일

영업부 신입직원의 명함을 선일광고에서 인쇄하고, 대금 550,000원은 어음을 발행(2024.12.31. 만기)하여 지급하다.

[9] 8월 10일

급여 지급 시 공제한 소득세 231,000원과 국민연금 150,000원 및 회사부담분 국민연금 150,000원을 보통예금에서 지급하다(단, 회사부담분 국민연금은 세금과공과로 처리할 것).

[10] 8월 11일

거래처 돌침대가구에 외상판매한 사무용 가구 200,000원이 반품되다(단, 반품액은 외상매출금과 상계할 것).

[11] 8월 12일

보관하고 있던 아모레상사가 발행한 당좌수표 1,000,000원을 당사 당좌예금 계좌에 예입하였다.

[12] 8월 20일

물침대가구로부터 사무실 책상(내용연수 5년)을 1,600,000원에 구입하고 대금은 월말에 지급하기로 하다.

[13] 8월 28일

재고상품의 부족으로 거래처 세일가구로부터 상품 3,000,000원을 매입하기로 하고 상품매입대금의 10%를 계약금으로 당좌예금 통장에서 거래처 세일가구의 통장으로 이체하다.

[14] 8월 30일

당사는 현대자동차에서 업무용 승용차 1대(20,000,000원)를 구입하고, 15,000,000원은 현대캐피탈에서 6개월 무이자 할부로 지급하고, 5,000,000원은 현금으로 지급하다. 또한 차량 구입에 따른 취득세 1,100,000원도 현금으로 지급하다(단, 현대캐피탈은 코드번호 301번으로 신규 등록할 것).

[15] 8월 31일

세일가구로부터 상품 3,000,000원을 매입하고 8월 28일에 지급한 계약금을 제외한 나머지는 외상으로 하다. 또한 운반비 50,000원은 판매자가 부담하기로 하다.

[16] 9월 1일

해외에 판로를 개척하기 위하여 영업사원을 6개월 동안 출장을 보내면서 현금 500,000원을 지급하고 내역은 출장에서 돌아온 후 정산하기로 하다.

[17] 9월 11일

9월 2일에 스타일복장과 체결한 광고대행계약 관련하여 실제 옥외광고가 이루어졌고, 이에 잔금 900,000원을 보통예금 계좌에서 이체하였다. 계약금 100,000원은 계약일인 9월 2일에 지급하고 선급비용으로 회계처리하다.

[18] 9월 27일

실제 잔액이 장부 잔액보다 100,000원 적은 것을 발견하였으며, 그 원인은 알 수 없다.

[19] 10월 2일

거래처 현재가구에 가구 8,000,000원을 매출하기로 하고 계약금 10%를 타인발행수표로 받다.

[20] 10월 5일

거래처 현재가구에 가구 8,000,000원을 매출하고 계약금 800,000원을 제외한 잔액 중 절반은 자기앞수표로 받고 나머지는 외상으로 하다.

[21] 10월 15일

매출처 현재가구의 외상매출금 4,000,000원을 8개월 후 상환조건의 대여금으로 전환하다.

[22] 10월 26일

물침대가구의 단기차입금 800,000원과 상환 시까지의 이자 25,000원을 당좌수표를 발행하여 지급하다.

[23] 10월 30일

새로운 회계 프로그램을 나라상회에서 구입하고, 소프트웨어 구입비용 3,000,000원은 한 달 후에 지급하기로 하다(단, 무형자산으로 처리하고, 고정자산 등록은 생략할 것).

[24] 11월 11일

돌침대가구로부터 받은 어음 중 990,000원은 만기가 도래하기 전에 우리은행에 배서양도하고 할인료 90,000원을 제외한 나머지 금액을 현금으로 수령하다(단, 어음의 할인은 매각거래로 처리할 것).

[25] 12월 1일

9월 1일 출장갔던 영업사원의 여비 550,000원을 정산하고, 추가 50,000원은 현금으로 지급하다.

유형 **7** 오류수정

┤ 출제 포인트 ├

1. 잘못 입력된 자료에 대해 계정과목, 거래처, 금액 등을 수정하는 문제가 출제된다.
2. 실무에서 오류를 범하기 쉬운 사례들이 주로 출제되고 있으며 해당 월·일로 이동하여 직접 수정해야 한다.

[일반전표입력] 메뉴에 입력된 내용 중 다음의 오류가 발견되었다. 입력된 내용을 검토하고 수정 또는 삭제, 추가 입력하여 올바르게 정정하시오.

[1] 1월 1일

사업주가 사업 확장을 위해 10,000,000원을 추가로 출자하여 당사 보통예금 계좌에 입금하였으나 입력이 누락되다(단, 추가출자액은 자본금 계정으로 처리할 것).

[2] 7월 10일

상품을 팔고 대금결제는 전액 어음으로 받은 것으로 확인되다.

[3] 8월 31일

세일가구로부터 상품 3,000,000원을 매입하면서 별도로 지급한 운반비 50,000원은 당사가 부담하기로 하고 현금 지급한 것으로 확인된다.

[4] 9월 20일

돌침대가구에서 상품을 3,000,000원에 매입하기로 하고 현금으로 지급한 계약금 300,000원을 선수금으로 입금처리하였음이 확인된다.

[5] 12월 4일

통장에서 출금된 110,000원은 내용이 확인되지 않아 가지급금으로 처리하였으나, 물침대가구에 대한 외상매입대금을 지급한 것으로 확인된다.

유형 8 결산정리사항

┌──── 출제 포인트 ────┐

1. 결산 문제는 3단계로 문제풀이를 진행한다.
   [1단계] 수동결산 항목을 [일반전표입력] 메뉴의 12월 31일자에 직접 입력한다.
   [2단계] 자동결산 항목을 [결산자료입력] 메뉴의 해당 란에 입력한다.
   [3단계] [결산자료입력] 메뉴 상단 툴바의 'F3 전표추가'를 클릭한다. 만약 'F3 전표추가'를 클릭하지 않으면 자동결산 항목에 대한 문제를 틀리게 되므로 반드시 전표추가를 해야 한다.
2. 자동결산 항목에 대한 문제를 [결산자료입력] 메뉴를 통해 [일반전표입력] 메뉴에 자동으로 생성하지 않고 [일반전표입력] 메뉴에서 해당 기말수정분개를 직접 입력해도 정답으로 인정된다.
3. 주요 출제유형
   ① 기말재고액 제시 후 상품매출원가 산정　　　② 대손충당금 추가설정액 계산
   ③ 감가상각비 계상　　　　　　　　　　　　　④ 선수수익·미수수익 계상
   ⑤ 선급비용·미지급비용 계상　　　　　　　　⑥ 인출금 정리
   ⑦ 미사용 소모품 대체　　　　　　　　　　　⑧ 현금과부족 정리
   ⑨ 가지급금·가수금 정리　　　　　　　　　　⑩ 단기매매증권의 평가
   ⑪ 외화채권과 외화채무의 기말환율 변동분 인식 등

다음의 결산정리사항을 입력하여 결산을 완료하시오.

[1] 기말 현재 현금과부족 200,000원은 대표자가 개인적인 용도로 사용한 금액으로 판명되다.

[2] 단기대여금에 대한 미수이자 120,000원을 계상하다.

[3] 당기에 비용으로 처리한 임차료 중 선급액 120,000원을 계상하다.

[4] 기말 단기매매증권의 공정가치는 1,400,000원이다.

[5] 기말 현재 상품재고액은 550,000원이다(단, 결차, 결대로 입력할 것).

[6] 대손충당금은 매출채권(외상매출금, 받을어음) 잔액에 대하여 1.5%를 보충법으로 설정하다.

[7] 당기분 차량운반구 감가상각비는 700,000원이고, 비품 감가상각비는 500,000원이다.

유형 9 장부조회

─── 출제 포인트 ───

1. 제장부를 조회하여 제시된 문제에 대한 답안을 '이론문제 답안작성' 메뉴에 입력한다.
2. 요구되는 자료를 어느 메뉴에서 조회할 것인가의 판단이 중요하다.
   ① [일·월계표]: 한 달 또는 1년 이내의 계정과목별 현금거래액 또는 대체거래액 조회
   ② [계정별원장]: 계정과목별 일정 기간의 거래금액과 잔액 조회
   ③ [거래처원장]: 계정과목별 특정 거래처와의 거래내용 및 잔액 조회
   ④ [총계정원장]: 계정과목별 월별(일별) 거래금액과 잔액 비교
   ⑤ [현금출납장]: 특정 기간 현금의 입·출금액과 잔액 조회
   ⑥ [합계잔액시산표]: 기초부터 일정 기간(말일 기준)의 계정별 거래금액 합계와 잔액 조회
   ⑦ [손익계산서]: 기초부터 일정 기간(말일 기준)의 수익·비용 거래금액을 전기와 비교하여 총액 조회
   ⑧ [재무상태표]: 일정 시점(말일 기준)의 자산·부채·자본 잔액을 전기와 비교하여 총액 조회

다음 사항을 조회하여 알맞은 답안을 │이론문제 답안작성│ 메뉴에 입력하시오.

[1] 상반기(1월~6월) 중 상품매출액이 가장 많은 달은 몇 월이며, 그 금액은 얼마인가?

[2] 6월 말 현재 미지급금 잔액이 가장 많은 거래처의 코드와 금액은?

[3] 3월 말 현재 전기 대비 유동부채의 증가액은 얼마인가?

[4] 상반기(1월~6월) 중 현금으로 지급한 통신비는 얼마인가?

[5] 2/4분기(4월~6월) 중 현금지출이 가장 많은 달은 몇 월이며, 그 금액은 얼마인가?

우리완구(회사코드: 5011)는 완구를 판매하는 개인기업으로 당기(제15기) 회계기간은 2024.1.1.~2024.12.31.이다. 전산세무회계 수험용 프로그램을 이용하여 다음 물음에 답하시오.

┤ 기본전제 ├

- 문제에서 한국채택국제회계기준을 적용하도록 하는 전제조건이 없는 경우, 일반기업회계기준을 적용하여 회계처리한다.
- 문제의 풀이와 답안 작성은 제시된 문제의 순서대로 진행한다.

문 1 다음은 우리완구의 사업자등록증이다. [회사등록] 메뉴에 입력된 내용을 검토하여 누락된 부분은 추가 입력하고 잘못된 부분은 정정하시오. (6점)

사 업 자 등 록 증

(일반과세자)

등록번호: 104-03-11251

---

1. 상   호   명: 우리완구
2. 대 표 자 명: 손오공
3. 개 업 연 월 일: 2010.1.15.
4. 사 업 장 소 재 지: 서울특별시 영등포구 영등포로79길 4-13
5. 사 업 자 의 주 소 지: 경기도 부천시 원미구 조마루로 358번길
6. 사 업 자 의 종 류: [업태] 도소매 [종목] 완구
7. 교 부 사 유: 신규
8. 공 동 사 업 장:
9. 주류판매신고번호:

2010년 1월 15일

영등포세무서장   인

문 2 다음은 우리완구의 전기분 손익계산서이다. 입력되어 있는 자료를 검토하여 오류 부분은 정정하고 누락된 부분은 추가 입력하시오. (6점)

손익계산서

회사명: 우리완구   제14기 2023.1.1.~2023.12.31.   (단위: 원)

과목	금액	과목	금액
Ⅰ. 매　출　액	121,000,000	Ⅴ. 영　업　이　익	30,585,000
1. 상　품　매　출	121,000,000	Ⅵ. 영　업　외　수　익	1,300,000
Ⅱ. 매　출　원　가	70,200,000	1. 이　자　수　익	400,000
상　품　매　출　원　가	70,200,000	2. 임　대　료	800,000
1. 기　초　상　품　재　고　액	5,000,000	3. 잡　이　익	100,000
2. 당　기　상　품　매　입　액	85,200,000	Ⅶ. 영　업　외　비　용	350,000
3. 기　말　상　품　재　고　액	20,000,000	1. 이　자　비　용	200,000
Ⅲ. 매　출　총　이　익	50,800,000	2. 기　부　금	150,000
Ⅳ. 판　매　비　와　관　리　비	20,215,000	Ⅷ. 소　득　세　차　감　전　순　이　익	31,535,000
1. 급　여	12,300,000	Ⅸ. 소　득　세　등	0
2. 복　리　후　생　비	1,233,000	Ⅹ. 당　기　순　이　익	31,535,000
3. 여　비　교　통　비	832,000		
4. 수　도　광　열　비	1,200,000		
5. 세　금　과　공　과	350,000		
6. 차　량　유　지　비	1,000,000		
7. 소　모　품　비	400,000		
8. 감　가　상　각　비	600,000		
9. 퇴　직　급　여	1,500,000		
10. 광　고　선　전　비	150,000		
11. 보　험　료	600,000		
12. 운　반　비	50,000		

문 3 다음 자료를 이용하여 입력하시오. (6점)

[1] 우리완구는 사용하고 있는 창고의 일부를 1년분 임대료로 현금으로 선입금을 받고 임대하기로 하였다. [계정과목 및 적요등록] 메뉴에서 유동부채 항목에 다음 사항을 추가 입력하시오. (3점)

코드	계정과목	구분	적요
274	선수임대료	2.일반	대체적요 1.기간미경과임대료계상

[2] 우리완구는 임직원의 사기진작을 위해 생일을 맞은 직원들에게 판매용 상품 중 100,000원 상당의 상품을 선물로 지급하기로 하였다. 복리후생비(판) 계정에 다음 내용의 적요를 등록하시오. (3점)

대체적요 3.임직원 생일선물대지급

문 4 다음 거래 자료를 [일반전표입력] 메뉴에 추가 입력하시오. (24점)

┤ 입력 시 유의사항 ├

- 적요의 입력은 생략한다.
- 부가가치세는 고려하지 않는다.
- 채권·채무와 관련된 거래는 별도의 요구가 없는 한 반드시 기 등록된 거래처코드를 선택하는 방법으로 거래처명을 입력한다.
- 회계처리 시 계정과목은 별도의 제시가 없는 한 등록된 계정과목 중 가장 적절한 과목으로 한다.

[1] 10월 15일

AB카드사의 청구에 의해 회사의 AB카드 사용금액인 미지급금 650,000원이 당사 보통예금에서 인출되어 지급됨을 인터넷뱅킹을 통해 확인하다. (3점)

[2] 10월 22일

당사발행 약속어음 1,000,000원이 만기가 되어 보통예금을 인출하여 거래처 (주)경인의 계좌로 무통장 입금하다. 또한 송금수수료 3,000원은 현금으로 지급하다. (3점)

[3] 10월 25일

상품 보관을 위해 대성건설로부터 임차하여 사용하고 있던 창고 건물의 임차기간이 완료되어 임차보증금 10,000,000원을 보통예금 계좌로 돌려받다. (3점)

[4] 11월 4일

영업부 안상용 대리는 10월 20일 제주 출장 시 지급받은 가지급금 400,000원에 대해 다음과 같이 사용하고 잔액은 현금으로 정산해 주다. (3점)

• 숙박비: 150,000원	• 왕복항공료: 270,000원	• 택시요금: 50,000원

[5] 11월 26일

(주)삼성전자의 시장성 있는 주식 100주를 주당 4,500원에 단기시세차익 목적으로 취득하고 수수료 50,000원을 포함하여 현금으로 지급하다. (3점)

[6] 12월 2일

유성상사에 완구 10,000,000원(1,000개, @10,000원)을 판매하기로 계약하고 계약대금의 10%를 당좌예금 계좌로 이체받다. (3점)

[7] 12월 6일

영업부가 사용하는 본사 사무실의 관리비 300,000원을 보통예금에서 이체하다. (3점)

[8] 12월 13일

영우상사에서 받아 보관 중인 약속어음(만기일: 2025.5.10.) 2,000,000원을 은행에서 할인하고 할인료 150,000원을 차감한 잔액이 보통예금 계좌로 입금되다(단, 매각거래로 처리할 것). (3점)

문 5 [일반전표입력] 메뉴에 입력된 내용 중 다음과 같은 오류가 발견되었다. 입력된 내용을 검토하고 삭제, 수정 또는 추가 입력하여 올바르게 정정하시오. (6점)

[1] 7월 26일

두리상사에서 상품 1,650,000원을 구입하면서 대금은 소지하고 있던 누리전자 발행 당좌수표로 지급하였으나 당점의 당좌수표를 발행하여 지급한 것으로 잘못 회계처리하다. (3점)

[2] 8월 29일

경희완구의 외상매출금 회수액은 7월 31일 상품을 판매하고 1개월 이내에 결제하여 5%를 할인해 주고 받은 것이다. (3점)

문 6 다음의 결산정리사항을 입력하여 결산을 완료하시오. (12점)

[1] 9월 1일에 가입한 대한보험의 화재보험료 중 기간 미경과액은 40,000원이다. (3점)

[2] 기말 현재까지 현금과부족으로 처리되었던 현금 과다액 70,000원에 대한 원인이 아직 밝혀지지 않았다. (3점)

[3] 자재부에서 실사한 기말상품재고액은 20,000,000원이다. (3점)

[4] 기말 매출채권(외상매출금, 받을어음) 잔액에 대하여 1%의 대손충당금을 설정하다(보충법). (3점)

문 7 다음 사항을 조회하여 알맞은 답안을 [이론문제 답안작성] 메뉴에 입력하시오. (10점)

[1] 상반기(1월 1일~6월 30일) 판매비와 관리비 항목에서 조회하여 입력하시오. (4점)

> • 상반기(1월 1일~6월 30일) 판매비와 관리비 중 현금으로 거래한 금액의 합계액은 얼마인가?
> • 상반기(1월 1일~6월 30일) 판매비와 관리비 중 현금으로 거래한 금액이 가장 큰 계정과목코드는 무엇인가?

[2] 국민카드 신용카드 사용액은 매월 25일에 전월 1일에서 말일까지의 사용액이 보통예금으로 자동이체되고 있다. 2월 25일 결제하여야 할 국민카드 대금은 얼마인가? (단, 연체된 금액은 없으며 전월 신용카드 사용 시 미지급금으로 회계처리함) (3점)

[3] 상반기(1월~6월)의 판매가능한 상품액은 얼마인가? (3점)

모두상사 | 회사코드 5012

🔑 정답 및 해설 p.52

모두상사(회사코드: 5012)는 운동화를 판매하는 개인기업으로 당기(제14기) 회계기간은 2024.1.1.~2024.12.31.이다. 전산세무회계 수험용 프로그램을 이용하여 다음 물음에 답하시오.

─────── 기본전제 ───────

• 문제에서 한국채택국제회계기준을 적용하도록 하는 전제조건이 없는 경우, 일반기업회계기준을 적용하여 회계처리한다.
• 문제의 풀이와 답안 작성은 제시된 문제의 순서대로 진행한다.

문 1 다음은 모두상사의 사업자등록증이다. [회사등록] 메뉴에 입력된 내용을 검토하여 누락분은 추가 입력하고 잘못된 부분은 정정하시오. (6점)

사 업 자 등 록 증

(일반과세자)

등록번호: 215-01-83013

1. 상　　호　　명: 모두상사
2. 대　표　자　명: 다팔아
3. 개 업 연 월 일: 2011.4.10.
4. 주 민 등 록 번 호: 741108-1381014
5. 사 업 장 소 재 지: 서울시 마포구 마포대로 127
6. 사 업 의 종 류: [업태] 도소매
　　　　　　　　　　　[종목] 운동화
7. 교　부　사　유: 신규
8. 공 동 사 업 장:
9. 주류판매신고번호:

2011년 4월 10일

마포세무서장　인

문 2 다음은 모두상사의 전기분 손익계산서이다. 입력되어 있는 자료를 검토하여 오류 부분은 정정하고 누락된 부분은 추가 입력하시오. (6점)

손익계산서

회사명: 모두상사   제13기 2023.1.1. ~ 2023.12.31.   (단위: 원)

과목	금액	과목	금액
Ⅰ. 매 출 액	85,900,000	Ⅴ. 영 업 이 익	12,050,000
1. 상 품 매 출	85,900,000	Ⅵ. 영 업 외 수 익	600,000
Ⅱ. 매 출 원 가	61,300,000	1. 이 자 수 익	500,000
상 품 매 출 원 가	61,300,000	2. 잡 이 익	100,000
1. 기 초 상 품 재 고 액	4,500,000	Ⅶ. 영 업 외 비 용	1,000,000
2. 당 기 상 품 매 입 액	60,700,000	1. 이 자 비 용	700,000
3. 기 말 상 품 재 고 액	3,900,000	2. 기 부 금	300,000
Ⅲ. 매 출 총 이 익	24,600,000	Ⅷ. 소 득 세 차 감 전 순 이 익	11,650,000
Ⅳ. 판 매 비 와 관 리 비	12,550,000	Ⅸ. 소 득 세 등	0
1. 급 여	5,000,000	Ⅹ. 당 기 순 이 익	11,650,000
2. 복 리 후 생 비	1,300,000		
3. 여 비 교 통 비	300,000		
4. 수 도 광 열 비	1,000,000		
5. 세 금 과 공 과	800,000		
6. 임 차 료	1,200,000		
7. 차 량 유 지 비	300,000		
8. 감 가 상 각 비	400,000		
9. 소 모 품 비	280,000		
10. 광 고 선 전 비	770,000		
11. 보 험 료	1,200,000		

문 3 다음 자료를 이용하여 입력하시오. (6점)

[1] 모두상사의 전기분 기말채권과 기말채무 잔액은 다음과 같다. 주어진 자료를 검토하여 잘못된 부분을 정정하거나 누락된 부분을 추가 입력하시오. (3점)

계정과목	거래처명	금액	계정과목	거래처명	금액
외상매출금	동신상사	990,000원	단기차입금	대명무역	1,200,000원
	부흥신발	1,500,000원		토월슈즈	2,500,000원
	한진상사	2,310,000원		동일상사	792,000원

[2] [계정과목 및 적요등록] 메뉴에서 '812.여비교통비' 계정과목의 [대체적요]란 3번에 '시외출장비 가지급정산'을 등록하시오. (3점)

문 4 다음 거래 자료를 [일반전표입력] 메뉴에 입력하시오. (24점)

┌─────────────── 입력 시 유의사항 ───────────────┐

• 적요의 입력은 생략한다.
• 부가가치세는 고려하지 않는다.
• 채권·채무와 관련된 거래는 별도의 요구가 없는 한 반드시 기 등록된 거래처코드를 선택하는 방법으로 거래처명을 입력한다.
• 회계처리 시 계정과목은 별도의 제시가 없는 한 등록된 계정과목 중 가장 적절한 과목으로 한다.

└──┘

[1] 1월 3일
당사가 한진상사로부터 6,000,000원을 6개월간 차입하고 선이자 200,000원을 공제한 잔액이 당사 보통예금에 계좌이체되다(단, 선이자는 바로 비용처리하기로 함). (3점)

[2] 1월 9일
갑작스러운 폭설로 피해를 입은 농민을 돕고자 현금 3,000,000원을 한국방송공사에 지급하다. (3점)

[3] 1월 15일
금장상회에서 매입한 신발 중 불량품이 있어 1,000,000원을 반품하고 외상매입금과 상계처리하다. (3점)

[4] 2월 3일
사용 중인 업무용 화물차(취득가액: 5,000,000원, 처분 시까지의 감가상각누계액: 2,300,000원)를 보배중고차상사에 2,000,000원에 처분하고 대금은 월말에 받기로 하다. (3점)

[5] 2월 21일
직원 급여 2,000,000원 중에서 소득세 및 지방소득세 60,000원, 건강보험 30,000원을 제외한 나머지 금액은 현금으로 지급하다. (3점)

[6] 2월 25일
매장 인터넷요금 33,000원과 전기요금 165,000원을 보통예금 계좌에서 인출하여 납부하다. (3점)

[7] 3월 13일
부흥신발에 상품 3,500,000원을 매출하고, 대금 중 500,000원은 약속어음(만기일: 2024.12.16.)으로 받고 잔액은 외상으로 하다. 또한 당점 부담 운반비 15,000원은 현금으로 별도 지급하다. (3점)

[8] 3월 22일
본사 건물의 도색비용 1,000,000원과 엘리베이터 설치비용 9,000,000원을 동사발행수표로 지급하다. (3점)

문 5 [일반전표입력] 메뉴에 입력된 내용 중 다음과 같은 오류가 발견되었다. 입력된 내용을 검토하고 수정 또는 삭제, 추가 입력하여 올바르게 정정하시오. (6점)

[1] 4월 6일
사무실 전기요금 85,000원의 현금지출액이 전화요금 35,000원과 업무용 화물차의 자동차세 50,000원을 납부한 것으로 확인되다. (3점)

[2] 4월 26일
상우스포츠에서 받은 약속어음 1,000,000원을 만기일 전에 거래은행인 우리은행에서 할인받아 보통예금 계좌에 입금된 거래를 회계처리하면서, 할인료 25,000원을 수수료비용으로 잘못 입력하였다(단, 매각거래로 처리할 것). (3점)

문 6 다음의 결산정리사항을 입력하여 결산을 완료하시오. (12점)

[1] 매장의 2개월분(11월, 12월) 임차료(매월 말 지급 약정) 600,000원이 미지급되었다. (3점)

[2] 단기대여금에 대한 당기분 이자 미수액 150,000원을 계상하다. (3점)

[3] 전기 말 큰빛은행으로부터 차입한 장기차입금 중 5,000,000원은 2025년 1월 20일에 만기가 도래하며 회사는 이를 상환할 계획이다. (3점)

[4] 결산일 현재 현금 실제액보다 현금 장부 잔액이 85,000원 많은 것으로 확인되다. (3점)

문 7 다음 사항을 조회하여 답안을 이론문제 답안작성 메뉴에 입력하시오. (10점)

[1] 5월 중 당사가 발행한 약속어음 발행총액은 얼마인가? (3점)

[2] 당기 12월 말 현재 은성상사에 대한 외상매출금 잔액은 얼마인가? (3점)

[3] 하반기(7월~12월) 중 통신비의 지출이 가장 적은 월과 금액은 얼마인가? (4점)

03회 실무 모의고사

고득점문구(회사코드: 5013)는 문구를 판매하는 개인기업으로 당기(제17기) 회계기간은 2024.1.1.~2024.12.31.이다. 전산세무회계 수험용 프로그램을 이용하여 다음 물음에 답하시오.

┤ 기본전제 ├

- 문제에서 한국채택국제회계기준을 적용하도록 하는 전제조건이 없는 경우, 일반기업회계기준을 적용하여 회계처리한다.
- 문제의 풀이와 답안 작성은 제시된 문제의 순서대로 진행한다.

문 1 다음은 고득점문구의 사업자등록증이다. [회사등록] 메뉴에 입력된 내용을 검토하여 누락된 부분은 추가 입력하고 잘못된 부분은 정정하시오. (6점)

사 업 자 등 록 증

(일반과세자)

등록번호: 113-10-25719

1. 상   호   명: 고득점문구
2. 대   표   자   명: 장소율
3. 개 업 연 월 일: 2008.1.20.
4. 사 업 장 소 재 지: 서울특별시 구로구 디지털로32길 96
5. 사 업 자 의 종 류: [업태] 도소매
                          [종목] 문구
6. 교   부   사   유: 신규
7. 공 동 사 업 장:
8. 주 류 판 매 신 고 번 호:

2008년 1월 20일

구로세무서장   인

문 2 다음은 고득점문구의 전기분 재무상태표이다. 입력되어 있는 자료를 검토하여 오류 부분은 정정하고 누락된 부분은 추가 입력하시오. (6점)

재무상태표

회사명: 고득점문구　　　　　　제16기 2023.12.31. 현재　　　　　　(단위: 원)

과목	금액		과목	금액	
현　　　　　　금		25,000,000	외 상 매 입 금		15,500,000
당 좌 예 금		18,700,000	지 급 어 음		15,000,000
보 통 예 금		5,000,000	미 지 급 금		25,000,000
외 상 매 출 금	12,500,000		선 수 금		7,000,000
대 손 충 당 금	125,000	12,375,000	자 본 금		43,115,000
받 을 어 음	6,000,000		(당 기 순 이 익:		
대 손 충 당 금	60,000	5,940,000	20,685,000)		
미 수 금		2,000,000			
단 기 대 여 금		2,500,000			
상 품		9,000,000			
차 량 운 반 구	22,000,000				
감 가 상 각 누 계 액	4,400,000	17,600,000			
비 품	10,000,000				
감 가 상 각 누 계 액	2,500,000	7,500,000			
자 산 총 계		105,615,000	부 채 와 자 본 총 계		105,615,000

문 3 다음 자료를 이용하여 입력하시오. (6점)

[1] 고득점문구는 상품매출 시 당점 부담 택배비의 현금 지급 거래가 빈번하여 적요등록을 하고자 한다. (3점)

계정과목	적요구분	적요
운반비	현금적요	4.택배비 지급

[2] 고득점문구의 거래처별 초기이월 자료를 검토하여 누락되어 있는 초기이월 자료를 입력하시오. (3점)

계정과목	거래처	금액
미수금	민정상사	2,000,000원
단기대여금	배용주	2,500,000원
미지급금	선아상사	10,000,000원
	모두완구	13,000,000원
	태극빌딩	2,000,000원

문 4 다음 거래 자료를 [일반전표입력] 메뉴에 입력하시오. (24점)

┤ 입력 시 유의사항 ├

- 적요의 입력은 생략한다.
- 부가가치세는 고려하지 않는다.
- 채권·채무와 관련된 거래는 별도의 요구가 없는 한 반드시 기 등록된 거래처코드를 선택하는 방법으로 거래처명을 입력한다.
- 회계처리 시 계정과목은 별도의 제시가 없는 한 등록된 계정과목 중 가장 적절한 과목으로 한다.

[1] 9월 4일

동일상사에서 상품 1,500,000원을 매입하고, 8월 30일 지급한 계약금을 제외한 금액은 1개월 후에 지급하기로 하다. (3점)

[2] 9월 9일

사업 확장을 위하여 동양신용금고에서 20,000,000원을 차입하여 즉시 보통예금에 이체하다(상환예정일: 2026년 6월 29일, 이자 지급일: 매월 30일, 이율: 연 6%). (3점)

[3] 9월 12일

거래처 성일문구에 대여한 단기대여금 5,000,000원과 이자 250,000원을 당사 보통예금 계좌로 회수하다. (3점)

[4] 9월 15일

원마트에 외상으로 판매한 상품 대금 1,000,000원 중 불량품 2개(@80,000원)를 반품처리 받고 잔액은 당점 거래은행의 보통예금 계좌에 입금되었음을 확인하다. (3점)

[5] 10월 22일

양산기업에 대한 받을어음 20,500,000원이 만기가 도래하여 추심수수료 500,000원을 차감한 금액이 국민은행 보통예금 통장에 입금되다. (3점)

[6] 10월 26일

세명상사의 외상매입금 3,000,000원을 결제하기 위하여 당사가 상품매출대금으로 받아 보유하고 있던 동신상사 발행의 약속어음 2,000,000원을 배서양도하고, 잔액은 당사가 약속어음(만기일: 2024년 12월 26일)을 발행하여 지급하다. (3점)

[7] 11월 14일

진아상사에 문구류 10,000,000원을 매출하고 대금은 동점발행 어음(만기일: 2025년 12월 7일)으로 받다. 매출 시 발생한 운임 50,000원은 당점이 부담하기로 하고 현금으로 지급하다. (3점)

[8] 11월 29일

투자 목적의 토지를 12,000,000원에 수표를 발행하여 구입하고, 토지 등기비용 200,000원은 현금으로 지급하다. (3점)

문 5 [일반전표입력] 메뉴에 입력된 내용 중 다음과 같은 오류가 발견되었다. 입력된 내용을 검토하고 수정 또는 삭제, 추가 입력하여 올바르게 정정하시오. (6점)

[1] 6월 26일

보통예금에서 출금된 5,000,000원은 임차료(판)가 아닌 (주)정상에 지급한 임차보증금으로 확인된다. (3점)

[2] 8월 22일

주영상사에서 상품을 전액 외상으로 매입한 거래는 확인 결과 1,000,000원은 약속어음(만기일: 2024년 11월 26일)을 발행하여 지급하고 잔액만 외상으로 한 거래이다. (3점)

문 6 다음의 결산정리사항을 입력하여 결산을 완료하시오. (12점)

[1] 소모품 구입 시 비용으로 처리한 금액 중 기말 현재 미사용한 금액은 150,000원이다. (3점)

[2] 2024년 7월 1일 사무실을 임대(임대기간: 2024.7.1.~2025.6.30.)하면서 1년분 임대료 12,000,000원을 자기앞수표로 받고 전액 선수수익으로 회계처리하였다. 월할계산하여 기말수정분개를 하시오. (3점)

[3] 결산일 현재 가수금 3,000,000원의 내역이 다음과 같이 확인되었다. (3점)

> (주)정상과의 거래로 제품매출을 위한 계약금을 받은 금액

[4] 당기분 무형자산에 대한 상각비는 개발비 500,000원, 소프트웨어 700,000원이다. (3점)

문 7 다음 사항을 조회하여 답안을 [이론문제 답안작성] 메뉴에 입력하시오. (10점)

[1] 10월 중 대여금에 대한 이자수익은 얼마인가? (4점)

[2] 5월 중 현금지출액은 얼마인가? (3점)

[3] 당기 중 당사가 상품을 매입하고 7월까지 발행한 약속어음의 합계 금액은 얼마인가? (3점)

통과상사(회사코드: 5014)는 완구를 판매하는 개인기업으로 당기(제13기) 회계기간은 2024.1.1.~2024.12.31.이다. 전산세무회계 수험용 프로그램을 이용하여 다음 물음에 답하시오.

┤ 기본전제 ├

• 문제에서 한국채택국제회계기준을 적용하도록 하는 전제조건이 없는 경우, 일반기업회계기준을 적용하여 회계처리한다.
• 문제의 풀이와 답안 작성은 제시된 문제의 순서대로 진행한다.

문 1 다음은 통과상사의 사업자등록증이다. [회사등록] 메뉴에 입력된 내용을 검토하여 누락된 부분은 추가 입력하고 잘못된 부분은 정정하시오. (6점)

사 업 자 등 록 증

(일반과세자)

등록번호: 214-01-25801

1. 상 호 명: 통과상사
2. 대 표 자 명: 이한라
3. 개 업 연 월 일: 2012.1.2.
4. 주 민 등 록 번 호: 700208-2123456
5. 사 업 장 소 재 지: 서울특별시 서초구 반포대로 30
6. 사 업 의 종 류: [업태] 도소매
   　　　　　　　　　[종목] 완구
7. 교 부 사 유: 신규
8. 공 동 사 업 장:
9. 주 류 판 매 신 고 번 호:
10. 사 업 자 단 위 과 세 여 부: 부

2012년 1월 2일

서초세무서장　인

문 2 다음은 통과상사의 전기분 재무상태표이다. 입력되어 있는 자료를 검토하여 오류 부분은 정정하고 누락된 부분은 추가 입력하시오. (6점)

재무상태표

회사명: 통과상사　　　　　　　　제12기 2023.12.31. 현재　　　　　　　　(단위: 원)

과목	금액		과목	금액
현　　　　　　　금		11,000,000	외　상　매　입　금	16,652,000
당　좌　예　금		21,500,000	지　급　어　음	9,600,000
보　통　예　금		7,000,000	미　지　급　금	4,800,000
외　상　매　출　금	8,500,000		단　기　차　입　금	15,000,000
대　손　충　당　금	85,000	8,415,000	퇴직급여충당부채	10,000,000
받　을　어　음	6,300,000		자　　본　　금	30,300,000
대　손　충　당　금	63,000	6,237,000	(당 기 순 이 익:	
미　　수　　금		1,500,000	3,800,000)	
단　기　대　여　금		4,000,000		
상　　　　　　품		4,000,000		
차　량　운　반　구	31,000,000			
감　가　상　각　누　계　액	14,000,000	17,000,000		
비　　　　　　품	7,500,000			
감　가　상　각　누　계　액	1,800,000	5,700,000		
자　산　총　계		86,352,000	부　채　와　자　본　총　계	86,352,000

문 3 다음 자료를 이용하여 입력하시오. (6점)

[1] 통과상사는 퇴직금 중간정산을 신청하는 직원들에게 퇴직금을 지급하기로 하였다. 판매비와 관리비의 퇴직급여 계정에 다음 내용의 적요를 등록하시오. (3점)

> 현금적요 1.직원중간정산 시 퇴직금지급

[2] 다음 자료를 보고 [거래처등록] 메뉴에서 등록하시오. (3점)

> • 코드/회사명: 00777/독산상사
> • 사업장주소: 서울특별시 금천구 시흥대로152길 11−43
> • 사업자등록번호: 129−10−25771
> • 업태: 소매
> • 대표자: 이미란
> • 종목: 컴퓨터
> • 유형: 동시

문 4 다음 거래 자료를 [일반전표입력] 메뉴에 입력하시오. (24점)

─────────── 입력 시 유의사항 ───────────

- 적요의 입력은 생략한다.
- 부가가치세는 고려하지 않는다.
- 채권·채무와 관련된 거래는 별도의 요구가 없는 한 반드시 기 등록된 거래처코드를 선택하는 방법으로 거래처명을 입력한다.
- 회계처리 시 계정과목은 별도의 제시가 없는 한 등록된 계정과목 중 가장 적절한 과목으로 한다.

[1] 7월 3일

지난달 매출 계약(계약일: 6월 28일)한 하나상사에 상품 3,000,000원을 판매하고, 계약금을 차감한 대금 중 1,000,000원은 현금으로 받고 잔액은 외상으로 하다. (3점)

[2] 7월 13일

해피상사에 상품 7,000,000원을 판매하고 판매대금 중 5,000,000원은 해피상사에 대한 외상매입금과 상계하고 나머지는 동점발행 약속어음으로 수취하다. (3점)

[3] 7월 16일

회사의 업무용 건물을 취득하고 건물대금 17,000,000원과 취득세 900,000원을 전액 현금으로 지급하다. (3점)

[4] 8월 6일

(주)삼성으로부터 취득한 일시 보유 목적의 주식(장부금액: 1,000,000원)을 1,200,000원에 처분하고, 대금은 수수료 100,000원을 제외한 나머지를 현금으로 받아 즉시 보통예입하다. (3점)

[5] 8월 22일

당사가 대한은행으로부터 12,000,000원을 4개월간 차입하여 선이자 300,000원을 차감한 잔액이 당사 보통예금에 계좌이체되다(단, 선이자는 바로 비용처리함). (3점)

[6] 10월 1일

미란상사의 외상매입금 1,000,000원을 지급하기 위하여, 포항상사로부터 매출대금으로 받은 약속어음 700,000원을 배서양도하고 나머지는 현금으로 지급하다. (3점)

[7] 10월 5일

금강상사의 단기차입금 1,000,000원과 그에 대한 이자 80,000원을 당점 보통예금 계좌에서 금강상사 계좌로 이체하여 지급하다. (3점)

[8] 10월 10일

종업원 급여 지급 시 공제한 근로소득세(소득분 지방소득세 포함) 190,000원을 관할세무서에 현금으로 납부하다. (3점)

문 5 [일반전표입력] 메뉴에 입력된 내용 중 다음과 같은 오류가 발견되었다. 입력된 내용을 검토하고 수정 또는 삭제, 추가 입력하여 올바르게 정정하시오. (6점)

[1] 5월 11일

매입거래처 미란상사에 보통예금으로 이체하여 지급된 외상매입금 320,000원이 담당직원의 실수로 상품 계정으로 입력되어 있음을 확인하다. (3점)

[2] 7월 8일

미래상사에 대한 외상매입금을 결제하기 위해 이체한 금액 130,500원에 송금수수료 500원이 포함된다. (3점)

문 6 다음의 결산정리사항을 입력하여 결산을 완료하시오. (12점)

[1] 장부상 현금 잔액은 35,245,450원이나 실제 보유하고 있는 현금 잔액은 35,232,780원으로 현금부족액에 대한 원인이 밝혀지지 않았다. 영업외비용 중 적절한 계정과목으로 회계처리하시오. (3점)

[2] 당사 영업부에서는 소모품 구입 시 전액 소모품비로 비용화하고 결산 시 미사용분을 자산으로 계상해 오고 있다. 결산 시 영업부로부터 미사용분인 소모품이 1,000,000원임을 통보받았다(단, 금액은 음수로 입력하지 말 것). (3점)

[3] 거래은행인 우리은행에 예금된 정기예금에 대하여 당기분 경과이자를 인식하다. (3점)

> • 예금금액: 50,000,000원
> • 예금기간: 2024.4.1.~2026.3.31.
> • 연 이자율: 10%, 월할계산으로 할 것
> • 이자 지급일: 연 1회(매년 3월 31일)

[4] 받을어음과 단기대여금 잔액에 대하여 1%의 대손충당금을 보충법으로 설정하시오. (3점)

문 7 다음 사항을 조회하여 답안을 이론문제 답안작성 메뉴에 입력하시오. (10점)

[1] 1/4분기(1월~3월) 중 현금지출이 가장 많았던 달은 몇 월이며, 그 금액은 얼마인가? (3점)

[2] 6월 말 현재 거래처별 외상매출금 잔액 중 가장 큰 금액과 가장 적은 금액의 차액은 얼마인가? (단, 음수로 입력하지 말 것) (3점)

[3] 6월 30일 현재 유동부채는 전기 말 대비 얼마가 증가했는가? (4점)

오바마상사(회사코드: 5015)는 문구를 판매하는 개인기업으로 당기(제13기) 회계기간은 2024.1.1.~2024.12.31.이다. 전산세무회계 수험용 프로그램을 이용하여 다음 물음에 답하시오.

기본전제

- 문제에서 한국채택국제회계기준을 적용하도록 하는 전제조건이 없는 경우, 일반기업회계기준을 적용하여 회계처리한다.
- 문제의 풀이와 답안 작성은 제시된 문제의 순서대로 진행한다.

문 1 다음은 오바마상사의 사업자등록증이다. [회사등록] 메뉴에 입력된 내용을 검토하여 누락분은 추가 입력하고 잘못된 부분은 정정하시오. (6점)

사 업 자 등 록 증

(일반과세자)

등록번호: 124-23-12344

---

1. 상   호   명: 오케이상사
2. 대   표   자   명: 이윤정
3. 개   업   연   월   일: 2012.4.23.
4. 사 업 장 소 재 지: 경기도 수원시 권선구 일월천로16번길 20
5. 사 업 자 의 종 류: [업태] 도소매
                                      [종목] 문구
6. 교   부   사   유: 신규
7. 공 동 사 업 장:
8. 주 류 판 매 신 고 번 호:
9. 사 업 자 단 위 과 세 여 부: 부

2012년 4월 23일

수원세무서장   인

문 2 다음은 오케이상사의 전기분 손익계산서이다. 입력되어 있는 자료를 검토하여 오류 부분은 정정하고 누락된 부분은 추가 입력하시오(단, 전기분 재무상태표의 자본금은 적정한 것으로 가정함). (6점)

손익계산서

회사명: 오케이상사　　　　　　　　　제12기 2023.1.1.~2023.12.31.　　　　　　　　　(단위: 원)

과목	금액	과목	금액
Ⅰ. 매 출 액	120,800,000	Ⅴ. 영 업 이 익	15,940,000
1. 상 품 매 출	120,800,000	Ⅵ. 영 업 외 수 익	400,000
Ⅱ. 매 출 원 가	87,900,000	1. 이 자 수 익	350,000
상 품 매 출 원 가	87,900,000	2. 잡 이 익	50,000
1. 기 초 상 품 재 고 액	10,400,000	Ⅶ. 영 업 외 비 용	2,300,000
2. 당 기 상 품 매 입 액	90,200,000	1. 이 자 비 용	1,800,000
3. 기 말 상 품 재 고 액	12,700,000	2. 기 부 금	500,000
Ⅲ. 매 출 총 이 익	32,900,000	Ⅷ. 소 득 세 차 감 전 순 이 익	14,040,000
Ⅳ. 판 매 비 와 관 리 비	16,960,000	Ⅸ. 소 득 세 등	0
1. 급 여	6,000,000	Ⅹ. 당 기 순 이 익	14,040,000
2. 복 리 후 생 비	2,800,000		
3. 여 비 교 통 비	300,000		
4. 수 도 광 열 비	1,100,000		
5. 세 금 과 공 과	700,000		
6. 감 가 상 각 비	800,000		
7. 임 차 료	2,400,000		
8. 보 험 료	600,000		
9. 차 량 유 지 비	500,000		
10. 소 모 품 비	760,000		
11. 광 고 선 전 비	1,000,000		

문 3 다음 자료를 이용하여 입력하시오. (6점)

[1] 오케이상사의 신규 거래처이다. [거래처등록] 메뉴에 추가 등록하시오. (3점)

- 상호: 홍은상사
- 회사코드: 00550
- 유형: 동시
- 대표자명: 정은성
- 사업자등록번호: 110-22-15684
- 사업장소재지: 서울특별시 서대문구 통일로 509
- 업태/종목: 소매/완구

[2] 오케이상사는 전화요금 절감을 위하여 인터넷 전화를 사용하기로 하였다. 다음의 적요를 등록하시오. (3점)

계정과목	적요구분	적요등록 사항
통신비	현금적요	5.인터넷 전화요금 지급

문 4 다음 거래 자료를 [일반전표입력] 메뉴에 입력하시오. (24점)

┤ 입력 시 유의사항 ├

- 적요의 입력은 생략한다.
- 부가가치세는 고려하지 않는다.
- 채권·채무와 관련된 거래는 별도의 요구가 없는 한 반드시 기 등록된 거래처코드를 선택하는 방법으로 거래처명을 입력한다.
- 회계처리 시 계정과목은 별도의 제시가 없는 한 등록된 계정과목 중 가장 적절한 과목으로 한다.

[1] 7월 14일

평창완구에 대한 단기대여금인 1,000,000원이 당일 대손이 확정되어 대손처리하다(단, 단기대여금 관련 대손충당금은 조회하여 회계처리할 것). (3점)

[2] 8월 6일

기업은행에 당좌개설보증금 1,500,000원과 관련 수수료 100,000원을 자기앞수표로 지급하다. (3점)

[3] 8월 10일

컴퓨터의 품질검사를 위해 오리공업으로부터 기계장치(유형자산)를 1,200,000원에 구입하다. 대금 중 500,000원은 현금으로 지급하고, 잔액은 1개월 후에 지급하기로 하다. (3점)

[4] 10월 12일

9월 14일 매입계약한 우리상사에서 판매용 문구를 1,500,000원에 매입하고, 계약금 150,000원을 차감한 대금 중 500,000원은 현금으로 지급하고 잔액은 외상으로 하다. (3점)

[5] 10월 15일

사용 중인 업무용 자동차를 부흥중고차매매센터에 7,000,000원에 판매하고 대금 중 2,000,000원은 현금으로 받고 나머지는 3개월 후에 받기로 하다(취득원가: 13,000,000원, 처분일까지의 감가상각누계액: 6,500,000원). (3점)

[6] 10월 21일

거래처 설악상사 홍길동 과장의 결혼식에 축하화환을 장미화원에 의뢰하고, 화환대금 100,000원을 당사 보통예금 계좌에서 이체하다. (3점)

[7] 11월 14일

바다문구의 파산으로 10월 30일에 대손처리하였던 외상매출금 100,000원을 보통예금으로 회수하다(단, 10월 30일자 전표입력을 참고하여 처리할 것). (3점)

[8] 11월 23일

영업용 화물차의 자동차세 60,000원과 사장 개인 승용차의 자동차세 80,000원을 현금으로 납부하다(단, 기업주의 개인적 지출은 인출금 계정으로 처리할 것). (3점)

문 5 [일반전표입력] 메뉴에 입력된 내용 중 다음과 같은 오류가 발견되었다. 입력된 내용을 검토하고 수정 또는 삭제, 추가 입력하여 올바르게 정정하시오. (6점)

[1] 8월 9일

상품인 문구 1,200,000원(원가)을 서울시청에 기증하였으나 크로바완구에 외상판매한 것으로 잘못 처리하다(관련된 적요도 함께 수정 입력할 것, 거래처코드 및 거래처명은 입력하지 않아도 무방함). (3점)

[2] 8월 14일

거래처 바다문구로부터 보통예금 계좌에 입금된 400,000원을 가수금으로 처리하였으나 바다문구의 외상매출금 400,000원이 회수된 것이다. (3점)

문 6 다음의 결산정리사항을 입력하여 결산을 완료하시오. (12점)

[1] 가지급금 잔액 44,000원은 영업부 직원의 시외교통비 지급액으로 판명되었다. (3점)

[2] 기말 현재 당사가 단기매매차익을 목적으로 보유하고 있는 주식 현황과 기말 현재 공정가치는 다음과 같다. (3점)

주식명	보유주식수	주당 취득원가	기말 공정가치
(주)우리 보통주	2,000주	10,000원	주당 12,000원
(주)나라 보통주	1,500주	8,000원	주당 10,000원
(주)만세 보통주	100주	15,000원	주당 15,000원

[3] 본사 건물에 대한 화재보험료 6,000,000원을 4월 1일에 납부하였다. 보험 가입기간은 2024년 4월 1일부터 2025년 3월 31일이다. 회사는 납부 시 보험료를 전액 비용으로 처리했다. (3점)

[4] 당기분 차량운반구에 대한 감가상각비 800,000원과 비품에 대한 감가상각비 1,200,000원을 계상하다. (3점)

문 7 다음 사항을 조회하여 답안을 이론문제 답안작성 메뉴에 입력하시오. (10점)

[1] 상반기(1월~6월) 중 급여가 가장 많은 월과 가장 적은 월의 금액 차이는 얼마인가? (4점)

[2] 5월(5월 1일~5월 31일) 중 외상매출은 몇 건이며, 그 금액은 얼마인가? (3점)

[3] 1월~5월 상품매출액 중 현금으로 수령한 금액은 얼마인가? (3점)

당신이 상상할 수 있다면 그것을 이룰 수 있고,
당신이 꿈꿀 수 있다면 그 꿈대로 될 수 있다.

– 윌리엄 아서 워드(William Arthur Ward)

P A R T

03

최신
기출문제

110회 기출문제 수호상사(회사코드: 5110)
109회 기출문제 정금상사(회사코드: 5109)
108회 기출문제 지우상사(회사코드: 5108)
107회 기출문제 태형상사(회사코드: 5107)
106회 기출문제 백제상사(회사코드: 5106)
105회 기출문제 무한상사(회사코드: 5105)

✏ 이론시험

다음 문제를 보고 알맞은 것을 골라 이론문제 답안작성 메뉴에 입력하시오. (객관식 문항당 2점)

┤ 기본전제 ├

> 문제에서 한국채택국제회계기준을 적용하도록 하는 전제조건이 없는 경우, 일반기업회계기준을 적용한다.

01 다음 중 아래의 거래요소가 나타나는 거래로 옳은 것은?

> 비용의 발생 – 자산의 감소

① 임대차 계약을 맺고, 당월분 임대료 500,000원을 현금으로 받다.
② 상품 400,000원을 매입하고 대금은 외상으로 하다.
③ 단기차입금에 대한 이자 80,000원을 현금으로 지급하다.
④ 토지 80,000,000원을 구입하고 대금은 보통예금 계좌로 이체하다.

02 다음 중 유동부채에 해당하지 않는 것은?

① 유동성 장기부채   ② 선급비용
③ 단기차입금   ④ 예수금

03 다음 중 (가)와 (나)에 각각 들어갈 내용으로 옳은 것은?

> 단기매매증권을 취득하면서 발생한 수수료는 (가)(으)로 처리하고, 차량운반구를 취득하면서 발생한 취득세는 (나)(으)로 처리한다.

	(가)	(나)
①	수수료비용	차량운반구
②	단기매매증권	차량운반구
③	수수료비용	세금과공과
④	단기매매증권	수수료비용

04 다음 계정별원장에 기입된 거래를 보고 (A) 안에 들어갈 수 있는 계정과목으로 적절한 것은?

	(A)		
9/15	200,000	기초	1,500,000
기말	1,600,000	9/10	300,000

① 받을어음
② 외상매입금
③ 광고선전비
④ 미수금

05 다음 중 유형자산의 취득원가를 구성하는 항목이 아닌 것은?

① 재산세
② 취득세
③ 설치비
④ 정상적인 사용을 위한 시운전비

06 다음 중 당좌자산에 해당하지 않는 것은?

① 현금 및 현금성자산
② 매출채권
③ 단기투자자산
④ 당좌차월

07 다음은 인출금 계정과목의 특징에 대한 설명이다. 다음 중 (가), (나), (다)에 들어갈 내용으로 옳은 것은?

• 주로 기업주(사업주)의 (가)의 지출을 의미한다.
• (나)에서 사용되며 임시 계정에 해당한다.
• (다)에 대한 평가 계정으로, 보고기간 말에 (다)으로 대체하여 마감한다.

	(가)	(나)	(다)
①	개인적 용도	개인기업	자본금 계정
②	사업적 용도	법인기업	자본금 계정
③	개인적 용도	법인기업	자산 계정
④	사업적 용도	개인기업	자산 계정

08 다음 중 손익계산서와 관련된 계정과목이 아닌 것은?

① 임차료

② 선급비용

③ 임대료

④ 유형자산 처분이익

09 다음 중 미지급비용에 대한 설명으로 옳은 것은?

① 당기의 수익에 대응되는 지급된 비용

② 당기의 수익에 대응되는 미지급된 비용

③ 당기의 수익에 대응되지 않지만 지급된 비용

④ 당기의 수익에 대응되지 않지만 미지급된 비용

10 12월 말 결산일 현재 손익계산서상 당기순이익은 300,000원이었으나 다음 사항이 반영되어 있지 않음을 확인하였다. 다음 사항을 반영한 후의 당기순이익은 얼마인가?

> 손익계산서에 보험료 120,000원이 계상되어 있으나 해당 보험료 중 선급보험료 해당액은 30,000원으로 확인되었다.

① 210,000원

② 270,000원

③ 330,000원

④ 390,000원

11 다음 지출내역 중 영업외비용의 합계액은 얼마인가?

> • 영업용 자동차 보험료: 5,000원
> • 대손이 확정된 외상매출금의 대손상각비: 2,000원
> • 10년 만기 은행 차입금의 이자: 3,000원
> • '사랑의 열매' 기부금: 1,000원

① 1,000원

② 3,000원

③ 4,000원

④ 6,000원

12 다음 중 판매비와 관리비에 해당하는 계정과목이 아닌 것은?

① 접대비

② 세금과공과

③ 광고선전비

④ 기타의 대손상각비

13 다음은 회계의 순환과정을 나타낸 것이다. (가)에 들어갈 용어는?

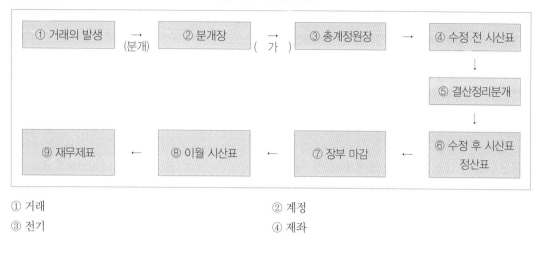

① 거래
③ 전기

② 계정
④ 제좌

14 (A)와 (B)에 각각 들어갈 용어로 바르게 짝지은 것은?

일정 시점의 기업의 (A)을(를) 나타낸 표를 재무상태표라 하고, 일정 기간의 기업의 (B)을(를) 나타낸 표를 손익계산서라 한다.

	(A)	(B)
①	재무상태	경영성과
②	경영성과	재무상태
③	거래의 이중성	대차평균의 원리
④	대차평균의 원리	거래의 이중성

15 다음 중 상품에 대한 재고자산의 원가를 결정하는 방법에 해당하지 않는 것은?

① 개별법
③ 선입선출법

② 총평균법
④ 연수합계법

수호상사(회사코드: 5110)는 전자제품을 판매하는 개인기업으로 당기(제15기)의 회계기간은 2024.1.1.~2024.12.31.
이다. 전산세무회계 수험용 프로그램을 이용하여 다음 물음에 답하시오.

─────────────────── 기본전제 ───────────────────

• 문제에서 한국채택국제회계기준을 적용하도록 하는 전제조건이 없는 경우, 일반기업회계기준을 적용하여 회계처리한다.
• 문제의 풀이와 답안 작성은 제시된 문제의 순서대로 진행한다.

문 1 다음은 수호상사의 사업자등록증이다. [회사등록] 메뉴에 입력된 내용을 검토하여 누락분은 추가 입력하고 잘
못된 부분은 정정하시오(단, 주소 입력 시 우편번호는 입력하지 않아도 무방함). (6점)

사 업 자 등 록 증

(일반과세자)
등록번호: 417-26-00528

상   호: 수호상사
성   명: 김신호   생 년 월 일: 1969년 9월 13일
개 업 연 월 일: 2010년 9월 14일
사 업 장 소 재 지: 대전광역시 동구 대전로 987(삼성동)
사 업 의 종 류: 업태 도소매   종목 전자제품
발 급 사 유: 신규
공 동 사 업 자:

사업자 단위 과세 적용사업자 여부: 여( ) 부(√)
전자세금계산서 전용 전자우편주소:

2010년 9월 14일

대전세무서장

문 2 다음은 수호상사의 전기분 손익계산서이다. 입력되어 있는 자료를 검토하여 오류 부분은 정정하고 누락된 부분은 추가 입력하시오. (6점)

손익계산서

회사명: 수호상사   제14기 2023.1.1. ～ 2023.12.31.   (단위: 원)

과목	금액	과목	금액
Ⅰ. 매 출 액	257,000,000	Ⅴ. 영 업 이 익	18,210,000
상 품 매 출	257,000,000	Ⅵ. 영 업 외 수 익	3,200,000
Ⅱ. 매 출 원 가	205,000,000	이 자 수 익	200,000
상 품 매 출 원 가	205,000,000	임 대 료	3,000,000
기 초 상 품 재 고 액	20,000,000	Ⅶ. 영 업 외 비 용	850,000
당 기 상 품 매 입 액	198,000,000	이 자 비 용	850,000
기 말 상 품 재 고 액	13,000,000	Ⅷ. 소 득 세 차 감 전 순 이 익	20,560,000
Ⅲ. 매 출 총 이 익	52,000,000	Ⅸ. 소 득 세 등	0
Ⅳ. 판 매 비 와 관 리 비	33,790,000	Ⅹ. 당 기 순 이 익	20,560,000
급 여	24,000,000		
복 리 후 생 비	1,100,000		
접 대 비	4,300,000		
감 가 상 각 비	500,000		
보 험 료	700,000		
차 량 유 지 비	2,300,000		
소 모 품 비	890,000		

문 3 다음 자료를 이용하여 입력하시오. (6점)

[1] 다음 자료를 이용하여 기초정보관리의 [거래처등록] 메뉴에서 거래처(금융기관)를 추가로 등록하시오(단, 주어진 자료 외의 다른 항목은 입력할 필요 없음). (3점)

- 거래처코드: 98006
- 거래처명: 한경은행
- 유형: 보통예금
- 계좌번호: 1203 – 4562 – 49735
- 사업용 계좌: 여

[2] 수호상사의 외상매출금과 외상매입금의 거래처별 초기이월 채권과 채무 잔액은 다음과 같다. 입력된 자료를 검토하여 잘못된 부분은 수정, 또는 삭제, 추가 입력하여 주어진 자료에 맞게 정정하시오. (3점)

계정과목	거래처	잔액	계
외상매출금	믿음전자	20,000,000원	35,000,000원
	우진전자	10,000,000원	
	(주)형제	5,000,000원	
외상매입금	중소상사	12,000,000원	28,000,000원
	숭실상회	10,000,000원	
	국보상사	6,000,000원	

문 4 [일반전표입력] 메뉴를 이용하여 다음의 거래 자료를 입력하시오. (24점)

┌─────────────── 입력 시 유의사항 ───────────────┐

• 적요의 입력은 생략한다.

• 부가가치세는 고려하지 않는다.

• 채권·채무와 관련된 거래는 별도의 요구가 없는 한 반드시 기 등록된 거래처코드를 선택하는 방법으로 거래처명을 입력한다.

• 회계처리 시 계정과목은 별도의 제시가 없는 한 등록된 계정과목 중 가장 적절한 과목으로 한다.

[1] 7월 16일

우와상사에 상품 3,000,000원을 판매하기로 계약하고, 계약금 600,000원을 보통예금 계좌로 입금받다. (3점)

[2] 8월 4일

당사의 영업부에서 장기간 사용할 목적으로 비품을 구입하고 대금은 BC카드(신용카드)로 결제하다(단, 미지급금 계정을 사용하여 회계처리할 것). (3점)

┌─────────────────────────────────┐
│ **신용카드매출전표**   │
│ 2024.8.4.(금) 15:30:51   │
│   │
│ **15,000,000원**   │
│ 정상승인 | 일시불   │
│   │
│ **결제정보**   │
│ 카드   BC카드(1234-5678-1001-2348) │
│ 거래유형   신용승인   │
│ 승인번호   71942793   │
│ 이용구분   일시불   │
│ 은행확인   KB국민은행   │
│   │
│ **가맹점 정보**   │
│ 가맹점명   서현(주)   │
│ 사업자등록번호   618-81-00741   │
│ 대표자명   김서현   │
│   │
│ 본 매출표는 신용카드 이용에 따른 증빙용으로 BC카드사에 │
│ 서 발급한 것임을 확인합니다.   │
│   🅱️BC카드주식회사   │
└─────────────────────────────────┘

[3] 8월 25일

영업용 차량운반구에 대한 자동차세 120,000원을 현금으로 납부하다. (3점)

[4] 9월 6일

거래처 수분상사의 외상매출금 중 1,800,000원이 예정일보다 빠르게 회수되어 할인금액 2%를 제외한 금액을 당좌예금 계좌로 입금받다(단, 매출할인 계정을 사용할 것). (3점)

[5] 9월 20일

영업부 직원들을 위한 간식을 현금으로 구매하고 아래의 현금영수증을 수취하다. (3점)

```
[고객용]
              현금 매출전표

간식천국                      378-62-00158
이재철                       TEL: 1577-0000
대구광역시 동구 안심로15
2024/9/20   11:53:48           NO: 18542

노나머거본파이         5            50,000
에너지파워드링크        30           150,000
합계 수량/금액          35           200,000

받을 금액                           200,000
현금                               200,000

           현금영수증(지출증빙)

거래자번호   417-26-00528
승인번호     G141080158
전화번호     현금영수증 문의  ☎126-1-1
홈페이지     https://hometax.go.kr
```

[6] 10월 5일

당사의 상품을 홍보할 목적으로 홍보용 포스트잇을 제작하고 사업용 카드(삼성카드)로 결제하다. (3점)

```
홍보물닷컴
500,000원

카드종류       신용카드
카드번호       8504-1245-4545-0506
거래일자       2024.10.5.   15:29:45
일시불/할부     일시불
승인번호       28516480

      [상품명]              [금액]
   홍보용 포스트잇         500,000원

              합 계 액      500,000원
              받은 금액      500,000원

가맹점정보
가맹점명       홍보물닷컴
사업자등록번호  305-35-65424
가맹점번호     23721275
대표자명       엄하진
전화번호       051-651-0000

         이용해 주셔서 감사합니다.
교환/환불은 영수증을 지참하여 일주일 이내 가능합니다.
                              삼성카드
```

[7] 10월 13일

대전시 동구청에 태풍 피해 이재민 돕기 성금으로 현금 500,000원을 기부하다. (3점)

[8] 11월 1일

영업부 직원의 국민건강보험료 회사부담분 190,000원과 직원부담분 190,000원을 보통예금 계좌에서 이체하여 납부하다(단, 회사부담분은 복리후생비 계정을 사용할 것). (3점)

문 5 [일반전표입력] 메뉴에 입력된 내용 중 다음의 오류가 발견되었다. 입력된 내용을 검토하고 수정 또는 삭제, 추가 입력하여 올바르게 정정하시오. (6점)

─┤ 입력 시 유의사항 ├─

- 적요의 입력은 생략한다.
- 부가가치세는 고려하지 않는다.
- 채권·채무와 관련된 거래는 별도의 요구가 없는 한 반드시 기 등록된 거래처코드를 선택하는 방법으로 거래처명을 입력한다.
- 회계처리 시 계정과목은 별도의 제시가 없는 한 등록된 계정과목 중 가장 적절한 과목으로 한다.

[1] 8월 16일

운반비로 계상한 50,000원은 무선상사로부터 상품 매입 시 당사 부담의 운반비를 지급한 것이다. (3점)

[2] 9월 30일

농협은행에서 차입한 장기차입금을 상환하기 위하여 보통예금 계좌에서 11,000,000원을 지급하고 이를 모두 차입금 원금을 상환한 것으로 회계처리하였으나 이 중 차입금 원금은 10,000,000원이고, 나머지 1,000,000원은 차입금에 대한 이자로 확인되었다. (3점)

문 6 다음의 결산정리사항을 입력하여 결산을 완료하시오. (12점)

─┤ 입력 시 유의사항 ├─

- 적요의 입력은 생략한다.
- 부가가치세는 고려하지 않는다.
- 채권·채무와 관련된 거래는 별도의 요구가 없는 한 반드시 기 등록된 거래처코드를 선택하는 방법으로 거래처명을 입력한다.
- 회계처리 시 계정과목은 별도의 제시가 없는 한 등록된 계정과목 중 가장 적절한 과목으로 한다.

[1] 영업부에서 사용하기 위하여 소모품을 구입하고 자산으로 처리한 금액 중 당기 중에 사용한 금액은 70,000원이다. (3점)

[2] 기말 현재 가수금 잔액 200,000원은 강원상사의 외상매출금 회수액으로 판명되었다. (3점)

[3] 결산일까지 현금과부족 100,000원의 원인이 판명되지 않았다. (3점)

[4] 당기분 차량운반구에 대한 감가상각비 600,000원과 비품에 대한 감가상각비 500,000원을 계상하다. (3점)

문 7 다음 사항을 조회하여 알맞은 답안을 이론문제 답안작성 메뉴에 입력하시오. (10점)

[1] 6월 말 현재 외상매출금 잔액이 가장 적은 거래처의 상호와 그 외상매출금 잔액은 얼마인가? (3점)

[2] 상반기(1월 ~ 6월) 중 복리후생비(판) 지출액이 가장 많은 달의 지출액은 얼마인가? (3점)

[3] 6월 말 현재 차량운반구의 장부가액은 얼마인가? (4점)

✎ 이론시험

다음 문제를 보고 알맞은 것을 골라 이론문제 답안작성 메뉴에 입력하시오. (객관식 문항당 2점)

─────── 기본전제 ───────

문제에서 한국채택국제회계기준을 적용하도록 하는 전제조건이 없는 경우, 일반기업회계기준을 적용한다.

01 다음 중 거래의 종류와 해당 거래의 연결이 옳지 않은 것은?

① 교환거래: 상품 1,000,000원을 매출하기로 계약하고 매출대금의 10%를 현금으로 받다.
② 손익거래: 당월분 사무실 전화요금 50,000원과 전기요금 100,000원이 보통예금 계좌에서 자동으로 이체되다.
③ 손익거래: 사무실을 임대하고 1년치 임대료 600,000원을 보통예금 계좌로 입금받아 수익 계정으로 처리하다.
④ 혼합거래: 단기차입금 1,000,000원과 장기차입금 2,000,000원을 보통예금 계좌에서 이체하여 상환하다.

02 다음 중 결산 시 대손상각 처리를 할 수 있는 계정과목에 해당하지 않는 것은?

① 받을어음
② 미수금
③ 외상매출금
④ 단기차입금

03 다음 중 현금 계정으로 처리할 수 없는 것은?

① 자기앞수표
② 당사발행 당좌수표
③ 우편환증서
④ 배당금지급통지표

04 다음 자료에서 상품의 순매입액은 얼마인가?

> • 당기상품매입액: 50,000원
> • 상품매입과 관련된 취득부대비용: 2,000원
> • 상품 매입할인: 3,000원
> • 상품 매출에누리: 5,000원

① 44,000원

② 47,000원

③ 49,000원

④ 52,000원

05 다음 중 차변에 올 수 있는 거래요소는?

① 수익의 발생

② 비용의 발생

③ 자산의 감소

④ 부채의 증가

06 다음 중 외상매출금 계정이 대변에 기입될 수 있는 거래를 모두 고르면?

> 가. 상품을 매출하고 대금을 한 달 후에 지급받기로 했을 때
> 나. 외상매출금이 보통예금으로 입금되었을 때
> 다. 외상매출금을 현금으로 지급받았을 때
> 라. 외상매입한 상품 대금을 한 달 후에 보통예금으로 지급했을 때

① 가, 나

② 나, 다

③ 다, 라

④ 가, 라

07 다음 중 재무상태표상 기말재고자산이 50,000원 과대계상되었을 때 나타날 수 없는 것은?

① 당기순이익 50,000원 과소계상

② 매출원가 50,000원 과소계상

③ 영업이익 50,000원 과대계상

④ 차기이월되는 재고자산 50,000원 과대계상

08 다음 자료를 이용하여 영업이익을 계산하면 얼마인가?

• 매출액	20,000,000원	• 복리후생비	300,000원
• 매출원가	14,000,000원	• 유형자산 처분손실	600,000원
• 이자비용	300,000원	• 급여	2,000,000원

① 2,800,000원

② 3,100,000원

③ 3,700,000원

④ 4,000,000원

09 다음 자료에 의한 기말 현재 대손충당금 잔액은 얼마인가?

- 기말 매출채권: 20,000,000원
- 기말 매출채권 잔액에 대하여 1%의 대손충당금을 설정하기로 한다.

① 200,000원

② 218,000원

③ 250,000원

④ 320,000원

10 다음 중 일반기업회계기준상 유형자산의 감가상각방법으로 인정되지 않는 것은?

① 선입선출법

② 정률법

③ 연수합계법

④ 생산량비례법

11 다음의 지출내역 중 판매비와 관리비에 해당하는 것을 모두 고르면?

가. 출장 여비교통비	나. 거래처 대표자의 결혼식 화환 구입비
다. 차입금 이자	라. 유형자산 처분이익

① 가, 나

② 나, 다

③ 가, 라

④ 다, 라

12 다음 중 자본잉여금에 해당하지 않는 것은?

① 주식발행초과금   ② 감자차익
③ 자기주식처분이익   ④ 임의적립금

13 다음 중 유동부채에 해당하는 항목의 합계 금액은?

• 유동성 장기부채	4,000,000원	• 장기차입금	5,000,000원
• 미지급비용	1,400,000원	• 선급비용	2,500,000원
• 예수금	500,000원	• 외상매입금	3,300,000원

① 5,200,000원   ② 9,200,000원
③ 11,700,000원   ④ 16,700,000원

14 다음 중 당좌자산에 해당하지 않는 항목은?

① 매출채권   ② 현금
③ 선급비용   ④ 건설 중인 자산

15 다음 중 유형자산에 대한 추가적인 지출이 발생했을 때 당기 비용으로 처리할 수 있는 거래는?

① 건물의 피난시설을 설치하기 위한 지출
② 내용연수를 연장시키는 지출
③ 건물 내부의 조명기구를 교체하는 지출
④ 상당한 품질 향상을 가져오는 지출

정금상사(회사코드: 5109)는 신발을 판매하는 개인기업으로 당기(제15기)의 회계기간은 2024.1.1.~2024.12.31.이다. 전산세무회계 수험용 프로그램을 이용하여 다음 물음에 답하시오.

┤ 기본전제 ├

- 문제에서 한국채택국제회계기준을 적용하도록 하는 전제조건이 없는 경우, 일반기업회계기준을 적용하여 회계처리한다.
- 문제의 풀이와 답안 작성은 제시된 문제의 순서대로 진행한다.

문 1 다음은 정금상사의 사업자등록증이다. [회사등록] 메뉴에 입력된 내용을 검토하여 누락분은 추가 입력하고 잘 못된 부분을 정정하시오(단, 주소 입력 시 우편번호는 입력하지 않아도 무방함). (6점)

사 업 자 등 록 증

(일반과세자)

등록번호: 646-04-01031

상   호: 정금상사
성   명: 최종효   생 년 월 일: 1992년 11월 19일
개 업 연 월 일: 2010년 6월 1일
사 업 장 소 재 지: 서울특별시 강동구 천호대로 1057
사 업 의   종 류: 업태 도소매   종목 신발
발 급 사 유: 신규
공 동 사 업 자:

사업자 단위 과세 적용사업자 여부: 여( ) 부(√)
전자세금계산서 전용 전자우편주소:

2010년 6월 1일

강동세무서장

문 2 다음은 정금상사의 전기분 손익계산서이다. 입력되어 있는 자료를 검토하여 오류 부분을 정정하고 누락된 부분을 추가 입력하시오. (6점)

손익계산서

회사명: 정금상사   제14기 2023.1.1. ～ 2023.12.31.   (단위: 원)

과목	금액	과목	금액
Ⅰ. 매 출 액	120,000,000	Ⅴ. 영 업 이 익	4,900,000
상 품 매 출	120,000,000	Ⅵ. 영 업 외 수 익	800,000
Ⅱ. 매 출 원 가	90,000,000	이 자 수 익	800,000
상 품 매 출 원 가	90,000,000	Ⅶ. 영 업 외 비 용	600,000
기 초 상 품 재 고 액	30,000,000	이 자 비 용	600,000
당 기 상 품 매 입 액	80,000,000	Ⅷ. 소 득 세 차 감 전 순 이 익	5,100,000
기 말 상 품 재 고 액	20,000,000	Ⅸ. 소 득 세 등	0
Ⅲ. 매 출 총 이 익	30,000,000	Ⅹ. 당 기 순 이 익	5,100,000
Ⅳ. 판 매 비 와 관 리 비	25,100,000		
급 여	18,000,000		
복 리 후 생 비	5,000,000		
여 비 교 통 비	600,000		
접 대 비	300,000		
소 모 품 비	500,000		
광 고 선 전 비	700,000		

문 3 다음 자료를 이용하여 입력하시오. (6점)

[1] [계정과목 및 적요등록] 메뉴에서 판매비와 관리비의 접대비 계정에 다음 내용의 적요를 등록하시오. (3점)

현금적요 No.5: 거래처 명절선물 대금 지급

[2] 정금상사의 외상매출금과 단기대여금에 대한 거래처별 초기이월 잔액은 다음과 같다. 입력된 자료를 검토하여 잘못된 부분은 수정 또는 삭제, 추가 입력하여 주어진 자료에 맞게 정정하시오. (3점)

계정과목	거래처	잔액	합계
외상매출금	(주)사이버나라	45,000,000원	68,000,000원
	세계상회	23,000,000원	
단기대여금	(주)해일	10,000,000원	13,000,000원
	부림상사	3,000,000원	

문 4 [일반전표입력] 메뉴를 이용하여 다음의 거래 자료를 입력하시오. (24점)

─┤ 입력 시 유의사항 ├─

• 적요의 입력은 생략한다.
• 부가가치세는 고려하지 않는다.
• 채권·채무와 관련된 거래는 별도의 요구가 없는 한 반드시 기 등록된 거래처코드를 선택하는 방법으로 거래처명을 입력한다.
• 회계처리 시 계정과목은 별도의 제시가 없는 한 등록된 계정과목 중 가장 적절한 과목으로 한다.

[1] 8월 1일

단기매매 목적으로 (주)바이오의 발행주식 10주를 1주당 200,000원에 취득하다. 대금은 취득과정에서 발생한 별도의 증권 거래수수료 12,000원을 포함하여 보통예금 계좌에서 전액을 지급하다. (주)바이오의 발행주식 1주당 액면가액은 1,000원 이다. (3점)

[2] 9월 2일

푸름상회에서 판매용 신발을 매입하고 대금 중 5,000,000원은 푸름상회에 대한 외상매출금과 상계하여 처리하고 잔액은 외상으로 하다. (3점)

권		호			거래명세표(거래용)			
2024 년 9 월 2 일								
정금상사　　귀하			공급자	사업자등록번호	109-02-57411			
				상호	푸름상회	성명	나푸름 ㉑	
				사업장소재지	서울특별시 서초구 명달로 105			
아래와 같이 계산합니다.				업태	도소매	종목	신발	
합계 금액		구백육십만　　원정 (₩ 9,600,000)						
월일	품목		규격	수량	단가		공급대가	
9월 2일	레인부츠			12	800,000원		9,600,000원	
계							9,600,000원	
전잔금	없음			합계			9,600,000원	
입금	5,000,000원	잔금		4,600,000원	인수자		최종효 ㉑	
비고	판매대금 5,000,000원은 외상대금과 상계처리하기로 함							

[3] 10월 5일

업무용 모니터(비품)를 구입하고 현금 550,000원을 다음과 같이 지급하다. (3점)

현금영수증(지출증빙용)	
CASH RECEIPT	

사업자등록번호	108-81-11116
현금영수증 가맹점명	(주)성실산업
대표자	김성실
주소	서울시 관악구 봉천동 458
전화번호	02-220-2223

품명	모니터	승인번호	12345
거래일시	2024.10.5.	취소일자	

단위		백			천			원
금액 AMOUNT			5	5	0	0	0	0
봉사료 TIPS								
합계 TOTAL			5	5	0	0	0	0

[4] 10월 20일

영업부 직원의 건강보험료 회사부담분 220,000원과 직원부담분 220,000원을 보통예금 계좌에서 이체하여 납부하다(단, 하나의 전표로 처리하고, 회사부담분 건강보험료는 복리후생비 계정을 사용할 것). (3점)

[5] 11월 1일

광고 선전을 목적으로 불특정 다수에게 배포할 판촉물을 제작하고 제작대금 990,000원은 당좌수표를 발행하여 지급하다. (3점)

[6] 11월 30일

좋은은행에 예치한 1년 만기 정기예금의 만기가 도래하여 원금 10,000,000원과 이자 500,000원이 보통예금 계좌로 입금되다. (3점)

[7] 12월 5일

본사 영업부에 비치된 에어컨을 수리하고 수리비 330,000원을 신용카드(하나카드)로 결제하다. (3점)

[8] 12월 15일

에스파파상사로부터 상품을 25,000,000원에 매입하기로 계약하고, 계약금 1,000,000원을 보통예금 계좌에서 이체하여 지급하다. (3점)

문 5 [일반전표입력] 메뉴에 입력된 내용 중 다음의 오류가 발견되었다. 입력된 내용을 검토하고 수정 또는 삭제, 추가 입력하여 올바르게 정정하시오. (6점)

┤ 입력 시 유의사항 ├

- 적요의 입력은 생략한다.
- 부가가치세는 고려하지 않는다.
- 채권·채무와 관련된 거래는 별도의 요구가 없는 한 반드시 기 등록된 거래처코드를 선택하는 방법으로 거래처명을 입력한다.
- 회계처리 시 계정과목은 별도의 제시가 없는 한 등록된 계정과목 중 가장 적절한 과목으로 한다.

[1] 10월 27일

기업주가 사업 확장을 위하여 좋은은행에서 만기 1년 이내의 대출 10,000,000원을 단기차입하여 보통예금 계좌에 입금하였으나 이를 자본금으로 처리하였음을 확인한다. (3점)

[2] 11월 16일

보통예금 계좌에서 지급한 198,000원은 거래처에 선물하기 위해 구입한 신발이 아니라 판매를 목적으로 구입한 신발의 매입대금이었음을 확인한다. (3점)

문 6 다음의 결산정리사항을 입력하여 결산을 완료하시오. (12점)

┤ 입력 시 유의사항 ├

- 적요의 입력은 생략한다.
- 부가가치세는 고려하지 않는다.
- 채권·채무와 관련된 거래는 별도의 요구가 없는 한 반드시 기 등록된 거래처코드를 선택하는 방법으로 거래처명을 입력한다.
- 회계처리 시 계정과목은 별도의 제시가 없는 한 등록된 계정과목 중 가장 적절한 과목으로 한다.

[1] 구입 시 자산으로 처리한 소모품 중 결산일 현재 사용한 소모품비는 550,000원이다. (3점)

[2] 2024년 7월 1일에 영업부의 1년치 보증보험료(보험기간: 2024.7.1.~2025.6.30.) 1,200,000원을 보통예금 계좌에서 이체하면서 전액 비용 계정인 보험료로 처리하였다. 기말수정분개를 하시오(단, 월할계산할 것). (3점)

[3] 현금과부족 계정으로 처리한 현금초과액 50,000원에 대한 원인이 결산일 현재까지 밝혀지지 않았다. (3점)

[4] 외상매출금 및 받을어음 잔액에 대하여만 1%의 대손충당금을 보충법으로 설정하시오(단, 기타 채권에 대하여는 대손충당금을 설정하지 않도록 한다). (3점)

문 7 다음 사항을 조회하여 알맞은 답안을 │이론문제 답안작성│ 메뉴에 입력하시오. (10점)

[1] 상반기(1월~6월) 중 현금의 지출이 가장 많은 달은 몇 월이며, 그 금액은 얼마인가? (4점)

[2] 6월 30일 현재 유동부채의 금액은 얼마인가? (3점)

[3] 상반기(1월~6월) 중 복리후생비(판)의 지출이 가장 많은 달과 적은 달의 차액은 얼마인가? (단, 양수로 입력할 것) (3점)

이론시험

다음 문제를 보고 알맞은 것을 골라 | 이론문제 답안작성 | 메뉴에 입력하시오. (객관식 문항당 2점)

┌─────────────────── 기본전제 ───────────────────┐

　문제에서 한국채택국제회계기준을 적용하도록 하는 전제조건이 없는 경우, 일반기업회계기준을 적용한다.

└───┘

01 다음 중 일정 기간의 회계정보를 제공하는 재무제표가 아닌 것은?

① 현금흐름표　　　　　　　　　　　　② 손익계산서
③ 재무상태표　　　　　　　　　　　　④ 자본변동표

02 다음 중 계정의 잔액 표시가 잘못된 것은?

①	받을어음		②	미지급금	
	1,500,000				1,500,000

③	자본금		④	임대료	
		1,500,000		1,500,000	

03 다음은 당기의 재고자산 관련 자료이다. 당기의 상품매출원가는 얼마인가?

• 기초상품재고액	10,000원	• 당기상품매입액	30,000원
• 상품매입에누리	1,000원	• 기말상품재고액	5,000원

① 34,000원　　　　　　　　　　　　② 35,000원
③ 39,000원　　　　　　　　　　　　④ 40,000원

04 12월 말 결산법인의 당기 취득 기계장치 관련 자료가 다음과 같다. 당기 손익계산서에 반영될 당기의 감가상각비는 얼마인가?

> • 7월 1일 기계장치를 1,000,000원에 취득하였다.
> • 7월 1일 기계장치 취득 즉시 수익적 지출 100,000원이 발생하였다.
> • 위 기계장치의 잔존가치는 0원. 내용연수는 5년. 상각방법은 정액법이다(단. 월할상각할 것).

① 100,000원
② 110,000원
③ 200,000원
④ 220,000원

05 다음 자료에서 당기 말 재무제표에 계상될 보험료는 얼마인가? (단, 회계연도는 매년 1월 1일부터 12월 31일까지이다)

> • 11월 1일 화재보험에 가입하고, 보험료 600,000원을 현금으로 지급하였다.
> • 보험기간은 가입 시점부터 1년이며, 기간 계산은 월할로 한다.
> • 이외 보험료는 없다.

① 50,000원
② 100,000원
③ 300,000원
④ 600,000원

06 다음 중 재무상태표에 표시되는 매입채무 계정에 해당하는 것으로만 짝지어진 것은?

① 미수금, 미지급금
② 가수금, 가지급금
③ 외상매출금, 받을어음
④ 외상매입금, 지급어음

07 다음 중 계정과목의 분류가 옳은 것은?

① 유동자산: 차량운반구
② 비유동자산: 당좌예금
③ 유동부채: 단기차입금
④ 비유동부채: 선수수익

08 다음 중 현금 및 현금성자산에 포함되지 않는 것은?

① 우편환증서   ② 배당금 지급통지서

③ 당좌차월   ④ 자기앞수표

09 다음 중 상품 매입계약에 따른 계약금을 미리 지급한 경우에 사용하는 계정과목은?

① 가지급금   ② 선급금

③ 미지급금   ④ 지급어음

10 다음 자료에서 부채의 합계액은 얼마인가?

• 외상매입금	3,000,000원	• 선수수익	500,000원	• 단기대여금	4,000,000원
• 미지급비용	2,000,000원	• 선급비용	1,500,000원	• 미수수익	1,000,000원

① 5,500,000원   ② 6,000,000원

③ 6,500,000원   ④ 12,000,000원

11 다음 중 아래 빈칸에 들어갈 내용은?

유동자산은 보고기간 종료일로부터 ( )년 이내에 현금화 또는 실현될 것으로 예상되는 자산을 의미한다.

① 1   ② 2

③ 3   ④ 5

12 다음 자료에서 당기 외상매출금 기말잔액은 얼마인가?

• 외상매출금 기초잔액	3,000,000원
• 외상매출금 당기 발생액	7,000,000원
• 외상매출금 당기 회수액	1,000,000원

① 0원   ② 3,000,000원

③ 5,000,000원   ④ 9,000,000원

13 다음 중 재고자산에 대한 설명으로 옳지 않은 것은?

① 재고자산은 정상적인 영업과정에서 판매를 위하여 보유하거나 생산과정에 있는 자산 및 생산 또는 서비스 제공 과정에 투입될 원재료나 소모품의 형태로 존재하는 자산을 말한다.

② 재고자산의 취득원가는 취득과 직접적으로 관련되어 있으며 정상적으로 발생되는 기타원가를 포함한다.

③ 선입선출법은 먼저 구입한 상품이 먼저 판매된다는 가정하에 매출원가 및 기말재고액을 구하는 방법이다.

④ 개별법은 상호 교환될 수 있는 재고자산 항목인 경우에만 사용 가능하다.

14 다음 중 수익의 이연에 해당하는 계정과목으로 옳은 것은?

① 선급비용   ② 미지급비용

③ 선수수익   ④ 미수수익

15 다음 중 기말재고자산을 과대평가하였을 때 나타나는 현상은?

	매출원가	당기순이익
①	과대계상	과소계상
②	과소계상	과대계상
③	과대계상	과대계상
④	과소계상	과소계상

지우상사(회사코드: 5108)는 사무기기를 판매하는 개인기업으로 당기(제14기) 회계기간은 2024.1.1.~2024.12.31. 이다. 전산세무회계 수험용 프로그램을 이용하여 다음 물음에 답하시오.

┤ 기본전제 ├

• 문제에서 한국채택국제회계기준을 적용하도록 하는 전제조건이 없는 경우, 일반기업회계기준을 적용하여 회계처리한다.
• 문제의 풀이와 답안 작성은 제시된 문제의 순서대로 진행한다.

문 1 다음은 지우상사의 사업자등록증이다. [회사등록] 메뉴에 입력된 내용을 검토하여 누락분은 추가 입력하고 잘 못된 부분은 정정하시오(주소 입력 시 우편번호는 입력하지 않아도 무방함). (6점)

사 업 자 등 록 증

(일반과세자)

등록번호: 210-21-68451

상   호: 지우상사
성   명: 한세무   생 년 월 일: 1965년 12월 1일
개 업 연 월 일: 2011년 2월 1일
사 업 장 소 재 지: 경기도 부천시 가로공원로 20-1
사 업 의 종 류: 업태 도소매   종목 사무기기
발 급 사 유: 신규
공 동 사 업 자:

사업자 단위 과세 적용사업자 여부: 여( ) 부(√)
전자세금계산서 전용 전자우편주소:

2011년 2월 1일

부천세무서장

문 2 다음은 지우상사의 전기분 손익계산서이다. 입력되어 있는 자료를 검토하여 오류 부분은 정정하고 누락된 부분은 추가 입력하시오. (6점)

손익계산서

회사명: 지우상사   제13기 2023.1.1. ~ 2023.12.31.   (단위: 원)

과목	금액	과목	금액
Ⅰ. 매 출 액	125,500,000	Ⅴ. 영 업 이 익	11,850,000
상 품 매 출	125,500,000	Ⅵ. 영 업 외 수 익	500,000
Ⅱ. 매 출 원 가	88,800,000	이 자 수 익	500,000
상 품 매 출 원 가	88,800,000	Ⅶ. 영 업 외 비 용	1,200,000
기 초 상 품 재 고 액	12,300,000	이 자 비 용	1,200,000
당 기 상 품 매 입 액	79,000,000	Ⅷ. 소 득 세 차 감 전 이 익	11,150,000
기 말 상 품 재 고 액	2,500,000	Ⅸ. 소 득 세 등	0
Ⅲ. 매 출 총 이 익	36,700,000	Ⅹ. 당 기 순 이 익	11,150,000
Ⅳ. 판 매 비 와 관 리 비	24,850,000		
급 여	14,500,000		
복 리 후 생 비	1,200,000		
여 비 교 통 비	800,000		
접 대 비	750,000		
수 도 광 열 비	1,100,000		
감 가 상 각 비	3,950,000		
임 차 료	1,200,000		
차 량 유 지 비	550,000		
수 수 료 비 용	300,000		
광 고 선 전 비	500,000		

문 3 다음 자료를 이용하여 입력하시오. (6점)

[1] 다음 자료를 이용하여 [계정과목 및 적요등록] 메뉴에서 판매비 및 일반관리비 항목의 여비교통비 계정과목에 적요를 추가로 등록하시오. (3점)

> 대체적요 NO.3: 직원의 국내출장비 예금 인출

[2] [거래처별 초기이월] 메뉴의 계정과목별 잔액은 다음과 같다. 주어진 자료를 검토하여 잘못된 부분은 오류를 정정하고, 누락된 부분은 추가 입력하시오. (3점)

계정과목	거래처명	금액
외상매입금	라라무역	23,200,000원
	양산상사	35,800,000원
단기차입금	(주)굿맨	36,000,000원

문 4 [일반전표입력] 메뉴를 이용하여 다음의 거래 자료를 입력하시오. (24점)

┤ 입력 시 유의사항 ├

- 적요의 입력은 생략한다.
- 부가가치세는 고려하지 않는다.
- 채권·채무와 관련된 거래는 별도의 요구가 없는 한 반드시 기 등록된 거래처코드를 선택하는 방법으로 거래처명을 입력한다.
- 회계처리 시 계정과목은 별도의 제시가 없는 한 등록된 계정과목 중 가장 적절한 과목으로 한다.

[1] 7월 15일

태영상사에 상품을 4,000,000원에 판매하고 판매대금 중 20%는 태영상사가 발행한 6개월 만기 약속어음으로 받고 나머지 판매대금은 8월 말에 받기로 하다. (3점)

[2] 8월 25일

큰손은행으로부터 아래와 같이 사업 확장을 위한 자금을 차입하고 보통예금 계좌로 송금받다. (3점)

차입 금액	자금용도	연이자율	차입기간	이자 지급 방법
15,000,000원	시설자금	7%	3년	만기 일시 지급

[3] 9월 5일

영업부 사무실의 8월분 인터넷 이용료 50,000원과 수도요금 40,000원을 삼성카드로 결제하다. (3점)

[4] 10월 5일

명절을 맞이하여 과일세트 30박스를 싱싱과일에서 구입하여 매출거래처에 선물하고, 아래와 같이 영수증을 받다. (3점)

영수증			
싱싱과일		105-91-3*****	
대표자		김민정	
경기도 부천시 중동 *** 1층			
품목	수량	단가	금액
과일세트	30	10,000원	300,000원
합계 금액	₩		300,000원
결제구분		금액	
현 금		300,000원	
받 은 금 액		300,000원	
미 수 금		–	
감사합니다.			

[5] 10월 24일

새로운 창고를 건축하기 위하여 토지를 50,000,000원에 취득하면서 취득세 2,300,000원을 포함한 총 52,300,000원을 현금으로 지급하다. (3점)

[6] 11월 2일

온나라상사의 파산으로 인하여 외상매출금을 회수할 수 없게 됨에 따라 온나라상사의 외상매출금 3,000,000원 전액을 대손처리하기로 하다. 11월 2일 현재 대손충당금 잔액은 900,000원이다. (3점)

[7] 11월 30일

영업부 대리 김민정의 11월분 급여를 보통예금 계좌에서 이체하여 지급하다(단, 하나의 전표로 처리하되, 공제 항목은 구분하지 않고 하나의 계정과목으로 처리할 것). (3점)

<table>
<tr><th colspan="4">2024년 11월분 급여명세서</th></tr>
<tr><td colspan="2">사　　원　　명: 김민정</td><td colspan="2">부　　　　서: 영업부</td></tr>
<tr><td colspan="2">입　　사　　일: 2023.10.1.</td><td colspan="2">직　　　　급: 대리</td></tr>
<tr><th>지　급　내　역</th><th>지　급　액</th><th>공　제　내　역</th><th>공　제　액</th></tr>
<tr><td>기　본　급　여</td><td>4,200,000원</td><td>국　민　연　금</td><td>189,000원</td></tr>
<tr><td>직　책　수　당</td><td>0원</td><td>건　강　보　험</td><td>146,790원</td></tr>
<tr><td>상　　여　　금</td><td>0원</td><td>고　용　보　험</td><td>37,800원</td></tr>
<tr><td>특　별　수　당</td><td>0원</td><td>소　　득　　세</td><td>237,660원</td></tr>
<tr><td>자가운전보조금</td><td>0원</td><td>지　방　소　득　세</td><td>23,760원</td></tr>
<tr><td>교　육　지　원　수　당</td><td>0원</td><td>기　타　공　제</td><td>0원</td></tr>
<tr><td>지　급　액　계</td><td>4,200,000원</td><td>공　제　액　계</td><td>635,010원</td></tr>
<tr><td colspan="2">귀하의 노고에 감사드립니다.</td><td>차　인　지　급　액</td><td>3,564,990원</td></tr>
</table>

[8] 12월 15일

대한상사의 외상매입금 7,000,000원 중 2,000,000원은 현금으로 지급하고 잔액은 보통예금 계좌에서 이체하다. (3점)

문 5 [일반전표입력] 메뉴에 입력된 내용 중 다음의 오류가 발견되었다. 입력된 내용을 검토하고 수정 또는 삭제, 추가 입력하여 올바르게 정정하시오. (6점)

─┤ 입력 시 유의사항 ├─

• 적요의 입력은 생략한다.
• 부가가치세는 고려하지 않는다.
• 채권·채무와 관련된 거래는 별도의 요구가 없는 한 반드시 기 등록된 거래처코드를 선택하는 방법으로 거래처명을 입력한다.
• 회계처리 시 계정과목은 별도의 제시가 없는 한 등록된 계정과목 중 가장 적절한 과목으로 한다.

[1] 8월 20일

두리상사에서 상품을 35,000,000원에 매입하기로 계약하고 현금으로 지급한 계약금 3,500,000원을 선수금으로 입금처리하였음이 확인된다. (3점)

[2] 9월 16일

보통예금 계좌에서 나라은행으로 이체한 4,000,000원은 이자비용을 지급한 것이 아니라 단기차입금을 상환한 것이다. (3점)

문 6 다음의 결산정리사항을 입력하여 결산을 완료하시오. (12점)

┌─── 입력 시 유의사항 ───┐

- 적요의 입력은 생략한다.
- 부가가치세는 고려하지 않는다.
- 채권·채무와 관련된 거래는 별도의 요구가 없는 한 반드시 기 등록된 거래처코드를 선택하는 방법으로 거래처명을 입력한다.
- 회계처리 시 계정과목은 별도의 제시가 없는 한 등록된 계정과목 중 가장 적절한 과목으로 한다.

[1] 2024년 4월 1일에 하나은행으로부터 30,000,000원을 12개월간 차입하고, 이자는 차입금 상환시점에 원금과 함께 일시 지급하기로 하였다. 적용이율은 연 5%이며, 차입기간은 2024.4.1.~2025.3.31.이다. 관련된 결산분개를 하시오(단, 이자는 월할계산할 것). (3점)

[2] 결산일 현재 예금에 대한 기간경과분 발생이자는 15,000원이다. (3점)

[3] 기말 현재 영업부의 비품에 대한 2024년 당기분 감가상각비는 1,700,000원이다. (3점)

[4] 결산을 위하여 창고의 재고자산을 실사한 결과 기말상품재고액은 6,500,000원이다. (3점)

문 7 다음 사항을 조회하여 알맞은 답안을 이론문제 답안작성 메뉴에 입력하시오. (10점)

[1] 2분기(4월~6월)에 수석상사에 발행하여 교부한 지급어음의 총 합계액은 얼마인가? (단, 전기이월 금액은 제외할 것) (3점)

[2] 상반기(1월~6월)의 보통예금 입금액은 총 얼마인가? (단, 전기이월 금액은 제외할 것) (3점)

[3] 상반기(1월~6월) 중 접대비(판매비와 일반관리비)를 가장 적게 지출한 달과 그 금액은 얼마인가? (4점)

태형상사 | 회사코드 5107 | ☞ 정답 및 해설 p.95

🖉 이론시험

다음 문제를 보고 알맞은 것을 골라 이론문제 답안작성 메뉴에 입력하시오. (객관식 문항당 2점)

─── 기본전제 ───

문제에서 한국채택국제회계기준을 적용하도록 하는 전제조건이 없는 경우, 일반기업회계기준을 적용한다.

01 다음 중 회계상 거래에 해당하는 것은?

① 판매점 확장을 위하여 직원을 채용하고 근로계약서를 작성하다.
② 사업 확장을 위하여 은행에서 운영자금을 차입하기로 결정하다.
③ 재고 부족이 예상되어 판매용 상품을 추가로 주문하다.
④ 당사 데이터센터의 화재로 인하여 서버용 PC가 소실되다.

02 다음 중 거래요소의 결합 관계가 잘못 짝지어진 것은?

① (차) 자본의 감소   (대) 자산의 증가
② (차) 수익의 소멸   (대) 자산의 감소
③ (차) 비용의 발생   (대) 부채의 증가
④ (차) 부채의 감소   (대) 자본의 증가

03 다음의 거래 중 비용이 발생하지 않는 것은?

① 업무용 자동차에 대한 당기분 자동차세 100,000원을 현금으로 납부하다.
② 적십자회비 100,000원을 현금으로 납부하다.
③ 상공회의소회비 100,000원을 현금으로 납부하다.
④ 전월에 급여 지급 시 원천징수한 근로소득세를 현금으로 납부하다.

04 다음 계정과목 중 증가 시 재무상태표상 대변 항목이 아닌 것은?

① 자본금   ② 선수이자

③ 선급금   ④ 외상매입금

05 다음의 자료에서 당좌자산의 합계액은 얼마인가?

• 현금	300,000원	• 보통예금	800,000원	• 외상매입금	400,000원
• 외상매출금	200,000원	• 단기매매증권	500,000원		

① 1,700,000원   ② 1,800,000원

③ 2,000,000원   ④ 2,200,000원

06 다음 자료에서 설명하는 계정과목으로 옳은 것은?

> 상품 판매대금을 조기에 수취함에 따른 계약상 약정에 의한 일정 대금의 할인

① 매출채권처분손실   ② 매출환입

③ 매출할인   ④ 매출에누리

07 다음 중 일반적인 상거래에서 발생한 것으로 아직 회수되지 않은 경우의 회계처리 시 계정과목으로 옳은 것은?

① 미수수익   ② 선수수익

③ 미수금   ④ 외상매출금

08 다음 자료에서 기말자본은 얼마인가?

| • 기초자본: 1,000,000원 | • 총비용: 5,000,000원 | • 총수익: 8,000,000원 |

① 2,000,000원
② 3,000,000원
③ 4,000,000원
④ 8,000,000원

09 다음은 당기 손익계산서의 일부를 발췌한 자료이다. 당기 매출액은 얼마인가?

매출액	기초상품재고액	당기총매입액	기말상품재고액	매출총이익
( )원	25,000,000원	168,000,000원	15,000,000원	172,000,000원

① 350,000,000원
② 370,000,000원
③ 372,000,000원
④ 382,000,000원

10 다음 자료의 ( ) 안에 들어갈 계정과목은?

| ( )은 기업의 주된 영업활동인 상품 등을 판매하고 이에 대한 대금으로 상대방으로부터 수취한 어음이다. |

① 지급어음
② 받을어음
③ 외상매출금
④ 선수금

11 다음은 차량운반구의 처분과 관련된 자료이다. 차량운반구의 처분가액은 얼마인가?

| • 취득가액: 16,000,000원 | • 감가상각누계액: 9,000,000원 | • 유형자산 처분손실: 1,000,000원 |

① 6,000,000원
② 7,000,000원
③ 8,000,000원
④ 14,000,000원

12 다음 중 일정 시점의 재무상태를 나타내는 재무보고서의 계정과목으로만 짝지어진 것이 아닌 것은?

① 외상매입금, 선수금

② 임대료, 이자비용

③ 선급금, 외상매출금

④ 선수금, 보통예금

13 다음 중 아래의 (　) 안에 들어갈 내용으로 옳은 것은?

> 현금 및 현금성자산은 통화 및 타인발행수표 등 통화대용증권과 당좌예금, 보통예금 및 큰 거래비용 없이 현금으로 전환이 용이하고, 이자율 변동에 따른 가치변동의 위험이 경미한 금융상품으로서 취득 당시 만기일 또는 상환일이 (　　　　) 이내인 것을 말한다.

① 1개월

② 2개월

③ 3개월

④ 6개월

14 다음 자료에서 설명하는 재고자산의 단가결정방법은?

> • 실제 물량 흐름과 유사하다.
> • 현행 수익에 과거원가가 대응된다.
> • 기말재고가 가장 최근에 매입한 상품의 단가로 계상된다.

① 선입선출법

② 후입선출법

③ 총평균법

④ 개별법

15 다음 중 영업외수익에 해당하는 항목으로 옳은 것은?

① 미수수익

② 경상개발비

③ 외환차손

④ 이자수익

 실무시험

태형상사(회사코드: 5107)는 사무기기를 판매하는 개인기업으로 당기(제10기) 회계기간은 2024.1.1.~2024.12.31. 이다. 전산세무회계 수험용 프로그램을 이용하여 다음 물음에 답하시오.

┤ 기본전제 ├

• 문제에서 한국채택국제회계기준을 적용하도록 하는 전제조건이 없는 경우, 일반기업회계기준을 적용하여 회계처리한다.
• 문제의 풀이와 답안 작성은 제시된 문제의 순서대로 진행한다.

문 1 다음은 태형상사의 사업자등록증이다. [회사등록] 메뉴에 입력된 내용을 검토하여 누락분은 추가 입력하고 잘 못된 부분은 정정하시오(주소 입력 시 우편번호는 입력하지 않아도 무방함). (6점)

사 업 자 등 록 증

(일반과세자)

등록번호: 107-36-25785

상   호: 태형상사
성   명: 김상수   생 년 월 일: 1968년 10월 26일
개 업 연 월 일: 2015년 1월 2일
사 업 장 소 재 지: 서울특별시 서초구 명달로 105 (서초동)
사 업 의 종 류: 업태 도소매   종목 사무기기
발 급 사 유: 신규
공 동 사 업 자:

사업자 단위 과세 적용사업자 여부: 여( ) 부(√)
전자세금계산서 전용 전자우편주소:

2015년 1월 2일

서초세무서장

NTS ❀ 국세청
NATIONAL TAX SERVICE

문 2 다음은 태형상사의 전기분 재무상태표이다. 입력되어 있는 자료를 검토하여 오류 부분은 정정하고 누락된 부분은 추가 입력하시오. (6점)

재무상태표

회사명: 태형상사　　　　　　　　　제9기 2023.12.31. 현재　　　　　　　　　(단위: 원)

과목	금액		과목	금액
현　　　　　　　금		10,000,000	외 상 매 입 금	8,000,000
당 좌 예 금		3,000,000	지 급 어 음	6,500,000
보 통 예 금		10,500,000	미 지 급 금	3,700,000
외 상 매 출 금	5,400,000		예 수 금	700,000
대 손 충 당 금	100,000	5,300,000	단 기 차 입 금	10,000,000
받 을 어 음	9,000,000		자 본 금	49,950,000
대 손 충 당 금	50,000	8,950,000		
미 수 금		4,500,000		
상 　 　 품		12,000,000		
차 량 운 반 구	22,000,000			
감 가 상 각 누 계 액	12,000,000	10,000,000		
비 　 　 품	7,000,000			
감 가 상 각 누 계 액	2,400,000	4,600,000		
임 차 보 증 금		10,000,000		
자 　 산 　 총 　 계		78,850,000	부 채 및 자 본 총 계	78,850,000

문 3 다음 자료를 이용하여 입력하시오. (6점)

[1] 다음 자료를 이용하여 [기초정보관리]의 [거래처등록] 메뉴에서 거래처(금융기관)를 추가 등록하시오(단, 주어진 자료 외의 다른 항목은 입력할 필요 없음). (3점)

- 거래처코드: 98005
- 카드번호: 110-081-834009
- 거래처명: 신한은행
- 계좌개설일: 2024.1.1.
- 사업용 계좌: 여
- 유형: 보통예금

[2] 태형상사의 거래처별 초기이월 자료는 다음과 같다. 주어진 자료를 검토하여 잘못된 부분은 오류를 정정하고, 누락된 부분은 추가 입력하시오. (3점)

계정과목	거래처	금액	합계
받을어음	기우상사	3,500,000원	9,000,000원
	하우스컴	5,500,000원	
지급어음	모두피씨	4,000,000원	6,500,000원
	하나로컴퓨터	2,500,000원	

문 4 다음의 거래 자료를 [일반전표입력] 메뉴를 이용하여 입력하시오. (24점)

── 입력 시 유의사항 ──

- 적요의 입력은 생략한다.
- 부가가치세는 고려하지 않는다.
- 채권·채무와 관련된 거래는 별도의 요구가 없는 한 반드시 기 등록된 거래처코드를 선택하는 방법으로 거래처명을 입력한다.
- 회계처리 시 계정과목은 별도의 제시가 없는 한 등록된 계정과목 중 가장 적절한 과목으로 한다.

[1] 7월 5일

세무은행으로부터 10,000,000원을 3개월간 차입하고, 선이자 300,000원을 제외한 잔액이 당사 보통예금 계좌에 입금되다(단, 선이자는 이자비용으로 처리하고, 하나의 전표로 입력할 것). (3점)

[2] 7월 7일

다음은 상품을 매입하고 받은 거래명세표이다. 대금은 전액 외상으로 하다. (3점)

권		호		거래명세표(공급받는자 보관용)				
2024 년 7 월 7 일								
태형상사 귀하			공급자	사업자등록번호	105-21-32549			
				상호	대림전자	성명	김포스 ⑪	
				사업장소재지	서울특별시 강남구 강남대로160길 25 (신사동)			
아래와 같이 계산합니다.				업태	도소매	종목	사무기기	
합계 금액	삼백구십육만 원정 (₩ 3,960,000)							
월일	품목		규격	수량	단가		공급대가	
7월 7일	사무기기		270mm	120개	33,000원		3,960,000원	
전잔금	없음			합계			3,960,000원	
입금	0원	잔금	3,960,000원		인수자	김상수 ⑪		
비고								

[3] 8월 3일

국제전자의 외상매출금 20,000,000원 중 15,000,000원은 보통예금 계좌로 입금되고 잔액은 국제전자가 발행한 어음으로 수취하다. (3점)

[4] 8월 10일

취약계층의 코로나19 치료 지원을 위하여 한국복지협의회에 현금 1,000,000원을 기부하다. (3점)

[5] 9월 1일

영업부에서 매출거래처의 대표자 결혼식을 축하하기 위하여 화환을 구입하고 현금으로 결제하다. (3점)

영수증(공급받는자용)				
			태형상사	귀하
공급자	사업자등록번호	109-92-21345		
	상호	해피해피꽃	성명	김남길
	사업장소재지	서울시 강동구 천호대로 1037 (천호동)		
	업태	도소매	종목	꽃
작성일자		합계 금액		비고
2024.9.1.		49,000원		
공급내역				
월일	품명	수량	단가	금액
9.1.	축하3단화환	1	49,000원	49,000원
합계			49,000원	
위 금액을 영수함				

[6] 9월 10일

영업부 사원의 급여 지급 시 공제한 근로자부담분 국민연금보험료 150,000원과 회사부담분 국민연금보험료 150,000원을 보통예금 계좌에서 이체하여 납부하다(단, 하나의 전표로 처리하고, 회사부담분 국민연금보험료는 세금과공과로 처리한다). (3점)

[7] 10월 11일

매출처 미래전산에 판매용 PC를 4,800,000원에 판매하기로 계약하고, 판매대금의 20%를 현금으로 미리 수령하다. (3점)

[8] 11월 25일

전월분(10월 1일~10월 31일) 비씨카드 사용대금 500,000원을 보통예금 계좌에서 이체하여 지급하다(단, 미지급금 계정을 사용할 것). (3점)

문 5 [일반전표입력] 메뉴에 입력된 내용 중 다음의 오류가 발견되었다. 입력된 내용을 검토하고 수정 또는 삭제, 추가 입력하여 올바르게 정정하시오. (6점)

─────┤ 입력 시 유의사항 ├─────

- 적요의 입력은 생략한다.
- 부가가치세는 고려하지 않는다.
- 채권·채무와 관련된 거래는 별도의 요구가 없는 한 반드시 기 등록된 거래처코드를 선택하는 방법으로 거래처명을 입력한다.
- 회계처리 시 계정과목은 별도의 제시가 없는 한 등록된 계정과목 중 가장 적절한 과목으로 한다.

[1] 7월 29일

자본적 지출로 처리해야 할 본사 건물 엘리베이터 설치대금 30,000,000원을 보통예금으로 지급하면서 수익적 지출로 잘못 처리하다. (3점)

[2] 11월 23일

대표자 개인 소유 주택의 에어컨 설치비용 1,500,000원을 회사 보통예금 계좌에서 이체하여 지급하고 비품으로 계상하다. (3점)

문 6 다음의 결산정리사항을 입력하여 결산을 완료하시오. (12점)

─────┤ 입력 시 유의사항 ├─────

- 적요의 입력은 생략한다.
- 부가가치세는 고려하지 않는다.
- 채권·채무와 관련된 거래는 별도의 요구가 없는 한 반드시 기 등록된 거래처코드를 선택하는 방법으로 거래처명을 입력한다.
- 회계처리 시 계정과목은 별도의 제시가 없는 한 등록된 계정과목 중 가장 적절한 과목으로 한다.

[1] 영업부에서 소모품 구입 시 당기 비용(소모품비)으로 처리한 금액 중 기말 현재 미사용한 금액은 30,000원이다. (3점)

[2] 단기투자 목적으로 1개월 전에 (주)동수텔레콤의 주식 50주(주당 액면금액 5,000원)를 주당 10,000원에 취득했는데, 기말 현재 이 주식의 공정가치는 주당 12,000원이다. (3점)

[3] 보험기간이 만료된 자동차보험을 10월 1일 갱신하고, 보험료 360,000원(보험기간: 2024년 10월 1일 ~ 2025년 9월 30일)을 보통예금 계좌에서 이체하여 납부하고 전액 비용으로 처리하였다(단, 보험료는 월할계산한다). (3점)

[4] 단기차입금에 대한 이자비용 미지급액 중 2024년 귀속분은 600,000원이다. (3점)

문 7 다음 사항을 조회하여 알맞은 답안을 [이론문제 답안작성] 메뉴에 입력하시오. (10점)

[1] 상반기(1월~6월) 동안 지출한 접대비(판) 금액은 얼마인가? (3점)

[2] 1월 말의 미수금 장부가액은 전기 말에 대비하여 얼마나 증가하였는가? (3점)

[3] 5월 말 현재 외상매출금 잔액이 가장 많은 거래처의 거래처코드와 잔액은 얼마인가? (4점)

✎ 이론시험

다음 문제를 보고 알맞은 것을 골라 이론문제 답안작성 메뉴에 입력하시오. (객관식 문항당 2점)

┤ 기본전제 ├

문제에서 한국채택국제회계기준을 적용하도록 하는 전제조건이 없는 경우, 일반기업회계기준을 적용한다.

01 다음 중 일반기업회계기준상 회계의 목적에 대한 설명으로 가장 거리가 먼 것은?

① 미래 자금흐름 예측에 유용한 회계 외 비화폐적 정보의 제공
② 경영자의 수탁책임 평가에 유용한 정보의 제공
③ 투자 및 신용의사결정에 유용한 정보의 제공
④ 재무상태, 경영성과, 현금흐름 및 자본변동에 관한 정보의 제공

02 다음 중 거래에 대한 분개가 옳지 않은 것은?

① 차용증서를 발행하고 현금 1,000,000원을 단기차입하다.

　(차) 현금   1,000,000   (대) 단기차입금   1,000,000

② 비품 1,000,000원을 외상으로 구입하다.

　(차) 비품   1,000,000   (대) 외상매입금   1,000,000

③ 상품매출 계약금으로 현금 1,000,000원을 수령하다.

　(차) 현금   1,000,000   (대) 선수금   1,000,000

④ 직원부담분 건강보험료와 국민연금 1,000,000원을 현금으로 납부하다.

　(차) 예수금   1,000,000   (대) 현금   1,000,000

03 다음 중 일정 기간 동안 기업의 경영성과를 나타내는 재무보고서의 계정과목으로만 짝지어진 것은?

① 매출원가, 외상매입금

② 매출액, 미수수익

③ 매출원가, 기부금

④ 선급비용, 기부금

04 다음 중 거래의 8요소와 그 예시가 적절한 것을 모두 고르면?

> 가. 자산의 증가, 자산의 감소: 기계장치 100,000원을 구입하고, 대금은 보통예금으로 지급하다.
> 나. 자산의 증가, 자본의 증가: 현금 100,000원을 출자하여 회사를 설립하다.
> 다. 자산의 증가, 부채의 증가: 은행으로부터 100,000원을 차입하고 즉시 보통예금으로 수령하다.
> 라. 부채의 감소, 자산의 감소: 외상매입금 100,000원을 현금으로 지급하다.

① 가, 나

② 가, 나, 다

③ 가, 다, 라

④ 가, 나, 다, 라

05 다음 잔액시산표의 (가), (나)에 들어갈 금액은?

잔액시산표

안산(주)　　　　　　2024.12.31.　　　　　(단위: 원)

차변	계정과목	대변
100,000	현　　　금	
700,000	건　　　물	
	외 상 매 입 금	90,000
	자　본　금	(나)
	이 자 수 익	40,000
50,000	급　　　여	
(가)		(가)

	(가)	(나)
①	140,000	740,000
②	850,000	740,000
③	140,000	720,000
④	850,000	720,000

06 다음 중 결산 시 손익으로 계정을 마감하는 계정과목에 해당하는 것은?

① 이자수익

② 자본금

③ 미지급금

④ 외상매출금

07 다음과 같은 특징을 가진 자산이 아닌 것은?

> • 보고기간 종료일로부터 1년 이상 장기간 사용 가능한 자산
> • 타인에 대한 임대 또는 자체적으로 사용할 목적의 자산
> • 물리적 형태가 있는 자산

① 상품 판매 및 전시를 위한 상가
② 상품 판매를 위한 재고자산
③ 상품 운반을 위한 차량운반구
④ 상품 판매를 위한 상가에 설치한 시스템에어컨

08 다음은 (주)무릉의 재무제표 정보이다. 2024년 회계연도 말의 부채 합계는 얼마인가?

구분	2023년 12월 31일	2024년 12월 31일
자산 합계	8,500,000원	11,000,000원
부채 합계	4,000,000원	(?)
2024년 회계연도 중 자본 변동내역	당기순이익 800,000원	

① 3,700,000원
② 4,700,000원
③ 5,700,000원
④ 6,200,000원

09 다음 중 재고자산과 관련된 지출 금액으로서 재고자산의 취득원가에서 차감하는 것은?

① 매입운임
② 매출운반비
③ 매입할인
④ 급여

10 2024년 1월 1일 취득한 건물(내용연수: 10년)을 정액법에 의하여 기말에 감가상각한 결과, 당기 감가상각비는 9,000원이었다. 건물의 잔존가치가 5,000원이라고 할 때 취득원가는 얼마인가?

① 100,000원
② 95,000원
③ 90,000원
④ 85,000원

11 다음 중 유동자산에 속하지 않는 것은?

① 외상매출금
② 선급비용
③ 기계장치
④ 상품

12 다음 자료에서 당기 기말손익계산서에 계상되는 임대료는 얼마인가?

> • 당기 임대료로 3,600,000원을 현금으로 받다.
> • 당기에 받은 임대료 중 차기에 속하는 금액은 900,000원이다.

① 900,000원

② 2,700,000원

③ 3,600,000원

④ 4,500,000원

13 급여 지급 시 총급여 300,000원 중 근로소득세 10,000원을 차감하고 290,000원을 현금으로 지급하였다. 이 거래에서 나타날 유동부채 계정은?

① 예수금

② 미수금

③ 가수금

④ 선수금

14 다음의 결산일 현재 계정별원장 중 자본금 원장에 대한 설명으로 옳지 않은 것은?

자본금			
12/31 차기이월	2,900,000	1/1 전기이월	2,000,000
		12/31 손익	900,000

① 기초자본금은 2,000,000원이다.
② 당기순이익 900,000원이 발생되었다.
③ 차기의 기초자본금은 2,900,000원이다.
④ 결산일 자본금 원장은 손익 2,000,000원으로 마감되었다.

15 다음 중 세금과공과 계정으로 회계처리하는 거래는?

① 본사 업무용 건물의 재산세를 현금으로 납부하다.
② 급여 지급 시 근로소득세를 원천징수 후 잔액을 현금으로 지급하다.
③ 차량운반구를 취득하면서 취득세를 현금으로 지급하다.
④ 회사 대표자의 소득세를 현금으로 납부하다.

백제상사(회사코드: 5106)는 사무용품을 판매하는 개인기업이다. 당기(제13기)의 회계기간은 2024.1.1.~2024.12.31. 이다. 전산세무회계 수험용 프로그램을 이용하여 다음 물음에 답하시오.

┤ 기본전제 ├

• 문제에서 한국채택국제회계기준을 적용하도록 하는 전제조건이 없는 경우, 일반기업회계기준을 적용하여 회계처리한다.
• 문제의 풀이와 답안 작성은 제시된 문제의 순서대로 진행한다.

문 1 다음은 백제상사의 사업자등록증이다. [회사등록] 메뉴에 입력된 내용을 검토하여 누락분은 추가 입력하고 잘 못된 부분은 정정하시오(주소 입력 시 우편번호는 입력하지 않아도 무방함). (6점)

사 업 자 등 록 증

(일반과세자)

등록번호: 305 - 52 - 36547

상　　　　　호: 백제상사

성　　　　　명: 최인승　　　생 년 월 일: 1965년 5월 5일

개 업 연 월 일: 2012년 3월 14일

사 업 장 소 재 지: 대전광역시 중구 대전천서로 7(옥계동)

사 업 의 종 류: 업태 도소매　　　종목 문구 및 잡화

발 급 사 유: 신규

공 동 사 업 자:

사업자 단위 과세 적용사업자 여부: 여( ) 부(√)

전자세금계산서 전용 전자우편주소:

2012년 3월 14일

대전세무서장

문2 다음은 백제상사의 [전기분 재무상태표]이다. 입력되어 있는 자료를 검토하여 오류 부분은 정정하고 누락된 부분은 추가 입력하시오. (6점)

재무상태표

회사명: 백제상사　　　　　　　제12기 2023.12.31. 현재　　　　　　　(단위: 원)

과목	금액		과목	금액
현　　　　　　　금		45,000,000	외 상 매 입 금	58,000,000
당 좌 예 금		30,000,000	지 급 어 음	70,000,000
보 통 예 금		23,000,000	미 지 급 금	49,000,000
외 상 매 출 금	40,000,000		단 기 차 입 금	80,000,000
대 손 충 당 금	400,000	39,600,000	장 기 차 입 금	17,500,000
받 을 어 음	60,000,000		자 본 금	418,871,290
대 손 충 당 금	520,000	59,480,000	(당기순이익:	
단 기 대 여 금		10,000,000	10,000,000)	
상　　　　　　품		90,000,000		
토　　　　　　지		274,791,290		
건　　　　　　물	30,000,000			
감 가 상 각 누 계 액	2,500,000	27,500,000		
차 량 운 반 구	50,000,000			
감 가 상 각 누 계 액	14,000,000	36,000,000		
비　　　　　　품	60,000,000			
감 가 상 각 누 계 액	2,000,000	58,000,000		
자 산 총 계		693,371,290	부 채 와 자 본 총 계	693,371,290

문3 다음 자료를 이용하여 입력하시오. (6점)

[1] 거래처의 사업자등록증이 다음과 같이 정정되었다. 확인하여 변경하시오. (3점)

고구려상사 (코드: 1111)	• 대표자명: 이재천 　　　• 사업자등록번호: 365-35-12574 • 업태: 도소매 　　　　　• 종목: 잡화 　　　　　• 유형: 동시 • 사업장소재지: 경기도 남양주시 진접읍 장현로 83

[2] 백제상사의 거래처별 초기이월 자료는 다음과 같다. 주어진 자료를 검토하여 오류를 정정하고, 누락된 부분은 추가하여 입력하시오. (3점)

계정과목	거래처명	금액(원)	계정과목	거래처명	금액(원)
외상매출금	고려상사	18,000,000원	외상매입금	조선상사	22,000,000원
	부여상사	9,000,000원		신라상사	17,000,000원
	발해상사	13,000,000원		가야상사	19,000,000원

문 4 다음의 거래 자료를 [일반전표입력] 메뉴를 이용하여 입력하시오. (24점)

┤ 입력 시 유의사항 ├

- 적요의 입력은 생략한다.
- 부가가치세는 고려하지 않는다.
- 채권·채무와 관련된 거래는 별도의 요구가 없는 한 반드시 기 등록된 거래처코드를 선택하는 방법으로 거래처명을 입력한다.
- 회계처리 시 계정과목은 별도의 제시가 없는 한 등록된 계정과목 중 가장 적절한 과목으로 한다.

[1] 7월 9일
영업부에서 사용할 차량 45,000,000원을 구입하고 당좌수표를 발행하여 지급하다. (3점)

[2] 7월 10일
진영상사로부터 상품 1,000,000원(1,000개, 1개당 1,000원)을 매입하기로 계약하고, 계약금으로 상품 대금의 10%를 보통예금 계좌에서 이체하여 지급하다. (3점)

[3] 7월 25일
광주상사에 대한 상품 외상매입금 900,000원을 약정기일보다 빠르게 현금으로 지급하고, 외상매입금의 1%를 할인받다 (단, 할인금액은 매입할인으로 처리한다). (3점)

[4] 8월 25일
보유하고 있던 건물(취득원가 30,000,000원)을 하나상사에 29,000,000원에 매각하다. 대금 중 10,000,000원은 보통예금 계좌로 받고, 잔액은 다음 달 10일에 수령하기로 하다. 단, 8월 25일까지 해당 건물의 감가상각누계액은 2,500,000원이다. (3점)

[5] 10월 13일
발해상사에 상품을 2,300,000원에 판매하고 대금 중 1,200,000원은 동점발행 약속어음을 수령하였으며, 잔액은 2개월 후에 받기로 하다. (3점)

[6] 10월 30일
    직원의 결혼식에 보내기 위한 축하화환을 멜리꽃집에서 주문하고 대금은 현금으로 지급하면서 아래와 같은 현금영수증을 수령하다. (3점)

현금영수증

승인번호	구매자 발행번호	발행방법
G54782245	305-52-36547	지출증빙
신청구분	발행일자	취소일자
사업자번호	2024.10.30.	–
상품명		
축하3단화환		
구분	주문번호	상품 주문번호
일반상품	2024103054897	2024103085414

판매자 정보

판매자상호	대표자명
멜리꽃집	김나리
사업자등록번호	판매자 전화번호
201-17-45670	032-459-8751
판매자 사업장주소	
인천시 계양구 방축로 106, 75-3	

금액

공급가액			1	0	0	0	0	0
부가세액								
봉사료								
승인 금액			1	0	0	0	0	0

[7] 10월 31일
    거래처 가야상사 직원인 정가야 씨의 결혼식 모바일 청첩장을 문자메시지로 받고. 축의금 200,000원을 보통예금 계좌에서 지급하다. (3점)

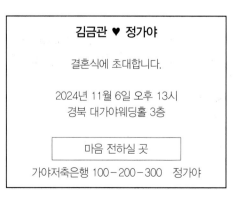

김금관 ♥ 정가야

결혼식에 초대합니다.

2024년 11월 6일 오후 13시
경북 대가야웨딩홀 3층

마음 전하실 곳

가야저축은행 100-200-300 정가야

[8] 11월 10일

회사의 사내 게시판에 부착할 사진을 우주사진관에서 현상하고, 대금은 현대카드로 결제하다. (3점)

```
                    카드매출전표
- - - - - - - - - - - - - - - - - - - - - - - - - - - - - -
    카드종류: 현대카드
    회원번호: 1234-4512-20**-9965
    거래일시: 2024.11.10.  09:30:51
    거래유형: 신용승인
    매 출 액: 30,000원
    결제방법: 일시불
    승인번호: 12345539
    은행확인: 신한은행
- - - - - - - - - - - - - - - - - - - - - - - - - - - - - -
    가맹점명: 우주사진관
              -이하 생략-
```

문 5 [일반전표입력] 메뉴에 입력된 내용 중 다음의 오류가 발견되었다. 입력된 내용을 검토하고 수정 또는 삭제, 추가 입력하여 올바르게 정정하시오. (6점)

┤ 입력 시 유의사항 ├

- 적요의 입력은 생략한다.
- 부가가치세는 고려하지 않는다.
- 채권·채무와 관련된 거래는 별도의 요구가 없는 한 반드시 기 등록된 거래처코드를 선택하는 방법으로 거래처명을 입력한다.
- 회계처리 시 계정과목은 별도의 제시가 없는 한 등록된 계정과목 중 가장 적절한 과목으로 한다.

[1] 9월 8일

거래처 신라상사의 단기차입금 25,000,000원을 보통예금 계좌에서 이체하여 상환한 것으로 회계처리하였으나 실제로는 거래처 조선상사에 대한 외상매입금 25,000,000원을 보통예금 계좌에서 이체하여 지급한 것으로 확인되다. (3점)

[2] 11월 21일

당사가 현금으로 지급한 축의금 200,000원은 매출거래처 직원의 축의금이 아니라 대표자 개인이 부담해야 할 대표자 동창의 결혼축의금으로 판명되다. (3점)

문 6 다음의 결산정리사항을 입력하여 결산을 완료하시오. (12점)

┤ 입력 시 유의사항 ├

- 적요의 입력은 생략한다.
- 부가가치세는 고려하지 않는다.
- 채권·채무와 관련된 거래는 별도의 요구가 없는 한 반드시 기 등록된 거래처코드를 선택하는 방법으로 거래처명을 입력한다.
- 회계처리 시 계정과목은 별도의 제시가 없는 한 등록된 계정과목 중 가장 적절한 과목으로 한다.

[1] 기말 외상매입금 중에는 미국 ABC사의 외상매입금 11,000,000원(미화 $10,000)이 포함되어 있는데, 결산일 현재의 적용환율은 미화 1$당 1,250원이다. (3점)

[2] 결산일 현재 실제 현금 보관액이 장부가액보다 66,000원 많음을 발견하였으나, 그 원인을 알 수 없다. (3점)

[3] 기말 현재 단기차입금에 대한 이자 미지급액 125,000원을 계상하다. (3점)

[4] 당기분 비품 감가상각비는 250,000원, 차량운반구 감가상각비는 1,200,000원이다. 모두 영업부서에서 사용한다. (3점)

문 7 다음 사항을 조회하여 답안을 이론문제 답안작성 메뉴에 입력하시오. (10점)

[1] 6월 말 현재 외상매출금 잔액이 가장 많은 거래처와 금액은 얼마인가? (4점)

[2] 1월부터 3월까지의 판매비와 관리비 중 소모품비 지출액이 가장 많은 달의 금액과 가장 적은 달의 금액을 합산하면 얼마인가? (3점)

[3] 6월 말 현재 받을어음의 회수가능금액은 얼마인가? (3점)

✏ 이론시험

다음 문제를 보고 알맞은 것을 골라 이론문제 답안작성 메뉴에 입력하시오. (객관식 문항당 2점)

┤ 기본전제 ├

문제에서 한국채택국제회계기준을 적용하도록 하는 전제조건이 없는 경우, 일반기업회계기준을 적용한다.

01 다음 중 일반기업회계기준에서 규정하고 있는 재무제표가 아닌 것은?

① 합계잔액시산표   ② 재무상태표

③ 손익계산서   ④ 주석

02 다음 중 일정 시점의 재무상태를 나타내는 재무보고서의 계정과목으로만 나열되지 않은 것은?

① 보통예금, 현금   ② 선급비용, 선수수익

③ 미수수익, 미지급비용   ④ 감가상각비, 급여

03 다음 거래요소의 결합관계와 거래의 종류에 맞는 거래내용은?

거래요소 결합관계	거래의 종류
자산의 증가 – 부채의 증가	교환거래

① 업무용 컴퓨터 1,500,000원을 구입하고 대금은 나중에 지급하기로 하다.

② 거래처로부터 외상매출금 500,000원을 현금으로 받다.

③ 거래처에 외상매입금 1,000,000원을 현금으로 지급하다.

④ 이자비용 150,000원을 현금으로 지급하다.

04 다음 중 (가)와 (나)에 들어갈 계정과목으로 옳은 것은?

[거래]
- 5월 10일 (주)무릉으로부터 상품 350,000원을 매입하고, 대금은 당좌수표를 발행하여 지급하다.
- 5월 20일 (주)금강에 상품 500,000원을 공급하고, 대금은 매입처발행 당좌수표로 받다.

[분개]

5월 10일	(차) 상품	350,000	(대) (나)	350,000
5월 20일	(차) (가)	500,000	(대) 상품매출	500,000

	(가)	(나)		(가)	(나)
①	당좌예금	당좌예금	②	당좌예금	현금
③	현금	현금	④	현금	당좌예금

05 다음 자료를 이용하여 당기 외상매출액을 계산하면 얼마인가?

- 외상매출금 기초잔액   300,000원   • 외상매출금 기말잔액   400,000원
- 당기 외상매출금 회수액   700,000원

① 300,000원   ② 700,000원

③ 800,000원   ④ 1,200,000원

06 다음의 자산 항목을 유동성이 높은 순서대로 바르게 나열한 것은?

상품, 토지, 개발비, 미수금

① 미수금 – 개발비 – 상품 – 토지
② 미수금 – 상품 – 토지 – 개발비
③ 상품 – 토지 – 미수금 – 개발비
④ 상품 – 미수금 – 개발비 – 토지

07 다음의 회계정보를 이용하여 기말의 상품매출총이익을 계산하면 얼마인가?

- 기초상품재고액   4,000,000원   • 기말상품재고액   6,000,000원
- 당기상품매입액   10,000,000원   • 매입에누리   100,000원
- 당기상품매출액   11,000,000원

① 3,100,000원   ② 4,100,000원

③ 7,900,000원   ④ 9,100,000원

08 다음의 회계자료에 의한 당기총수익은 얼마인가?

• 기초자산	800,000원	• 기초자본	600,000원
• 당기총비용	1,100,000원	• 기말자본	1,000,000원

① 1,200,000원
② 1,300,000원
③ 1,400,000원
④ 1,500,000원

09 다음 중 유동자산이 아닌 것은?
① 당좌예금
② 현금
③ 영업권
④ 상품

10 다음 중 상품의 매입원가에 가산하지 않는 것은?
① 상품을 100,000원에 매입하다.
② 상품 매입 시 발생한 하역비 100,000원을 지급하다.
③ 상품 매입 시 발생한 운임 100,000원을 지급하다.
④ 매입한 상품에 하자가 있어 100,000원에 해당하는 상품을 반품하다.

11 건물 일부 파손으로 인해 유리창 교체 작업(수익적 지출)을 하고, 다음과 같이 회계처리한 경우 발생하는 효과로 옳은 것은?

(차) 건물	6,000,000	(대) 보통예금	6,000,000

① 부채의 과대계상
② 자산의 과소계상
③ 순이익의 과대계상
④ 비용의 과대계상

12 다음 중 잔액시산표에서 그 대칭 관계가 옳지 않은 것은?

	차변	대변
①	대여금	차입금
②	임대보증금	임차보증금
③	선급금	선수금
④	미수금	미지급금

13 다음 거래에서 개인기업의 자본금 계정에 영향을 미치지 않는 거래는?

① 현금 1,000,000원을 거래처에 단기대여하다.
② 사업주가 단기대여금 1,000,000원을 회수하여 사업주 개인 용도로 사용하다.
③ 결산 시 인출금 계정의 차변 잔액 1,000,000원을 정리하다.
④ 사업주의 자택에서 사용할 에어컨 1,000,000원을 회사 자금으로 구입하다.

14 다음 중 손익계산서상의 판매비와 일반관리비 항목에 속하지 않는 계정과목은?

① 접대비　　　　　　　　　　　② 세금과공과
③ 임차료　　　　　　　　　　　④ 이자비용

15 다음 중 영업손익과 관련이 없는 거래는?

① 영업부 급여 500,000원을 현금으로 지급하다.
② 상품 광고를 위하여 250,000원을 보통예금으로 지급하다.
③ 수재민을 위하여 100,000원을 현금으로 기부하다.
④ 사무실 전기요금 150,000원을 현금으로 지급하다.

무한상사(회사코드: 5105)는 가전제품을 판매하는 개인기업으로 당기(제14기) 회계기간은 2024.1.1.~2024.12.31. 이다. 전산세무회계 수험용 프로그램을 이용하여 다음 물음에 답하시오.

─────────────── 기본전제 ───────────────

• 문제에서 한국채택국제회계기준을 적용하도록 하는 전제조건이 없는 경우, 일반기업회계기준을 적용하여 회계처리한다.
• 문제의 풀이와 답안 작성은 제시된 문제의 순서대로 진행한다.

문1 다음은 무한상사의 사업자등록증이다. [회사등록] 메뉴에 입력된 내용을 검토하여 누락분은 추가 입력하고 잘 못된 부분은 정정하시오(주소 입력 시 우편번호는 입력하지 않아도 무방함). (6점)

사 업 자 등 록 증

(일반과세자)

등록번호: 130 - 47 - 50505

상   호: 무한상사

성   명: 이학주   생 년 월 일: 1968년 7월 20일

개 업 연 월 일: 2011년 5월 23일

사 업 장 소 재 지: 경기도 구리시 경춘로 10(교문동)

사 업 의 종 류: 업태 도소매   종목 가전제품

발 급 사 유: 신규

공 동 사 업 자:

사업자 단위 과세 적용사업자 여부: 여( ) 부(√)

전자세금계산서 전용 전자우편주소:

2011년 5월 23일

구리세무서장

 NTS ✿ 국세청
NATIONAL TAX SERVICE

문 2 다음은 무한상사의 전기분 손익계산서이다. 입력되어 있는 자료를 검토하여 오류 부분은 정정하고 누락된 부분은 추가 입력하시오. (6점)

손익계산서

회사명: 무한상사   제13기 2023.1.1. ~ 2023.12.31.   (단위: 원)

과목	금액	과목	금액
매 출 액	300,000,000	영 업 이 익	44,200,000
상 품 매 출	300,000,000	영 업 외 수 익	5,800,000
매 출 원 가	191,200,000	이 자 수 익	2,200,000
상 품 매 출 원 가	191,200,000	임 대 료	3,600,000
기 초 상 품 재 고 액	13,000,000	영 업 외 비 용	7,500,000
당 기 상 품 매 입 액	180,000,000	이 자 비 용	4,500,000
기 말 상 품 재 고 액	1,800,000	기 부 금	3,000,000
매 출 총 이 익	108,800,000	소 득 세 차 감 전 순 이 익	42,500,000
판 매 비 와 관 리 비	64,600,000	소 득 세 등	0
급 여	34,300,000	당 기 순 이 익	42,500,000
복 리 후 생 비	5,700,000		
여 비 교 통 비	2,440,000		
임 차 료	12,000,000		
차 량 유 지 비	3,500,000		
소 모 품 비	3,400,000		
광 고 선 전 비	3,260,000		

문 3 다음 자료를 이용하여 입력하시오. (6점)

[1] 무한상사의 거래처별 초기이월 채권과 채무의 잔액은 다음과 같다. 주어진 자료를 검토하여 잘못된 부분을 정정하거나 추가 입력하시오(거래처코드를 사용할 것). (3점)

계정과목	거래처명	금액
외상매출금	월평상사	45,000,000원
지급어음	도륜상사	150,000,000원
단기차입금	선익상사	80,000,000원

[2] 다음 자료를 이용하여 [기초정보관리]의 [거래처등록] 메뉴에서 신용카드를 추가로 등록하시오(단, 주어진 자료 외의 다른 항목은 입력할 필요 없음). (3점)

- 코드: 99871
- 거래처명: 씨엔제이카드
- 유형: 매입
- 카드번호: 1234-5678-9012-3452
- 카드종류(매입): 3.사업용카드

문 4 다음의 거래 자료를 [일반전표입력] 메뉴를 이용하여 입력하시오. (24점)

─────── 입력 시 유의사항 ───────

- 적요의 입력은 생략한다.
- 부가가치세는 고려하지 않는다.
- 채권·채무와 관련된 거래는 별도의 요구가 없는 한 반드시 기 등록된 거래처코드를 선택하는 방법으로 거래처명을 입력한다.
- 회계처리 시 계정과목은 별도의 제시가 없는 한 등록된 계정과목 중 가장 적절한 과목으로 한다.

[1] 7월 2일

성심상사로부터 상품을 6,000,000원에 매입하고, 매입대금 중 5,500,000원은 어음(만기일: 12월 31일)을 발행하여 지급하고, 나머지는 현금으로 지급하다. (3점)

[2] 8월 5일

토지를 매각처분하면서 발생한 부동산중개수수료를 대전부동산에 현금으로 지급하고 아래의 현금영수증을 받다. (3점)

대전부동산			
305-42-23567			김승환
대전광역시 유성구 노은동 63			TEL: 1577-5974
현금영수증(지출증빙용)			
구매 2024/8/5/13:25		거래번호: 11106011-114	
상품명	수량	수량	금액
수수료		3,500,000원	3,500,000원
202408051325001			
		공급대가	3,500,000원
		합계	3,500,000원
		받은 금액	3,500,000원

[3] 8월 19일

탄방상사에서 단기 차입한 20,000,000원 및 단기차입금 이자 600,000원을 보통예금으로 지급하다(단, 하나의 전표로 입력할 것). (3점)

[4] 8월 20일

판매용 노트북 15,000,000원과 업무용 노트북 1,000,000원을 다복상사에서 구입하다. 대금은 모두 보통예금으로 지급하다(단, 하나의 전표로 입력할 것). (3점)

[5] 8월 23일

4월 1일 내용을 알 수 없는 출금 500,000원이 발견되어 가지급금으로 처리하였는데, 이는 거래처 소리상사에게 지급한 외상대금으로 판명되다(단, 가지급금 거래처는 입력하지 않아도 무방함). (3점)

[6] 10월 10일

고구려상사에서 매입하기로 계약한 상품 3,000,000원을 인수하고, 10월 1일에 지급한 계약금 300,000원을 차감한 잔액은 외상으로 하다(단, 하나의 전표로 입력할 것). (3점)

[7] 11월 18일

영업부가 사용하는 업무용 차량의 유류를 현금으로 구입하고, 다음의 영수증을 받다. (3점)

NO.	**영수증**(공급받는자용)			
			무한상사	귀하

공급자	사업자등록번호	126-01-18454		
	상호	SK주유소	성명	김중수
	사업장소재지	경기도 구리시 동구릉로 100		
	업태	도소매	종목	주유소

작성일자	금액 합계	비고
2024.11.18.	30,000원	

공급내역				
월일	품명	수량	단가	금액
11/18	일반휘발유	15L	2,000원	30,000원
합계			30,000원	
위 금액을 영수함				

[8] 12월 20일

영업부 업무용 차량에 대한 아래의 공과금을 현대카드로 납부하다. (3점)

2024-2기분 자동차세 세액 신고납부서				납세자 보관용 영수증	
납세자	무한상사				
주소	경기도 구리시 경춘로 10				
납세번호	기관번호	제목		납세년월기	과세번호
과세대상	45조4079 (비영업용, 1,998cc)	구분	자동차세	지방교육세	납부할 세액 합계
		당초 산출세액	199,800원	59,940원 (자동차세액 ×30%)	259,740원
과세기간	2024.7.1. ~2024.12.31.	선납공제액(10%)			
		요일제감면액(5%)			
		납부할 세액	199,800원	59,940원	
〈납부장소〉	위의 금액을 영수합니다. * 수납인이 없으면 이 영수증은 무효입니다.			2024년 12월 20일 * 공무원은 현금을 수납하지 않습니다.	

문 5 [일반전표입력] 메뉴에 입력된 내용 중 다음의 오류가 발견되었다. 입력된 내용을 검토하고 수정 또는 삭제, 추가 입력하여 올바르게 정정하시오. (6점)

┤ 입력 시 유의사항 ├

- 적요의 입력은 생략한다.
- 부가가치세는 고려하지 않는다.
- 채권·채무와 관련된 거래는 별도의 요구가 없는 한 반드시 기 등록된 거래처코드를 선택하는 방법으로 거래처명을 입력한다.
- 회계처리 시 계정과목은 별도의 제시가 없는 한 등록된 계정과목 중 가장 적절한 과목으로 한다.

[1] 11월 5일
  영업부 직원의 10월분 급여에서 원천징수하였던 근로소득세 110,000원을 보통예금으로 납부하면서 세금과공과로 회계처리하였음이 확인된다. (3점)

[2] 11월 28일
  상품 매입 시 당사가 부담한 것으로 회계처리한 운반비 35,000원은 판매자인 양촌상사가 부담한 것으로 판명된다. (3점)

문 6 다음의 결산정리사항을 입력하여 결산을 완료하시오. (12점)

┤ 입력 시 유의사항 ├

- 적요의 입력은 생략한다.
- 부가가치세는 고려하지 않는다.
- 채권·채무와 관련된 거래는 별도의 요구가 없는 한 반드시 기 등록된 거래처코드를 선택하는 방법으로 거래처명을 입력한다.
- 회계처리 시 계정과목은 별도의 제시가 없는 한 등록된 계정과목 중 가장 적절한 과목으로 한다.

[1] 회사의 자금사정으로 인하여 영업부의 12월분 급여 1,000,000원을 다음 달 5일에 지급하기로 하였다. (3점)

[2] 결산일 현재 영업부에서 사용한 소모품비는 200,000원이다(단, 소모품 구입 시 전액 자산으로 처리하였다). (3점)

[3] 기말 현재 현금과부족 70,000원은 단기차입금에 대한 이자 지급액으로 판명되었다. (3점)

[4] 2021년 1월 1일에 취득하였던 비품에 대한 당기분 감가상각비를 계상하다(취득원가 65,500,000원, 잔존가액 15,500,000원, 내용연수 10년, 정액법). (3점)

문 7 다음 사항을 조회하여 답안을 [이론문제 답안작성] 메뉴에 입력하시오. (10점)

[1] 5월 말 현재 외상매입금의 잔액이 가장 많은 거래처와 금액은 얼마인가? (3점)

[2] 전기 말과 비교하여 당기 6월 말 현재 외상매출금의 대손충당금 증감액은 얼마인가? (단, 증가 또는 감소 여부를 기재할 것) (3점)

[3] 6월 말 현재 유동자산과 유동부채의 차액은 얼마인가? (단, 음수로 기재하지 말 것) (4점)

삶의 순간순간이
아름다운 마무리이며
새로운 시작이어야 한다.

– 법정 스님

여러분의 작은 소리
에듀윌은 크게 듣겠습니다.

본 교재에 대한 여러분의 목소리를 들려주세요.
공부하시면서 어려웠던 점, 궁금한 점,
칭찬하고 싶은 점, 개선할 점, 어떤 것이라도 좋습니다.

에듀윌은 여러분께서 나누어 주신 의견을
통해 끊임없이 발전하고 있습니다.

에듀윌 도서몰 book.eduwill.net
- 부가학습자료 및 정오표: 에듀윌 도서몰 → 도서자료실
- 교재 문의: 에듀윌 도서몰 → 문의하기 → 교재(내용, 출간) / 주문 및 배송

2024 에듀윌 전산회계 2급

발 행 일	2024년 1월 15일 초판
편 저 자	박진혁
펴 낸 이	양형남
펴 낸 곳	(주)에듀윌
등록번호	제25100–2002–000052호
주 소	08378 서울특별시 구로구 디지털로34길 55
	코오롱싸이언스밸리 2차 3층

* 이 책의 무단 인용 · 전재 · 복제를 금합니다.

www.eduwill.net
대표전화 1600-6700

1,342회 베스트셀러 1위
누적 판매 34만부 돌파

에듀윌의 합격비법이 담긴 교재로
합격의 차이를 직접 경험해보세요.

분개로 익히는 기초회계원리

전산세무 1, 2급 기본서(2종)

전산회계 1, 2급 기본서(2종)

베스트셀러 1위
합산 기준

5년 연속 전산세무회계 교육 1위
합격자 170% 폭발적 증가!

에듀윌은 '합격자 수'라는 확실한 결과로 증명하며
지금도 기록을 만들어 가고 있습니다.

2024

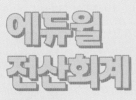

2024
에듀윌 전산회계 2급

실무편+최신기출

정답 및 해설

CHAPTER 02 일반전표입력

▌일반전표입력의 유형

[회계관리]-[재무회계]-[전표입력]-[일반전표입력]

[1] 2월 1일

구분	코드	계정과목	코드	거래처명	차변	대변
3.차변	232	임차보증금	108	성공인	10,000,000	
3.차변	819	임차료			500,000	
4.대변	103	보통예금				10,500,000
분개	(차) 임차보증금[성공인]　　　10,000,000 　　　임차료(판)　　　　　　　　500,000			(대) 보통예금		10,500,000

[2] 2월 13일

구분	코드	계정과목	코드	거래처명	차변	대변
3.차변	251	외상매입금	106	스피드상회	1,000,000	
4.대변	110	받을어음	103	임아트상회		1,000,000
분개	(차) 외상매입금[스피드상회]　　　1,000,000			(대) 받을어음[임아트상회]		1,000,000

[3] 2월 15일

구분	코드	계정과목	코드	거래처명	차변	대변
3.차변	146	상품			300,000	
4.대변	102	당좌예금				100,000
4.대변	256	당좌차월*	98001	국민은행		200,000
분개	(차) 상품　　　　　　　300,000			(대) 당좌예금 　　　당좌차월[국민은행]		100,000 200,000

* 260.단기차입금으로 입력해도 정답으로 인정된다.

[4] 2월 20일

구분	코드	계정과목	코드	거래처명	차변	대변
3.차변	103	보통예금			1,970,000	
3.차변	831	수수료비용			30,000	
4.대변	110	받을어음	103	임아트상회		2,000,000
분개	(차) 보통예금　　　　　　1,970,000 　　　수수료비용(판)　　　　30,000			(대) 받을어음[임아트상회]		2,000,000

[5] 2월 25일

구분	코드	계정과목	코드	거래처명	차변	대변
1.출금	805	잡급			430,000	(현금)
분개	(차) 잡급　　　　　　430,000			(대) 현금		430,000

【2월분 거래자료 입력화면】

일	번호	구분	계정과목	거래처	적요	차변	대변
1	00001	차변	0232 임차보증금	00108 성공인		10,000,000	
1	00001	차변	0819 임차료			500,000	
1	00001	대변	0103 보통예금				10,500,000
13	00001	차변	0251 외상매입금	00106 스피드상회		1,000,000	
13	00001	대변	0110 받을어음	00103 임아트상회			1,000,000
15	00001	차변	0146 상품			300,000	
15	00001	대변	0102 당좌예금				100,000
15	00001	대변	0256 당좌차월	98001 국민은행			200,000
20	00001	차변	0103 보통예금			1,970,000	
20	00001	차변	0831 수수료비용			30,000	
20	00001	대변	0110 받을어음	00103 임아트상회			2,000,000
25	00001	출금	0805 잡급			430,000	(현금)

[6] 3월 1일

구분	코드	계정과목	코드	거래처명	차변	대변
1.출금	131	선급금	200	으뜸상사*	1,000,000	(현금)
분개	(차) 선급금[으뜸상사]	1,000,000	(대) 현금			1,000,000

* 신규 거래처를 입력한 화면은 다음과 같다.

거래처등록

거래처코드:	00200	사업자등록번호:	113-23-79350	사업자등록상태조회
거래처명:	으뜸상사	주민등록번호:	-------_--------	주민등록기재분: 0:부 1:여
		대표자명:	한원석	업태: 도소매 종목: 팬시
		우편번호,주소:		부산 연제구 연제로 277
		전화번호:	051) 524 - 7756	

[7] 3월 2일

구분	코드	계정과목	코드	거래처명	차변	대변
3.차변	103	보통예금			11,700,000	
3.차변	951	이자비용			300,000	
4.대변	260	단기차입금	98001	국민은행		12,000,000
분개	(차) 보통예금	11,700,000	(대) 단기차입금[국민은행]			12,000,000
	이자비용	300,000				

[8] 3월 6일

구분	코드	계정과목	코드	거래처명	차변	대변
3.차변	101	현금			800,000	
4.대변	114	단기대여금	104	분필문구		780,000
4.대변	901	이자수익				20,000
분개	(차) 현금	800,000	(대) 단기대여금[분필문구]			780,000
			이자수익			20,000

[9] 3월 9일

구분	코드	계정과목	코드	거래처명	차변	대변
1.출금	134	가지급금	201	김길동*	200,000	(현금)
분개	(차) 가지급금[김길동]	200,000	(대) 현금			200,000

* 201.김길동으로 신규 거래처를 등록한다.

[10] 3월 12일

구분	코드	계정과목	코드	거래처명	차변	대변
3.차변	812	여비교통비			190,000	
3.차변	101	현금			10,000	
4.대변	134	가지급금	201	김길동		200,000
분개	(차) 여비교통비(판) 190,000 현금 10,000			(대) 가지급금[김길동]		200,000

【3월분 거래자료 입력화면】

일	번호	구분	계정과목		거래처		적요	차변	대변
1	00001	출금	0131	선급금	00200	으뜸상사		1,000,000	(현금)
2	00001	차변	0103	보통예금				11,700,000	
2	00001	차변	0951	이자비용				300,000	
2	00001	대변	0260	단기차입금	98001	국민은행			12,000,000
6	00001	차변	0101	현금				800,000	
6	00001	대변	0114	단기대여금	00104	분필문구			780,000
6	00001	대변	0901	이자수익					20,000
9	00001	출금	0134	가지급금	00201	김길동		200,000	(현금)
12	00001	차변	0812	여비교통비				190,000	
12	00001	차변	0101	현금				10,000	
12	00001	대변	0134	가지급금	00201	김길동			200,000

[11] 4월 1일

구분	코드	계정과목	코드	거래처명	차변	대변
3.차변	146	상품			7,000,000	
4.대변	131	선급금	200	으뜸상사		1,000,000
4.대변	252	지급어음	200	으뜸상사		6,000,000
분개	(차) 상품 7,000,000			(대) 선급금[으뜸상사] 1,000,000 지급어음[으뜸상사] 6,000,000		

[12] 4월 12일

구분	코드	계정과목	코드	거래처명	차변	대변
3.차변	813	접대비			200,000	
4.대변	253	미지급금	99601	신한카드		200,000
분개	(차) 접대비(판) 200,000			(대) 미지급금[신한카드] 200,000 또는 미지급비용[신한카드]		

[13] 4월 15일

구분	코드	계정과목	코드	거래처명	차변	대변
1.출금	953	기부금			500,000	(현금)
분개	(차) 기부금 500,000			(대) 현금		500,000

[14] 4월 18일

구분	코드	계정과목	코드	거래처명	차변	대변
3.차변	102	당좌예금			1,200,000	
4.대변	259	선수금	101	(주)홈플라스		1,200,000
분개	(차) 당좌예금 1,200,000			(대) 선수금[(주)홈플라스]		1,200,000

[15] 4월 25일

구분	코드	계정과목	코드	거래처명	차변	대변
3.차변	259	선수금	101	(주)홈플라스	1,200,000	
3.차변	110	받을어음	101	(주)홈플라스	2,800,000	
4.대변	401	상품매출				4,000,000
분개	(차) 선수금[(주)홈플라스] 1,200,000 받을어음[(주)홈플라스] 2,800,000			(대) 상품매출	4,000,000	

[16] 4월 30일

구분	코드	계정과목	코드	거래처명	차변	대변
3.차변	801	급여			2,500,000	
4.대변	254	예수금				205,000
4.대변	103	보통예금				2,295,000
분개	(차) 급여(판) 2,500,000			(대) 예수금 보통예금	205,000 2,295,000	

【4월분 거래자료 입력화면】

일	번호	구분	계 정 과 목	거 래 처	적 요	차 변	대 변
1	00001	차변	0146 상품			7,000,000	
1	00001	대변	0131 선급금	00200 으뜸상사			1,000,000
1	00001	대변	0252 지급어음	00200 으뜸상사			6,000,000
12	00001	차변	0813 접대비			200,000	
12	00001	대변	0253 미지급금	99601 신한카드			200,000
15	00001	출금	0953 기부금			500,000	(현금)
18	00001	차변	0102 당좌예금			1,200,000	
18	00001	대변	0259 선수금	00101 (주)홈플라스			1,200,000
25	00001	차변	0259 선수금	00101 (주)홈플라스		1,200,000	
25	00001	차변	0110 받을어음	00101 (주)홈플라스		2,800,000	
25	00001	대변	0401 상품매출				4,000,000
30	00001	차변	0801 급여			2,500,000	
30	00001	대변	0254 예수금				205,000
30	00001	대변	0103 보통예금				2,295,000

[17] 5월 1일

구분	코드	계정과목	코드	거래처명	차변	대변
1.출금	824	운반비			30,000	(현금)
분개	(차) 운반비(판)	30,000		(대) 현금	30,000	

[18] 5월 5일

구분	코드	계정과목	코드	거래처명	차변	대변
1.출금	814	통신비			24,290	(현금)
분개	(차) 통신비(판)	24,290		(대) 현금	24,290	

[19] 5월 7일

구분	코드	계정과목	코드	거래처명	차변	대변
3.차변	833	광고선전비			50,000	
3.차변	822	차량유지비			50,000	
4.대변	101	현금				100,000
분개	(차) 광고선전비(판) 50,000 차량유지비(판) 50,000			(대) 현금	100,000	

(꿀팁) 동사발행수표는 현금 계정으로 회계처리한다.

[20] 5월 10일

구분	코드	계정과목	코드	거래처명	차변	대변
1.출금	254	예수금			55,000	(현금)
분개	(차) 예수금		55,000	(대) 현금		55,000

【5월분 거래자료 입력화면】

일	번호	구분	계정과목	거래처	적요	차변	대변
1	00001	출금	0824 운반비			30,000	(현금)
5	00001	출금	0814 통신비			24,290	(현금)
7	00001	차변	0833 광고선전비			50,000	
7	00001	차변	0822 차량유지비			50,000	
7	00001	대변	0101 현금				100,000
10	00001	출금	0254 예수금			55,000	(현금)

[21] 6월 15일

구분	코드	계정과목	코드	거래처명	차변	대변
3.차변	110	받을어음	102	(주)다이쏘	500,000	
3.차변	108	외상매출금	102	(주)다이쏘	3,000,000	
3.차변	824	운반비			15,000	
4.대변	401	상품매출				3,500,000
4.대변	101	현금				15,000
분개	(차) 받을어음[(주)다이쏘] 500,000 외상매출금[(주)다이쏘] 3,000,000 운반비(판) 15,000			(대) 상품매출 3,500,000 현금 15,000		

[22] 6월 18일

구분	코드	계정과목	코드	거래처명	차변	대변
3.차변	102	당좌예금			2,940,000	
3.차변	403	매출할인			60,000	
4.대변	108	외상매출금	102	(주)다이쏘		3,000,000
분개	(차) 당좌예금 2,940,000 매출할인 60,000			(대) 외상매출금[(주)다이쏘] 3,000,000		

[23] 6월 20일

구분	코드	계정과목	코드	거래처명	차변	대변
1.출금	208	차량운반구			205,000	(현금)
분개	(차) 차량운반구		205,000	(대) 현금		205,000

[24] 6월 25일

구분	코드	계정과목	코드	거래처명	차변	대변
3.차변	817	세금과공과			258,310	
4.대변	253	미지급금	99601	신한카드		258,310
분개	(차) 세금과공과(판) 258,310			(대) 미지급금[신한카드] 258,310 또는 미지급비용[신한카드]		

【6월분 거래자료 입력화면】

일	번호	구분	계 정 과 목	거 래 처	적 요	차 변	대 변
15	00001	차변	0110 받을어음	00102 (주)다이쏘		500,000	
15	00001	차변	0108 외상매출금	00102 (주)다이쏘		3,000,000	
15	00001	차변	0824 운반비			15,000	
15	00001	대변	0401 상품매출				3,500,000
15	00001	대변	0101 현금				15,000
18	00001	차변	0102 당좌예금			2,940,000	
18	00001	차변	0403 매출할인			60,000	
18	00001	대변	0108 외상매출금	00102 (주)다이쏘			3,000,000
20	00001	출금	0208 차량운반구			205,000	(현금)
25	00001	차변	0817 세금과공과			258,310	
25	00001	대변	0253 미지급금	99601 신한카드			258,310

[25] 7월 1일

구분	코드	계정과목	코드	거래처명	차변	대변
3.차변	120	미수금	203	싸다중고차매매*	18,000,000	
3.차변	209	감가상각누계액			5,000,000	
3.차변	970	유형자산 처분손실			2,000,000	
4.대변	208	차량운반구				25,000,000
분개	(차) 미수금[싸다중고차매매] 18,000,000 감가상각누계액(209) 5,000,000 유형자산 처분손실 2,000,000			(대) 차량운반구 25,000,000		

* 203.싸다중고차매매로 신규 거래처를 등록한다.

[26] 7월 2일

구분	코드	계정과목	코드	거래처명	차변	대변
3.차변	208	차량운반구			15,000,000	
4.대변	253	미지급금	203	싸다중고차매매		14,000,000
4.대변	101	현금				1,000,000
분개	(차) 차량운반구 15,000,000			(대) 미지급금[싸다중고차매매] 14,000,000 현금 1,000,000		

[27] 7월 5일

구분	코드	계정과목	코드	거래처명	차변	대변
3.차변	146	상품			900,000	
4.대변	110	받을어음	102	(주)다이쏘		500,000
4.대변	251	외상매입금	108	성공인		400,000
분개	(차) 상품 900,000			(대) 받을어음[(주)다이쏘] 500,000 외상매입금[성공인] 400,000		

[28] 7월 6일

구분	코드	계정과목	코드	거래처명	차변	대변
3.차변	251	외상매입금	108	성공인	10,000	
4.대변	147	매입환출 및 에누리				10,000
분개	(차) 외상매입금[성공인] 10,000			(대) 매입환출 및 에누리 10,000		

[29] 7월 31일

구분	코드	계정과목	코드	거래처명	차변	대변
1.출금	826	도서인쇄비			30,000	(현금)
분개	(차) 도서인쇄비(판) 30,000			(대) 현금 30,000		

【7월분 거래자료 입력화면】

일	번호	구분	계 정 과 목	거 래 처	적 요	차 변	대 변
1	00001	차변	0120 미수금	00203 싸다중고차매매		18,000,000	
1	00001	차변	0209 감가상각누계액			5,000,000	
1	00001	차변	0970 유형자산처분손실			2,000,000	
1	00001	대변	0208 차량운반구				25,000,000
2	00001	차변	0208 차량운반구			15,000,000	
2	00001	대변	0253 미지급금	00203 싸다중고차매매			14,000,000
2	00001	대변	0101 현금				1,000,000
5	00001	차변	0146 상품			900,000	
5	00001	대변	0110 받을어음	00102 (주)다이쏘			500,000
5	00001	대변	0251 외상매입금	00108 성공인			400,000
6	00001	차변	0251 외상매입금	00108 성공인		10,000	
6	00001	대변	0147 매입환출및에누리				10,000
31	00001	출금	0826 도서인쇄비			30,000	(현금)

[30] 8월 5일

구분	코드	계정과목	코드	거래처명	차변	대변
3.차변	103	보통예금			6,270,000	
4.대변	114	단기대여금	102	(주)다이쏘		6,000,000
4.대변	901	이자수익				270,000
분개	(차) 보통예금		6,270,000	(대) 단기대여금[(주)다이쏘]		6,000,000
				이자수익		270,000

[31] 8월 15일

구분	코드	계정과목	코드	거래처명	차변	대변
1.출금	825	교육훈련비			250,000	(현금)
분개	(차) 교육훈련비(판)		250,000	(대) 현금		250,000

[32] 8월 20일

구분	코드	계정과목	코드	거래처명	차변	대변
3.차변	338	인출금			50,000	
4.대변	253	미지급금	99601	신한카드		50,000
분개	(차) 인출금		50,000	(대) 미지급금[신한카드]		50,000

[33] 8월 31일

구분	코드	계정과목	코드	거래처명	차변	대변
1.출금	133	선급비용			1,200,000	(현금)
분개	(차) 선급비용		1,200,000	(대) 현금		1,200,000

【8월분 거래자료 입력화면】

일	번호	구분	계 정 과 목	거 래 처	적 요	차 변	대 변
5	00001	차변	0103 보통예금			6,270,000	
5	00001	대변	0114 단기대여금	00102 (주)다이쏘			6,000,000
5	00001	대변	0901 이자수익				270,000
15	00001	출금	0825 교육훈련비			250,000	(현금)
20	00001	차변	0338 인출금			50,000	
20	00001	대변	0253 미지급금	99601 신한카드			50,000
31	00001	출금	0133 선급비용			1,200,000	(현금)

[34] 9월 1일

구분	코드	계정과목	코드	거래처명	차변	대변
3.차변	103	보통예금			1,500,000	
4.대변	903	배당금수익				1,500,000
분개	(차) 보통예금		1,500,000	(대) 배당금수익		1,500,000

[35] 9월 5일

구분	코드	계정과목	코드	거래처명	차변	대변
1.출금	812	여비교통비			50,000	(현금)
분개	(차) 여비교통비(판)		50,000	(대) 현금		50,000

[36] 9월 16일

구분	코드	계정과목	코드	거래처명	차변	대변
3.차변	402	매출환입 및 에누리			100,000	
4.대변	108	외상매출금	102	(주)다이쏘		100,000
분개	(차) 매출환입 및 에누리		100,000	(대) 외상매출금[(주)다이쏘]		100,000

[37] 9월 20일

구분	코드	계정과목	코드	거래처명	차변	대변
3.차변	251	외상매입금	108	성공인	390,000	
4.대변	148	매입할인				10,000
4.대변	103	보통예금				380,000
분개	(차) 외상매입금[성공인]		390,000	(대) 매입할인		10,000
				보통예금		380,000

【9월분 거래자료 입력화면】

일	번호	구분	계 정 과 목	거 래 처	적 요	차 변	대 변
1	00001	차변	0103 보통예금			1,500,000	
1	00001	대변	0903 배당금수익				1,500,000
5	00001	출금	0812 여비교통비			50,000	(현금)
16	00001	차변	0402 매출환입및에누리			100,000	
16	00001	대변	0108 외상매출금	00102 (주)다이쏘			100,000
20	00001	차변	0251 외상매입금	00108 성공인		390,000	
20	00001	대변	0148 매입할인				10,000
20	00001	대변	0103 보통예금				380,000

[38] 10월 5일

구분	코드	계정과목	코드	거래처명	차변	대변
2.입금	141	현금과부족			(현금)	200,000
분개	(차) 현금		200,000	(대) 현금과부족		200,000

[39] 10월 18일

구분	코드	계정과목	코드	거래처명	차변	대변
3.차변	109	대손충당금			40,000*	
4.대변	108	외상매출금	104	분필문구		40,000
분개	(차) 대손충당금		40,000	(대) 외상매출금[분필문구]		40,000

* [장부관리]-[계정별원장]-[계정별] 탭에서 대손충당금 잔액을 조회하면 다음과 같다.

[40] 10월 20일

구분	코드	계정과목	코드	거래처명	차변	대변
1.출금	253	미지급금	99601	신한카드	200,000	(현금)
분개	(차) 미지급금[신한카드]		200,000	(대) 현금		200,000

[41] 10월 31일

구분	코드	계정과목	코드	거래처명	차변	대변
3.차변	176	장기성예금			1,000,000	
4.대변	103	보통예금				1,000,000
분개	(차) 장기성예금		1,000,000	(대) 보통예금		1,000,000

꿀팁 유동성예금(정기예금, 정기적금)은 보고기간 종료일로부터 만기가 1년 이내에 도래하는 것이며, 만기가 1년 이후에 도래하면 비유동자산인 투자자산(장기성예금)으로 분류한다.

【10월분 거래자료 입력화면】

일	번호	구분	계 정 과 목	거 래 처	적 요	차 변	대 변
5	00001	입금	0141 현금과부족			(현금)	200,000
18	00001	차변	0109 대손충당금			40,000	
18	00001	대변	0108 외상매출금	00104 분필문구			40,000
20	00001	출금	0253 미지급금	99601 신한카드		200,000	(현금)
31	00001	차변	0801 급여			1,800,000	
31	00001	대변	0262 미지급비용				1,800,000
31	00002	차변	0176 장기성예금			1,000,000	
31	00002	대변	0103 보통예금				1,000,000

[42] 11월 10일

구분	코드	계정과목	코드	거래처명	차변	대변
3.차변	262	미지급비용			1,800,000	
4.대변	254	예수금				120,000
4.대변	103	보통예금				1,680,000
분개	(차) 미지급비용		1,800,000	(대) 예수금		120,000
				보통예금		1,680,000

[43] 11월 11일

구분	코드	계정과목	코드	거래처명	차변	대변
3.차변	202	건물			10,000,000	
3.차변	820	수선비			2,000,000	
4.대변	103	보통예금				10,000,000
4.대변	101	현금				2,000,000
분개	(차) 건물		10,000,000	(대) 보통예금		10,000,000
	수선비(판)		2,000,000	현금		2,000,000

[44] 11월 15일

구분	코드	계정과목	코드	거래처명	차변	대변
3.차변	101	현금			9,000,000	
3.차변	259	선수금	107	웁스유통	1,000,000	
4.대변	294	임대보증금	107	웁스유통		10,000,000
분개	(차) 현금		9,000,000	(대) 임대보증금[웁스유통]		10,000,000
	선수금[웁스유통]		1,000,000			

[45] 11월 30일

구분	코드	계정과목	코드	거래처명	차변	대변
1.출금	814	통신비			44,290	(현금)
분개	(차) 통신비(판)		44,290	(대) 현금		44,290

【11월분 거래자료 입력화면】

일	번호	구분		계 정 과 목	거 래 처	적 요	차 변	대 변
1	00001	입금	0259	선수금	00107 읍스유통		(현금)	1,000,000
10	00001	차변	0262	미지급비용			1,800,000	
10	00001	대변	0254	예수금				120,000
10	00001	대변	0103	보통예금				1,680,000
11	00001	차변	0202	건물			10,000,000	
11	00001	차변	0820	수선비			2,000,000	
11	00001	대변	0103	보통예금				10,000,000
11	00001	대변	0101	현금				2,000,000
15	00001	차변	0101	현금			9,000,000	
15	00001	차변	0259	선수금	00107 읍스유통		1,000,000	
15	00001	대변	0294	임대보증금	00107 읍스유통			10,000,000
30	00001	출금	0814	통신비			44,290	(현금)

[46] 12월 1일

구분	코드	계정과목	코드	거래처명	차변	대변
3.차변	830	소모품비*			100,000	
4.대변	103	보통예금				100,000
분개	(차) 소모품비(판)		100,000	(대) 보통예금		100,000

* 829.사무용품비로 입력해도 정답으로 인정된다.

[47] 12월 13일

구분	코드	계정과목	코드	거래처명	차변	대변
2.입금	338	인출금			(현금)	800,000
분개	(차) 현금		800,000	(대) 인출금		800,000

[48] 12월 20일

구분	코드	계정과목	코드	거래처명	차변	대변
3.차변	831	수수료비용			5,000,000	
4.대변	254	예수금				165,000
4.대변	103	보통예금				4,835,000
분개	(차) 수수료비용(판)		5,000,000	(대) 예수금		165,000
				보통예금		4,835,000

[49] 12월 24일

구분	코드	계정과목	코드	거래처명	차변	대변
3.차변	107	단기매매증권			1,500,000	
3.차변	984	수수료비용			10,000	
4.대변	103	보통예금				1,500,000
4.대변	101	현금				10,000
분개	(차) 단기매매증권		1,500,000	(대) 보통예금		1,500,000
	수수료비용(영업외비용)		10,000	현금		10,000

꿀팁〉 단기매매증권 매입 시 수수료는 매입원가에 포함하지 않으며 수수료비용은 영업활동과 관련된 계정인 '831.수수료비용(판관비)'이 아닌 '984.수수료비용(영업외비용)'으로 처리해야 한다.

[50] 12월 30일

구분	코드	계정과목	코드	거래처명	차변	대변
3.차변	101	현금			1,590,000	
4.대변	107	단기매매증권				1,500,000
4.대변	906	단기매매증권 처분이익				90,000
분개	(차) 현금		1,590,000	(대) 단기매매증권		1,500,000
				단기매매증권 처분이익		90,000

> 꿀팁 ▷ 단기매매증권 처분 시 발생한 수수료는 수수료비용으로 처리하지 않고 처분이익에서 차감한다.

【12월분 거래자료 입력화면】

일	번호	구분	계 정 과 목	거 래 처	적 요	차 변	대 변
1	00001	차변	0830 소모품비			100,000	
1	00001	대변	0103 보통예금				100,000
13	00001	입금	0338 인출금		(현금)		800,000
20	00001	차변	0831 수수료비용			5,000,000	
20	00001	대변	0254 예수금				165,000
20	00001	대변	0103 보통예금				4,835,000
24	00001	차변	0107 단기매매증권			1,500,000	
24	00001	차변	0984 수수료비용			10,000	
24	00001	대변	0103 보통예금				1,500,000
24	00001	대변	0101 현금				10,000
30	00001	차변	0101 현금			1,590,000	
30	00001	대변	0107 단기매매증권				1,500,000
30	00001	대변	0906 단기매매증권처분이익				90,000

▌오류자료의 정정

[회계관리]-[재무회계]-[전표입력]-[일반전표입력]

[1] 2월 20일

• 수정 전

구분	코드	계정과목	코드	거래처명	차변	대변
3.차변	103	보통예금			1,970,000	
3.차변	831	수수료비용			30,000	
4.대변	110	받을어음	103	임아트상회		2,000,000
분개	(차) 보통예금		1,970,000	(대) 받을어음[임아트상회]		2,000,000
	수수료비용(판)		30,000			

• 수정 후

구분	코드	계정과목	코드	거래처명	차변	대변
3.차변	103	보통예금			2,000,000	
3.차변	831	수수료비용			30,000	
4.대변	110	받을어음	103	임아트상회		2,000,000
4.대변	101	현금				30,000
분개	(차) 보통예금		2,000,000	(대) 받을어음[임아트상회]		2,000,000
	수수료비용(판)		30,000	현금		30,000

[2] 3월 6일

• 수정 전

구분	코드	계정과목	코드	거래처명	차변	대변
1.출금	114	단기대여금	107	읍스유통	2,000,000	(현금)
분개	(차) 단기대여금[읍스유통]		2,000,000	(대) 현금		2,000,000

• 수정 후

구분	코드	계정과목	코드	거래처명	차변	대변
1.출금	114	단기대여금	105	불꽃상사	2,000,000	(현금)
분개	(차) 단기대여금[불꽃상사]		2,000,000	(대) 현금		2,000,000

[3] 4월 1일

• 수정 전

구분	코드	계정과목	코드	거래처명	차변	대변
3.차변	146	상품			7,000,000	
4.대변	131	선급금	200	으뜸상사		1,000,000
4.대변	252	지급어음	200	으뜸상사		6,000,000
분개	(차) 상품		7,000,000	(대) 선급금[으뜸상사] 지급어음[으뜸상사]		1,000,000 6,000,000

• 수정 후

구분	코드	계정과목	코드	거래처명	차변	대변
3.차변	146	상품			7,000,000	
4.대변	131	선급금	200	으뜸상사		1,000,000
4.대변	252	지급어음	200	으뜸상사		3,000,000
4.대변	251	외상매입금	200	으뜸상사		3,000,000
분개	(차) 상품		7,000,000	(대) 선급금[으뜸상사] 지급어음[으뜸상사] 외상매입금[으뜸상사]		1,000,000 3,000,000 3,000,000

[4] 4월 18일

• 수정 전

구분	코드	계정과목	코드	거래처명	차변	대변
3.차변	102	당좌예금			1,200,000	
4.대변	259	선수금	101	(주)홈플라스		1,200,000
분개	(차) 당좌예금		1,200,000	(대) 선수금[(주)홈플라스]		1,200,000

• 수정 후

구분	코드	계정과목	코드	거래처명	차변	대변
2.입금	259	선수금	101	(주)홈플라스	(현금)	1,200,000
분개	(차) 현금		1,200,000	(대) 선수금[(주)홈플라스]		1,200,000

[5] 5월 5일

• 수정 전

구분	코드	계정과목	코드	거래처명	차변	대변
1.출금	814	통신비			120,000	(현금)
분개	(차) 통신비(판)		120,000	(대) 현금		120,000

• 수정 후

구분	코드	계정과목	코드	거래처명	차변	대변
3.차변	814	통신비			70,000	
3.차변	817	세금과공과			50,000	
4.대변	101	현금				120,000
분개	(차) 통신비(판)		70,000	(대) 현금		120,000
	세금과공과(판)		50,000			

[6] 5월 7일

F5 또는 상단 툴바의 '삭제'를 클릭하여 다음의 분개를 삭제한다.

구분	코드	계정과목	코드	거래처명	차변	대변
3.차변	108	외상매출금	105	불꽃상사	100,000	
4.대변	401	상품매출				100,000
분개	(차) 외상매출금[불꽃상사]		100,000	(대) 상품매출		100,000

[7] 6월 3일

• 수정 전

구분	코드	계정과목	코드	거래처명	차변	대변
3.차변	103	보통예금			170,000	
4.대변	108	외상매출금	107	읍스유통		170,000
분개	(차) 보통예금		170,000	(대) 외상매출금[읍스유통]		170,000

• 수정 후

구분	코드	계정과목	코드	거래처명	차변	대변
3.차변	103	보통예금			170,000	
4.대변	901	이자수익				170,000
분개	(차) 보통예금		170,000	(대) 이자수익		170,000

[8] 6월 29일

• 수정 전

구분	코드	계정과목	코드	거래처명	차변	대변
3.차변	819	임차료			300,000	
4.대변	103	보통예금				300,000
분개	(차) 임차료(판)		300,000	(대) 보통예금		300,000

• 수정 후

구분	코드	계정과목	코드	거래처명	차변	대변
3.차변	103	보통예금			300,000	
4.대변	904	임대료				300,000
분개	(차) 보통예금		300,000	(대) 임대료		300,000

[9] 7월 30일

• 수정 전

구분	코드	계정과목	코드	거래처명	차변	대변
1.출금	131	선급금	105	불꽃상사	200,000	(현금)
분개	(차) 선급금[불꽃상사]		200,000	(대) 현금		200,000

• 수정 후

구분	코드	계정과목	코드	거래처명	차변	대변
1.출금	811	복리후생비			200,000	(현금)
분개	(차) 복리후생비(판)		200,000	(대) 현금		200,000

[10] 8월 11일

• 수정 전

구분	코드	계정과목	코드	거래처명	차변	대변
3.차변	103	보통예금			2,000,000	
4.대변	338	인출금				2,000,000
분개	(차) 보통예금		2,000,000	(대) 인출금		2,000,000

• 수정 후

구분	코드	계정과목	코드	거래처명	차변	대변
3.차변	103	보통예금			2,000,000	
4.대변	108	외상매출금	200	으뜸상사		2,000,000
분개	(차) 보통예금		2,000,000	(대) 외상매출금[으뜸상사]		2,000,000

[11] 9월 5일

• 수정 전

구분	코드	계정과목	코드	거래처명	차변	대변
1.출금	822	차량유지비			250,000	(현금)
분개	(차) 차량유지비(판)		250,000	(대) 현금		250,000

• 수정 후

구분	코드	계정과목	코드	거래처명	차변	대변
1.출금	208	차량운반구			250,000	(현금)
분개	(차) 차량운반구		250,000	(대) 현금		250,000

[12] 9월 21일

- 수정 전

구분	코드	계정과목	코드	거래처명	차변	대변
3.차변	102	당좌예금			250,000	
4.대변	108	외상매출금	106	스피드상회		250,000
3.차변	102	당좌예금			250,000	
4.대변	108	외상매출금	106	스피드상회		250,000
분개	(차) 당좌예금　　　　250,000		(대) 외상매출금[스피드상회]　　250,000			
	(차) 당좌예금　　　　250,000		(대) 외상매출금[스피드상회]　　250,000			

- 수정 후

F5 또는 상단 툴바의 '삭제'를 클릭하여 전표중복분을 삭제한다.

구분	코드	계정과목	코드	거래처명	차변	대변
3.차변	102	당좌예금			250,000	
4.대변	108	외상매출금	106	스피드상회		250,000
분개	(차) 당좌예금　　　　250,000		(대) 외상매출금[스피드상회]　　250,000			

[13] 10월 5일

- 수정 전

구분	코드	계정과목	코드	거래처명	차변	대변
3.차변	146	상품			4,500,000	
4.대변	103	보통예금				4,500,000
분개	(차) 상품　　　　4,500,000		(대) 보통예금　　　4,500,000			

- 수정 후

구분	코드	계정과목	코드	거래처명	차변	대변
3.차변	146	상품			5,000,000	
4.대변	131	선급금	104	분필문구		500,000
4.대변	103	보통예금				4,500,000
분개	(차) 상품　　　　5,000,000		(대) 선급금[분필문구]　　500,000			
			보통예금　　　4,500,000			

[14] 11월 10일

- 수정 전

구분	코드	계정과목	코드	거래처명	차변	대변
3.차변	212	비품			500,000	
4.대변	103	보통예금				500,000
분개	(차) 비품　　　　500,000		(대) 보통예금　　　500,000			

- 수정 후

구분	코드	계정과목	코드	거래처명	차변	대변
3.차변	253	미지급금	99601	신한카드	500,000	
4.대변	103	보통예금				500,000
분개	(차) 미지급금[신한카드]　　500,000		(대) 보통예금　　　500,000			

[15] 12월 5일

• 수정 전

구분	코드	계정과목	코드	거래처명	차변	대변
3.차변	103	보통예금			10,000,000	
4.대변	293	장기차입금	98001	국민은행		10,000,000
분개	(차) 보통예금		10,000,000	(대) 장기차입금[국민은행]	10,000,000	

• 수정 후

구분	코드	계정과목	코드	거래처명	차변	대변
3.차변	103	보통예금			9,800,000	
3.차변	951	이자비용			200,000	
4.대변	260	단기차입금	98001	국민은행		10,000,000
분개	(차) 보통예금 이자비용		9,800,000 200,000	(대) 단기차입금[국민은행]	10,000,000	

[16] 12월 10일

• 수정 전

구분	코드	계정과목	코드	거래처명	차변	대변
3.차변	817	세금과공과			245,000	
4.대변	101	현금				245,000
분개	(차) 세금과공과(판)		245,000	(대) 현금	245,000	

• 수정 후

구분	코드	계정과목	코드	거래처명	차변	대변
3.차변	254	예수금			245,000	
4.대변	101	현금				245,000
분개	(차) 예수금		245,000	(대) 현금	245,000	

[17] 12월 20일

• 수정 전

구분	코드	계정과목	코드	거래처명	차변	대변
3.차변	146	상품			5,000,000	
3.차변	824	운반비			100,000	
4.대변	101	현금				5,100,000
분개	(차) 상품 운반비(판)		5,000,000 100,000	(대) 현금	5,100,000	

• 수정 후

구분	코드	계정과목	코드	거래처명	차변	대변
3.차변	146	상품			5,100,000	
4.대변	101	현금				5,100,000
분개	(차) 상품		5,100,000	(대) 현금	5,100,000	

꿀팁〉 분개 중 '운반비' 라인을 클릭하여 커서를 놓고 상단 툴바의 '삭제'를 클릭하면 해당 라인만 삭제된다.

[18] 12월 22일

• 수정 전

구분	코드	계정과목	코드	거래처명	차변	대변
1.출금	813	접대비			200,000	(현금)
분개	(차) 접대비(판)		200,000	(대) 현금		200,000

• 수정 후

구분	코드	계정과목	코드	거래처명	차변	대변
1.출금	811	복리후생비			200,000	(현금)
분개	(차) 복리후생비(판)		200,000	(대) 현금		200,000

[19] 12월 26일

• 수정 전

구분	코드	계정과목	코드	거래처명	차변	대변
3.차변	251	외상매입금	103	임아트상회	600,000	
4.대변	103	보통예금				600,000
분개	(차) 외상매입금[임아트상회]		600,000	(대) 보통예금		600,000

• 수정 후

구분	코드	계정과목	코드	거래처명	차변	대변
3.차변	251	외상매입금	103	임아트상회	597,000	
3.차변	831	수수료비용			3,000	
4.대변	103	보통예금				600,000
분개	(차) 외상매입금[임아트상회] 수수료비용(판)		597,000 3,000	(대) 보통예금		600,000

[20] 12월 31일

• 수정 전

구분	코드	계정과목	코드	거래처명	차변	대변
1.출금	817	세금과공과			550,000	(현금)
분개	(차) 세금과공과(판)		550,000	(대) 현금		550,000

• 수정 후

구분	코드	계정과목	코드	거래처명	차변	대변
3.차변	817	세금과공과			340,000	
3.차변	338	인출금			210,000	
4.대변	101	현금				550,000
분개	(차) 세금과공과(판) 인출금		340,000 210,000	(대) 현금		550,000

CHAPTER 03 결산

[1] ~ [17] 수동결산 항목 [회계관리] - [재무회계] - [전표입력] - [일반전표입력]

[1] 12월 31일

구분	코드	계정과목	코드	거래처명	차변	대변
3.차변	830	소모품비			260,000	
4.대변	122	소모품				260,000
분개	(차) 소모품비(판)		260,000	(대) 소모품		260,000

[2] 12월 31일

구분	코드	계정과목	코드	거래처명	차변	대변
3.차변	122	소모품			150,000	
4.대변	830	소모품비				150,000
분개	(차) 소모품		150,000	(대) 소모품비(판)		150,000

[3] 12월 31일

구분	코드	계정과목	코드	거래처명	차변	대변
3.차변	133	선급비용	120	(주)러쉬앤캐치	700,000*	
4.대변	821	보험료				700,000
분개	(차) 선급비용[(주)러쉬앤캐치]		700,000	(대) 보험료(판)		700,000

* 선급비용: 1,200,000원 × 7개월/12개월 = 700,000원

[4] 12월 31일

구분	코드	계정과목	코드	거래처명	차변	대변
3.차변	821	보험료			1,000,000	
4.대변	133	선급비용				1,000,000
분개	(차) 보험료(판)		1,000,000	(대) 선급비용		1,000,000

[5] 12월 31일

구분	코드	계정과목	코드	거래처명	차변	대변
3.차변	901	이자수익			500,000	
4.대변	263	선수수익				500,000
분개	(차) 이자수익		500,000	(대) 선수수익		500,000

[6] 12월 31일

구분	코드	계정과목	코드	거래처명	차변	대변
3.차변	951	이자비용			750,000	
4.대변	262	미지급비용	98001	국민은행		750,000*
분개	(차) 이자비용		750,000	(대) 미지급비용[국민은행]		750,000

* 미지급이자: 50,000,000원 × 6% × 3개월/12개월 = 750,000원

[7] 12월 31일

구분	코드	계정과목	코드	거래처명	차변	대변
3.차변	116	미수수익			300,000	
4.대변	904	임대료				300,000
분개	(차) 미수수익		300,000	(대) 임대료		300,000

[8] 12월 31일

구분	코드	계정과목	코드	거래처명	차변	대변
3.차변	338	인출금			60,000	
4.대변	141	현금과부족				60,000
분개	(차) 인출금		60,000	(대) 현금과부족		60,000

[9] 12월 31일

구분	코드	계정과목	코드	거래처명	차변	대변
1.출금	980	잡손실			85,000	(현금)
분개	(차) 잡손실		85,000	(대) 현금		85,000

[10] 12월 31일

구분	코드	계정과목	코드	거래처명	차변	대변
3.차변	141	현금과부족			80,000	
4.대변	930	잡이익				80,000
분개	(차) 현금과부족		80,000	(대) 잡이익		80,000

[11] 12월 31일

구분	코드	계정과목	코드	거래처명	차변	대변
3.차변	331	자본금			560,000	
4.대변	338	인출금				560,000
분개	(차) 자본금		560,000	(대) 인출금		560,000

[12] 12월 31일

구분	코드	계정과목	코드	거래처명	차변	대변
3.차변	957	단기매매증권 평가손실			100,000	
4.대변	107	단기매매증권				100,000
분개	(차) 단기매매증권 평가손실	100,000		(대) 단기매매증권		100,000

* [합계잔액시산표] 메뉴에서 결산일 현재 단기매매증권의 차변 잔액 1,000,000원을 확인한다.

[13] 12월 31일

구분	코드	계정과목	코드	거래처명	차변	대변
3.차변	951	이자비용			1,800,000	
4.대변	134	가지급금	201	김길동		1,800,000
분개	(차) 이자비용		1,800,000	(대) 가지급금[김길동]		1,800,000

[14] 12월 31일

구분	코드	계정과목	코드	거래처명	차변	대변
3.차변	257	가수금*			600,000	
4.대변	108	외상매출금	105	불꽃상사		600,000
분개	(차) 가수금		600,000	(대) 외상매출금[불꽃상사]		600,000

* [합계잔액시산표] 메뉴에서 결산일 현재 가수금의 대변 잔액 600,000원을 확인한다.

[15] 12월 31일

구분	코드	계정과목	코드	거래처명	차변	대변
3.차변	103	보통예금			514,000	
4.대변	260	단기차입금	98001	국민은행		514,000
분개	(차) 보통예금		514,000	(대) 단기차입금[국민은행]		514,000

[16] 12월 31일

구분	코드	계정과목	코드	거래처명	차변	대변
3.차변	251	외상매입금	205	NICE	500,000	
4.대변	910	외화환산이익				500,000
분개	(차) 외상매입금[NICE]		500,000	(대) 외화환산이익		500,000

[17] 12월 31일

구분	코드	계정과목	코드	거래처명	차변	대변
3.차변	955	외화환산손실			100,000	
4.대변	108	외상매출금	205	NICE		100,000
분개	(차) 외화환산손실		100,000	(대) 외상매출금[NICE]		100,000

[18]~[20] 자동결산 항목 [회계관리]-[재무회계]-[결산/재무제표]-[결산자료입력]

[18] 자동결산

[결산자료입력] 메뉴의 [2. 매출원가]-[⑩기말상품재고액]란에 '1,400,000'을 다음과 같이 입력한다.

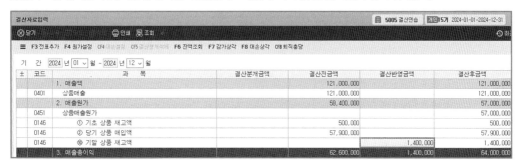

[19] 자동결산

[결산자료입력] 메뉴에서 [4. 판매비와 일반관리비]−[4). 감가상각비]−[비품]란에 '930,000', [차량운반구]란에 '2,500,000'을 각각 입력한다. 또한 [4. 판매비와 일반관리비]−[6). 무형자산상각비]−[실용신안권]란에 '500,000', [소프트웨어]란에 '700,000'을 각각 입력한다. 입력한 후 화면은 다음과 같다.

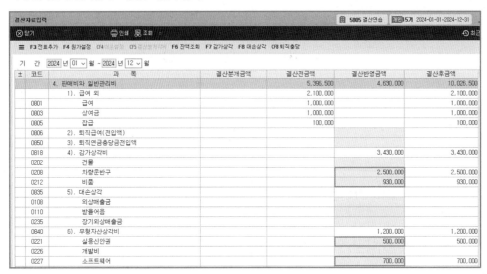

[20] 자동결산

- [결산자료입력] 메뉴에서 상단 툴바의 'F8 대손상각'을 클릭한다.
- 외상매출금과 미수금에 대한 대손충당금 추가설정액은 다음과 같다.

> - 외상매출금 추가설정액: (9,960,000원 × 1%) − 60,000원 = 39,600원
> - 미수금 추가설정액: (18,000,000원 × 1%) − 0원 = 180,000원

상기 금액은 다음의 '대손상각' 창에서 외상매출금과 미수금의 [추가설정액]란에 자동으로 반영되며 이외 채권의 추가설정액은 모두 지운다.

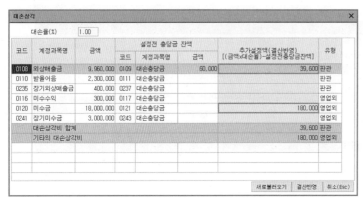

• '대손상각' 창에서 '결산반영'을 클릭하면 [결산자료입력] 메뉴의 [4. 판매비와 일반관리비]-[5). 대손상각]-[외상매출금]란에 '39,600', [7. 영업외비용]-[2). 기타의 대손상각]-[미수금]란에 '180,000'이 다음과 같이 자동으로 반영된다.

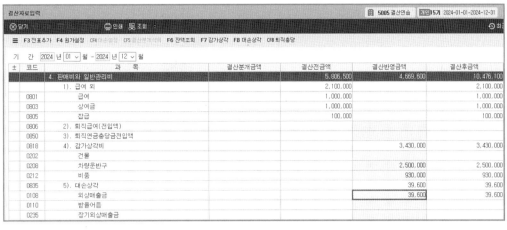

> **꿀팁** 대손충당금 설정은 데이터가 연결되는 문제이므로 앞의 문제가 틀렸더라도 각자의 데이터에 의하여 뒤에 나오는 문제를 제시한 대로 정확하게 입력하였다면 문제를 풀 수 있는 능력이 있다고 판단하여 정답으로 인정된다.

[18]~[20]

자동결산 자료의 해당 사항을 모두 입력한 후 상단 툴바의 'F3 전표추가'를 클릭한다. 다음 창에서 '예'를 클릭하면 해당 기말수정분개가 [일반전표입력] 메뉴의 12월 31일자에 자동으로 반영되면서 결산이 완료된다.

[참고] 12월 31일자 [일반전표입력] 메뉴에 반영된 기말수정분개를 조회한 화면은 다음과 같다.

□	일	번호	구분	계 정 과 목	거 래 처	적 요	차 변	대 변
□	31	00016	대변	0910 외화환산이익				500,000
□	31	00017	차변	0955 외화환산손실			100,000	
□	31	00017	대변	0108 외상매출금	00205 NICE			100,000
□	31	00018	결차	0451 상품매출원가		1 상품매출원가 대체	57,000,000	
□	31	00018	결대	0146 상품		2 상품 매입 부대비용		57,000,000
□	31	00019	결차	0818 감가상각비			3,430,000	
□	31	00019	결대	0209 감가상각누계액				2,500,000
□	31	00019	결대	0213 감가상각누계액				930,000
□	31	00020	결차	0835 대손상각비			39,600	
□	31	00020	결대	0109 대손충당금				39,600
□	31	00021	결차	0840 무형자산상각비			1,200,000	
□	31	00021	결대	0221 실용신안권				500,000
□	31	00021	결대	0227 소프트웨어				700,000
□	31	00022	결차	0954 기타의대손상각비			180,000	
□	31	00022	결대	0121 대손충당금				180,000

> **꿀팁** 자동결산 항목을 [일반전표입력] 메뉴 12월 31일자에 직접 입력해도 정답으로 인정된다.

CHAPTER 04 재무제표 및 제장부 조회

p.91

[1] [회계관리]−[재무회계]−[장부관리]−[일계표(월계표)]−[월계표] 탭

- 조회기간: 1월~6월 조회
- 현금거래한 금액의 합계: 175,000원
- 현금거래한 금액이 가장 큰 계정과목: 814.통신비

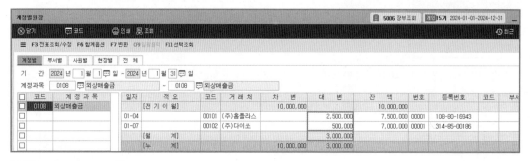

답안 175,000원, 814.통신비

[2] [회계관리]−[재무회계]−[장부관리]−[계정별원장]−[계정별] 탭

- 기간: 1월 1일~1월 31일, 계정과목: 108.외상매출금 조회
- 외상매출금이 감소한 건수: 2건
- 외상매출금이 감소한 금액: 3,000,000원

답안 2건, 3,000,000원

[3] [회계관리]-[재무회계]-[장부관리]-[현금출납장]-[전체] 탭

- 기간: 1월 1일～3월 31일 조회
- 현금지출이 가장 많았던 월: 3월
- 3월 현금지출액: 3,200,000원

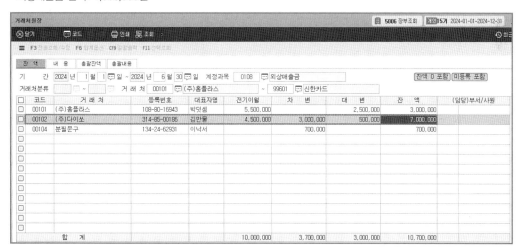

답안 3월, 3,200,000원

[4] [회계관리]-[재무회계]-[장부관리]-[거래처원장]-[잔액] 탭

- 기간: 1월 1일～6월 30일, 계정과목: 108.외상매출금 조회
- 외상매출금 잔액이 가장 많은 거래처: 102.(주)다이쏘
- 외상매출금 잔액: 7,000,000원

답안 102.(주)다이쏘, 7,000,000원

[5] [회계관리]–[재무회계]–[결산/재무제표]–[재무상태표]–[관리용] 탭

기간: 6월 조회

답안 27,898,000원(∵ 당기 45,308,000원 − 전기 17,410,000원)

[6] [회계관리]–[재무회계]–[장부관리]–[현금출납장]–[전체] 탭

기간: 5월 1일~5월 31일 조회

답안 156,000원

[7] [회계관리]–[재무회계]–[장부관리]–[일계표(월계표)]–[월계표] 탭

조회기간: 7월~12월 조회

답안 135,000원

[8] [회계관리]–[재무회계]–[장부관리]–[계정별원장]–[계정별] 탭

기간: 4월 1일~4월 30일, 계정과목: 252.지급어음 조회

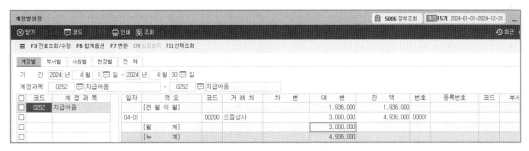

답안 3,000,000원

[9] [회계관리]–[재무회계]–[결산/재무제표]–[손익계산서]–[관리용] 탭

기간: 6월 조회

답안 20,500,000원

[10] [회계관리]–[재무회계]–[결산/재무제표]–[합계잔액시산표]–[관리용] 탭

기간: 6월 30일 조회

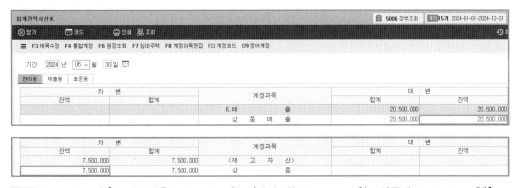

답안 15,500,000원[∵ 상품매출 20,500,000원 – (판매 가능 7,500,000원 – 상품재고 2,500,000원)]

[11] [회계관리]-[재무회계]-[결산/재무제표]-[재무상태표]-[관리용] 탭

기간: 6월 조회

과 목	제 15(당)기 2024년1월1일 ~ 2024년6월30일 금액		제 14(전)기 2023년1월1일 ~ 2023년12월31일 금액	
Ⅱ.비유동자산		54,220,000		47,110,000
① 투자자산		6,780,000		780,000
장기대여금		6,780,000		780,000
② 유형자산		47,440,000		46,330,000
토지		22,110,000		21,000,000
차량운반구	25,000,000		25,000,000	
감가상각누계액	3,000,000	22,000,000	3,000,000	22,000,000
비품	3,700,000		3,700,000	
감가상각누계액	370,000	3,330,000	370,000	3,330,000
③ 무형자산				
④ 기타비유동자산				

답안 22,000,000원

[12] [회계관리]-[재무회계]-[결산/재무제표]-[재무상태표]-[관리용] 탭

기간: 11월 조회

과 목	제 15(당)기 2024년1월1일 ~ 2024년11월30일 금액		제 14(전)기 2023년1월1일 ~ 2023년12월31일 금액	
자산				
Ⅰ.유동자산		79,973,500		30,300,000
① 당좌자산		71,573,500		29,800,000
현금		23,187,500		5,500,000
당좌예금		7,400,000		7,400,000
보통예금		5,186,000		3,200,000
정기예금		2,000,000		
외상매출금	10,660,000		10,000,000	
대손충당금	60,000	10,600,000	100,000	9,900,000
받을어음		2,300,000		2,000,000
미수금		18,000,000		
선급비용		1,200,000		
가지급금		1,800,000		1,800,000
현금과부족		-100,000		

답안 10,600,000원

[13] [회계관리]−[재무회계]−[일계표(월계표)]−[월계표] 탭

조회기간: 4월~6월 조회

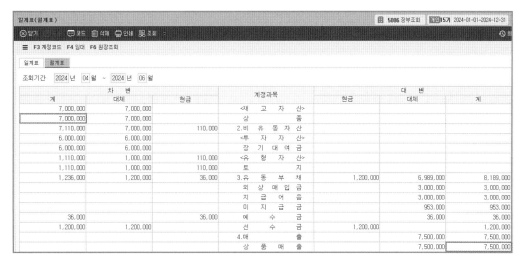

답안 상품매출액 7,500,000원, 상품매입액 7,000,000원

[14] [회계관리]−[재무회계]−[장부관리]−[거래처원장]−[내용] 탭

기간: 5월 1일~5월 31일, 계정과목: 253.미지급금, 거래처: 99601.신한카드 조회

답안 753,000원

[15] [회계관리]−[재무회계]−[장부관리]−[계정별원장]−[계정별] 탭

기간: 4월 1일~6월 30일, 계정과목: 401.상품매출 조회

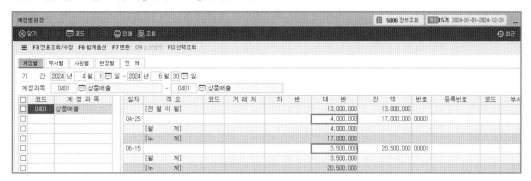

답안 3,750,000원[∵ (4월 4,000,000원 + 6월 3,500,000원) ÷ 2개월]

출제유형별 연구문제 합격상사(회사코드: 5010)

p.96

유형 1 기초정보관리

[회계관리]-[재무회계]-[기초정보관리]-[회사등록]

- 3.과세유형: '2.간이과세'를 '1.일반과세'로 수정한다.
- 6.사업장주소: '서울특별시 종로구 부암동 361'을 '서울특별시 종로구 백석동1가길 5'로 수정한다.
- 21.사업장관할세무서: '301.청주'를 '101.종로'로 수정한다.

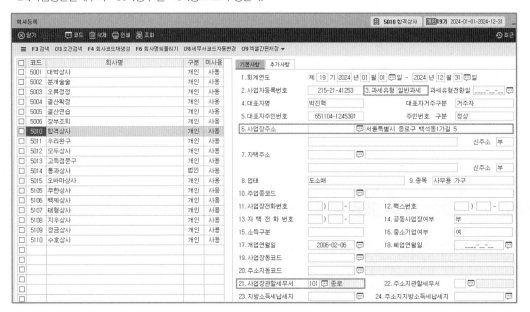

유형 2 거래처등록

[회계관리]-[재무회계]-[기초정보관리]-[거래처등록]-[일반거래처] 탭

- 111.현재가구

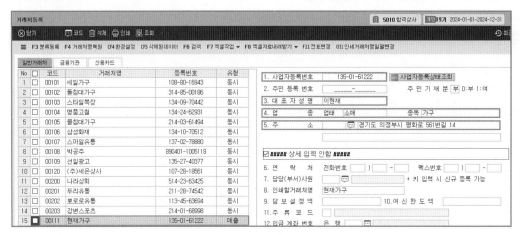

• 112.미래가구

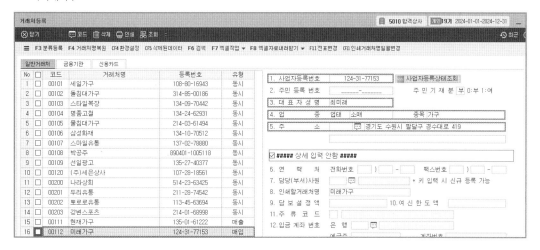

유형 3 계정과목 및 적요등록

[1] [회계관리]-[재무회계]-[기초정보관리]-[계정과목 및 적요등록]

- [코드/계정과목]란에 커서를 위치시킨 후 '232'를 입력하여 해당 계정과목으로 이동한다.
- 화면 우측의 [계정코드(명)]란에서 '임차보증금'을 '창고보증금'으로 수정한다.

[2] [회계관리]-[재무회계]-[기초정보관리]-[계정과목 및 적요등록]

- [코드/계정과목]란에 커서를 위치시킨 후 '108'을 입력하여 해당 계정과목으로 이동한다.
- [대체적요]란에 '8.외상매출대금 어음으로 회수'를 추가 입력한다.

유형 4 전기분 재무상태표/전기분 손익계산서

[1] [회계관리]-[재무회계]-[전기분 재무제표]-[전기분 재무상태표]

- 111.대손충당금(받을어음): 금액 '63,000'을 추가 입력한다.
- 114.단기대여금: 금액 '400,000'을 '4,000,000'으로 수정한다.
- 260.단기차입금: 금액 '1,800,000'을 '18,500,000'으로 수정한다.

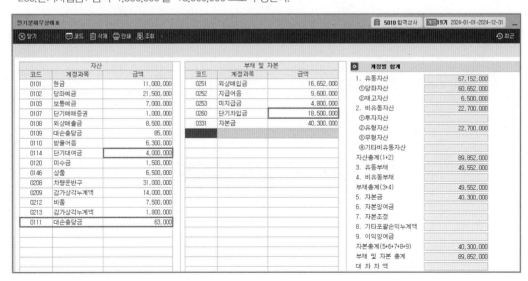

[2] [회계관리]−[재무회계]−[전기분 재무제표]−[전기분 손익계산서]

- 801.급여: 금액 '2,800,000'을 '6,000,000'으로 수정한다.
- 811.복리후생비: 금액 '6,000,000'을 '2,800,000'으로 수정한다.
- 833.광고선전비: 금액 '1,000,000'을 추가 입력한다.

유형 5 거래처별 초기이월

[회계관리]−[재무회계]−[전기분 재무제표]−[거래처별 초기이월]

- 110.받을어음
  - 101.세일가구: 금액 '100,000'을 '2,300,000'으로 수정한다.
  - 102.돌침대가구: 금액 '6,200,000'을 '2,100,000'으로 수정한다.
  - 105.물침대가구와 금액 '1,900,000'을 추가 입력한다.

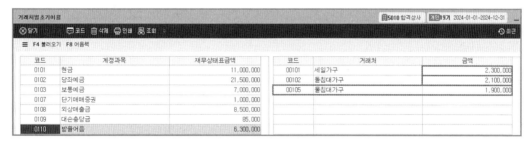

- 251.외상매입금
  - 101.세일가구: 금액 '5,002,000'을 '6,200,000'으로 수정한다.
  - 102.돌침대가구: 금액 '6,200,000'을 '5,002,000'으로 수정한다.

코드	계정과목	재무상태표금액		코드	거래처	금액
0101	현금	11,000,000		00101	세일가구	6,200,000
0102	당좌예금	21,500,000		00102	돌침대가구	5,002,000
0103	보통예금	7,000,000		00105	물침대가구	5,450,000
0107	단기매매증권	1,000,000				
0108	외상매출금	8,500,000				
0109	대손충당금	85,000				
0110	받을어음	6,300,000				
0114	단기대여금	4,000,000				
0120	미수금	1,500,000				
0146	상품	6,500,000				
0208	차량운반구	31,000,000				
0209	감가상각누계액	14,000,000				
0212	비품	7,500,000				
0213	감가상각누계액	1,800,000				
0251	외상매입금	16,652,000				

유형 6 일반전표입력

[회계관리]-[재무회계]-[전표입력]-[일반전표입력]

[1] 7월 6일

구분	코드	계정과목	코드	거래처명	차변	대변
3.차변	146	상품			1,000,000	
3.차변	212	비품			200,000	
4.대변	252	지급어음	101	세일가구		1,000,000
4.대변	253	미지급금	101	세일가구		200,000
분개	(차) 상품		1,000,000	(대) 지급어음[세일가구]	1,000,000	
	비품		200,000	미지급금[세일가구]	200,000	

[2] 7월 8일

구분	코드	계정과목	코드	거래처명	차변	대변
3.차변	811	복리후생비			30,000	
4.대변	253	미지급금	103	스타일복장		30,000
분개	(차) 복리후생비(판)		30,000	(대) 미지급금[스타일복장]	30,000	

[3] 7월 10일

구분	코드	계정과목	코드	거래처명	차변	대변
3.차변	110	받을어음	111	현재가구	800,000	
3.차변	108	외상매출금	111	현재가구	1,200,000	
4.대변	401	상품매출				2,000,000
분개	(차) 받을어음[현재가구]		800,000	(대) 상품매출	2,000,000	
	외상매출금[현재가구]		1,200,000			

[4] 7월 16일

구분	코드	계정과목	코드	거래처명	차변	대변
3.차변	201	토지			10,520,000	
4.대변	102	당좌예금				10,000,000
4.대변	101	현금				520,000
분개	(차) 토지		10,520,000	(대) 당좌예금	10,000,000	
				현금	520,000	

[5] 7월 19일

구분	코드	계정과목	코드	거래처명	차변	대변
3.차변	209	감가상각누계액			5,000,000	
3.차변	970	유형자산 처분손실			3,000,000	
3.차변	120	미수금	104	명품고철	2,000,000	
4.대변	208	차량운반구				10,000,000
분개	(차) 감가상각누계액(209)		5,000,000	(대) 차량운반구	10,000,000	
	유형자산 처분손실		3,000,000			
	미수금[명품고철]		2,000,000			

[6] 7월 22일

구분	코드	계정과목	코드	거래처명	차변	대변
3.차변	101	현금			590,000	
4.대변	107	단기매매증권				500,000
4.대변	906	단기매매증권 처분이익				90,000
분개	(차) 현금		590,000	(대) 단기매매증권	500,000	
				단기매매증권 처분이익	90,000	

(꿀팁) 단기매매증권 매각 시 매도수수료는 수수료비용으로 처리하지 않고 처분이익에서 차감한다.

[7] 7월 31일

구분	코드	계정과목	코드	거래처명	차변	대변
3.차변	801	급여			3,500,000	
4.대변	254	예수금				231,000
4.대변	101	현금				3,269,000
분개	(차) 급여(판)		3,500,000	(대) 예수금	231,000	
				현금	3,269,000	

[8] 8월 1일

구분	코드	계정과목	코드	거래처명	차변	대변
3.차변	826	도서인쇄비			550,000	
4.대변	253	미지급금	109	선일광고		550,000
분개	(차) 도서인쇄비(판)		550,000	(대) 미지급금[선일광고]	550,000	

[9] 8월 10일

구분	코드	계정과목	코드	거래처명	차변	대변
3.차변	254	예수금			381,000	
3.차변	817	세금과공과			150,000	
4.대변	103	보통예금				531,000
분개	(차) 예수금　　　　　381,000　　　　　(대) 보통예금　　　　531,000						
	세금과공과(판)　　150,000						

[10] 8월 11일

구분	코드	계정과목	코드	거래처명	차변	대변
3.차변	402	매출환입 및 에누리			200,000	
4.대변	108	외상매출금	102	돌침대가구		200,000
분개	(차) 매출환입 및 에누리　200,000　　(대) 외상매출금[돌침대가구]　200,000						

[11] 8월 12일

구분	코드	계정과목	코드	거래처명	차변	대변
1.출금	102	당좌예금			1,000,000	(현금)
분개	(차) 당좌예금　　　　1,000,000　　(대) 현금　　　　1,000,000						

[12] 8월 20일

구분	코드	계정과목	코드	거래처명	차변	대변
3.차변	212	비품			1,600,000	
4.대변	253	미지급금	105	물침대가구		1,600,000
분개	(차) 비품　　　　1,600,000　　(대) 미지급금[물침대가구]　1,600,000						

[13] 8월 28일

구분	코드	계정과목	코드	거래처명	차변	대변
3.차변	131	선급금	101	세일가구	300,000	
4.대변	102	당좌예금				300,000
분개	(차) 선급금[세일가구]　300,000　　(대) 당좌예금　　300,000						

[14] 8월 30일

구분	코드	계정과목	코드	거래처명	차변	대변
3.차변	208	차량운반구			21,100,000	
4.대변	260	단기차입금	301	현대캐피탈*		15,000,000
4.대변	101	현금				6,100,000
분개	(차) 차량운반구　21,100,000　　(대) 단기차입금[현대캐피탈]　15,000,000						
	현금　　　　6,100,000						

* 301.현대캐피탈로 신규 거래처를 등록한다.

[15] 8월 31일

구분	코드	계정과목	코드	거래처명	차변	대변
3.차변	146	상품			3,000,000	
4.대변	131	선급금	101	세일가구		300,000
4.대변	251	외상매입금	101	세일가구		2,700,000
분개	(차) 상품		3,000,000	(대) 선급금[세일가구]		300,000
				외상매입금[세일가구]		2,700,000

[16] 9월 1일

구분	코드	계정과목	코드	거래처명	차변	대변
1.출금	134	가지급금			500,000	(현금)
분개	(차) 가지급금		500,000	(대) 현금		500,000

[17] 9월 11일

구분	코드	계정과목	코드	거래처명	차변	대변
3.차변	833	광고선전비			1,000,000	
4.대변	133	선급비용	103	스타일복장		100,000
4.대변	103	보통예금				900,000
분개	(차) 광고선전비(판)		1,000,000	(대) 선급비용[스타일복장]		100,000
				보통예금		900,000

[18] 9월 27일

구분	코드	계정과목	코드	거래처명	차변	대변
1.출금	141	현금과부족			100,000	(현금)
분개	(차) 현금과부족		100,000	(대) 현금		100,000

[19] 10월 2일

구분	코드	계정과목	코드	거래처명	차변	대변
2.입금	259	선수금	111	현재가구	(현금)	800,000
분개	(차) 현금		800,000	(대) 선수금[현재가구]		800,000

[20] 10월 5일

구분	코드	계정과목	코드	거래처명	차변	대변
3.차변	259	선수금	111	현재가구	800,000	
3.차변	101	현금			3,600,000	
3.차변	108	외상매출금	111	현재가구	3,600,000	
4.대변	401	상품매출				8,000,000
분개	(차) 선수금[현재가구]		800,000	(대) 상품매출		8,000,000
	현금		3,600,000			
	외상매출금[현재가구]		3,600,000			

[21] 10월 15일

구분	코드	계정과목	코드	거래처명	차변	대변
3.차변	114	단기대여금	111	현재가구	4,000,000	
4.대변	108	외상매출금	111	현재가구		4,000,000
분개	(차) 단기대여금[현재가구]		4,000,000	(대) 외상매출금[현재가구]		4,000,000

[22] 10월 26일

구분	코드	계정과목	코드	거래처명	차변	대변
3.차변	260	단기차입금	105	물침대가구	800,000	
3.차변	951	이자비용			25,000	
4.대변	102	당좌예금				825,000
분개	(차) 단기차입금[물침대가구] 800,000 이자비용 25,000			(대) 당좌예금		825,000

[23] 10월 30일

구분	코드	계정과목	코드	거래처명	차변	대변
3.차변	227	소프트웨어			3,000,000	
4.대변	253	미지급금	200	나라상회		3,000,000
분개	(차) 소프트웨어 3,000,000			(대) 미지급금[나라상회]		3,000,000

[24] 11월 11일

구분	코드	계정과목	코드	거래처명	차변	대변
3.차변	101	현금			900,000	
3.차변	956	매출채권 처분손실			90,000	
4.대변	110	받을어음	102	돌침대가구		990,000
분개	(차) 현금 900,000 매출채권 처분손실 90,000			(대) 받을어음[돌침대가구]		990,000

[25] 12월 1일

구분	코드	계정과목	코드	거래처명	차변	대변
3.차변	812	여비교통비			550,000	
4.대변	134	가지급금*				500,000
4.대변	101	현금				50,000
분개	(차) 여비교통비(판) 550,000			(대) 가지급금 현금		500,000 50,000

* [일반전표입력] 메뉴에서 9월 1일자를 조회하여 가지급금 500,000원을 확인한다.

유형 7 오류수정

[회계관리]−[재무회계]−[전표입력]−[일반전표입력]

[1] 1월 1일 〈추가 입력〉

구분	코드	계정과목	코드	거래처명	차변	대변
3.차변	103	보통예금			10,000,000	
4.대변	331	자본금				10,000,000
분개	(차) 보통예금 10,000,000			(대) 자본금		10,000,000

[2] 7월 10일

- 수정 전

구분	코드	계정과목	코드	거래처명	차변	대변
3.차변	110	받을어음	111	현재가구	800,000	
3.차변	108	외상매출금	111	현재가구	1,200,000	
4.대변	401	상품매출				2,000,000
분개	(차) 받을어음[현재가구]		800,000	(대) 상품매출		2,000,000
	외상매출금[현재가구]		1,200,000			

- 수정 후

구분	코드	계정과목	코드	거래처명	차변	대변
3.차변	110	받을어음	111	현재가구	2,000,000	
4.대변	401	상품매출				2,000,000
분개	(차) 받을어음[현재가구]		2,000,000	(대) 상품매출		2,000,000

[3] 8월 31일

- 수정 전

구분	코드	계정과목	코드	거래처명	차변	대변
3.차변	146	상품			3,000,000	
4.대변	131	선급금	101	세일가구		300,000
4.대변	251	외상매입금	101	세일가구		2,700,000
분개	(차) 상품		3,000,000	(대) 선급금[세일가구]		300,000
				외상매입금[세일가구]		2,700,000

- 수정 후

구분	코드	계정과목	코드	거래처명	차변	대변
3.차변	146	상품			3,050,000	
4.대변	131	선급금	101	세일가구		300,000
4.대변	251	외상매입금	101	세일가구		2,700,000
4.대변	101	현금				50,000
분개	(차) 상품		3,050,000	(대) 선급금[세일가구]		300,000
				외상매입금[세일가구]		2,700,000
				현금		50,000

[4] 9월 20일

- 수정 전

구분	코드	계정과목	코드	거래처명	차변	대변
3.차변	101	현금			300,000	
4.대변	259	선수금	102	돌침대가구		300,000
분개	(차) 현금		300,000	(대) 선수금[돌침대가구]		300,000

- 수정 후

구분	코드	계정과목	코드	거래처명	차변	대변
3.차변	131	선급금	102	돌침대가구	300,000	
4.대변	101	현금				300,000
분개	(차) 선급금[돌침대가구]		300,000	(대) 현금		300,000

[5] 12월 4일

• 수정 전

구분	코드	계정과목	코드	거래처명	차변	대변
3.차변	134	가지급금			110,000	
4.대변	103	보통예금				110,000
분개	(차) 가지급금		110,000	(대) 보통예금		110,000

• 수정 후

구분	코드	계정과목	코드	거래처명	차변	대변
3.차변	251	외상매입금	105	물침대가구	110,000	
4.대변	103	보통예금				110,000
분개	(차) 외상매입금[물침대가구]		110,000	(대) 보통예금		110,000

또는 12월 4일에 다음과 같이 추가 입력해도 정답으로 처리된다.

구분	코드	계정과목	코드	거래처명	차변	대변
3.차변	251	외상매입금	105	물침대가구	110,000	
4.대변	134	가지급금				110,000
분개	(차) 외상매입금[물침대가구]		110,000	(대) 가지급금		110,000

유형 8 결산정리사항

꿀팁 > 결산문제는 3단계로 문제풀이를 진행한다. 1단계 수동결산 항목 – 2단계 자동결산 항목 – 3단계 기말수정분개 반영

1단계 수동결산 항목 [회계관리]–[재무회계]–[전표입력]–[일반전표입력]

[1]~[4] [일반전표입력] 메뉴 12월 31일자에 수동결산 항목에 대한 기말수정분개를 입력한다.

[1] 12월 31일

구분	코드	계정과목	코드	거래처명	차변	대변
3.차변	338	인출금			200,000	
4.대변	141	현금과부족				200,000
분개	(차) 인출금		200,000	(대) 현금과부족		200,000

[2] 12월 31일

구분	코드	계정과목	코드	거래처명	차변	대변
3.차변	116	미수수익			120,000	
4.대변	901	이자수익				120,000
분개	(차) 미수수익		120,000	(대) 이자수익		120,000

[3] 12월 31일

구분	코드	계정과목	코드	거래처명	차변	대변
3.차변	133	선급비용			120,000	
4.대변	819	임차료				120,000
분개	(차) 선급비용		120,000	(대) 임차료(판)		120,000

[4] 12월 31일

구분	코드	계정과목	코드	거래처명	차변	대변
3.차변	957	단기매매증권 평가손실			100,000	
4.대변	107	단기매매증권				100,000
분개	(차) 단기매매증권 평가손실		100,000	(대) 단기매매증권		100,000

* [합계잔액시산표] 메뉴에서 결산일 현재 단기매매증권의 차변 잔액 1,500,000원을 확인한다.

2단계 자동결산 항목 [회계관리] – [재무회계] – [결산/재무제표] – [결산자료입력]

[5] [결산자료입력] 메뉴의 [2. 매출원가] – [⑩기말상품재고액]란에 '550,000'을 입력하거나 [일반전표입력] 메뉴 12월 31일자에 다음의 기말수정분개를 입력한다.

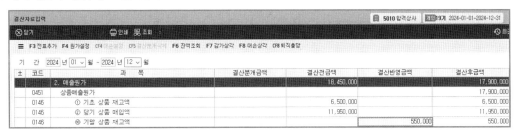

구분	코드	계정과목	코드	거래처명	차변	대변
5.결차	451	상품매출원가			17,900,000*	
6.결대	146	상품				17,900,000
분개	(결차) 상품매출원가		17,900,000	(결대) 상품		17,900,000

* [합계잔액시산표] 상품 계정 18,450,000원 – 기말상품재고액 550,000원 = 17,900,000원

[6] [결산자료입력] 메뉴의 상단 툴바의 'F8 대손상각'을 클릭한 후 '대손상각' 창에서 대손율 1.5%를 입력하고 매출채권의 추가설정액을 반영하거나 [일반전표입력] 메뉴 12월 31일자에 다음의 기말수정분개를 입력한다.

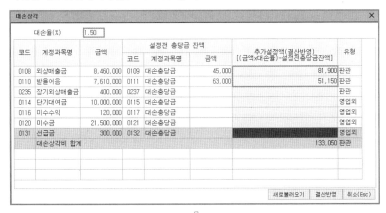

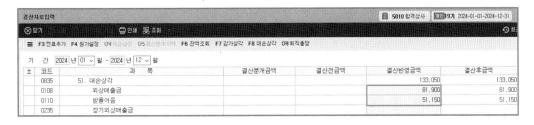

구분	코드	계정과목	코드	거래처명	차변	대변
3.차변	835	대손상각비			133,050	
4.대변	109	대손충당금				81,900*1
4.대변	111	대손충당금				51,150*2
분개	(차) 대손상각비(판)		133,050	(대) 대손충당금(109)		81,900
				대손충당금(111)		51,150

*1 외상매출금 추가설정액: (8,460,000원 × 1.5%) − 45,000원 = 81,900원

*2 받을어음 추가설정액: (7,610,000원 × 1.5%) − 63,000원 = 51,150원

[7] [결산자료입력] 메뉴의 [4. 판매비와 일반관리비]−[4). 감가상각비]−[차량운반구]란에 '700,000', [비품]란에 '500,000'을 입력하거나 [일반전표입력] 메뉴 12월 31일자에 다음의 기말수정분개를 입력한다.

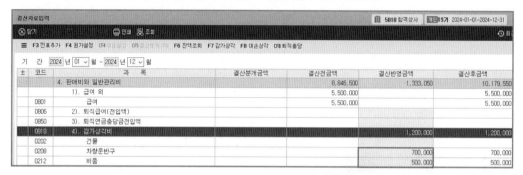

구분	코드	계정과목	코드	거래처명	차변	대변
3.차변	818	감가상각비			1,200,000	
4.대변	209	감가상각누계액				700,000
4.대변	213	감가상각누계액				500,000
분개	(차) 감가상각비(판)		1,200,000	(대) 감가상각누계액(209)		700,000
				감가상각누계액(213)		500,000

3단계 [일반전표입력] 메뉴에 기말수정분개 반영

자동결산 항목의 금액을 [결산자료입력] 메뉴의 해당 란에 입력한 경우 반드시 상단 툴바의 'F3 전표추가'를 클릭하여 [일반전표입력] 메뉴에 기말수정분개를 자동으로 생성시킨다.

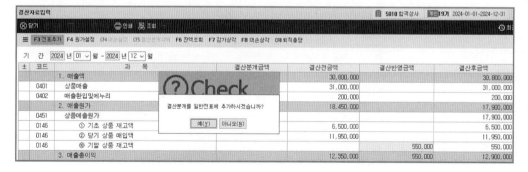

유형 9 장부조회

[1] [회계관리]−[재무회계]−[장부관리]−[총계정원장]−[월별] 탭

기간: 1월 1일~6월 30일, 계정과목: 401.상품매출 조회

답안 2월, 13,000,000원

[2] [회계관리]−[재무회계]−[장부관리]−[거래처원장]−[잔액] 탭

기간: 6월 1일~6월 30일, 계정과목: 253.미지급금 조회

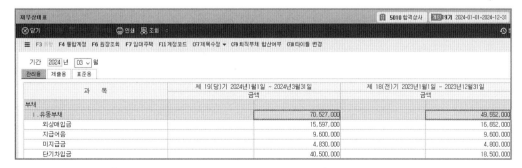

답안 104, 2,145,000원

[3] [회계관리]−[재무회계]−[결산/재무제표]−[재무상태표]−[관리용] 탭

기간: 3월 조회

과 목	제 19(당)기 2024년1월1일 ~ 2024년3월31일 금액	제 18(전)기 2023년1월1일 ~ 2023년12월31일 금액
부채		
Ⅰ.유동부채	70,527,000	49,552,000
외상매입금	15,597,000	16,652,000
지급어음	9,600,000	9,600,000
미지급금	4,830,000	4,800,000
단기차입금	40,500,000	18,500,000

답안 20,975,000원(∵ 당기 70,527,000원−전기 49,552,000원)

[4] [회계관리]-[재무회계]-[장부관리]-[일계표(월계표)]-[월계표] 탭

조회기간: 1월~6월 조회

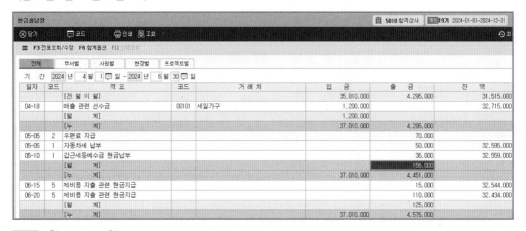

차 변			계정과목	대 변		
계	대체	현금		현금	대체	계
2,775,000	2,600,000	175,000	6.판 매 비 및 일 반 관 리 비			
2,000,000	2,000,000		급 여			
210,000	200,000	10,000	복 리 후 생 비			
190,000	190,000		여 비 교 통 비			
110,000	110,000		접 대 비			
70,000		70,000	통 신 비			
50,000		50,000	세 금 과 공 과			
15,000		15,000	운 반 비			
130,000	100,000	30,000	수 수 료 비 용			

답안 70,000원

[5] [회계관리]-[재무회계]-[장부관리]-[현금출납장]-[전체] 탭

기간: 4월 1일~6월 30일 조회

일자	코드	적 요	코드	거 래 처	입 금	출 금	잔 액
		[전 월 이 월]			35,810,000	4,295,000	31,515,000
04-18		매출 관련 선수금	00101	세일가구	1,200,000		32,715,000
		[월 계]			1,200,000		
		[누 계]			37,010,000	4,295,000	
05-05	2	우편료 지급				70,000	
05-05	1	자동차세 납부				50,000	32,595,000
05-10	1	갑근세등예수금 현금납부				36,000	32,559,000
		[월 계]				156,000	
		[누 계]			37,010,000	4,451,000	
06-15	5	제비용 지출 관련 현금지급				15,000	32,544,000
06-20	5	제비용 지출 관련 현금지급				110,000	32,434,000
		[월 계]				125,000	
		[누 계]			37,010,000	4,576,000	

답안 5월, 156,000원

01회 실무 모의고사 우리완구(회사코드: 5011)

p.105

문 1 기초정보관리

[회계관리]−[재무회계]−[기초정보관리]−[회사등록]

- 6.사업장주소: '서울특별시 영등포구 영등포로79길 4−13'을 추가 입력한다.
- 8.업태: '제조업'을 '도소매'로 수정한다.
- 9.종목: '가구'를 '완구'로 수정한다.

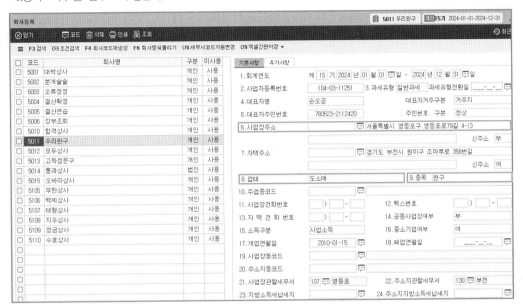

문 2 전기분 재무제표

[회계관리]−[재무회계]−[전기분 재무제표]−[전기분 재무상태표]

146.상품: 금액 '20,000,000'을 추가 입력한다.

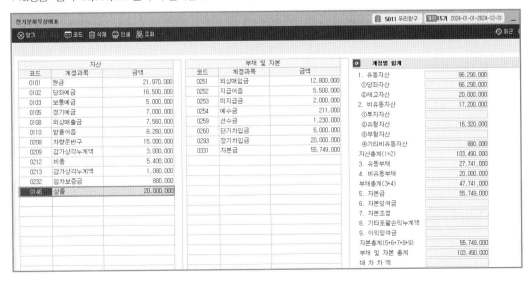

[회계관리]-[재무회계]-[전기분 재무제표]-[전기분 손익계산서]

• '451.상품매출원가'의 '매출원가' 창에 기말상품재고액 '20,000,000'이 반영되었는지 확인한다.

매출원가		
기 초 상 품 재 고 액		5,000,000
당 기 상 품 매 입 액 +		85,200,000
매 입 환 출 및 에 누 리 -		
매 입 할 인 -		
타 계 정 에 서 대 체 액 +		
타 계 정 으 로 대 체 액 -		
관 세 환 급 금 -		
상 품 평 가 손 실 +		
상 품 평 가 손 실 환 입 -		
기 말 상 품 재 고 액 -		20,000,000
매 출 원 가 =		70,200,000

확인(Tab)

• 833.광고선전비: 금액을 '1,500,000'에서 '150,000'으로 수정한다.

• 953.기부금: 금액 '150,000'을 추가 입력한다.

전기분손익계산서   5011 우리완구   개인15기 2024-01-01-2024-12-31

⊗닫기   코드 삭제 인쇄 조회   최근

☰ F11 주식수

전기 제 014 기 2023 년 01 월 01 일 ~ 2023 년 12 월 31 일

코드	계정과목	금액
0401	상품매출	121,000,000
0451	상품매출원가	70,200,000
0801	급여	12,300,000
0806	퇴직급여	1,500,000
0811	복리후생비	1,233,000
0812	여비교통비	832,000
0815	수도광열비	1,200,000
0817	세금과공과	350,000
0818	감가상각비	600,000
0821	보험료	600,000
0822	차량유지비	1,000,000
0824	운반비	50,000
0830	소모품비	400,000
0833	광고선전비	150,000
0901	이자수익	400,000
0904	임대료	800,000
0930	잡이익	100,000
0951	이자비용	200,000
0953	기부금	150,000

◉ 계 정 별 합 계

1. 매출	121,000,000
2. 매출원가	70,200,000
3. 매출총이익(1-2)	50,800,000
4. 판매비와관리비	20,215,000
5. 영업이익(3-4)	30,585,000
6. 영업외수익	1,300,000
7. 영업외비용	350,000
8. 소득세비용차감전순이익(5+6-7)	31,535,000
9. 소득세비용	
10. 당기순이익(8-9)	31,535,000
11. 주당이익(10/주식수)	

문 3 | 계정과목 및 적요등록

[1] [회계관리]-[재무회계]-[기초정보관리]-[계정과목 및 적요등록]

- [코드/계정과목]란에 커서를 위치시킨 후 '274'를 입력하여 해당 계정과목으로 이동한다.
- 화면 우측의 [계정코드(명)]란에서 '사용자설정 계정과목'을 '선수임대료'로 수정한 후 [성격]란에서 '2.일반'을 선택한다.
- [대체적요]란에 '1.기간미경과임대료계상'을 입력한다.

[2] [회계관리]-[재무회계]-[기초정보관리]-[계정과목 및 적요등록]

- 화면 좌측의 계정체계 중 '판매관리비: 0801-0900'을 클릭한 후 [코드/계정과목]란에서 '811.복리후생비'를 찾아 선택한다.
- 화면 우측의 [대체적요]란에 '3.임직원 생일선물대지급'을 추가 입력한다.

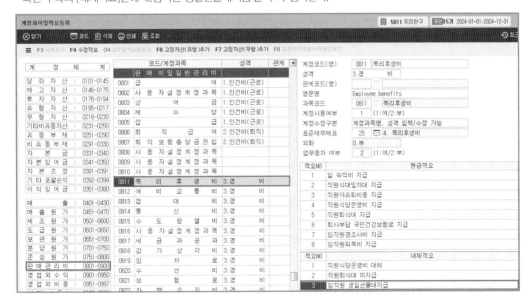

문4 일반전표입력

[회계관리]-[재무회계]-[전표입력]-[일반전표입력]

번호	월일	차변	금액(원)	대변	금액(원)
[1]	10월 15일	미지급금[AB카드]	650,000	보통예금	650,000
[2]	10월 22일	지급어음[(주)경인]	1,000,000	보통예금	1,000,000
		수수료비용(판)	3,000	현금	3,000
[3]	10월 25일	보통예금	10,000,000	임차보증금[대성건설]	10,000,000
[4]	11월 4일	여비교통비(판)	470,000	가지급금[안상용 대리]	400,000
				현금	70,000
[5]	11월 26일	단기매매증권	450,000	현금	500,000
		수수료비용(영업외비용)	50,000		
[6]	12월 2일	당좌예금	1,000,000	선수금[유성상사]	1,000,000
[7]	12월 6일	건물관리비(판)	300,000	보통예금	300,000
[8]	12월 13일	보통예금	1,850,000	받을어음[영우상사]	2,000,000
		매출채권 처분손실(영업외비용)	150,000		

문5 오류수정

[회계관리]-[재무회계]-[전표입력]-[일반전표입력]

번호	월일	구분	차변	금액(원)	대변	금액(원)
[1]	7월 26일	수정 전	상품	1,650,000	당좌예금	1,650,000
		수정 후	상품	1,650,000	현금	1,650,000
[2]	8월 29일	수정 전	보통예금	950,000	외상매출금[경희완구]	950,000
		수정 후	보통예금	950,000	외상매출금[경희완구]	1,000,000
			매출할인(403)	50,000		

문6 결산정리사항

(꿀팁) 결산문제는 3단계로 문제풀이를 진행한다. 1단계 수동결산 항목 - 2단계 자동결산 항목 - 3단계 기말수정분개 반영

1단계 수동결산 항목 [회계관리]-[재무회계]-[전표입력]-[일반전표입력]

[1]~[2] [일반전표입력] 메뉴 12월 31일자에 수동결산 항목에 대한 기말수정분개를 입력한다.

번호	월일	차변	금액(원)	대변	금액(원)
[1]	12월 31일	선급비용[대한보험]	40,000	보험료(판)	40,000
[2]	12월 31일	현금과부족	70,000	잡이익	70,000

2단계 자동결산 항목 [회계관리]−[재무회계]−[결산/재무제표]−[결산자료입력]

[3] [결산자료입력] 메뉴의 [2. 매출원가]−[⑩기말상품재고액]란에 '20,000,000'을 입력하거나 [일반전표입력] 메뉴에 다음의 기말수정분개를 입력한다.

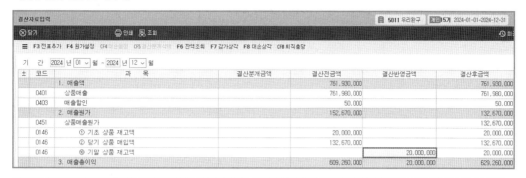

번호	월일	차변	금액(원)	대변	금액(원)
[3]	12월 31일	(결차) 상품매출원가	132,670,000*	(결대) 상품	132,670,000

* [합계잔액시산표] 상품 계정 152,670,000원 − 기말상품재고액 20,000,000원 = 132,670,000원

[4] [결산자료입력] 메뉴의 상단 툴바의 'F8 대손상각'을 클릭한 후 '대손상각' 창에서 매출채권의 추가설정액을 반영하거나 [일반전표입력] 메뉴에 다음의 기말수정분개를 입력한다.

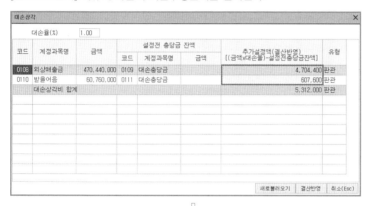

⇩

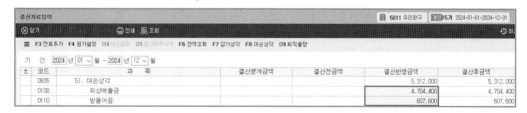

번호	월일	차변	금액(원)	대변	금액(원)
[4]	12월 31일	대손상각비(판)	5,312,000	대손충당금(109) 대손충당금(111)	4,704,400*¹ 607,600*²

*¹ 외상매출금 잔액 470,440,000원 × 1% − 기 설정충당금 0원 = 4,704,400원

*² 받을어음 잔액 60,760,000원 × 1% − 기 설정충당금 0원 = 607,600원

3단계 [일반전표입력] 메뉴에 기말수정분개 반영

자동결산 항목의 금액을 [결산자료입력] 메뉴의 해당 란에 입력한 경우 반드시 상단 툴바 'F3 전표추가'를 클릭하여 [일반전표입력] 메뉴에 기말수정분개를 자동으로 생성시킨다.

[1] [회계관리]−[재무회계]−[장부관리]−[일계표(월계표)]−[일계표] 탭

조회기간: 1월 1일～6월 30일 조회

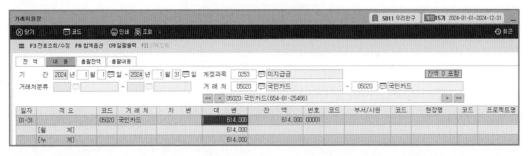

차 변			계정과목	대 변		
계	대체	현금		현금	대체	계
52,657,700	3,555,600	49,102,100	4.판 매 비밀일반관리비			
27,965,000		27,965,000	급 여			
5,060,010	1,080,600	3,979,410	복 리 후 생 비			
1,124,550		1,124,550	여 비 교 통 비			
6,278,000		6,278,000	접 대 비			
1,189,500	300,000	889,500	통 신 비			
1,191,950	435,000	756,950	수 도 광 열 비			
180,900		180,900	세 금 과 공 과			
600,000	240,000	360,000	임 차 료			
2,013,900		2,013,900	수 선 비			
359,460		359,460	보 험 료			
5,085,570	1,500,000	3,585,570	차 량 유 지 비			
160,000		160,000	운 반 비			
1,168,860		1,168,860	소 모 품 비			
280,000		280,000	수 수 료 비 용			

답안 49,102,100원, 801

꿀팁 계정과목을 더블클릭하면 계정과목 코드를 확인할 수 있다.

[2] [회계관리]−[재무회계]−[장부관리]−[거래처원장]−[내용] 탭

기간: 1월 1일～1월 31일, 계정과목: 253.미지급금, 거래처: 5020.국민카드 조회

일자	적 요	코드	거래처	차 변	대 변	잔 액	번호	코드	부서/사원	코드	현장명	코드	프로젝트명
01-31		05020	국민카드		614,000	614,000	00001						
	[월 계]				614,000								
	[누 계]				614,000								

답안 614,000원

[3] [회계관리]-[재무회계]-[결산/재무제표]-[합계잔액시산표]-[관리용] 탭

- 기간: 6월 30일 조회
- 판매가능한 상품 = 기초상품재고액 + 당기상품매입액 = 합계잔액시산표 메뉴의 상품 차변 확인

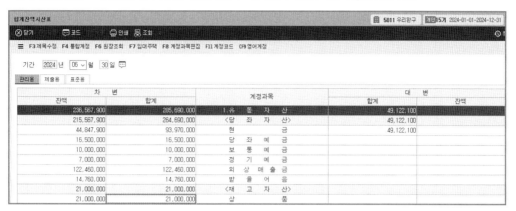

답안 21,000,000원

02회 실무 모의고사 모두상사(회사코드: 5012)

p.109

문 1 기초정보관리

[회계관리]-[재무회계]-[기초정보관리]-[회사등록]

• 4.대표자명: '다모아'를 '다팔아'로 수정한다.
• 6.사업장주소: '서울시 종로구 종로1가 404'를 '서울시 마포구 마포대로 127'로 수정한다.
• 21.사업장관할세무서: '101.종로'를 '105.마포'로 수정한다.

문 2 전기분 재무제표

[회계관리]-[재무회계]-[전기분 재무제표]-[전기분 재무상태표]

146.상품: 금액 '3,900,000'을 추가 입력한다.

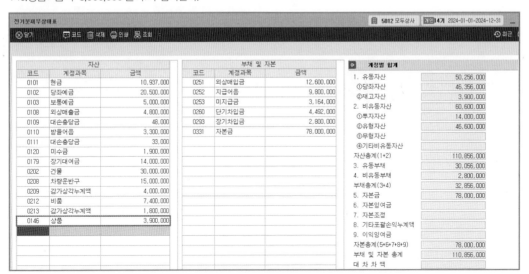

[회계관리]-[재무회계]-[전기분 재무제표]-[전기분 손익계산서]

- '451.상품매출원가'의 '매출원가' 창에서 기말상품재고액 '3,900,000'이 반영되었는지 확인한다.

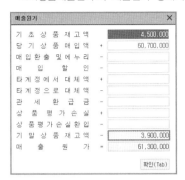

- 812.여비교통비: 금액 '1,300,000'을 '300,000'으로 수정한다.
- 821.보험료: 금액 '1,200,000'을 추가 입력한다.

문 3 거래처별 초기이월, 계정과목 및 적요등록

[1] [회계관리]-[재무회계]-[전기분 재무제표]-[거래처별 초기이월]

- 108.외상매출금
  - 110.동신상사: 금액 '1,500,000'을 '990,000'으로 수정한다.
  - 112.부흥신발: 금액 '900,000'을 '1,500,000'으로 수정한다.

- 260.단기차입금: '613.세운상사'를 삭제한 후 '631.대명무역', 금액 '1,200,000'을 추가 입력한다.

[2] [회계관리]-[재무회계]-[기초정보관리]-[계정과목 및 적요등록]

- [코드/계정과목]란에 커서를 위치시킨 후 '812'를 입력하여 해당 계정과목으로 이동한다.
- [대체적요]란에 '3.시외출장비 가지급정산'을 입력한다.

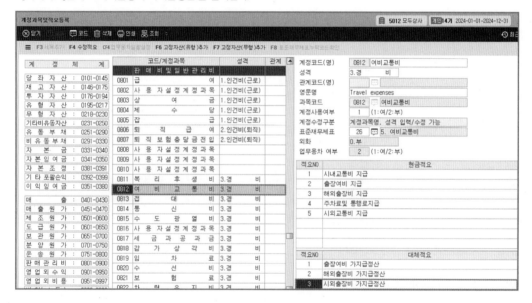

문 4 일반전표입력

[회계관리]-[재무회계]-[전표입력]-[일반전표입력]

번호	월일	차변	금액(원)	대변	금액(원)
[1]	1월 3일	보통예금	5,800,000	단기차입금[한진상사]	6,000,000
		이자비용	200,000		
[2]	1월 9일	기부금	3,000,000	현금	3,000,000
[3]	1월 15일	외상매입금[금장상회]	1,000,000	매입환출 및 에누리(147)	1,000,000
[4]	2월 3일	감가상각누계액(209)	2,300,000	차량운반구	5,000,000
		미수금[보배중고차상사]	2,000,000		
		유형자산 처분손실	700,000		
[5]	2월 21일	급여(판)	2,000,000	예수금	90,000
				현금	1,910,000
[6]	2월 25일	통신비(판)	33,000	보통예금	198,000
		수도광열비(판)	165,000		
[7]	3월 13일	받을어음[부흥신발]	500,000	상품매출	3,500,000
		외상매출금[부흥신발]	3,000,000	현금	15,000
		운반비(판)	15,000		
[8]	3월 22일	수선비(판)	1,000,000	현금	10,000,000
		건물	9,000,000		

문 5 오류수정

[회계관리]-[재무회계]-[전표입력]-[일반전표입력]

번호	월일	구분	차변	금액(원)	대변	금액(원)
[1]	4월 6일	수정 전	수도광열비(판)	85,000	현금	85,000
		수정 후	통신비(판)	35,000	현금	85,000
			세금과공과(판)	50,000		
[2]	4월 26일	수정 전	보통예금	975,000	받을어음[(주)상우스포츠]	1,000,000
			수수료비용(판)	25,000		
		수정 후	보통예금	975,000	받을어음[(주)상우스포츠]	1,000,000
			매출채권 처분손실	25,000		

문 6 결산정리사항

[회계관리]-[재무회계]-[전표입력]-[일반전표입력]

번호	월일	차변	금액(원)	대변	금액(원)
[1]	12월 31일	임차료(판)	600,000	미지급금*	600,000
[2]	12월 31일	미수수익	150,000	이자수익	150,000
[3]	12월 31일	장기차입금[큰빛은행]	5,000,000	유동성 장기부채[큰빛은행]	5,000,000
[4]	12월 31일	잡손실	85,000	현금	85,000

* 보고기간 종료일 현재 지급기한이 초과한 금액은 미지급금 계정으로 처리한다.

문 7 장부조회

[1] [회계관리]-[재무회계]-[장부관리]-[계정별원장]-[계정별] 탭

기간: 5월 1일~5월 31일, 계정과목: 252.지급어음 조회

답안 8,000,000원

[2] [회계관리]-[재무회계]-[장부관리]-[거래처원장]-[잔액] 탭

기간: 12월 1일~12월 31일, 계정과목: 108.외상매출금, 거래처: 634.은성상사 조회

답안 5,000,000원

[3] [회계관리]-[재무회계]-[장부관리]-[총계정원장]-[월별] 탭

기간: 7월 1일~12월 31일, 계정과목: 814.통신비 조회

답안 11월, 183,300원

03회 실무 모의고사 고득점문구(회사코드: 5013)

p.113

문 1 기초정보관리

[회계관리]-[재무회계]-[기초정보관리]-[회사등록]

• 2.사업자등록번호: '128-35-28292'를 '113-10-25719'로 수정한다.

• 9.종목: '주방용품'을 '문구'로 수정한다.

• 21.사업장관할세무서: '108.동작'을 '113.구로'로 수정한다.

문 2 전기분 재무제표

[회계관리]-[재무회계]-[전기분 재무제표]-[전기분 재무상태표]

• 111.대손충당금: 금액 '60,000'을 추가 입력한다.

• 213.감가상각누계액: 금액 '250,000'을 '2,500,000'으로 수정한다.

• 259.선수금: 금액 '17,000,000'을 '7,000,000'으로 수정한다.

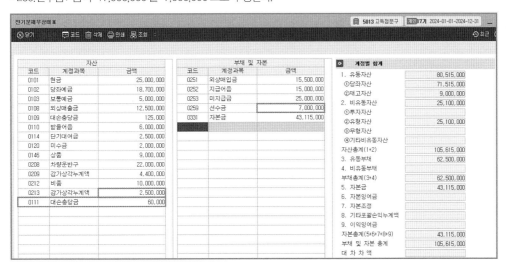

문 3 계정과목 및 적요등록, 거래처별 초기이월

[1] [회계관리]-[재무회계]-[기초정보관리]-[계정과목 및 적요등록]

- 화면 좌측의 계정체계 중 '판매관리비: 0801~0900'을 클릭한 후 [코드/계정과목]란에서 '824.운반비'를 찾아 선택한다.
- 화면 우측의 [현금적요]란에 '4.택배비 지급'을 추가 입력한다.

[2] [회계관리]-[재무회계]-[전기분 재무제표]-[거래처별 초기이월]

- 120.미수금: '6360.민정상사'와 금액 '2,000,000'을 추가 입력한다.

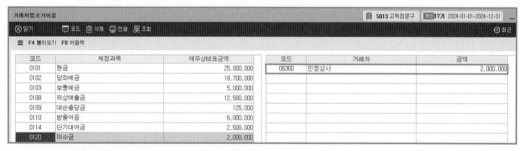

- 114.단기대여금: '6500.배용주'와 금액 '2,500,000'을 추가 입력한다.

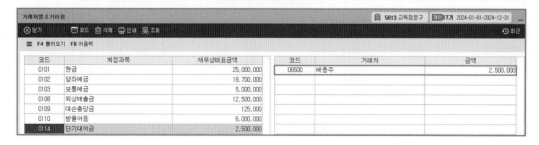

• 253.미지급금: '6100.선아상사'와 금액 '10,000,000'을 추가 입력한다.

문 4 일반전표입력

[회계관리] – [재무회계] – [전표입력] – [일반전표입력]

번호	월일	차변	금액(원)	대변	금액(원)
[1]	9월 4일	상품	1,500,000	선급금[동일상사]*	300,000
				외상매입금[동일상사]	1,200,000
[2]	9월 9일	보통예금	20,000,000	장기차입금[동양신용금고]	20,000,000
[3]	9월 12일	보통예금	5,250,000	단기대여금[성일문구]	5,000,000
				이자수익	250,000
[4]	9월 15일	매출환입 및 에누리(402)	160,000	외상매출금[원마트]	1,000,000
		보통예금	840,000		
[5]	10월 22일	보통예금	20,000,000	받을어음[양산기업]	20,500,000
		수수료비용(판)	500,000		
[6]	10월 26일	외상매입금[세명상사]	3,000,000	받을어음[동신상사]	2,000,000
				지급어음[세명상사]	1,000,000
[7]	11월 14일	받을어음[진아상사]	10,000,000	상품매출	10,000,000
		운반비(판)	50,000	현금	50,000
[8]	11월 29일	투자부동산	12,200,000	당좌예금	12,000,000
				현금	200,000

* [일반전표입력] 메뉴에서 8월 30일자를 조회하여 선급금 금액을 확인한다.

문 5 오류수정

[회계관리] – [재무회계] – [전표입력] – [일반전표입력]

번호	월일	구분	차변	금액(원)	대변	금액(원)
[1]	6월 26일	수정 전	임차료(판)	5,000,000	보통예금	5,000,000
		수정 후	임차보증금[(주)정상]	5,000,000	보통예금	5,000,000
[2]	8월 22일	수정 전	상품	2,500,000	외상매입금[주영상사]	2,500,000
		수정 후	상품	2,500,000	지급어음[주영상사]	1,000,000
					외상매입금[주영상사]	1,500,000

꿀팁 결산문제는 3단계로 문제풀이를 진행한다. 1단계 수동결산 항목 – 2단계 자동결산 항목 – 3단계 기말수정분개 반영

1단계 수동결산 항목 [회계관리]-[재무회계]-[전표입력]-[일반전표입력]

[1]~[3] [일반전표입력] 메뉴에서 12월 31일자로 수동결산 항목에 대한 기말수정분개를 입력한다.

번호	월일	차변	금액(원)	대변	금액(원)
[1]	12월 31일	소모품	150,000	소모품비(판)	150,000
[2]	12월 31일	선수수익	6,000,000*	임대료	6,000,000
[3]	12월 31일	가수금[(주)정상]	3,000,000	선수금[(주)정상]	3,000,000

 * 12,000,000원 × 6개월/12개월 = 6,000,000원

2단계 자동결산 항목 [회계관리]-[재무회계]-[결산/재무제표]-[결산자료입력]

[4] [결산자료입력] 메뉴의 [4. 판매비와 일반관리비]-[6). 무형자산상각비]-[개발비]란에 '500,000', [소프트웨어]란에 '700,000'을 입력하거나 [일반전표입력] 메뉴에 다음의 기말수정분개를 입력한다.

번호	월일	차변	금액(원)	대변	금액(원)
[4]	12월 31일	무형자산상각비	1,200,000	개발비	500,000
				소프트웨어	700,000

3단계 [일반전표입력] 메뉴에 기말수정분개 반영

자동결산 항목의 금액을 [결산자료입력] 메뉴의 해당 란에 입력한 경우 반드시 상단 툴바 'F3 전표추가'를 클릭하여 [일반전표입력] 메뉴에 기말수정분개를 자동으로 생성시킨다.

문 7 장부조회

[1] [회계관리]-[재무회계]-[장부관리]-[계정별원장]-[계정별] 탭

기간: 10월 1일~10월 31일, 계정과목: 901.이자수익 조회

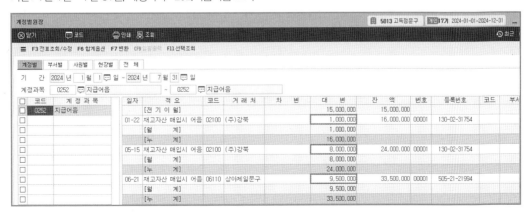

답안 150,000원

[2] [회계관리]-[재무회계]-[장부관리]-[현금출납장]-[전체] 탭

기간: 5월 1일~5월 31일 조회

답안 12,288,400원

[3] [회계관리]-[재무회계]-[장부관리]-[계정별원장]-[계정별] 탭

기간: 1월 1일~7월 31일, 계정과목: 252.지급어음 조회

답안 18,500,000원(∵ 1/22 1,000,000원 + 5/15 8,000,000원 + 6/21 9,500,000원)

04회 실무 모의고사 통과상사(회사코드: 5014)

p.117

문 1 기초정보관리

[회계관리]−[재무회계]−[기초정보관리]−[회사등록]

- 구분/3.과세유형: 구분은 '1.법인'을 '2.개인'으로 수정하고, '3.과세유형'에 '1.일반과세'를 입력한다.
- 2.사업자등록번호: '215−01−25807'을 '214−01−25801'로 수정한다.
- 21.사업장관할세무서: '110.서대문'을 '214.서초'로 수정한다.

문 2 전기분 재무제표

[회계관리]-[재무회계]-[전기분 재무제표]-[전기분 재무상태표]

- 109.대손충당금: 금액 '85,000'을 추가 입력한다.
- 114.단기대여금: 금액 '1,000,000'을 '4,000,000'으로 수정한다.
- 260.단기차입금: 금액 '1,500,000'을 '15,000,000'으로 수정한다.

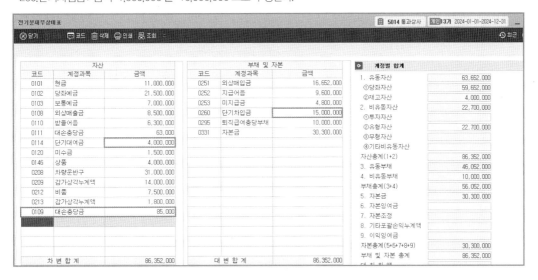

문 3 계정과목 및 적요등록, 거래처등록

[1] [회계관리]-[재무회계]-[기초정보관리]-[계정과목 및 적요등록]

- 화면 좌측의 계정체계 중 '판매관리비: 0801~0900'을 클릭한 후 [코드/계정과목]란에서 '806.퇴직급여'를 찾아 선택한다.
- 화면 우측의 [현금적요]란에 '1.직원중간정산 시 퇴직금지급'을 추가 입력한다.

[2] [회계관리]−[재무회계]−[기초정보관리]−[거래처등록]−[일반거래처] 탭

'코드: 777/거래처명: 독산상사/유형: 3.동시/사업자등록번호: 129−10−25771/대표자성명: 이미란/업태: 소매/종목: 컴퓨터/주소: 서울특별시 금천구 시흥대로152길 11−43'을 입력한다.

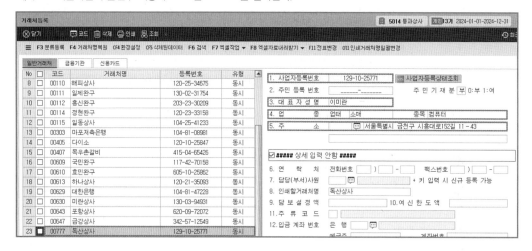

문4 일반전표입력

[회계관리]−[재무회계]−[전표입력]−[일반전표입력]

번호	월일	차변	금액(원)	대변	금액(원)
[1]	7월 3일	선수금[하나상사]*	300,000	상품매출	3,000,000
		현금	1,000,000		
		외상매출금[하나상사]	1,700,000		
[2]	7월 13일	외상매입금[해피상사]	5,000,000	상품매출	7,000,000
		받을어음[해피상사]	2,000,000		
[3]	7월 16일	건물	17,900,000	현금	17,900,000
[4]	8월 6일	보통예금	1,100,000	단기매매증권	1,000,000
				단기매매증권 처분이익	100,000
[5]	8월 22일	보통예금	11,700,000	단기차입금[대한은행]	12,000,000
		이자비용	300,000		
[6]	10월 1일	외상매입금[미란상사]	1,000,000	받을어음[포항상사]	700,000
				현금	300,000
[7]	10월 5일	단기차입금[금강상사]	1,000,000	보통예금	1,080,000
		이자비용	80,000		
[8]	10월 10일	예수금	190,000	현금	190,000

* [일반전표입력] 메뉴에서 6월 28일자를 조회하여 선수금 금액을 확인한다.

문 5 오류수정

[회계관리]-[재무회계]-[전표입력]-[일반전표입력]

번호	월일	구분	차변	금액(원)	대변	금액(원)
[1]	5월 11일	수정 전	상품	320,000	보통예금	320,000
		수정 후	외상매입금[미란상사]	320,000	보통예금	320,000
[2]	7월 8일	수정 전	외상매입금[미래상사]	130,500	보통예금	130,500
		수정 후	외상매입금[미래상사]	130,000	보통예금	130,500
			수수료비용(판)	500		

문 6 결산정리사항

(꿀팁) 결산문제는 3단계로 문제풀이를 진행한다. [1단계] 수동결산 항목 – [2단계] 자동결산 항목 – [3단계] 기말수정분개 반영

[1단계] 수동결산 항목 [회계관리]-[재무회계]-[전표입력]-[일반전표입력]

[1]～[3] [일반전표입력] 메뉴에서 12월 31일자로 수동결산 항목에 대한 기말수정분개를 입력한다.

번호	월일	차변	금액(원)	대변	금액(원)
[1]	12월 31일	잡손실	12,670	현금	12,670
[2]	12월 31일	소모품	1,000,000	소모품비(판)	1,000,000
[3]	12월 31일	미수수익	3,750,000*	이자수익	3,750,000

* 50,000,000원 × 10% × 9개월/12개월 = 3,750,000원

[2단계] 자동결산 항목 [회계관리]-[재무회계]-[결산/재무제표]-[결산자료입력]

[4] [결산자료입력] 메뉴의 상단 툴바의 'F8 대손상각'을 클릭한 후 '대손상각' 창에서 받을어음, 단기대여금의 추가설정액을 반영하거나 [일반전표입력] 메뉴에 다음의 기말수정분개를 입력한다.

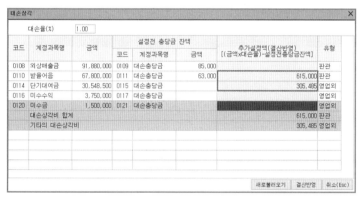

결산자료입력　5014 통과상사　13기 2024-01-01~2024-12-31

기 간 2024 년 01 월 ~ 2024 년 12 월

±	코드	과 목	결산분개금액	결산전금액	결산반영금액	결산후금액
	0906	단기매매증권처분이익		100,000		100,000
		7. 영업외 비용		1,392,670	305,485	1,698,155
		1). 이자비용		1,380,000		1,380,000
	0951	이자비용		1,380,000		1,380,000
	0954	2). 기타의대손상각			305,485	305,485
	0114	단기대여금			305,485	305,485
	0116	미수수익				
	0120	미수금				
	0972	3). 준비금 전입				
	0977	4). 조특법상 특별상각				
		5). 기타영업외비용		12,670		12,670
	0980	잡손실		12,670		12,670

번호	월일	차변	금액(원)	대변	금액(원)
[4]	12월 31일	대손상각비(판)	615,000	대손충당금(111)	615,000[*1]
		기타의 대손상각비	305,485	대손충당금(115)	305,485[*2]

[*1] 받을어음 잔액 67,800,000원 × 1% − 기 설정충당금 63,000원 = 615,000원
[*2] 단기대여금 잔액 30,548,500원 × 1% − 기 설정충당금 0원 = 305,485원

3단계 [일반전표입력] 메뉴에 기말수정분개 반영

자동결산 항목의 금액을 [결산자료입력] 메뉴의 해당 란에 입력한 경우 반드시 상단 툴바 'F3 전표추가'를 클릭한 후 [일반전표입력] 메뉴에 기말수정분개를 자동으로 생성시킨다.

문 7 장부조회

[1] [회계관리] − [재무회계] − [장부관리] − [총계정원장] − [월별] 탭

기간: 1월 1일~3월 31일, 계정과목: 101.현금 조회

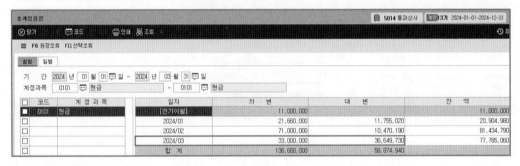

총계정원장　5014 통과상사　13기 2024-01-01~2024-12-31

F6 원장조회 F11 선택조회

월별 / 일별

기 간 2024 년 01 월 01 일 ~ 2024 년 03 월 31 일
계정과목 0101 현금 ~ 0101 현금

코드	계 정 과 목	일자	차 변	대 변	잔 액
0101	현금	[전기이월]	11,000,000		11,000,000
		2024/01	21,660,000	11,755,020	20,904,980
		2024/02	71,000,000	10,470,190	81,434,790
		2024/03	33,000,000	36,649,730	77,785,060
		합 계	136,660,000	58,874,940	

답안 3월, 36,649,730원

[2] [회계관리]-[재무회계]-[장부관리]-[거래처원장]-[잔액] 탭

기간: 1월 1일~6월 30일, 계정과목: 108.외상매출금 조회

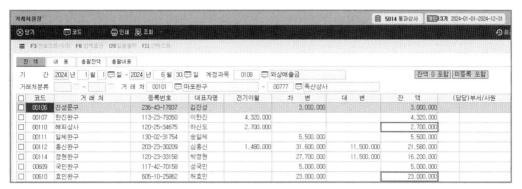

답안 20,300,000원(∵ 610.효민완구 23,000,000원 - 110.해피상사 2,700,000원)

[3] [회계관리]-[재무회계]-[결산/재무제표]-[재무상태표]-[관리용] 탭

기간: 6월 조회

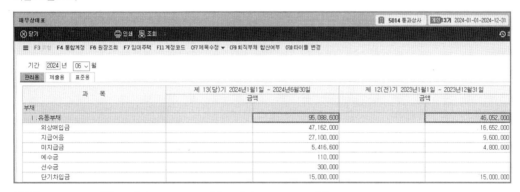

답안 49,036,600원(∵ 당기 95,088,600원 - 전기 46,052,000원)

05회 실무 모의고사 오바마상사(회사코드: 5015)

p.121

문 1 기초정보관리

[회계관리]−[재무회계]−[기초정보관리]−[회사등록]

- 회사명: '오바마상사'를 '오케이상사'로 수정한다.
- 8.업태: '제조'를 '도소매'로 수정한다.
- 21.사업장관할세무서: '142.용인'을 '124.수원'으로 수정한다.

문 2 전기분 재무제표

[회계관리]−[재무회계]−[전기분 재무제표]−[전기분 재무상태표]

146.상품: 금액 '12,700,000'을 추가 입력한다.

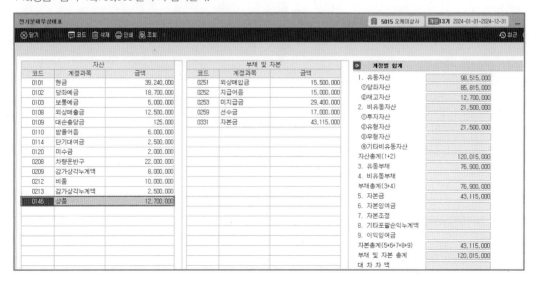

[회계관리]-[재무회계]-[전기분 재무제표]-[전기분 손익계산서]

• '451.상품매출원가'의 '매출원가' 창에서 기말상품재고액 '12,700,000'이 반영되었는지 확인한다.

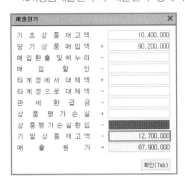

매출원가	
기 초 상 품 재 고 액	10,400,000
당 기 상 품 매 입 액 +	90,200,000
매 입 환 출 및 에 누 리 -	
매 입 할 인 -	
타 계 정 에 서 대 체 액 +	
타 계 정 으 로 대 체 액 -	
관 세 환 급 금 -	
상 품 평 가 손 실 +	
상 품 평 가 손 실 환 입 -	
기 말 상 품 재 고 액 -	12,700,000
매 출 원 가 =	87,900,000

확인(Tab)

• 801.급여: 금액 '2,800,000'을 '6,000,000'으로 수정한다.
• 811.복리후생비: 금액 '6,000,000'을 '2,800,000'으로 수정한다.
• 833.광고선전비: 금액 '1,000,000'을 추가 입력한다.

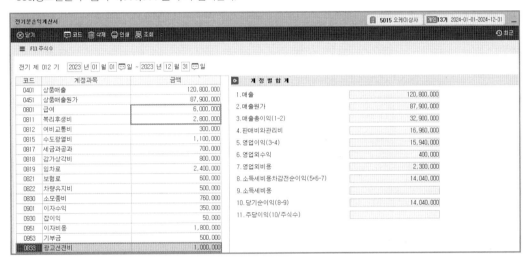

전기분손익계산서　　　　　　　　　🏢 5015 오케이상사　법인 13기 2024-01-01-2024-12-31

⊗닫기　　🖵코드 🗑삭제 🖨인쇄 🖵조회　　　　　　　　　⏱최근

☰ F11 주식수

전기 제 012 기 2023 년 01 월 01 일 - 2023 년 12 월 31 일

코드	계정과목	금액
0401	상품매출	120,800,000
0451	상품매출원가	87,900,000
0801	급여	6,000,000
0811	복리후생비	2,800,000
0812	여비교통비	300,000
0815	수도광열비	1,100,000
0817	세금과공과	700,000
0818	감가상각비	800,000
0819	임차료	2,400,000
0821	보험료	600,000
0822	차량유지비	500,000
0830	소모품비	760,000
0901	이자수익	350,000
0930	잡이익	50,000
0951	이자비용	1,800,000
0953	기부금	500,000
0833	광고선전비	1,000,000

계 정 별 합 계	
1.매출	120,800,000
2.매출원가	87,900,000
3.매출총이익(1-2)	32,900,000
4.판매비와관리비	16,960,000
5.영업이익(3-4)	15,940,000
6.영업외수익	400,000
7.영업외비용	2,300,000
8.소득세비용차감전순이익(5+6-7)	14,040,000
9.소득세비용	
10.당기순이익(8-9)	14,040,000
11.주당이익(10/주식수)	

[1] [회계관리]-[재무회계]-[기초정보관리]-[거래처등록]-[일반거래처] 탭

'코드: 550/거래처명: 홍은상사/유형: 3.동시/사업자등록번호: 110-22-15684/대표자성명: 정은성/업태: 소매/종목: 완구/
주소: 서울특별시 서대문구 통일로 509'를 추가 입력한다.

[2] [회계관리]-[재무회계]-[기초정보관리]-[계정과목 및 적요등록]

- 화면 좌측의 계정체계 중 '판매관리비: 0801-0900'을 클릭한 후 [코드/계정과목]란에서 '814.통신비'를 찾아 선택한다.
- 화면 우측의 [현금적요]란에 '5.인터넷 전화요금 지급'을 추가 입력한다.

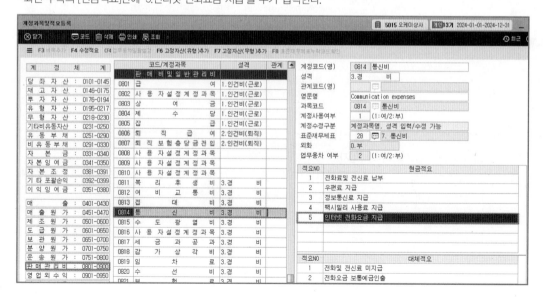

문 4 일반전표입력

[회계관리]-[재무회계]-[전표입력]-[일반전표입력]

번호	월일	차변	금액(원)	대변	금액(원)
[1]	7월 14일	기타의 대손상각비*	1,000,000	단기대여금[평창완구]	1,000,000
[2]	8월 6일	특정 현금과 예금[기업은행] 수수료비용(판)	1,500,000 100,000	현금	1,600,000
[3]	8월 10일	기계장치	1,200,000	현금 미지급금[오리공업]	500,000 700,000
[4]	10월 12일	상품	1,500,000	선급금[우리상사] 현금 외상매입금[우리상사]	150,000 500,000 850,000
[5]	10월 15일	현금 미수금[부흥중고차매매센터] 감가상각누계액(209)	2,000,000 5,000,000 6,500,000	차량운반구 유형자산 처분이익	13,000,000 500,000
[6]	10월 21일	접대비(판)	100,000	보통예금	100,000
[7]	11월 14일	보통예금	100,000	대손충당금(109)	100,000
[8]	11월 23일	세금과공과(판) 인출금	60,000 80,000	현금	140,000

* [합계잔액시산표] 메뉴에서 7월 14일로 조회할 경우 단기대여금에 대한 대손충당금 조회 금액이 없으므로 '기타의 대손상각비'로 처리한다.

문 5 오류수정

[회계관리]-[재무회계]-[전표입력]-[일반전표입력]

번호	월일	구분	차변	금액(원)	대변	금액(원)
[1]	8월 9일	수정 전	외상매출금[크로바완구]	1,200,000	상품매출	1,200,000
		수정 후	기부금	1,200,000	상품(적요 8. 타계정으로 대체액)	1,200,000
[2]	8월 14일	수정 전	보통예금	400,000	가수금[바다문구]	400,000
		수정 후	보통예금	400,000	외상매출금[바다문구]	400,000

문 6 결산정리사항

꿀팁 > 결산문제는 3단계로 문제풀이를 진행한다. 1단계 수동결산 항목 – 2단계 자동결산 항목 – 3단계 기말수정분개 반영

1단계 수동결산 항목 [회계관리]-[재무회계]-[전표입력]-[일반전표입력]

[1]~[3] [일반전표입력] 메뉴에서 12월 31일자로 수동결산 항목에 대한 기말수정분개를 입력한다.

번호	월일	차변	금액(원)	대변	금액(원)
[1]	12월 31일	여비교통비(판)	44,000	가지급금	44,000
[2]	12월 31일	단기매매증권	7,000,000	단기매매증권 평가이익	7,000,000
[3]	12월 31일	선급비용	1,500,000*	보험료(판)	1,500,000

* 6,000,000원 × 3개월/12개월 = 1,500,000원

2단계 자동결산 항목 [회계관리]-[재무회계]-[결산/재무제표]-[결산자료입력]

[4] [결산자료입력] 메뉴의 [4. 판매비와 일반관리비] 중 [(4). 감가상각비]의 [차량운반구]란에 '800,000', [비품]란에 '1,200,000'을 입력하거나 [일반전표입력] 메뉴에 다음의 기말수정분개를 입력한다.

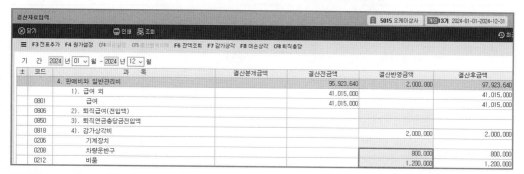

번호	월일	차변	금액(원)	대변	금액(원)
[4]	12월 31일	감가상각비	2,000,000	감가상각누계액(209)	800,000
				감가상각누계액(213)	1,200,000

3단계 [일반전표입력] 메뉴에 기말수정분개 반영

자동결산 항목의 금액을 [결산자료입력] 메뉴의 해당 란에 입력한 경우 반드시 상단 툴바 'F3 전표추가'를 클릭하여 [일반전표입력] 메뉴에 기말수정분개를 자동으로 생성시킨다.

문 **7** 장부조회

[1] [회계관리]-[재무회계]-[장부관리]-[총계정원장]-[월별] 탭

기간: 1월 1일~6월 30일, 계정과목: 801.급여 조회

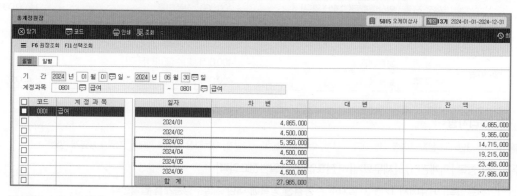

답안 1,100,000원(∵ 3월 5,350,000원 - 5월 4,250,000원)

[2] [회계관리]-[재무회계]-[장부관리]-[계정별원장]-[계정별] 탭

기간: 5월 1일~5월 31일, 계정과목: 108.외상매출금 조회

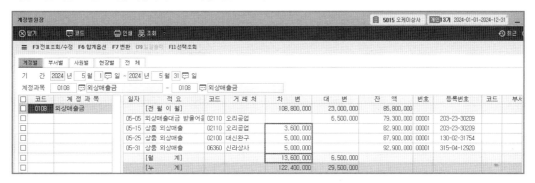

답안 3건, 13,600,000원

[3] [회계관리]-[재무회계]-[장부관리]-[일계표(월계표)]-[월계표] 탭

조회기간: 1월~5월 조회

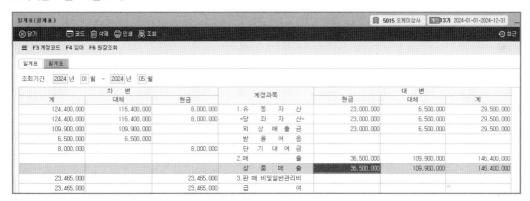

답안 36,500,000원

110회 기출문제 수호상사(회사코드: 5110)

p.128

이론시험

01 ③
상중하

③ (차) 이자비용(비용의 발생)	80,000	(대) 현금(자산의 감소)	80,000
① (차) 현금(자산의 증가)	500,000	(대) 임대료(수익의 발생)	500,000
② (차) 상품(자산의 증가)	400,000	(대) 외상매입금(부채의 발생)	400,000
④ (차) 토지(자산의 증가)	80,000,000	(대) 보통예금(자산의 감소)	80,000,000

02 ②
상중하
선급비용은 유동자산에 해당한다.

03 ①
상중하
단기매매증권 취득 시 발생한 수수료는 별도의 비용으로 처리하고, 차량운반구 취득 시 발생한 취득세는 차량운반구의 원가에 포함한다.

04 ②
상중하
기초잔액이 대변에 기록되는 항목은 부채 또는 자본 항목이다. 외상매입금은 부채 항목에 해당한다.
• 자산: 받을어음, 미수금
• 비용: 광고선전비

05 ①
상중하
재산세는 유형자산의 보유기간 중 발생하는 지출로써 취득원가를 구성하지 않고 지출 즉시 비용으로 처리한다.

06 ④
상중하
당좌차월은 단기차입금으로 유동부채에 해당한다. 당좌차월, 단기차입금 및 유동성 장기차입금 등은 보고기간 종료일로부터 1년 이내에 결제되어야 하므로 영업주기와 관계없이 유동부채로 분류한다. 또한 비유동부채 중 보고기간 종료일로부터 1년 이내에 자원의 유출이 예상되는 부분은 유동부채로 분류한다.

07 ①
상중하
인출금 계정은 개인기업의 사업주가 개인적 용도로 지출한 금액을 처리하는 임시 계정으로 결산일에 자본금 계정으로 대체하여 마감한다.

08 ②

선급비용은 자산에 해당하므로 재무상태표상 계정과목에 해당한다.

09 ②

미지급비용은 당기의 수익에 대응되는 비용으로 아직 지급되지 않은 비용을 말한다.

10 ③

- (차) 선급비용(자산의 증가)　　　　　30,000　　　　　(대) 보험료(비용의 감소)　　　　　30,000
- 수정 후 당기순이익: 수정 전 당기순이익 300,000원 + 차기분 보험료 30,000원 = 330,000원

11 ③

영업외비용: 10년 만기 은행 차입금의 이자 3,000원 + '사랑의 열매' 기부금 1,000원 = 4,000원

12 ④

기타의 대손상각비는 영업외비용에 해당한다.

13 ③

전기란 분개장의 거래 기록을 해당 계정의 원장에 옮겨 적는 것을 말한다.

14 ①

- 재무상태표: 일정 시점 현재 기업의 재무상태(자산, 부채, 자본)를 나타내는 보고서
- 손익계산서: 일정 기간 동안의 기업의 경영성과(수익, 비용)를 나타내는 보고서

15 ④

연수합계법은 유형자산의 감가상각방법의 종류이다. 재고자산의 원가결정방법으로는 개별법, 선입선출법, 후입선출법, 이동평균법, 총평균법이 있다.

🖉 실무시험

문 1 기초정보관리

[회계관리]-[재무회계]-[기초정보관리]-[회사등록]

• 9.종목: '문구및잡화'를 '전자제품'으로 수정한다.
• 17.개업연월일: '2010-01-05'를 '2010-09-14'로 수정한다.
• 21.사업장관할세무서: '145.관악'을 '305.대전'으로 수정한다.

문 2 전기분 재무제표

[회계관리]-[재무회계]-[전기분 재무제표]-[전기분 손익계산서]

• 801.급여: 금액 '20,000,000'을 '24,000,000'으로 수정한다.
• 811.복리후생비: 금액 '1,500,000'을 '1,100,000'으로 수정한다.
• 930.잡이익: 계정과목 '930.잡이익'을 '904.임대료'로 수정한다.

문 3 거래처등록, 거래처별 초기이월

[1] [회계관리] – [재무회계] – [기초정보관리] – [거래처등록] – [금융기관] 탭

'코드: 98006/거래처명: 한경은행/유형: 1.보통예금/계좌번호: 1203 – 4562 – 49735/사업용 계좌: 1.여'를 입력한다.

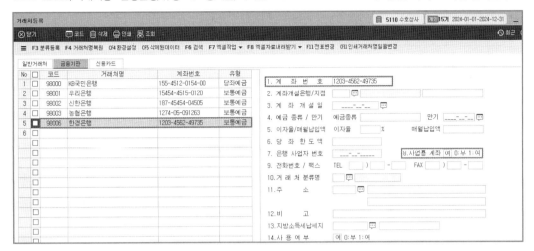

[2] [회계관리] – [재무회계] – [전기분 재무제표] – [거래처별 초기이월]

- 108.외상매출금
  - 112.믿음전자: 금액 '15,000,000'을 '20,000,000'으로 수정한다.
  - 101.리트상사: 키보드의 F2를 이용하여 거래처를 '207.(주)형제'로 수정한다.

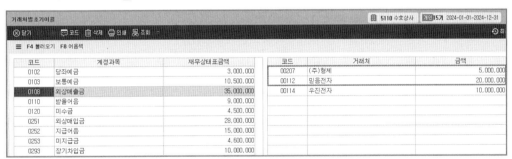

- 251.외상매입금: 거래처 '209.중소상사'의 금액 '1,000,000'을 '12,000,000'으로 수정한다.

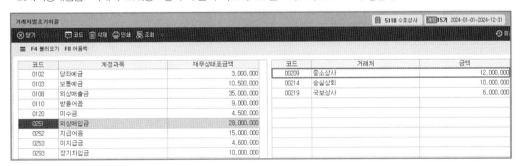

문 4 일반전표입력

[회계관리]-[재무회계]-[전표입력]-[일반전표입력]

번호	월일	차변		금액(원)	대변	금액(원)
[1]	7월 16일	보통예금		600,000	선수금[우와상사]	600,000
[2]	8월 4일	비품		15,000,000	미지급금[BC카드]	15,000,000
[3]	8월 25일	세금과공과(판)		120,000	현금	120,000
[4]	9월 6일	당좌예금		1,764,000	외상매출금[수분상사]	1,800,000
		매출할인(403)		36,000		
[5]	9월 20일	복리후생비(판)		200,000	현금	200,000
[6]	10월 5일	광고선전비(판)		500,000	미지급금[삼성카드] 또는 미지급비용[삼성카드]	500,000
[7]	10월 13일	기부금		500,000	현금	500,000
[8]	11월 1일	예수금		190,000	보통예금	380,000
		복리후생비(판)		190,000		

문 5 오류수정

[회계관리]-[재무회계]-[전표입력]-[일반전표입력]

번호	월일	구분	차변	금액(원)	대변	금액(원)
[1]	8월 16일	수정 전	운반비	50,000	현금	50,000
		수정 후	상품	50,000	현금	50,000
[2]	9월 30일	수정 전	장기차입금[농협은행]	11,000,000	보통예금	11,000,000
		수정 후	장기차입금[농협은행]	10,000,000	보통예금	11,000,000
			이자비용	1,000,000		

꿀팁 [1] 상품 매입 시 발생한 당사 부담의 운반비는 상품 계정으로 처리한다.

문 6 결산정리사항

꿀팁 결산문제는 문제 풀이를 다음 3단계로 진행한다. 1단계 수동결산 항목 − 2단계 자동결산 항목 − 3단계 기말수정분개 반영

1단계 수동결산 항목 [회계관리]-[재무회계]-[전표입력]-[일반전표입력]

[1]~[3] [일반전표입력] 메뉴에서 12월 31일자로 수동결산 항목에 대한 기말수정분개를 입력한다.

번호	월일	차변	금액(원)	대변	금액(원)
[1]	12월 31일	소모품비(판)	70,000	소모품	70,000
[2]	12월 31일	가수금	200,000	외상매출금[강원상사]	200,000
[3]	12월 31일	현금과부족	100,000	잡이익	100,000

꿀팁 [3] 결산일의 현금과부족 잔액은 [합계잔액시산표] 메뉴에서 확인할 수 있으며, 현금과부족 계정의 차변 잔액이 (−)인 경우는 현금시재가 장부상 현금보다 많은 현금과다를 의미한다. 또한 [계정별원장] 메뉴에서 현금과부족을 조회하여 10월 14일 '(차) 현금 100,000 (대) 현금과부족 100,000'의 회계처리를 확인할 수 있다.

2단계 자동결산 항목 [회계관리]−[재무회계]−[결산/재무제표]−[결산자료입력]

[4] [결산자료입력] 메뉴의 [4. 판매비와 일반관리비] 중 [4). 감가상각비]의 [차량운반구]란에 '600,000', [비품]란에 '500,000'
을 입력하거나 [일반전표입력] 메뉴에 다음의 기말수정분개를 입력한다.

번호	월일	차변	금액(원)	대변	금액(원)
[4]	12월 31일	감가상각비(판)	1,100,000	감가상각누계액(209)	600,000
				감가상각누계액(213)	500,000

3단계 일반전표입력 메뉴에 기말수정분개 반영

[4] 자동결산 항목을 [결산자료입력] 메뉴의 해당 란에 금액을 입력한 경우 반드시 상단 툴바 'F3 전표추가'를 클릭하여 [일반전표입
력] 메뉴에 기말수정분개를 자동으로 생성시킨다.

문 7 장부조회

[1] [회계관리]−[재무회계]−[장부관리]−[거래처원장]−[잔액] 탭

기간: 1월 1일~6월 30일, 계정과목: 108.외상매출금 조회

답안 드림상사, 4,200,000원

[2] [회계관리]−[재무회계]−[장부관리]−[총계정원장]−[월별] 탭

기간: 1월 1일~6월 30일, 계정과목: 811.복리후생비 조회

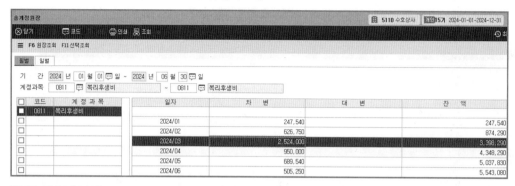

답안 2,524,000원

[3] [회계관리]−[재무회계]−[결산/재무제표]−[재무상태표]−[관리용] 탭

기간: 6월 조회

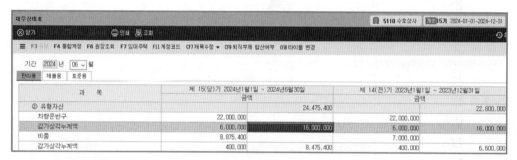

답안 16,000,000원

109회 기출문제 정금상사(회사코드: 5109)

p.137

✏ 이론시험

01 ④
상중하
혼합거래는 하나의 거래에서 교환거래와 손익거래가 동시에 발생하는 거래이다. ④는 교환거래에 해당하고 회계처리는 아래와 같다.

(차) 단기차입금(부채의 감소)	1,000,000		(대) 보통예금(자산의 감소)	3,000,000
장기차입금(부채의 감소)	2,000,000			
① (차) 현금(자산의 증가)	100,000		(대) 선수금(수익의 발생)	100,000
② (차) 통신비(비용의 발생)	50,000		(대) 보통예금(자산의 감소)	150,000
수도광열비(비용의 발생)	100,000			
③ (차) 보통예금(자산의 증가)	600,000		(대) 임대료(수익의 발생)	600,000

02 ④
상중하
결산 시 대손상각 처리가 가능한 계정과목은 채권에 해당하는 계정과목이다. 단기차입금 계정은 채무에 해당하는 계정과목이므로 대손처리가 불가능하다.

03 ②
상중하
당사발행 당좌수표는 당좌예금 계정으로 처리한다.

04 ③
상중하
상품의 순매입액: 당기매입액 50,000원 + 취득부대비용 2,000원 − 매입할인 3,000원 = 49,000원

05 ②
상중하
자산의 증가, 부채의 감소, 비용의 발생 등은 차변 항목이다.

06 ②
상중하
외상매출금이 대변에 기입되는 거래는 외상매출금을 현금이나 보통예금 등으로 회수한 때이다.

가. (차) 외상매출금(자산의 증가)	×××		(대) 상품매출(수익의 발생)	×××
나. (차) 보통예금(자산의 증가)	×××		(대) 외상매출금(자산의 감소)	×××
다. (차) 현금(자산의 증가)	×××		(대) 외상매출금(자산의 감소)	×××
라. (차) 외상매입금(부채의 감소)	×××		(대) 보통예금(자산의 감소)	×××

07 ①
상중하
기말재고자산이 과대계상되면 매출원가가 과소계상되고 당기순이익은 과대계상된다.

08 ③
상중하
- 영업이익: 매출액 20,000,000원 − 매출원가 14,000,000원 − 급여 2,000,000원 − 복리후생비 300,000원 = 3,700,000원
- 이자비용과 유형자산 처분손실은 영업외비용이므로 영업이익을 계산할 때 반영하지 않는다.

09 ①
상중하
기말 현재 대손충당금 잔액: 매출채권 20,000,000원 × 1% = 200,000원

10 ①
상중하
유형자산의 감가상각방법에는 정액법, 체감잔액법(예 정률법), 연수합계법, 생산량비례법 등이 있다.

11 ①
상중하
- 출장 여비교통비와 거래처 대표자의 결혼식 화환 구입비(접대비)는 판매비와 관리비에 해당한다.
- 지급이자는 영업외비용, 유형자산 처분이익은 영업외수익에 해당한다.

12 ④
상중하
임의적립금은 이익잉여금에 해당한다.

13 ②
상중하
- 유동부채: 유동성 장기부채 4,000,000원 + 미지급비용 1,400,000원 + 예수금 500,000원 + 외상매입금 3,300,000원 = 9,200,000원
- 선급비용은 당좌자산에 해당하고, 장기차입금은 비유동부채에 해당한다.

14 ④
상중하
건설 중인 자산은 유형자산에 해당한다.

15 ③
상중하
건물 내부의 조명기구를 교체하는 지출은 수선 유지를 위한 수익적 지출에 해당하며 이는 자본적 지출에 해당하지 않으므로 발생한 기간의 비용으로 인식한다.

🖱 실무시험

문 1 기초정보관리

[회계관리]-[재무회계]-[기초정보관리]-[회사등록]

• 2.사업자등록번호: '646-40-01031'을 '646-04-01031'로 수정한다.
• 9.종목: '식료품'을 '신발'로 수정한다.
• 21.사업장관할세무서: '508.안동'을 '212.강동'으로 수정한다.

문 2 전기분 재무제표

[회계관리]-[재무회계]-[전기분 재무제표]-[전기분 손익계산서]

• 812.여비교통비: 금액 '500,000'을 '600,000'으로 수정한다.
• 833.광고선전비: 금액 '600,000'을 '700,000'으로 수정한다.
• 953.기부금: 계정과목 '953.기부금'을 '951.이자비용'으로 수정한다.

문 3 계정과목 및 적요등록, 거래처별 초기이월

[1] [회계관리]−[재무회계]−[기초정보관리]−[계정과목 및 적요등록]

- 화면 왼쪽의 계정체계 중 '판매관리비: 0801−0900'을 클릭한 후 [코드/계정과목]란에서 '813.접대비'를 찾아 선택한다.
- [현금적요]란에 '5.거래처 명절선물 대금 지급'을 입력한다.

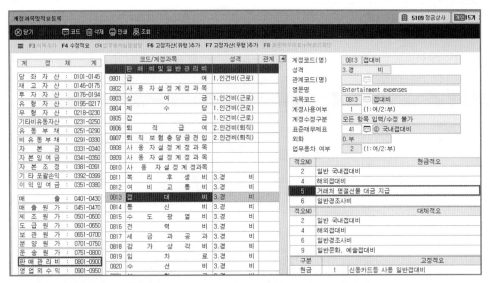

[2] [회계관리]−[재무회계]−[전기분 재무제표]−[거래처별 초기이월]

- 108.외상매출금
  - 716.(주)사이버나라: 금액 '20,000,000'을 '45,000,000'으로 수정한다.

코드	계정과목	재무상태표금액		코드	거래처	금액
0102	당좌예금	20,000,000		00716	(주)사이버나라	45,000,000
0103	보통예금	9,500,000		00717	세계상회	23,000,000
0105	정기예금	10,000,000				
0108	외상매출금	68,000,000				
0110	받을어음	10,000,000				
0114	단기대여금	13,000,000				
0251	외상매입금	23,200,000				
0253	미지급금	22,000,000				

- 114.단기대여금
  - 718.(주)해일: 금액 '20,000,000'을 '10,000,000'으로 수정한다.
  - 719.부림상사: 금액 '30,000,000'을 '3,000,000'으로 수정한다.

코드	계정과목	재무상태표금액		코드	거래처	금액
0102	당좌예금	20,000,000		00718	(주)해일	10,000,000
0103	보통예금	9,500,000		00719	부림상사	3,000,000
0105	정기예금	10,000,000				
0108	외상매출금	68,000,000				
0110	받을어음	10,000,000				
0114	단기대여금	13,000,000				
0251	외상매입금	23,200,000				
0253	미지급금	22,000,000				

문 4 일반전표입력

[회계관리]-[재무회계]-[전표입력]-[일반전표입력]

번호	월일	차변	금액(원)	대변	금액(원)
[1]	8월 1일	단기매매증권 수수료비용(984)	2,000,000 12,000	보통예금	2,012,000
[2]	9월 2일	상품	9,600,000	외상매출금[푸름상회] 외상매입금[푸름상회]	5,000,000 4,600,000
[3]	10월 5일	비품	550,000	현금	550,000
[4]	10월 20일	예수금 복리후생비(판)	220,000 220,000	보통예금	440,000
[5]	11월 1일	광고선전비(판)	990,000	당좌예금	990,000
[6]	11월 30일	보통예금	10,500,000	정기예금 이자수익	10,000,000 500,000
[7]	12월 5일	수선비(판)	330,000	미지급금[하나카드] 또는 미지급비용[하나카드]	330,000
[8]	12월 15일	선급금[에스파파상사]	1,000,000	보통예금	1,000,000

문 5 오류수정

[회계관리]-[재무회계]-[전표입력]-[일반전표입력]

번호	월일	구분	차변	금액(원)	대변	금액(원)
[1]	10월 27일	수정 전	보통예금	10,000,000	자본금	10,000,000
		수정 후	보통예금	10,000,000	단기차입금[좋은은행]	10,000,000
[2]	11월 16일	수정 전	접대비(판)	198,000	보통예금	198,000
		수정 후	상품	198,000	보통예금	198,000

문 6 결산정리사항

꿀팁 결산문제는 문제 풀이를 다음 3단계로 진행한다. 1단계 수동결산 항목 – 2단계 자동결산 항목 – 3단계 기말수정분개 반영

1단계 수동결산 항목 [회계관리]-[재무회계]-[전표입력]-[일반전표입력]

[1]~[3] [일반전표입력] 메뉴에서 12월 31일자로 수동결산 항목에 대한 기말수정분개를 입력한다.

번호	월일	차변	금액(원)	대변	금액(원)
[1]	12월 31일	소모품비(판)	550,000	소모품	550,000
[2]	12월 31일	선급비용	600,000*	보험료(판)	600,000
[3]	12월 31일	현금과부족	50,000	잡이익	50,000

* 선급비용: 1,200,000원 × 6개월/12개월 = 600,000원

2단계 자동결산 항목 [회계관리]-[재무회계]-[결산/재무제표]-[결산자료입력]

[4] [결산자료입력] 메뉴의 상단 툴바의 'F8 대손상각'을 클릭한 후 '대손상각' 창에서 매출채권의 추가설정액을 반영하거나 [일반전표입력] 메뉴에 다음의 기말수정분개를 입력한다.

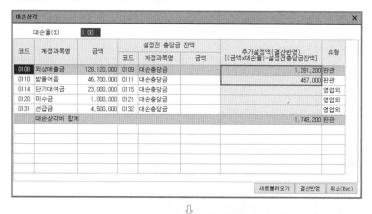

⇩

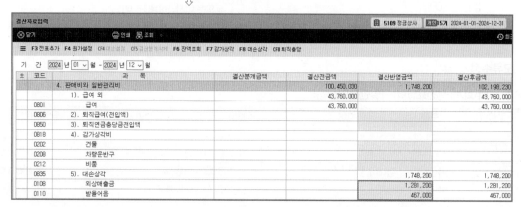

번호	월일	차변	금액(원)	대변	금액(원)
[4]	12월 31일	대손상각비(판)	1,748,200	대손충당금(109) 대손충당금(111)	1,281,200[*1] 467,000[*2]

[*1] 외상매출금 기말 잔액 128,120,000원 × 1% - 0원 = 1,281,200원
[*2] 받을어음 기말 잔액 46,700,000원 × 1% - 0원 = 467,000원

3단계 일반전표입력 메뉴에 기말수정분개 반영

[4] 자동결산 항목을 [결산자료입력] 메뉴의 해당 란에 금액을 입력한 경우 반드시 상단 툴바의 'F3 전표추가'를 클릭하여 [일반전표입력] 메뉴에 기말수정분개를 자동으로 생성시킨다.

문 7 장부조회

[1] [회계관리]-[재무회계]-[장부관리]-[총계정원장]-[월별] 탭

기간: 1월 1일~6월 30일, 계정과목: 101.현금 조회

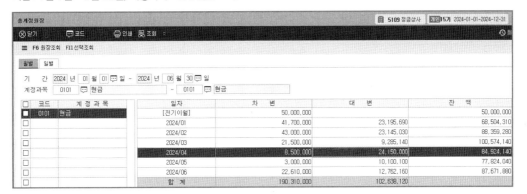

답안 4월, 24,150,000원

[2] [회계관리]-[재무회계]-[결산/재무제표]-[재무상태표]-[관리용] 탭

기간: 6월 조회

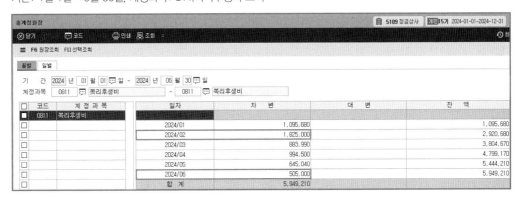

답안 158,800,000원

[3] [회계관리]-[재무회계]-[장부관리]-[총계정원장]-[월별] 탭

기간: 1월 1일~6월 30일, 계정과목: 811.복리후생비 조회

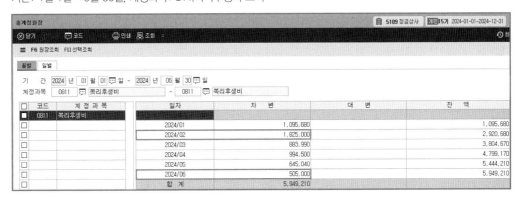

답안 1,320,000원(∵ 2월 1,825,000원 - 6월 505,000원)

108회 기출문제 지우상사(회사코드: 5108)

p.146

✎ 이론시험

01 ③
상중하 재무상태표는 일정 시점의 재무상태를 나타내는 재무제표이다.

02 ④
상중하 자산, 비용 항목의 잔액은 차변에, 부채, 자본, 수익 항목의 잔액은 대변에 기록된다. 임대료는 수익 계정이므로 잔액이 대변에 발생한다.

03 ①
상중하
• 당기순매입액: 당기매입액 30,000원 − 매입에누리 1,000원 = 29,000원
• 매출원가: 기초상품재고액 10,000원 + 당기순매입액 29,000원 − 기말상품재고액 5,000원 = 34,000원

04 ①
상중하
• 감가상각비: 취득원가 1,000,000원 × 1년/5년 × 6개월/12개월 = 100,000원
• 수익적 지출은 감가상각 대상금액이 아니다.

05 ②
상중하 당기 보험료: 600,000원 × 2개월/12개월 = 100,000원

06 ④
상중하 매입채무는 외상매입금과 지급어음의 통합 계정이다.

07 ③
상중하
① 업무에 사용하기 위한 차량운반구는 유형자산으로 비유동자산에 해당한다.
② 당좌예금은 당좌자산으로 유동자산에 해당한다.
④ 선수수익은 유동부채에 해당한다.

08 ③
상중하 당좌차월은 단기차입금 계정과목이다.

09 ②

상품 매입계약에 따른 계약금을 미리 지급한 경우에 사용하는 계정과목은 선급금이다.

10 ①

부채의 합계액: 외상매입금 3,000,000원 + 선수수익 500,000원 + 미지급비용 2,000,000원 = 5,500,000원

11 ①

보고기간 종료일로부터 1년 이내에 현금화 또는 실현될 것으로 예상되는 자산은 유동자산으로 분류한다.

12 ④

당기 외상매출금 기말잔액: 기초 외상매출금 3,000,000원 + 당기 발생 외상매출금 7,000,000원 − 당기 회수 외상매출금 1,000,000원 = 9,000,000원

13 ④

개별법은 통상적으로 상호 교환될 수 없는 재고자산 항목의 원가를 계산할 때 사용한다.

14 ③

선수수익은 수익의 이연, 미수수익은 수익의 계상, 선급비용은 비용의 이연, 미지급비용은 비용의 계상에 해당한다.

15 ②

• 기말재고자산을 과대평가할 경우 매출원가는 과소계상되고 당기순이익은 과대계상된다.
• 매출원가 = 기초재고 + 당기매입 − 기말재고

⌖ 실무시험

문 1 기초정보관리

[회계관리]-[재무회계]-[기초정보관리]-[회사등록]

- 8.업태: '제조'를 '도소매'로 수정한다.
- 9.종목: '의약품'을 '사무기기'로 수정한다.
- 21.사업장관할세무서: '621.금정'을 '130.부천'으로 수정한다.

문 2 전기분 재무제표

[회계관리]-[재무회계]-[전기분 재무제표]-[전기분 손익계산서]

- 813.접대비: 금액 '800,000'을 '750,000'으로 수정한다.
- 819.임차료: 계정과목 '819.임차료'와 금액 '1,200,000'을 추가 입력한다.
- 951.이자비용: 계정과목 '951.이자비용'과 금액 '1,200,000'을 추가 입력한다.

문 3 계정과목 및 적요등록, 거래처별 초기이월

[1] [회계관리]-[재무회계]-[기초정보관리]-[계정과목 및 적요등록]

• 화면 왼쪽의 계정체계 중 '판매관리비: 0801-0900'을 클릭한 후 [코드/계정과목]란에서 '812.여비교통비'를 찾아 선택한다.

• [대체적요]란에 '3.직원의 국내출장비 예금 인출'을 입력한다.

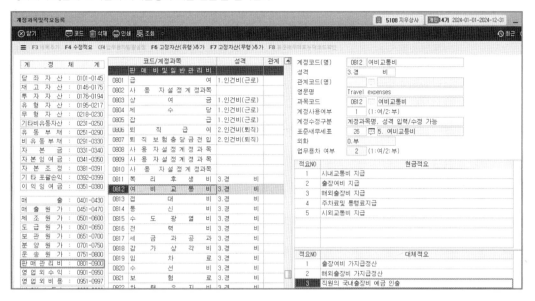

[2] [회계관리]-[재무회계]-[전기분 재무제표]-[거래처별 초기이월]

• 251.외상매입금
  - 1501.라라무역: 금액 '2,320,000'을 '23,200,000'으로 수정한다.
  - 1502.양산상사: 키보드의 F2를 이용하여 거래처 '1502.양산상사'와 금액 '35,800,000'을 입력한다.

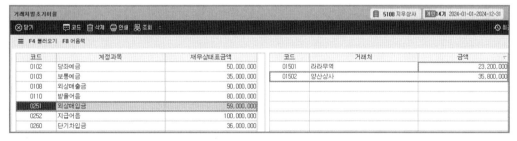

• 260.단기차입금: 키보드의 F2를 이용하여 거래처를 '1503.(주)굿맨'와 금액 '36,000,000'을 입력한다.

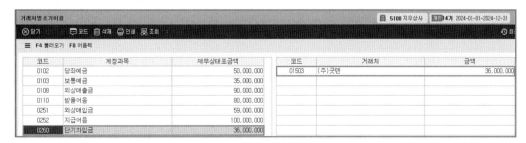

문 4 일반전표입력

[회계관리]-[재무회계]-[전표입력]-[일반전표입력]

번호	월일	차변	금액(원)	대변	금액(원)
[1]	7월 15일	받을어음[태영상사] 외상매출금[태영상사]	800,000 3,200,000	상품매출	4,000,000
[2]	8월 25일	보통예금	15,000,000	장기차입금[큰손은행]	15,000,000
[3]	9월 5일	통신비(판) 수도광열비(판)	50,000 40,000	미지급금[삼성카드] 또는 미지급비용[삼성카드]	90,000
[4]	10월 5일	접대비(판)	300,000	현금	300,000
[5]	10월 24일	토지	52,300,000	현금	52,300,000
[6]	11월 2일	대손충당금(109) 대손상각비(판)	900,000 2,100,000	외상매출금[온나라상사]	3,000,000
[7]	11월 30일	급여(판)	4,200,000	예수금 보통예금	635,010 3,564,990
[8]	12월 15일	외상매입금[대한상사]	7,000,000	보통예금 현금	5,000,000 2,000,000

꿀팁 ▶ [5] 유형자산의 취득원가는 구입원가 또는 제작원가 및 경영진이 의도하는 방식으로 자산을 가동하는 데 필요한 장소와 상태에 이르게 하는 데 직접 관련되는 원가로 구성되는 것이 원칙이므로 취득세는 비용(세금과공과)으로 인식하지 않고 자산(토지)으로 인식한다.

문 5 오류수정

[회계관리]-[재무회계]-[전표입력]-[일반전표입력]

번호	월일	구분	차변	금액(원)	대변	금액(원)
[1]	8월 20일	수정 전	현금	3,500,000	선수금[두리상사]	3,500,000
		수정 후	선급금[두리상사]	3,500,000	현금	3,500,000
[2]	9월 16일	수정 전	이자비용	4,000,000	보통예금	4,000,000
		수정 후	단기차입금[나라은행]	4,000,000	보통예금	4,000,000

문 6 결산정리사항

꿀팁 ▶ 결산문제는 문제 풀이를 다음 3단계로 진행한다. 1단계 수동결산 항목 - 2단계 자동결산 항목 - 3단계 기말수정분개 반영

1단계 수동결산 항목 [회계관리]-[재무회계]-[전표입력]-[일반전표입력]

[1]~[2] [일반전표입력] 메뉴에서 12월 31일자로 수동결산 항목에 대한 기말수정분개를 입력한다.

번호	월일	차변	금액(원)	대변	금액(원)
[1]	12월 31일	이자비용	1,125,000*	미지급비용	1,125,000
[2]	12월 31일	미수수익	15,000	이자수익	15,000

* 30,000,000원 × 5% × 9개월/12개월 = 1,125,000원

[2단계] 자동결산 항목

[3] [회계관리]−[재무회계]−[결산/재무제표]−[결산자료입력]

[결산자료입력] 메뉴의 [4. 판매비와 일반관리비] 중 [4). 감가상각비]의 [비품]란에 '1,700,000'을 입력하거나 [일반전표입력] 메뉴에 다음의 기말수정분개를 입력한다.

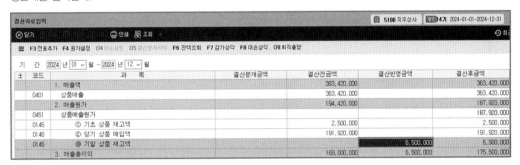

번호	월일	차변	금액(원)	대변	금액(원)
[3]	12월 31일	감가상각비(판)	1,700,000	감가상각누계액(213)	1,700,000

[4] [회계관리]−[재무회계]−[결산/재무제표]−[결산자료입력]

[결산자료입력] 메뉴의 [2. 매출원가] 중 [⑩기말상품재고액]란에 '6,500,000'을 입력하거나 [일반전표입력] 메뉴에 다음의 기말수정분개를 입력한다.

번호	월일	차변	금액(원)	대변	금액(원)
[4]	12월 31일	(결차) 상품매출원가	187,920,000*	(결대) 상품	187,920,000

* 기초상품재고액 2,500,000원 + 당기상품매입액 191,920,000원 − 기말상품재고액 6,500,000원 = 187,920,000원

[3단계] 일반전표입력 메뉴에 기말수정분개 반영

[3]~[4] 자동결산 항목을 [결산자료입력] 메뉴의 해당 란에 금액을 입력한 경우 반드시 상단 툴바의 'F3 전표추가'를 클릭하여 [일반전표입력] 메뉴에 기말수정분개를 자동으로 생성시킨다.

(꿀팁) 기말재고자산 평가와 매출원가, 감가상각, 대손충당금 설정 등은 결산 시 발생할 수 있는 다양한 결산정리사항에 대하여 출제될 수 있는 항목이다. 상품매출원가, 감가상각비, 대손상각비 계상 등 자동결산이 가능한 문항은 각각의 문제를 해결 후 최종적으로 전표추가를 통하여 결산 문항을 해결할 수 있다.

(꿀팁) [결산자료입력] 메뉴에 금액이 기재해도 전표 반영을 하지 않은 경우에는 정답으로 인정되지 않음에 유의한다.

[1] [회계관리]-[재무회계]-[장부관리]-[거래처원장]-[내용] 탭

기간: 4월 1일~6월 30일, 계정과목: 252.지급어음, 거래처: 1510.수석상사 조회

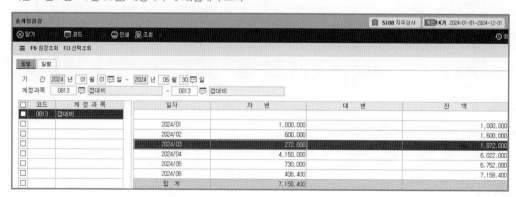

답안 30,000,000원

[2] [회계관리]-[재무회계]-[장부관리]-[총계정원장]-[월별] 탭

기간: 1월 1일~6월 30일, 계정과목: 103.보통예금 조회

답안 86,562,000원(∵ 차변 합계 금액 121,562,000원 – 전기이월 금액 35,000,000원)

[3] [회계관리]-[재무회계]-[장부관리]-[총계정원장]-[월별] 탭

기간: 1월 1일~6월 30일, 계정과목: 813.접대비 조회

답안 3월, 272,000원

107회 기출문제 태형상사(회사코드: 5107)

p.155

✏️ 이론시험

01 ④

주문, 약속, 채용, 계약 등은 일상생활에서는 거래로 볼 수 있으나 재산상의 증감이 발생하지 않으므로 회계상에서는 거래에 해당하지 않는다. 화재로 인한 서버용 PC 손실은 자산이 감소하여 재산상의 변동이 발생하였으므로 회계상의 거래에 해당한다.

02 ①

거래의 8요소 중 자산의 증가는 차변에 기록하는 항목이다.

03 ④

급여 지급 시 전월에 원천징수한 근로소득세는 예수금 계정으로 처리한다.

04 ③

재무상태표상의 대변 항목은 부채와 자본으로, 선급금은 자산 항목이다.

05 ②

당좌자산의 합계액: 현금 300,000원 + 보통예금 800,000원 + 외상매출금 200,000원 + 단기매매증권 500,000원 = 1,800,000원

06 ③

상품 판매대금을 조기에 수취함에 따른 계약상 약정에 의한 일정 대금의 할인은 매출할인에 대한 설명이다.

07 ④

① 미수수익: 기중에 발생한 수익 중 현금을 수취하지 못하여 기중에 인식하지 않은 수익
② 선수수익: 수익 중 차기 이후에 속하는 금액이지만 그 대가를 미리 받은 경우
③ 미수금: 유형자산을 처분하고 대금을 미회수했을 경우

08 ③

- 당기순이익: 총수익 8,000,000원 − 총비용 5,000,000원 = 3,000,000원
- 기말자본: 기초자본 1,000,000원 + 당기순이익 3,000,000원 = 4,000,000원

09 ①

- 매출원가: 기초상품재고액 25,000,000원 + 당기총매입액 168,000,000원 − 기말상품재고액 15,000,000원 = 178,000,000원
- 당기 매출액: 매출총이익 172,000,000원 + 매출원가 178,000,000원 = 350,000,000원

10 ②

기업의 주된 영업활동인 상품 등을 판매하고 이에 대한 대금으로 상대방으로부터 수취한 어음은 받을어음이다.

11 ①

- 장부가액: 취득가액 16,000,000원 − 감가상각누계액 9,000,000원 = 7,000,000원
- 차량운반구의 처분가액: 장부가액 7,000,000원 − 유형자산 처분손실 1,000,000원 = 6,000,000원

12 ②

일정 시점 현재 기업이 보유하고 있는 경제적 자원인 자산과 경제적 의무인 부채, 그리고 자본에 대한 정보를 제공하는 재무보고서는 재무상태표로, 임대료과 이자비용은 손익계산서 계정과목이다. 나머지 계정은 재무상태표 계정과목이다.

13 ③

현금성자산은 취득 당시 만기일이 3개월 이내인 금융상품이다.

14 ①

선입선출법에 대한 설명이다.

15 ④

- 이자수익은 영업외수익에 해당한다.
- 미수수익은 자산, 경상개발비는 판매비와 관리비, 외환차손은 영업외비용에 해당한다.

🖱 실무시험

문 1 기초정보관리

[회계관리]-[재무회계]-[기초정보관리]-[회사등록]

- 2.사업자등록번호: '107-35-25785'를 '107-36-25785'로 수정한다.
- 3.과세유형: '2.간이과세'를 '1.일반과세'로 수정한다.
- 8.업태: '제조'를 '도소매'로 수정한다.

문 2 전기분 재무제표

[회계관리]-[재무회계]-[전기분 재무제표]-[전기분 재무상태표]

- 109.대손충당금: 계정과목 '109.대손충당금'과 금액 '100,000'을 추가 입력한다.
- 213.감가상각누계액: 금액 '6,000,000'을 '2,400,000'으로 수정한다.
- 251.외상매입금: 금액 '11,000,000'을 '8,000,000'으로 수정한다.

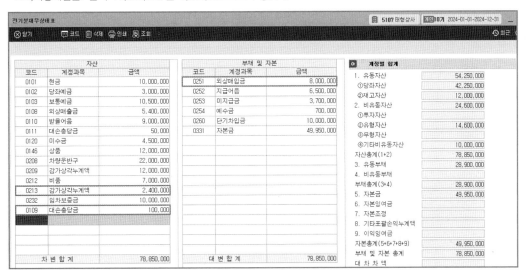

문 3 거래처등록, 거래처별 초기이월

[1] [회계관리]－[재무회계]－[기초정보관리]－[거래처등록]－[금융기관] 탭

코드: 98005/거래처명: 신한은행/유형: 1.보통예금/계좌번호: 110－081－834009/계좌개설일: 2024－01－01/사업용 계좌:
1.여를 입력한다.

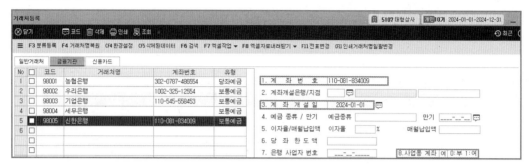

[2] [회계관리]－[재무회계]－[전기분 재무제표]－[거래처별 초기이월]

• 110.받을어음
  － 109.하우스컴: [거래처 코드]란에 커서를 놓고 키보드의 F2를 이용하여 거래처 '109.하우스컴'과 금액 '5,500,000'을 입력한다.

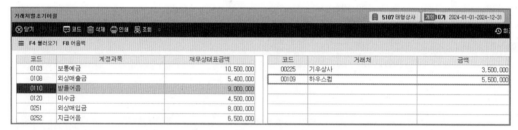

• 252.지급어음
  － 214.모두피씨: 금액 '2,500,000'을 '4,000,000'으로 수정한다.
  － 226.하나로컴퓨터: 금액 '6,500,000'을 '2,500,000'으로 수정한다.

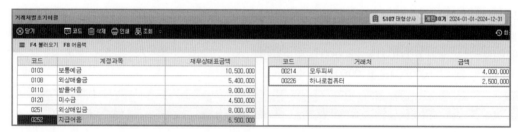

문 4 일반전표입력

[회계관리]−[재무회계]−[전표입력]−[일반전표입력]

번호	월일	차변	금액(원)	대변	금액(원)
[1]	7월 5일	보통예금 이자비용	9,700,000 300,000	단기차입금[세무은행]	10,000,000
[2]	7월 7일	상품	3,960,000	외상매입금[대림전자]	3,960,000
[3]	8월 3일	보통예금 받을어음[국제전자]	15,000,000 5,000,000	외상매출금[국제전자]	20,000,000
[4]	8월 10일	기부금	1,000,000	현금	1,000,000
[5]	9월 1일	접대비(판)	49,000	현금	49,000
[6]	9월 10일	예수금 세금과공과(판)	150,000 150,000	보통예금	300,000
[7]	10월 11일	현금	960,000	선수금[미래전산]	960,000
[8]	11월 25일	미지급금[비씨카드]	500,000	보통예금	500,000

문 5 오류수정

[회계관리]−[재무회계]−[전표입력]−[일반전표입력]

번호	월일	구분	차변	금액(원)	대변	금액(원)
[1]	7월 29일	수정 전	수선비(판)	30,000,000	보통예금	30,000,000
		수정 후	건물	30,000,000	보통예금	30,000,000
[2]	11월 23일	수정 전	비품	1,500,000	보통예금	1,500,000
		수정 후	인출금 또는 자본금*	1,500,000	보통예금	1,500,000

* 개인기업의 경우 자본금의 개념이 없으나 인출금과 자본금을 혼용하여 사용하고 있다. 따라서 자본금으로 회계처리한 경우에도 정답으로 인정된다.

문 6 결산정리사항

[회계관리]−[재무회계]−[전표입력]−[일반전표입력]

번호	월일	차변	금액(원)	대변	금액(원)
[1]	12월 31일	소모품	30,000	소모품비(판)	30,000
[2]	12월 31일	단기매매증권	100,000	단기매매증권평가이익	100,000
[3]	12월 31일	선급비용	270,000*	보험료(판)	270,000
[4]	12월 31일	이자비용	600,000	미지급비용	600,000

* 차기분 보험료: 360,000원 × 9개월/12개월 = 270,000원

문 7 장부조회

[1] [회계관리]−[재무회계]−[장부관리]−[총계정원장]−[월별] 탭

기간: 1월 1일~6월 30일, 계정과목: 813.접대비 조회

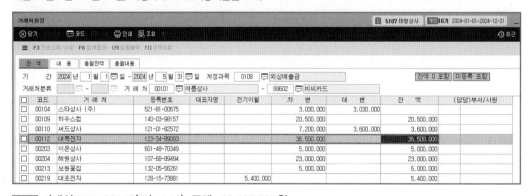

답안 6,500,000원

[2] [회계관리]−[재무회계]−[결산/재무제표]−[재무상태표]−[관리용] 탭

기간: 1월 조회

답안 550,000원(∵ 2024년 1월 5,050,000원 − 전기 말 4,500,000원)

[3] [회계관리]−[재무회계]−[장부관리]−[거래처원장]−[잔액] 탭

기간: 1월 1일~5월 31일, 계정과목: 108.외상매출금 조회

답안 거래처코드: 00112(또는 112), 금액: 36,500,000원

106회 기출문제 백제상사(회사코드: 5106)

p.164

✏ 이론시험

01 ①

상중하 주로 비화폐적 정보는 제공되지 않기 때문에 비화폐적 정보의 제공은 회계의 목적과 무관하다.

02 ②

상중하
- 주된 영업활동(상품 매매 등)이 아닌 비품을 외상으로 구입한 경우에는 미지급금 계정을 사용한다.
- 회계처리: (차) 비품　　　　　　　1,000,000　　　　　(대) 미지급금　　　　　　　1,000,000

03 ③

상중하 일정 기간 동안 기업의 경영성과에 대한 정보를 제공하는 재무보고서는 손익계산서로, 매출원가는 영업비용이고, 기부금은 영업외비용이다.

04 ④

상중하
가. (차) 기계장치(자산의 증가)	100,000	(대) 보통예금(자산의 감소)	100,000
나. (차) 현금(자산의 증가)	100,000	(대) 자본금(자본의 증가)	100,000
다. (차) 보통예금(자산의 증가)	100,000	(대) 차입금(부채의 증가)	100,000
라. (차) 외상매입금(부채의 감소)	100,000	(대) 현금(자산의 감소)	100,000

05 ④

상중하 잔액시산표 등식에 따라 기말자산과 총비용은 차변에, 기말부채, 기초자본, 총수익은 대변에 잔액을 기재한다.

잔액시산표

안산(주)　　　　　　　　　2024.12.31.　　　　　　　(단위: 원)

차변	계정과목	대변
100,000	현　　　　금	
700,000	건　　　　물	
	외 상 매 입 금	90,000
	자　본　금	720,000
	이 자 수 익	40,000
50,000	급　　　　여	
850,000		850,000

06 ①

상중하 결산 시 비용 계정과 수익 계정은 손익 계정으로 마감한다.

07 ②

실중하

- 회사가 판매를 위하여 보유하고 있는 자산은 재고자산(상품)이다.
- 유형자산은 재화의 생산, 용역의 제공, 타인에 대한 임대 또는 자체적으로 사용할 목적으로 보유하는 물리적 형체가 있는 자산으로, 1년을 초과하여 사용할 것이 예상되는 자산을 말한다.

08 ③

실중하

- 기초자본: 기초자산 8,500,000원 − 기초부채 4,000,000원 = 4,500,000원
- 기말자본: 기초자본 4,500,000원 + 증자 − 감자 + 당기순이익 800,000원 − 배당 = 5,300,000원
- 기말부채: 기말자산 11,000,000원 − 기말자본 5,300,000원 = 5,700,000원

09 ③

실중하

매입할인은 재고자산의 취득원가에서 차감한다.

10 ②

상중하

건물의 취득원가: 감가상각비 9,000원 × 내용연수 10년 + 잔존가치 5,000원 = 95,000원

11 ③

실중하

기계장치는 비유동자산인 유형자산에 속한다.

12 ②

상중하

- 수령 시점: (차) 현금   3,600,000   (대) 임대료   3,600,000
- 기말결산: (차) 임대료   900,000   (대) 선수수익   900,000
- ∴ 기말 손익계산서에 계상되는 임대료: 임대료 수령액 3,600,000원 − 차기분 임대료 900,000원 = 2,700,000원

13 ①

상중하

- 급여 지급 시 종업원이 부담해야 할 소득세 등을 회사가 일시적으로 받아두는 경우 예수금 계정을 사용한다.
- 회계처리: (차) 급여   300,000   (대) 예수금   10,000
　　　　　　　　　　　　　　　　　　　　　　　　　현금   290,000

14 ④

상중하

결산일 자본금 원장의 손익은 900,000원이며, 마감되는 차기이월액은 2,900,000원이다.

15 ①

실중하

① (차) 세금과공과   ×××   (대) 현금   ×××
② (차) 급여   ×××   (대) 예수금   ×××
　　　　　　　　　　　　　　　　　　　　　　　　현금   ×××
③ (차) 차량운반구   ×××   (대) 현금   ×××
④ (차) 인출금(또는 자본금)   ×××   (대) 현금   ×××

🖉 실무시험

문 1 기초정보관리

[회계관리]-[재무회계]-[기초정보관리]-[회사등록]

• 2.사업자등록번호: '350-22-28322'를 '305-52-36547'로 수정한다.
• 6.사업장주소: '대전광역시 서구 둔산동 86'을 '대전광역시 중구 대전천서로 7(옥계동)'으로 수정한다.
• 9.종목: '의류'를 '문구 및 잡화'로 수정한다.

문 2 전기분 재무제표

[회계관리]-[재무회계]-[전기분 재무제표]-[전기분 재무상태표]

• 108.외상매출금: 금액 '4,000,000'을 '40,000,000'으로 수정한다.
• 213.감가상각누계액: 금액 '200,000'을 '2,000,000'으로 수정한다.
• 201.토지: 계정과목 '201.토지'와 금액 '274,791,290'을 추가 입력한다.

문 3 거래처등록, 거래처별 초기이월

[1] [회계관리]–[재무회계]–[기초정보관리]–[거래처등록]–[일반거래처] 탭

거래처 '1111.고구려상사'의 입력사항을 다음과 같이 변경한다.

• 유형: '1:매출'을 '3:동시'로 수정한다.
• 4.업종: 종목을 '전자제품'에서 '잡화'로 수정한다.
• 5.주소: '서울 마포구 마포대로 33'을 '경기도 남양주시 진접읍 장현로 83'으로 수정한다.

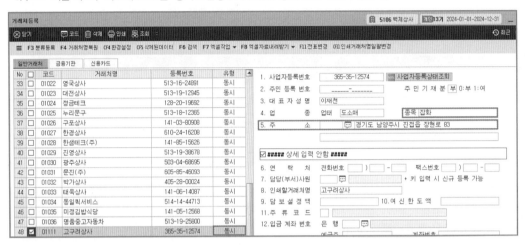

[2] [회계관리]–[재무회계]–[전기분 재무제표]–[거래처별 초기이월]

• 108.외상매출금
  – 1001.발해상사: 금액 '10,000,000'을 '13,000,000'으로 수정한다.

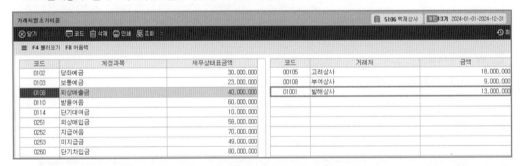

• 251.외상매입금
  – 1003.신라상사: 금액 '7,000,000'을 '17,000,000'으로 수정한다.
  – 1009.가야상사: 금액 '5,000,000'을 '19,000,000'으로 수정한다.

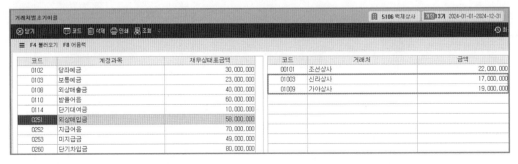

문 4 일반전표입력

[회계관리]−[재무회계]−[전표입력]−[일반전표입력]

번호	월일	차변	금액(원)	대변	금액(원)
[1]	7월 9일	차량운반구	45,000,000	당좌예금	45,000,000
[2]	7월 10일	선급금[진영상사]	100,000	보통예금	100,000
[3]	7월 25일	외상매입금[광주상사]	900,000	현금 매입할인(148)	891,000 9,000
[4]	8월 25일	감가상각누계액(203) 보통예금 미수금[하나상사]	2,500,000 10,000,000 19,000,000	건물 유형자산 처분이익	30,000,000 1,500,000
[5]	10월 13일	받을어음[발해상사] 외상매출금[발해상사]	1,200,000 1,100,000	상품매출	2,300,000
[6]	10월 30일	복리후생비(판)	100,000	현금	100,000
[7]	10월 31일	접대비(판)	200,000	보통예금	200,000
[8]	11월 10일	도서인쇄비(판)	30,000	미지급금[현대카드] 또는 미지급비용[현대카드]	30,000

문 5 오류수정

[회계관리]−[재무회계]−[전표입력]−[일반전표입력]

번호	월일	구분	차변	금액(원)	대변	금액(원)
[1]	9월 8일	수정 전	단기차입금[신라상사]	25,000,000	보통예금[기업은행]	25,000,000
		수정 후	외상매입금[조선상사]	25,000,000	보통예금[기업은행]	25,000,000
[2]	11월 21일	수정 전	접대비(판)	200,000	현금	200,000
		수정 후	인출금 또는 자본금*	200,000	현금	200,000

* 회계연도 중에 인출금 계정으로 처리하고 회계연도 말에 자본금 계정으로 대체해야 하지만, 해당 문제의 경우 자본금 계정으로 회계처리한 경우에도 정답으로 인정된다.

문 6 결산정리사항

꿀팁 결산문제는 문제 풀이를 다음 3단계로 진행한다. 1단계 수동결산 항목 − 2단계 자동결산 항목 − 3단계 기말수정분개 반영

1단계 수동결산 항목 [회계관리]−[재무회계]−[전표입력]−[일반전표입력]

[1]~[3] [일반전표입력] 메뉴에서 12월 31일자로 수동결산 항목에 대한 기말수정분개를 입력한다.

번호	월일	차변	금액(원)	대변	금액(원)
[1]	12월 31일	외화환산손실	1,500,000*	미지급비용	1,500,000
[2]	12월 31일	현금	66,000	잡이익	66,000
[3]	12월 31일	이자비용	125,000	미지급비용	125,000

* 외화환산손실: ($10,000 × 1,250원/$) − 11,000,000원 = 1,500,000원

2단계 자동결산 항목

[4] [회계관리]-[재무회계]-[결산/재무제표]-[결산자료입력]

[결산자료입력] 메뉴의 [4. 판매비와 일반관리비] 중 [4). 감가상각비]의 [비품]란에 '250,000', [차량운반구]란에 '1,200,000'을 입력하거나 [일반전표입력] 메뉴에 다음의 기말수정분개를 입력한다.

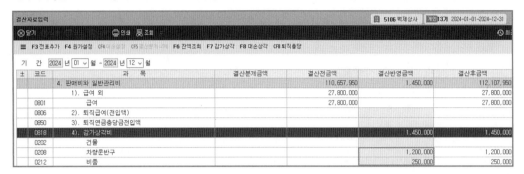

번호	월일	차변	금액(원)	대변	금액(원)
[4]	12월 31일	감가상각비(판)	1,450,000	감가상각누계액(209)	1,200,000
				감가상각누계액(213)	250,000

3단계 일반전표입력 메뉴에 기말수정분개 반영

[4] 자동결산 항목을 [결산자료입력] 메뉴의 해당 란에 금액을 입력한 경우 반드시 상단 툴바의 'F3 전표추가'를 클릭하여 [일반전표입력] 메뉴에 기말수정분개를 자동으로 생성시킨다.

문 7 장부조회

[1] [회계관리]-[재무회계]-[장부관리]-[거래처원장]-[잔액] 탭

기간: 1월 1일~6월 30일, 계정과목: 108.외상매출금 조회

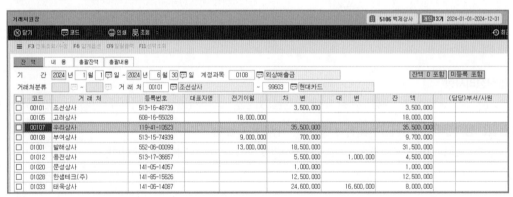

답안 우리상사, 35,500,000원

[2] [회계관리]−[재무회계]−[장부관리]−[총계정원장]−[월별] 탭

기간: 1월 1일~3월 31일, 계정과목: 830.소모품비 조회

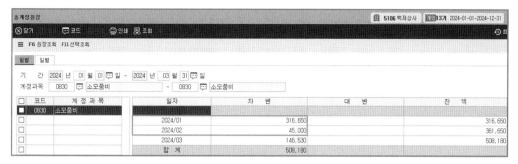

답안 361,650원(∵ 1월 316,650원 + 2월 45,000원)

[3] [회계관리]−[재무회계]−[결산/재무제표]−[재무상태표]−[관리용] 탭

기간: 6월 조회

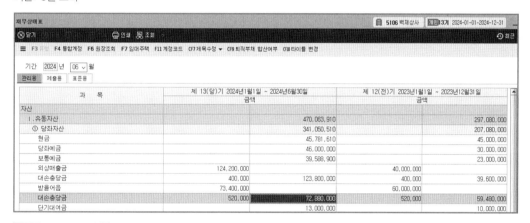

답안 72,880,000원

105회 기출문제 무한상사(회사코드: 5105)

p.174

🖊 이론시험

01 ①
상중하
재무제표는 재무상태표, 손익계산서, 현금흐름표, 자본변동표로 구성되며, 주석을 포함한다.

02 ④
상중하
일정 시점 현재 기업이 보유하고 있는 경제적 자원인 자산과 경제적 의무인 부채, 그리고 자본에 대한 정보를 제공하는 재무보고서는 재무상태표이다. 감가상각비와 급여는 손익계산서 계정과목으로 나머지 계정과목은 재무상태표 계정과목이다.

03 ①
상중하

거래요소의 결합관계	거래의 종류
① 자산의 증가 – 부채의 증가	교환거래
② 자산의 증가 – 자산의 감소	교환거래
③ 부채의 감소 – 자산의 감소	교환거래
④ 비용의 발생 – 자산의 감소	손익거래

04 ②
상중하
당좌수표를 발행하면 대변에 당좌예금 계정으로, 타인발행수표를 받으면 차변에 현금 계정으로 처리한다.

05 ③
상중하
당기 외상매출액: 외상매출금 회수액 700,000원 + 기말 외상매출금 400,000원 – 기초 외상매출금 300,000원 = 800,000원

06 ②
상중하
유동성이 높은 항목부터 배열하면 당좌자산 – 재고자산 – 유형자산 – 무형자산 순으로 나열한다. 미수금은 당좌자산, 상품은 재고자산, 토지는 유형자산, 개발비는 무형자산으로 분류한다.

07 ①
상중하
• 상품매출원가: 기초상품재고액 4,000,000원 + 당기순상품매입액 9,900,000원 – 기말상품재고액 6,000,000원 = 7,900,000원
• 당기순상품매입액: 당기상품매입액 10,000,000원 – 매입에누리 100,000원 = 9,900,000원
∴ 상품매출총이익: 상품매출액 11,000,000원 – 상품매출원가 7,900,000원 = 3,100,000원

08 ④

- 당기순이익: 기말자본 1,000,000원 − 기초자본 600,000원 = 400,000원
- 당기총수익: 당기총비용 1,100,000원 + 당기순이익 400,000원 = 1,500,000원

09 ③

무형자산인 영업권은 비유동자산이다.

10 ④

재고자산의 매입원가는 매입금액에 매입운임, 하역료 및 보험료 등 취득과정에서 정상적으로 발생한 부대원가를 가산한 금액이다. 매입환출은 매입원가에서 차감한다.

11 ③

수익적 지출(수선비)로 처리해야 할 것을 자본적 지출(건물)로 회계처리한 경우 비용의 과소계상과 자산의 과대계상으로 인해 당기순이익이 과대계상된다.

12 ②

임대보증금과 임차보증금이 서로 바뀌었다.

13 ①

① (차) 단기대여금	1,000,000	(대) 현금	1,000,000
② (차) 자본금(인출금)	1,000,000	(대) 단기대여금	1,000,000
③ (차) 자본금	1,000,000	(대) 인출금	1,000,000
④ (차) 자본금(인출금)	1,000,000	(대) 현금	1,000,000

14 ④

이자비용은 영업외비용에 속한다.

15 ③

기부금은 영업외비용으로 영업손익과 관련이 없다.

문 **1** 기초정보관리

[회계관리]−[재무회계]−[기초정보관리]−[회사등록]

- 2.사업자등록번호: '135−27−40377'을 '130−47−50505'로 수정한다.
- 4.대표자명: '김지술'을 '이학주'로 수정한다.
- 17.개업연월일: '2007−03−20'을 '2011−05−23'으로 수정한다.

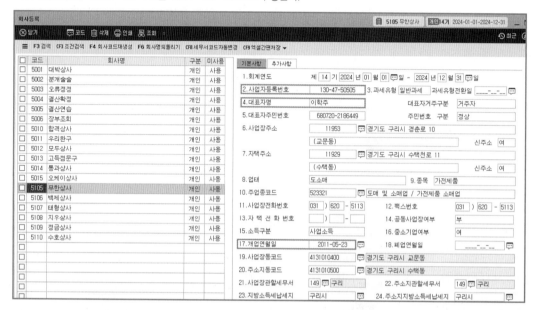

문 **2** 전기분 재무제표

[회계관리]−[재무회계]−[전기분 재무제표]−[전기분 손익계산서]

- 822.차량유지비: 금액 '50,500,000'을 '3,500,000'으로 수정한다.
- 901.이자수익: 금액 '2,500,000'을 '2,200,000'으로 수정한다.
- 953.기부금: 계정과목 '953.기부금'과 금액 '3,000,000'을 추가 입력한다.

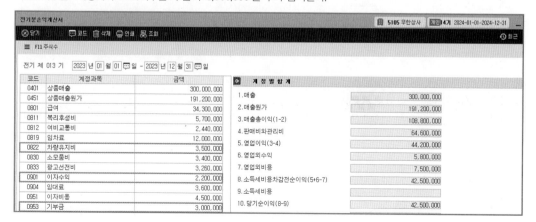

문 3 거래처별 초기이월, 거래처등록

[1] [회계관리]-[재무회계]-[전기분 재무제표]-[거래처별 초기이월]

- 108.외상매출금
  - 112.월평상사: 금액 '35,000,000'을 '45,000,000'으로 수정한다.

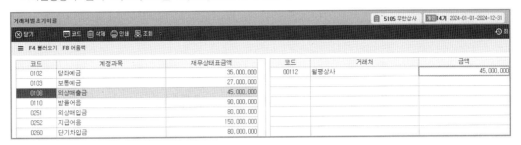

- 252.지급어음
  - 630.도륜상사: 금액 '100,000,000'을 '150,000,000'으로 수정한다.

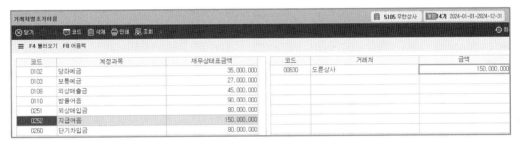

- 260.단기차입금
  - 643.선익상사: [거래처코드]란에 커서를 놓고 키보드의 F2를 이용하여 거래처 '643.선익상사'와 금액 '80,000,000'을 입력한다.

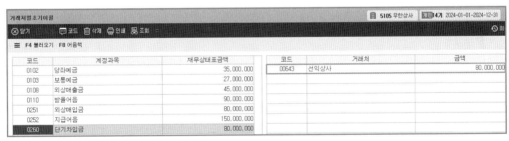

[2] [회계관리]-[재무회계]-[기초정보관리]-[거래처등록]-[신용카드] 탭

'코드: 99871/거래처명: 씨엔제이카드/유형: 2.매입/카드번호: 1234-5678-9012-3452/카드종류(매입): 3.사업용카드'를 추가 입력한다.

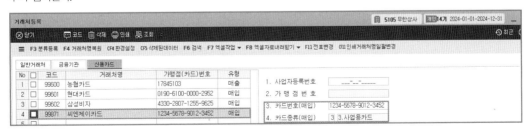

문 4 일반전표입력

[회계관리]-[재무회계]-[전표입력]-[일반전표입력]

번호	월일	차변		금액(원)	대변	금액(원)
[1]	7월 2일	상품		6,000,000	지급어음[성심상사]	5,500,000
					현금	500,000
[2]	8월 5일	수수료비용(판) 또는 수수료비용(984)*		3,500,000	현금	3,500,000
[3]	8월 19일	단기차입금[탄방상사]		20,000,000	보통예금	20,600,000
		이자비용		600,000		
[4]	8월 20일	상품		15,000,000	보통예금	16,000,000
		비품		1,000,000		
[5]	8월 23일	외상매입금[소리상사]		500,000	가지급금	500,000
[6]	10월 10일	상품		3,000,000	선급금[고구려상사]	300,000
					외상매입금[고구려상사]	2,700,000
[7]	11월 18일	차량유지비(판)		30,000	현금	30,000
[8]	12월 20일	세금과공과(판)		259,740	미지급금[현대카드] 또는 미지급비용[현대카드]	259,740

* 일반기업회계기준에서 토지는 유형자산으로 분류되므로 984.수수료비용(영업외비용)도 정답으로 인정된다.

문 5 오류수정

[회계관리]-[재무회계]-[전표입력]-[일반전표입력]

번호	월일	구분	차변	금액(원)	대변	금액(원)
[1]	11월 5일	수정 전	세금과공과(판)	110,000	보통예금	110,000
		수정 후	예수금	110,000	보통예금	110,000
[2]	11월 28일	수정 전	상품	7,535,000	외상매입금[양촌상사]	7,500,000
					미지급금	35,000
		수정 후	상품	7,500,000	외상매입금[양촌상사]	7,500,000

문 6 결산정리사항

(꿀팁) 결산문제는 문제 풀이를 다음 3단계로 진행한다. 1단계 수동결산 항목 - 2단계 자동결산 항목 - 3단계 기말수정분개 반영

1단계 수동결산 항목 [회계관리]-[재무회계]-[전표입력]-[일반전표입력]

[1]~[3] [일반전표입력] 메뉴에서 12월 31일자로 수동결산 항목에 대한 기말수정분개를 입력한다.

번호	월일	차변	금액(원)	대변	금액(원)
[1]	12월 31일	급여(판)	1,000,000	미지급비용 또는 미지급금	1,000,000
[2]	12월 31일	소모품비(판)	200,000	소모품	200,000
[3]	12월 31일	이자비용	70,000	현금과부족	70,000

2단계 자동결산 항목

[4] [회계관리]-[재무회계]-[결산/재무제표]-[결산자료입력]

[결산자료입력] 메뉴의 [4. 판매비와 일반관리비] 중 [4). 감가상각비]의 [비품]란에 '5,000,000*'을 입력하거나 [일반전표입력] 메뉴에 다음의 기말수정분개를 입력한다.

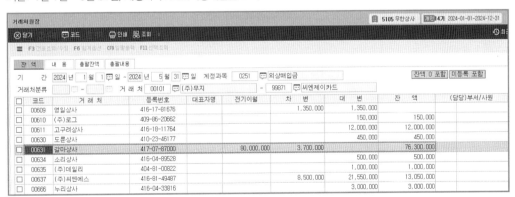

번호	월일	차변	금액(원)	대변	금액(원)
[4]	12월 31일	감가상각비(판)	5,000,000	감가상각누계액(213)	5,000,000

* (65,500,000원 - 15,500,000원) ÷ 10년 = 5,000,000원

3단계 일반전표입력 메뉴에 기말수정분개 반영

[4] 자동결산 항목을 [결산자료입력] 메뉴의 해당 란에 금액을 입력한 경우 반드시 상단 툴바의 'F3 전표추가'를 클릭하여 [일반전표입력] 메뉴에 기말수정분개를 자동으로 생성시킨다.

문 7 장부조회

[1] [회계관리]-[재무회계]-[장부관리]-[거래처원장]-[잔액] 탭

기간: 1월 1일~5월 31일, 계정과목: 251.외상매입금 조회

답안 갈마상사, 76,300,000원

[2] [회계관리]-[재무회계]-[결산/재무제표]-[재무상태표]-[관리용] 탭

　기간: 6월 조회

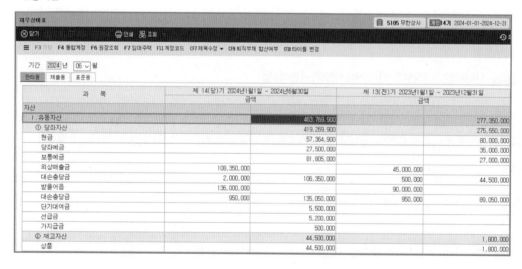

　답안　1,500,000원 증가(∵ 2,000,000원 - 500,000원)

[3] [회계관리]-[재무회계]-[결산/재무제표]-[재무상태표]-[관리용] 탭

　기간: 6월 조회

• 유동자산

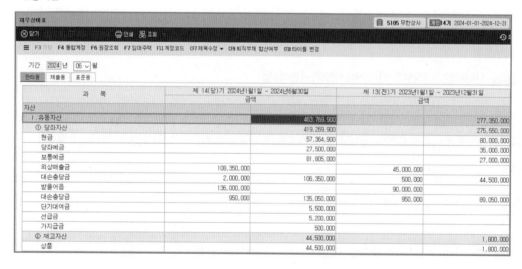

• 유동부채

재무상태표

⊗ 닫기   🖨 인쇄 🔍 조회 ~   ⏱ 최

☰ F3 추가 **F4** 통합계정 **F6** 원장조회 **F7** 임대주택 **F11** 계정코드 **CF7** 제목수정 ▼ **CF9** 퇴직부채 합산여부 **CF10** 타이틀 변경

기간 2024 년 06 ∨ 월
관리용 제출용 표준용

과 목	제 14(당)기 2024년1월1일 ~ 2024년6월30일	제 13(전)기 2023년1월1일 ~ 2023년12월31일
	금액	금액
부채		
Ⅰ 유동부채	347,136,600	310,000,000
외상매입금	108,450,000	80,000,000
지급어음	150,000,000	150,000,000
미지급금	2,506,600	
예수금	220,000	
선수금	960,000	
단기차입금	85,000,000	80,000,000

답안 116,633,300원(∵ 유동자산 합계액 463,769,900원 − 유동부채 합계액 347,136,600원)

여러분의 작은 소리
에듀윌은 크게 듣겠습니다.

본 교재에 대한 여러분의 목소리를 들려주세요.
공부하시면서 어려웠던 점, 궁금한 점.
칭찬하고 싶은 점, 개선할 점, 어떤 것이라도 좋습니다.

에듀윌은 여러분께서 나누어 주신 의견을
통해 끊임없이 발전하고 있습니다.

에듀윌 도서몰 book.eduwill.net

- 부가학습자료 및 정오표: 에듀윌 도서몰 → 도서자료실
- 교재 문의: 에듀윌 도서몰 → 문의하기 → 교재(내용, 출간) / 주문 및 배송

2024 에듀윌 전산회계 2급

발 행 일	2024년 1월 15일 초판
편 저 자	박진혁
펴 낸 이	양형남
펴 낸 곳	(주)에듀윌
등록번호	제25100-2002-000052호
주 소	08378 서울특별시 구로구 디지털로34길 55
	코오롱싸이언스밸리 2차 3층

* 이 책의 무단 인용 · 전재 · 복제를 금합니다.

www.eduwill.net
대표전화 1600-6700

2024

에듀윌
전산회계

2급

펴낸곳 (주)에듀윌   펴낸이 양형남   출판총괄 오용철   에듀윌 대표번호 1600-6700
주소 서울시 구로구 디지털로34길 55 코오롱싸이언스밸리 2차 3층   등록번호 제25100-2002-000052호
협의 없는 무단 복제는 법으로 금지되어 있습니다.

고객의 꿈, 직원의 꿈, 지역사회의 꿈을 실현한다

에듀윌 도서몰 book.eduwill.net	• 부가학습자료 및 정오표: 에듀윌 도서몰 > 도서자료실
	• 교재 문의: 에듀윌 도서몰 > 문의하기 > 교재(내용, 출간) / 주문 및 배송